인간중심의 사용성평가

박형근 | 김재국 | 문명국 | 김용준

HUMAN CENTRIC USABILITY EVALUATION

무역경영사

preface

인간공학은 과거부터 현재까지 우리의 삶과 밀접한 관계를 맺으며 연구되어온 학문이며 매우 다양하고 넓은 분야에 적용할 수 있는 다학문적(interdisciplinary)인 성격을 갖는 학문 분야이다. 인간공학과 관련된 학문들은 인간의 신체 특성과 관련된 분야, 인간의 인지 특성에 관련된 분야, 공학 및 기술 분야 등으로 크게 분류할 수 있다. 구체적으로 연구 분야를 살펴보면 인체측정학, 생리학, 심리학, 공학, 통계학, 디자인 분야 등을 열거할 수 있다. 인체측정학은 인체의 형태 및 기능을 계측하여 그 계측치에 의해 인체의 여러 가지 성질을 수량적으로 밝히려고 하는 학문으로 일반적으로 작업장을 설계하는 데 기여하며, 생리학 분야는 작업과 관련된 생리적 배경 등을 연구하여 작업 부하 정도를 파악하는 데 기여한다. 심리학 분야는 인간의 행동과 심리 과정을 과학적으로 연구하는 경험 과학의 분야로서 인간의 정보처리 과정과 인간의 실수, 인간 성능 등을 연구하는 데 기여한다. 공학은 물건과 기계의 설계와 관련된 전기적 · 기계적 특성 등에 관한 문제를 발견하고 이에 대한 기술적 해결책을 제시하며, 통계학은 대량의 관찰 대상으로부터 나온 데이터를 이용하여 현재나 미래 상태를 파악하는 방법을 제공하여 준다. 디자인 분야는 제품의 색상, 위치 배열, 기능의 결합 등을 비롯하여 외관과 기능적 효용성과 관련된 설계에 기여하고 있다.

인간공학은 이와 같이 다양한 분야에서 인간활동의 효율성과 안전성, 편리성을 높이는 데 응용되고 있다. 작업설계와 조직의 변경, 작업 관련 근골격계 질환, 제품의 사용성평가, 인간-컴퓨터 인터페이스(소프트웨어), 육체 작업 환경의 설계, 고기술 제품의 인터페이스 디자인, 인간 신뢰도 연구, 제조물 책임, 교통안전과 자동차 디자인 등과 관련한 연구 분야가 현재 인간공학의 주요 관심 분야로 꼽힌다. 이 중 제품의 사용성평가와 관련된 부분은 세계적으로 학문적인 연구와 법 · 제도의 정비가 지속적으로 이루어지고 있으나 국내에서는 사용성평가에 대한 개념조차 잘 정립되어 있지 못한 것이 실정이다. 주요한 원인들로는 국내의 제품 사용성평가에 대한 전문 서적의 부족과 대학교나 공공기관에서의 사용성평가에 대한 강의를 접할 수 있는 기회가 희박하다는 것이다. 다행히 최근에 들어 제품 사용성평가에 대한 개념을 알리기 위한 일련의 행위들이 사회적으로 조금씩 발생하고 있으며 더 나아가 사용성평가에 관한 법제화 과정도 조금씩 진전이 되고 있다. 이러한 시점에 사용성평가 분야에서도 이와 관련된 전문서적의 필요성이 대두되어 책을 출간하기에 이르렀다.

이 책은 제품 사용성평가의 전반적인 이론들을 다루는 종합서의 성격을 띠고 있으며, 주요 대상은 산업공학을 전공하는 학부생, 제품의 사용성평가와 관련된 산업 현장의 관리자, 그리고 제품의 사용성평가에 관심 있는 학부생들을 대상으로 하여 총 12장으로 구성되어 있다. 본 서적이 제품 사용성평가의 기본적인 개념을 확립하기 위한 관련자들에게 많은 도움이 되리라 사료된다.

끝으로 이 책을 집필하는데 있어서 도움을 주신 여러 교수님들과 인간공학 기술사, 사용성평가 연구위원들에게 큰 감사를 드리며, 향후 미흡한 점은 차후 보강해 나갈 것을 약속드린다.

2017년 8월 저자씀

차 례

Chapter 01

사용성평가의 정의

1.1 사용성평가란

사용성평가에서 가장 많이 언급되는 Neislon의 경우 사용성은 "여러 개념의 통합으로 구성된 복합적 개념"이라고 정의하였으며, Mayhew의 경우 사용성이란 "측정할 수 있는 모든 사용자 인터페이스의 특성"이라고 정의하였다.

국제기준인 ISO/IEC 9126에서는 사용성을 사용자의 시스템 이해성(Understand-ability), 학습성(Learnability), 그리고 운영성(Operability) 세 가지 개념으로 나타내고 있다.

사용성평가의 발전을 살펴보면 1971년 Miller에 의해 '사용용이성(easeofuse)'을 측정하는 관점에서 처음 시도 되었으며, 이후 Bennett(1979)에 의해 발전되어 Shackel(1981)에 의해 구체적인 정의가 내려졌다.

사용성은 특히 인간공학 분야의 인간-컴퓨터 인터랙션(Human-Computer Interaction :HCI)분야에서 중요하게 인식되었으며, PC가 인간활동의 다양한 분야에 영향을 미치면서 1980년대 이후 연구가 급속도로 확산되었으며, 스마트폰 보급의 활성화 등으로 그 범위가 더욱 확장되었다.

이는 사용자들이 컴퓨터 사용에 대한 특별한 교육을 받지 못한 상태에서 소프트웨어 등의 시스템이 널리 사용되면서, 시스템 구축에 있어서 '사용자중심 디자인(User-centered design)'에 대한 요구가 높아짐에 따라 사용성에 대한 관심이 증가했기 때문으로 볼 수 있다.

즉, 사용성의 연구 및 적용 범위는 점차 기존의 시스템 중심의 견지에서 벗어나 사용자 상호작용 정도를 파악하는 데로 초점을 옮겨가고 있으며, 최근 그 범위가 확대되어 적용 대상도 의료용품, 일반 제품, 노인 및 장애인 등을 위한 보조도구, 인터넷 웹사이트, 소프트웨어 애플리케이션, 모바일, 키오스크, 뉴미디어 등에 이르기까지 사용자를 필요로 하는 모든 곳으로 확대되고 있다(최민아, 2006).

그림 1-1 전기적 의료기기의 사용성평가

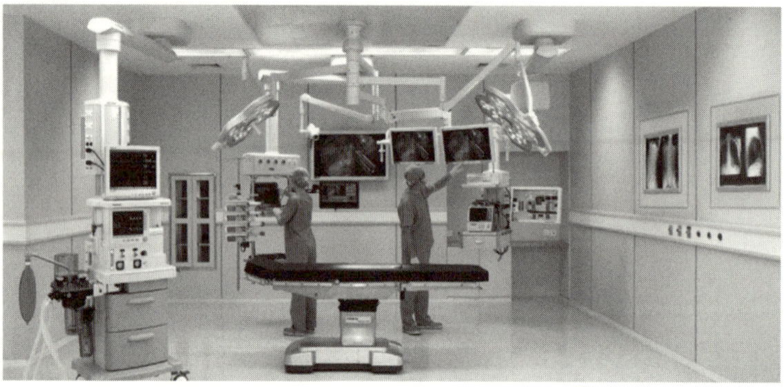

출처:http://www.ipnomics.co.kr/?p=26944

그림 1-2 PC 관련 소프트웨어 키오스크 등의 사용성평가

출처:http://unan.tistory.com/407

이러한 사용성의 의미는 좁은 의미의 사용성으로서 사용성(usability)과 효용성(utility)이 합쳐져서 시스템의 유용성(acceptability)을 이루는 것으로 보았다.

효용성이란 시스템을 이용해 목적을 수행할 수 있는지 유무를 결정하는 결과적인 것이고, 사용성은 목적을 달성하는 수행이 얼마나 효율적인 것인지를 말해주는 과정적인 것이다. 즉, 다시 말해 좁은 의미로서의 사용성은 원하는 목적을 얼마나 효율적으로 달성하느냐를 말하는 것이다.

넓은 의미로의 사용성은 시스템을 사용하는 환경에 관련된 모든 요소를 포함시킨 개념이다. 사용성에 대해 넓은 범위를 포괄하는 ISO 9241-11의 정의는 표 1-1과 같이 사용성을 특정한 사용자가 특정한 과업을 특정한 환경에서 수행할 때, 그 효과성, 효율성, 만족도라고 규정하고 있다.

사용성의 사전적 의미

– 어떤 도구나 인간이 만든 물건, 서비스를 어떤 특정 목적을 달성하기 위해 사용할 때에 어느 정도 사용하기 쉬운가를 말하는 용어
: 사용성은 사용성평가를 위한 방법을 지칭하기도 하며, 물건의 지각된 효율성이나 정확도를 뒷받침하는 원리들을 연구하는 학문인 사용성 연구(혹은 사용성공학)을 의미

표 1-1 ISO 9241-11 넓은 의미의 사용성

구 분	내 용
효과성 (Effectiveness)	사용자가 특정 목적을 달성하는 정확성이나 수행 여부를 뜻함
효율성(Efficiency)	사용자가 특정 목적을 달성하기 위해 투입한 자원과의 관계를 뜻함
만족도(Satisfaction)	사용자가 시스템에 대해 가지게 되는 편안함이나 긍정적인 태도를 의미함

표 1-2 사용성 개념 정의

출 처	사용성 정의
ISO 9241-11	대상 사용자가 제품을 사용함에 있어서 유효성(effectiveness), 효율성(efficiency), 만족성(satisfaction)을 가지고 목표를 달성할 수 있는 정도
ISO 13407	어떤 제품이 대상 사용자에 의해, 주어진 이용 상황 하에, 주어진 목표를 달성하기 위해 사용될 때의 유효성, 효율성, 사용자만족도의 정도
Shackel(1981)	대상 사용자가 주어진 환경에서 주어진 제품을 사용하는 데 있어서, 유효성(effectiveness), 학습성(learnability), 유연성(flexibility), 사용자 태도(userattitude)와 같은 운용적 제한점에 의해 측정되고 명세화 되어 제품의 사용성 문제를 밝히고 이러한 문제가 재발하지 않도록 하는 체계적인 방법을 모색하는 것
Gould& Lewis (1985)	사용자가 사용하기 쉬우며 배우기 쉽고 원하는 기능을 모두 가지고 있어서 사용하는데 만족스럽고 오래 기억할 수 있는 제품이나 시스템의 디자인

Preece(1994)	HCI(Human Computer Interaction: 인간-컴퓨터 인터랙션)의 중요한 개념으로서 시스템을 쉽게 배우고 쉽게 사용할 수 있도록 고안하는 것
Neilson(1994)	시스템의 사용자 편이성 정도 혹은 시스템이 어느 정도 사용하기 쉬운가 하는 정도
Shneiderman(2002)	유니버설 사용성: 누구에게나 사용 가능한 정보, 커뮤니케이션, 제품 및 서비스를 고안하는 것. 즉, 적어도 일주일에 한 번씩은 정보와 커뮤니케이션 서비스를 성공적으로 사용할 수 있는 사용자가 90% 이상 되는 것
Fred Davis	사용자가 대상 시스템을 노력을 기울이지 않고 사용할 수 있는 정도

출처 : 오은혜 · 최혜경 · 정순희, 노인소비자를 고려한 사용성 모형 개발을 위한 기초연구, 소비문화연구, 2010-09, 13(3):101-121

1.2 사용성평가의 목적

사용성평가의 목적은 표 1-3과 같이 학습의 용이성, 만족도, 효율성, 적은 에러, 기억 용이성 다섯 가지를 달성하는 것으로 볼 수 있다.

표 1-3 사용성평가의 목적

구분	내용
학습의 용이성	시스템을 처음 사용하는 초보자가 일정한 수준의 지식을 취득하는 데 필요한 노력
만족도	사용자의 제품사용에 대한 만족 정도
효율성	목적을 달성하기까지 걸린 노력
적은 에러	목적을 달성하기까지 발생한 에러
기억 용이성	이전에 도달했던 성과에 쉽게 다시 도달하는 정도

1.3 사용성평가의 종류

사용성평가는 크게 사용자를 포함하는 실험적 평가 방법(empirical evaluation)과 사용자를 포함하지 않는 예상적 평가 방법(predictive evaluation)으로 나눌 수 있다.

실험적 평가 방법은 위에서 말한 예상적 평가 방법과는 달리 실제 사용자들이 시스템의 평가를 주도하는 평가 방법이다.

예상적 평가 방법은 실제 사용자를 동원하지 않고 이미 만들어진 시스템이나 앞으로 만들어질 시스템을 평가하는 방법들을 말하며, 만약 사용자가 이용한다면 어떤 문제점을 가질 수 있겠느냐의 관점에서 시스템을 평가한다.

사용자가 주도하는 실험적 평가는 시스템의 사용성을 테스트하기 위한 가장 직접적인 방법이라고 할 수 있다. 바로 이러한 이유 때문에 실험적 평가 방법이 가장 많이 사용되고 있다.

그림 1-3 사용성평가를 위한 실험실 예(Usability Testing Lab)

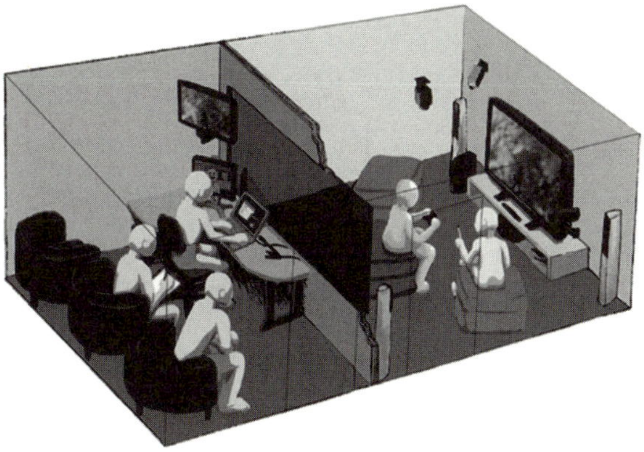

실험적 평가 방법은 다시 어떤 목적으로 사용되는가에 따라서 성과평가(performance evaluation)와 과정평가(process evaluation)로 구분된다. 성과평가 방법은 최종 사용자가 시스템을 얼마나 빠른 시간과 적은 오류 안에 과업을 완수하였는지를 평가하고, 과정평가 방법은 사용자들이 시스템을 사용하는 과정에서 어떠한 생각을 하였고 어떠한 어려움을 겪었는지를 알아보는 평가 방법이다.

1.4 사용성평가의 장점

1.4.1 사용성평가의 장점

1) 사용자의 숨은 니즈를 파악할 수 있다.

사용성평가를 통하여 사용자의 사용 행태를 매우 가까운 곳에서 관찰할 수 있어서 사용자의 세부적 행태에 대한 분석이 가능하다. 즉, 사용자의 직접적 제품의 사용 행태 이외의 사용자의 작은 몸짓, 제스처, 사용 어휘 등을 통해 2차적인 요소에 대한 분석이 이루어질 수 있다. 이를 통하여 제품개발자는 쉽게 드러나지 않았던 문제점이나 요구사항을 발견할 수 있다.

그림 1-4 사용성평가를 통한 관찰 예시

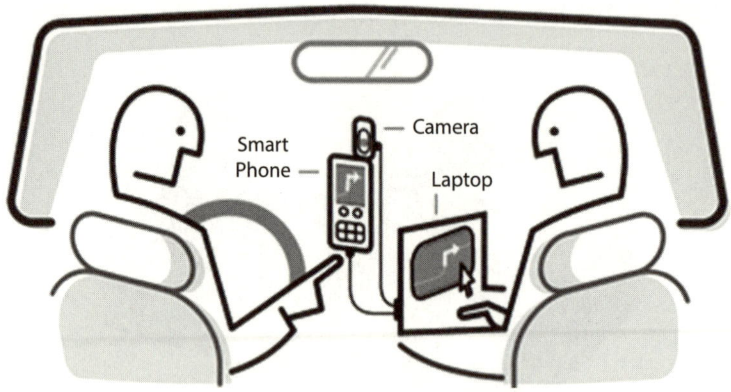

출처: https://www.techsmith.com/morae-interview-electronic-ink.html

2) 사용상황의 반복분석이 가능

사용성평가 중 비디오 관찰법 등을 통해 이루어지는 사용자 분석기법을 활용한다면 한번 저장된 사용자 사용 행태 데이터는 반복하여 분석하는 것이 가능하게 된다. 이를 통해 한번에 발견하지 못했던 문제점을 다음 번 분석 과정에서 발견할 수도 있다. 영상기기록 장비를 활용하여 사용성평가 중에 발생하는 다양한 사용자 관련 데이터를 관련 장비를 활용하여 저장할 수도 있다.

이처럼 사용성 테스트는 사용자의 행동양식에 대한 전문가의 정밀한 분석을 위한 반복분석 방법을 제공할 수 있다.

그림 1-5 사용성평가 저장 프로그램 예

출처 : http://www.techsmith.com/morae.html.

3) 상황에 대한 분석 가능

주어진 task(작업)를 성공적으로 수행한 것과는 별도로 그 수행 과정에서의 문제점을 추출할 수 있다. 예를 들어, 특정 제품의 특정 기능은 충분히 사용할 수 있지만 그 기능을 더욱 쉽게 사용하도록 배려한 단축아이콘, 바로 가기 버튼 등은 사용하지 못하는 경우 사용성평가를 통해 이러한 사용 과정과 사용 상황에 대한 분석이 가능하다.

1.5 사용성평가 관련 학문 분야

사용성평가를 위한 전문가 관련 분야로, 우선 사용성평가와 관련하여 산업공학의 인간공학 분야가 있으며, 인지공학/심리학, 행동과학, 통계학, 산업디자인, 인류학/사회학, HCI, 미디어 분야도 관련 분야에 해당한다. 최근에는 재활공학, 재활의학 분야 등에서 폭넓게 사용성평가를 수행하고 있다. 의료기기 분야는 최근 국제표준 등으로 인한 사용성평가가 많이 이루어지는 분야이다.

그림 1-6 의료기기 사용적합성

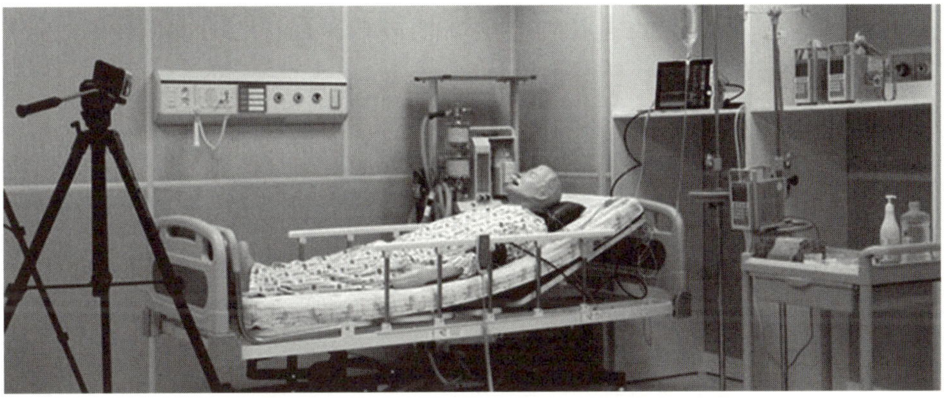

출처 : 서울대학교 의료기기 사용적합성 센터

1.6 사용성을 위한 설계 원칙

이러한 사용성의 개념은 단순히 제품/시스템 자체의 품질을 의미하는 것이 아니라 사용자와의 상호작용 속에서 그 제품/시스템을 평가하는 척도라 할 수 있다.

Schneiderman(1998)은 〈사용자 인터페이스 디자인하기: 효과적인 HCI를 위한 전략(*Designing the User Interface: Strategies for Effective Human-Computer Interaction*)〉 이란 저서를 통하여 다양한 사용자와 과제, 제품/시스템을 사용하는 환경, 빈도 등의 조합이 빚어내는 다양성과 그 과정에서 사용자가 경험하게 되는 실수와 좌절에 주목하고, 이러한 사용성의 관점에서 설계자가 반드시 고려해야 할 '여덟 가지 황금규칙(golden-rule)'을 아래와 같이 제시하고 있다

1) 일관성을 유지할 것

제품/시스템의 전반적인 상호작용 체계와 외형이 일관성(Consistency)을 유지할 수 있도록 설계해야 한다.

이는 비슷한 상황이나 연속적인 상황을 디자인 할 때 친숙한 아이콘이나, 색상, 메뉴 구조, 액션을 위한 이벤트(call-to-actions)와 그리고 사용자 흐름(user flows)을 활용해서 일관성을 확보해야 한다. 일관성은 제품을 처음 사용하거나 아니면 숙련된 사용자들에게 제품의 사용환경에 적응하고 목적을 달성하는 데에 매우 큰 도움을 주는 역할을 하게 된다.

그림 1-7 일관성 예 : PC 및 스마트폰에서의 동일한 아이콘 및 메뉴구조 사용

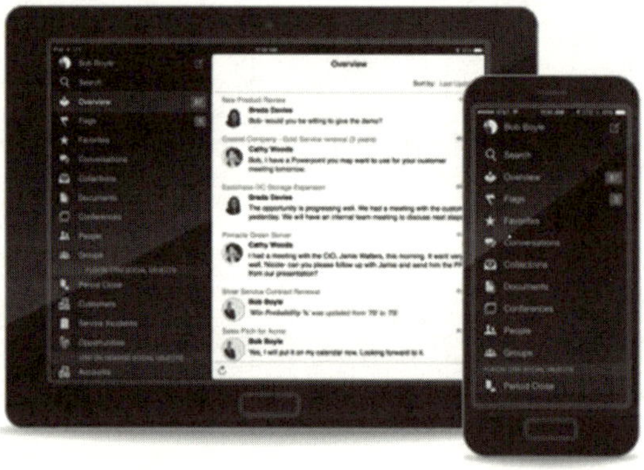

출처 : 오라클 홈페이지

그림 1-8 일관성이 유지된 자동차 공조시스템 예

그림 1-9 MS office 메뉴 구성

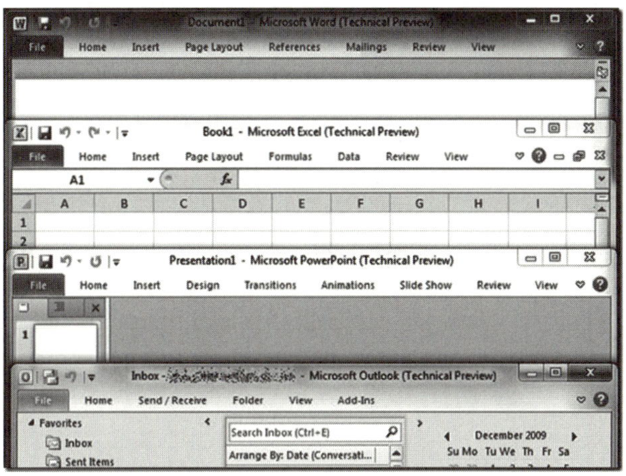

출처 : microsoft office

2) 숙련된 사용자를 위해 단축키(Shotrcuts)를 허용할 것

숙련된 사용자가 불필요한 단계를 생략하고 초보자보다 빠르고 효율적으로 제품/시스템을 사용할 수 있어야 한다.

제품을 장시간 사용하게 되면 과업(task)을 더 쉽게 수행하기 위한 더 빠르고 손쉬운 방법이 요구된다. 예를 들어, 우리가 일반적으로 많이 사용하는 한글과 워드의 복사(ctrl+c)/붙여넣기(ctrl+v)에 대한 단축키를 제공하고, 이를 통해 사용자들은 더욱 숙련된 사용자로 거듭날 수 있으며 보다 빠르고 쉽게 과업을 완료할 수 있게 된다.

한글 주요 단축키 모음

■ 주요 단축키

Alt+L	글자 모양
Alt+T	문단 모양
F7	편집용지
Alt+C	모양 복사
Ctrl+Enter	쪽 나누기
Shift+Enter	강제 줄 나누기
Ctrl+N,H	머리말/꼬리말
Ctrl+F10	문자표
Shift+Spacebar	고정폭 빈칸

■ 글자 속성

Alt+Shift+E/R, Ctrl+]/[	글자 크게/작게
Alt+Shift+N/W	자간 좁게/넓게
Alt+Shift+J/K	장평 조절 장으로/평으로
Alt+Shift+B, Ctrl+B	진하게
Alt+Shift+U, Ctrl+U	밑줄
Alt+Shift+I, Ctrl+I	기울임
Alt+Shift+C	보통 모양

■ 문단 속성

Shift+Tab	빠른 내어쓰기
Ctrl+Alt+F5	왼쪽 여백 줄이기
Ctrl+Alt+F6	오른쪽 여백 늘이기
Ctrl+Alt+F7	오른쪽 여백 줄이기
Ctrl+F5	첫 줄 내어쓰기
Ctrl+F6	첫 줄 들어쓰기
Ctrl+F7	양쪽 여백 줄이기
Ctrl+F8	양쪽 여백 늘이기
Alt+Shift+A/Z	줄 간격 좁게/넓게
Ctrl+Shift+M	양쪽 정렬
Ctrl+Shift+L	왼쪽 정렬

Ctrl+Shift+R	오른쪽 정렬
Ctrl+Shift+C	가운데 정렬
Ctrl+Shift+T	배분 정렬

■ 표

Ctrl+N,T	표 만들기
Ctrl+N,A	표 나누기
Ctrl+N,Z	표 붙이기
F5	셀 블록
Tab	표 안에서 다른 셀로 이동
Ctrl+Tab	표 안에서 탭 삽입
Shift+Esc	틀, 숨은 화면 편집 끝내기
Ctrl+Enter, Ctrl+Backspace	빠르게 줄 삽입 / 줄 삭제

■ 표 – F5 셀 블록 상태에서

F7	칸 전체 블록
F8	줄 전체 블록
Shift+화살표	현재 셀의 크기 조절
L, C	테두리 모양, 배경 모양
S	나누기
W, H	줄 너비를 같게, 줄 높이를 같게
M	셀 합치기
A	자동 채우기

■ 기타 및 파일 관련 단축키

Ctrl+G, Ctrl+U	그리기 개체에서 개체 묶기, 개체 풀기
Alt+I	상용구 등록, 상용구 실행 첫 글자
Ctrl+F3	상용구 내용 보기
F6	스타일
Ctrl+N,C	캡션 달기
Ctrl+Z	되돌리기
Ctrl+F, Ctrl+H	찾기, 찾아 바꾸기

Alt+G	찾아가기
Ctrl+P	인쇄
Alt+N	새 문서
Alt+O	불러오기
Ctrl+O	파일 끼워넣기
Alt+S / Ctrl+S	저장하기
Alt+V	다른 이름으로 저장하기
Ctrl+F4	문서 닫기
Alt+X	끝

word 주요 단축키 모음

■ 주요 단축키

Word 기능		단축키
파일	새로 만들기	Ctrl + N
	열기	Ctrl + O
	닫기	Ctrl + F4
	저장	Ctrl + S
	다른 이름으로 저장	F12
	인쇄	Ctrl + P
	인쇄 미리보기	Ctrl + F2
	끝내기	Alt + F4
편집	작업 취소(undo)	Ctrl + Z
	작업 반복(redo)	Ctrl + Y
	블록 설정	Shift + 화살표
	줄의 처음까지 블록 설정	Shift + Home
	줄의 끝까지 블록 설정	Shift + End
	잘라내기	Ctrl + X
	복사	Ctrl + C
	붙여넣기	Ctrl + V
	지우기	Del
	모두 선택	Ctrl + A
	찾기	Ctrl + F
	바꾸기	Ctrl + H
	이동	F5

	다음 페이지로 이동	Ctrl + Page Down
	이전 페이지로 이동	Ctrl + Page Up
	서식 복사	Ctrl +Shift + C
	서식 붙여넣기	Ctrl +Shift + V
보기	기본 모양 보기	Ctrl + Alt + N
	개요 모양 보기	Ctrl + Alt + O
	인쇄 모양 보기	Ctrl + Alt + P
삽입	책갈피 넣기	Ctrl +Shift + F5
	메모 넣기	Alt + Ctrl + M
	페이지 나누기	Ctrl + Enter
서식	단 나누기	Ctrl + Shift + Enter
	미주 넣기	Alt + Ctrl + D
	각주 넣기	Alt + Ctrl + F
	페이지 필드 넣기	Alt + Shift + P
	시간 필드 넣기	Alt + Shift + T
	필드 업데이트하기	F9
	상용구 만들기	Alt + F3
	글꼴 대화상자	Ctrl + D
	굵게	Ctrl + B
	이탤릭체	Ctrl + I
	밑줄	Ctrl + U
	글꼴 바꾸기(toolbar에서)	Ctrl + Shift + F 하고 Arrowkey
	글꼴 크기 바꾸기(toolbar에서)	Ctrl + Shift + P 하고 Arrowkey
	스타일 바꾸기(toolbar에서)	Ctrl + Shift + S 하고 Arrowkey
	글머리꼴 넣기	Ctrl + Shift + L
	들여쓰기	Ctrl + M
	내어쓰기	Ctrl + Shift + M
	문장 첫글자 들여쓰기	Ctrl + T
	문장 첫글자 내어쓰기	Ctrl + Shift + T
	글자 크기 늘리기	Ctrl +]
	글자 크기 줄이기	Ctrl + [
	양쪽 맞춤	Ctrl + J
	가운데 맞춤	Ctrl + E
	오른쪽 맞춤	Ctrl + R

	왼쪽 맞춤	Ctrl + L
	균등분할 맞춤	Ctrl + Shift + D
	윗첨자	Ctrl + =
	아래첨자	Ctrl + +
	모두 대문자로	Ctrl + Shift + A
	소문자를 작은 대문자로	Ctrl + Shift + K
	표준 스타일 적용	Ctrl + Shift + N
	제목 1 스타일 적용	Alt + Ctrl + 1
	제목 2 스타일 적용	Alt + Ctrl + 2
	제목 3 스타일 적용	Alt + Ctrl + 3
도구	한글 한자 변환	Hanja key 또는 Alt + Shift + F7
	매크로	Alt + F8
	영어 동의어 사전	Shift + F7
	다음 맞춤법이 틀리는 단어 찾기	Alt + F7
표	셀 이동	Tab
	셀 블록 설정	Shfit + 화살표
	커서가 놓인 줄의 맨위 셀로	Alt + Page Up
	커서가 놓인 줄의 맨아래 셀로	Alt + Page Down
	커서가 놓인 줄의 맨 앞의 셀로	Alt + Home
	커서가 놓인 줄의 맨 뒤 셀로	Alt + End
	셀 안의 내용 지우기	셀 선택후 Del
창	워드를 전체화면으로 늘리기	Alt + F10
	문서를 전체화면으로 늘리기	Alt + F5
	창 분할	Alt + Ctrl + S
도움말	Help	F1
	설명(?)	Shift + F1
	다음 창 띄우기	Ctrl + F6 또는 Alt + Tam

3) 적절한 피드백(offer Information back)을 제공할 것

사용자의 모든 행동(input/action)에 대해 제품/시스템이 적절하고 유용한 피드백을 제공해야 한다.

사용자들은 자신들이 지금 작업을 하는 곳이 어디이며, 그 작업 속에서 어떠한 행위(event)가 일어나고 있는지를 알고 싶어 한다. 모든 행위들은 반드시 시의적절해야 하며, 사람이 인지할 수 있는(기계어가 아닌) 피드백이 예측 가능한 형태로 제공되어야 한다.

그림 1-10 충전량 및 충전 과정을 보여주는 설계

그림 1-11 적절한 피드백의 예시 : 프로그램 설치의 진행 과정을 제시

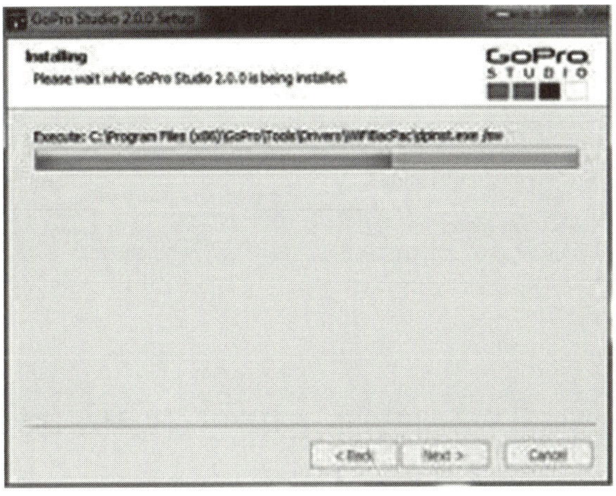

그림 1-12 부적절한 피드백의 예시 : 사람이 읽을 수 없는 에러코드를 표시하는 에러 메시지 팝업창

4) 각 단계의 시작부터 종료에 이르기까지의 일련의 사용 흐름을 명확히 할 것(Dialoue)

제품/시스템을 사용하는 사용자의 일련의 행동들이 시작과 중간, 끝으로 명확히 연결될 수 있도록 설계되어야 한다.

이러한 흐름을 제시하기 위하여 디자인적인 관점에서 추측하도록 하지 말고 실행할 수 있도록 유도해야 한다.

그림 1-13 적절한 흐름 예 : 사용자들의 행동을 적절하게 유도

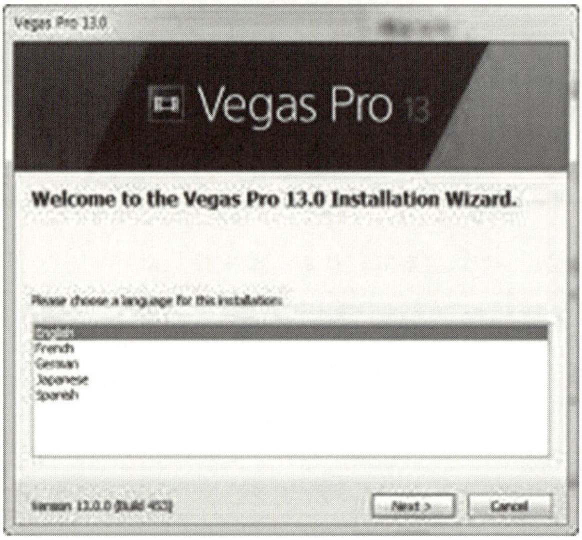

5) 사용자의 실수에 대한 단순하면서도 효율적인 예방책과 대처 방안 (error Handling)을 제공할 것

사용자의 치명적인 실수를 미연에 방지하고 사용자의 오동작에 대한 신속하고 구체적인 정보를 제공할 수 있어야 한다.

시스템 및 제품을 개발하는 개발자는 자신들의 시스템 및 제품이 완벽하기를 바라고 있겠지만, 어떠한 상황이나 사용상에 생각치도 못한 에러가 발생할 수 있다. 이러한 상황에서 사용자들에게 단단하면서도 직관적인 대처 방안을 제시하여야 한다.

그림 1-14 에러발생에 따른 즉각적인 조치를 취하도록 하는 방법

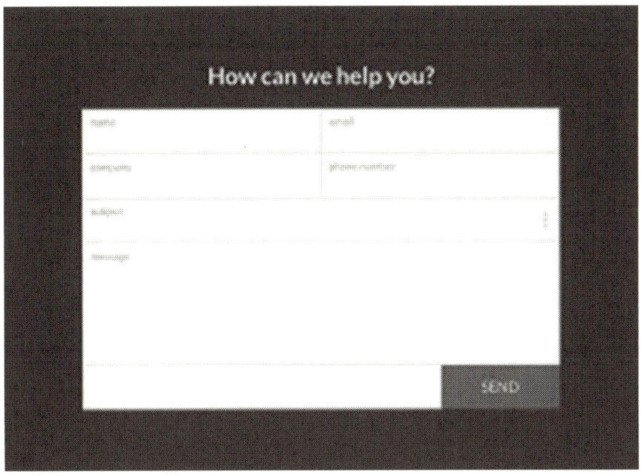

그림 1-15 위험상황 발생 시 비상탈출을 위한 도어

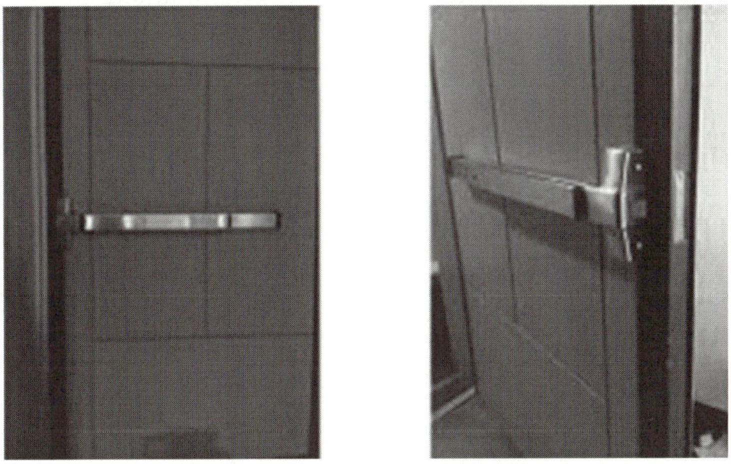

6) 되돌리기(Permit reversal of actions)를 허용할 것

가능한 한 모든 동작에 대하여 이전상태로 되돌리기를 허용하여 사용자의 불안을 해소하고 사용자가 익숙하지 않은 제품/시스템의 다양한 기능들을 탐색할 수 있도록 지원해야 한다.

Shneiferman은 되돌리기를 사용자들로 하여금 자신들의 행동의 실수가능성을 열어둠으로써 그들의 제품 사용상의 우려를 덜어주는 역할을 하며, 이를 통해 사용자들이 친숙하지 않은 기능들에 대해서도 쉽게 접근할 수 있도록 도와주는 역할을 한다고 하였다.

이러한 되돌리기는 다양한 시점 및 다양한 방법으로 이루어 질 수 있도록 하는 것이 중요하며, 하나의 동작이나 하나의 입력이든 상관없이 이루어 질 수 있도록 하여야 한다.

그림 1-16 window 화면의 복구 버튼

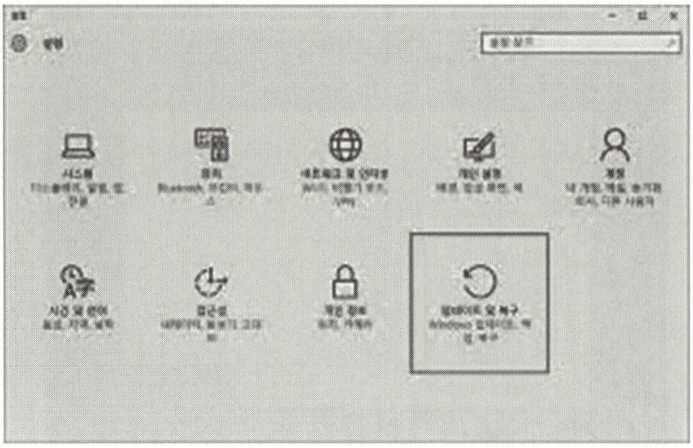

7) 사용자에게 보다 많은 통제권한(Support internal locus of control)을 부여할 것

사용자에게 제품/시스템 사용과 관련된 다양한 통제권한을 부여함으로써 만족도를 높일 수 있다.

사용자들이 액션(행동)의 결정자가 되도록 해야 한다. 이 말은 사용자들이 프로그램이나 제품 사용에 있어서 벌어지는 일들에 대해서 직접 컨트롤할 수 있다는 느낌을 주어야 한다는 것이다. 사용자들이 기대하는 대로 작동하는 시스템을 디자인함으로써 디자인에 대한 신뢰를 사용자들로부터 얻을 필요가 있다.

그림 1-17 작업 실패에 따른 작업자의 조치를 취하도록 하는 프로그램 예

그림 1-18 호텔 알람시계는 사용자에게 시간설정 및 사용 권한

8) 사용자의 인지적 부담을 줄여줄 것(Reduce short-term memory load)

사용자의 기억에 의존하는 것을 최소화할 수 있도록 가능한 한 직관적이고 자동화된 상호작용 체계를 제공해야 한다.

사람의 주의력은 제한적이며 우리들은 대게 5개 정도의 항목에 대해서만 우리 뇌의 단기기억 저장장치에 저장할 수 있다. 그렇기 때문에 인간에게 주어지는 정보는 최대한 단순해야 하며 적절한 정보체계를 지니고 있어야 하며, 회상(recall)보다는 인식(recognition)에 보다 초점을 맞추는 인터페이스가 디자인되어야 한다.

이러한 사람의 주의력을 향상시키기 위한 방법으로 단기기억을 활용할 수 있다. 단기기억은 정보가 처리되면서 일시적으로 저장되는 지역이다. 예를 들어, 소비자가 텔레비전 광고에 대해 생각하거나 적극적으로 문제를 해결하려 할 때, 단기기억에서 인지처리(cognitive processing)가 발생하고 있는 것이다. 단기기억의 일반적인 용어인 작동기억(working memory)은 개인이 이 기억단계에서 정보를 적극적으로 처리한다는 의미를 내포하고 있다.

이러한 단기기억은 몇 가지 특징이 있다. 첫째, 그것은 능력이 제한되어 있다. 심리학자 George Miller는 평균적인 인간은 정보를 한 번에 약 7가지만 처리할 수 있다고 제안했다. 한 가지 정보는 유의미한 단일 정보로 개념화될 수 있는데, 이것은 단일 문자나, 음절, 또는 단어 전체일 수 있다. 사람들이 한 번에 일곱 가지(±2) 정보를 처리할 수 있는 이러한 인식을 Miller의 법칙(Miller's law)이라고 지칭한다. 다음과 같은 수가 있다고 가정해 보자. 2468457135467674을 외울려 할 경우 수 자체를 외우는 것보다 2468-4571-3546-7674로 분절화시켜 암기할 경우 더 쉽게 암기할 수 있다.

Chapter 02

사용성평가의 주요 연구방법론

앞 장에서 설명한 바와 같이 사용성평가를 위해서는 다양한 연구 방법이 있다. 본 장에서는 사용성평가를 위하여 사용되는 분석적인 방법론과 실증적인 방법론에 대하여 설명하고자 한다.

2.1 분석적 방법

분석적인 방법 중 가장 많이 사용하는 사용성평가 방법은 휴리스틱 검사법(Heuristic Evaluation)이다. 이 방법은 사용성평가 방식 중 가장 손쉽게 이용되며 효율이 높은 방식으로 피실험자가 많이 필요하지도 않고 시간과 예산이 적게 드는 것이 특징이다. 그러나 상호 관련성과 심층적 문제점이 간과될 수 있다는 단점이 있다.

휴리스틱평가 방법은 평가 원칙을 미리 설정 한 뒤 평가 대상이 되는 제품 또는 서비스를 관련된 전문가들이 원칙을 전제로 점수를 매기는 방식이다.

특징은 소수의 제한된 전문가들이 소수의 중요한 휴리스틱에 따라서 부분적으로 검사하는 방법이며, 비정규적이고 저렴한 평가 방법이다.

평가의 장점은 짧은 시간 내에 시스템의 중요한 문제점을 밝혀낼 수 있으며, 시스템 개발 과정에서 비교적 이른 시점에 사용할 수 있다는 점이다.

단점은 구체적이고 계략적인 평가자료를 만들기 어려우며, 전문가의 자질에 따라서 평가의 결과가 매우 유동적으로 나타난다는 점이 있다.

휴리스틱 평가의 효과를 위해서는 제품 또는 서비스를 사용자가 효과적으로 사용하는데 필요한 항목을 관찰 또는 판단하기 위한 평가기준을 효과적으로 제시해야 하며 평가기준을 적절히 설정하는 것이 가장 중요하다.

기존의 웹사이트 평가 관련 휴리스틱 체크리스트 예

1) 제이콥 닐슨의 10가지 휴리스틱 가이드라인

① Visibility of system status

② Match between system and the real world

③ User control and freedom

④ consistency and standards

⑤ Error prevention

⑥ Recognition rather than recall

⑦ Flexibility and efficiency of use

⑧ Aesthetic and minimalist design

⑨ Help users recognize, diagnose, and recover from errors

⑩ Help and documentation

2) User Testing Techniques – A Reader-Friendliness Checklist

① Design process

② Design consideration

③ Content/content organization

④ Titles/headings

⑤ Page length

⑥ Page layout

⑦ Reading and scanning

⑧ Links

⑨ Graphics

⑩ Search

⑪ Navigation

⑫ Accessibility

3) Usability heuristics for the Web By Gerry Gaffney

① Navigation

② Help and support

③ Workflow support

④ Error handling

⑤ Consistency

⑥ Functionality

⑦ Control

⑧ Visual clarity

⑨ Language

4) Research-based web design & usability guidelines

① Clarity of Communication

② Accessibility

③ Consistency

④ Navigation

⑤ Design & maintenance

⑥ Visual Presentation

5) Criteria for Web Site Evaluation

① Load Time

② Appearance

③ Structure and Navigation

④ Content

⑤ Usability

6) Usability heuristics by Constantine (1994)

① Structure

② Visibility

③ Feedback

④ Reuse

⑤ Simplicity

⑥ Tolerance

7) Homepage Usability – 50 websites deconstructed

① Communication the Site's Purpose

② Communicating Information About Your Company

③ Content Writing

④ Revealing Content Through Examples

⑤ Archives and Accessing Past Content

⑥ Links

⑦ Navigation

⑧ Search

⑨ Tools and Task Sortcuts

⑩ Graphics and Animation

⑪ Graphic Design

⑫ UI Widgets

⑬ Window Titles

⑭ URLs

⑮ News and Press Releases

⑯ Popup Windows and Staging Pages

⑰ Advertising

⑱ Welcomes

⑲ Communicating Technical Problems and Handling Emergencies

⑳ Credits

㉑ Page Reload and Refresh

㉒ Customization

㉓ Gathering Customer Data

㉔ Fostering Community

참고 : 학술정보서비스 이용 행태 분석을 통한 서비스 개선 방안 연구(2004, 한국교육

학술정보원)

2.2 실증적 방법

실증적인 방법은 실제 사용자들이 시스템의 평가를 주도하는 평가 방법으로, 모든 제품의 최종적인 목적은 결국 사용자가 제품을 이용하면서 최적의 경험을 할 수 있어야 하기 때문에, 실증적 평가 방법은 이러한 목적을 달성하기 위한 가장 직접적인 방법이라 할 수 있다. 이러한 이유로 실증적 평가 방법은 가장 신뢰도가 높고 자주 사용되는 평가 방법으로 많이 활용되고 있으며, 구체적인 평가는 실험실평가와 현장평가가 있다.

2.2.1 실험실평가

1) 실험실 상황 구성 방법

사용자에게 방해가 되거나 주의를 분산시킬 수 있는 요인들을 통제한 상황에서 피험자들이 주어진 자극에 집중할 수 있도록 구성해야 한다. 이는 실험실평가가 주로 정밀한 분석을 통해 특정 가설을 검정하기 위해서 이루어지기 때문이다.

2) 실험실평가의 유의사항

① 제품의 최적 사용에 결정적인 영향을 미치는 요인들이 정확하게 규명되었는지를 확인한다.

② 적절한 피험자를 선정한다.

③ 적절한 과업(시나리오)을 선정한다.

④ 피험자가 테스트 방법 자체에 익숙한 지를 확인한다.

⑤ 가능한 피험자에게 편안한 분위기를 제공하여 주는 것이다.

그림 2-1 실험실평가의 예

2.2.2 현장평가

현장평가의 특징은 현실성이 높은 문제점을 파악 가능하나, 평가결과를 숫자로 요약하기 힘들다는 단점이 있다.

현장평가에서 다음의 유의사항에 유의하여야 한다.

① 현장의 관리자로부터의 적극적인 협조가 매우 중요하다.

② 실제로 평가에 참여하는 피험자들에게도 충분한 동기를 제공해 주어야 한다.

③ 사용자의 프라이버시를 존중해 주어야 한다.

④ 평가자가 평가하고자 하는 대상 시스템에 대한 이해가 완벽하게 되어 있어야 한다.

⑤ 가능한 한 풍부한 정보를 제공하려고 노력하여야 한다.

2.2.3 실험실에서의 설문조사평가 방법론

1) 포커스 그룹

포커스 그룹은 사회자(moderator)에 의해 진행되는 소규모 참여자 간 토론으로 조사 주제에 관해 대상 모집단(target population)의 이해도를 파악하기 위한 평가 방법이다 (Groves *et al.*, 2009).

포커스 그룹을 통해서 잠재적인 응답자가 조사 주제에 관해 무엇을 알고 있는지와 그들이 자신들의 사고를 어떻게 구조화하는지를 파악할 수 있다. 또한 응답자가 주제를 논의할 때에 사용하는 용어가 무엇이며, 그 용어를 어떻게 이해하고 있는지 조사할 수 있다.

이러한 점에서 포커스 그룹은 조사표 개발 초기단계에 매우 유용한 방법으로 통한다(Census Bureau, 2003). 포커스 그룹이 다른 조사표평가 방법론과 구별되는 가장 중요한 특징은 참여자 간 의견이 그룹 간 상호작용(interaction)을 기반으로 한다는 것이다. 따라서 제한된 시간 안에 단일의 주제에 대해 많은 양의 정보를 얻을 수 있다(Willis, 2005). 그런데 상호작용 과정 내에서 그룹 내 한 두 명이 토론 과정을 지배할 수도 있고, 다른 구성원의 기여를 제한할 수도 있다는 우려가 있다. 따라서 포커스 그룹에서는 무엇보다도 진행자의 역할이 중요하다. 진행자는 모든 참여자가 동등하게 토론에 참가할 수 있도록 해 주어야 하며, 토론의 주제에서 벗어나지 않되 자연스럽게 다음 주제로 넘어갈 수 있도록 분위기를 조성해야 한다. 가장 큰 한계점으로 지적되고 있는 것은 토론의 참여자가 조사 모집단을 대표하지 않으므로 포커스 그룹을 통해서 도출된 인식이나 경험 분포를 일반화할 수 없다는 점이다. 자료 또한 질적인 특성을 갖고 있어 계량화하기 어렵다. 하지만, 이러한 제한에도 불구하고 포커스 그룹은 조사표를 구성하기에 앞서서 조사 주제에 관한 정보를 파악하는 효율적인 방법으로 평가받고 있다(Groves *et al.*, 2009).

그림 2-2 포커스 그룹 인터뷰 예시

2) 전문가 검토

전문가 검토는 설계 전문가(design experts) 및 주제 전문가(subject matter experts)가 관련 분야의 지식을 근거로 조사상의 오차를 진단하는 방법이다. 주제 전문가가 해당 조사를 통해서 조사의 목적에 부합하는 정보들이 수집되는지를 판단하는 역할을 수행한다면, 설계 전문가는 조사 질문 및 설계 그 자체를 검토함으로써 용어나 질문의 워딩, 질문의 구조, 응답범주, 질문순서, 조사표 흐름, 지시문 등에서의 문제를 발견하는 역할을 수행한다(Groves *et al.*, 2009).

전문가 검토는 개별적으로 이루어지는 경우가 보통이나, 그룹 내 토론을 통해서 이루어지기도 한다. 그룹 내 토론을 통해서 전문가 검토가 이루어지는 경우 표준화된 코딩 지침을 바탕으로 각각의 질문을 평가하거나 포커스 그룹과 마찬가지로 좀 더 자유로운 방식으로 토론이 이루어지기도 한다(Willis, Schechter and Whitaker, 1999).

전문가 검토는 조사표 문제를 식별하는데 있어서 가장 효과적이라는 의견이 있으나 그 결과 역시 전문가의 해석과 판단에 따라 달라지는 주관적인 의견이라는 단점을 갖고 있다. 최근에는 이러한 한계를 극복하고, 좀 더 타당성(comprehensive)있는 데이터를 얻기 위해 코딩 지침과 같은 정형화된 틀에 따라서 검토를 하는 것이 일반화되고 있다(Biemer and Lyberg, 2003). 질문에 관한 잠재적인 문제를 평가하기 위한 지침 개발 시도들이 있어왔으며, 특히 레슬러와 포시쓰(Lessler and Forsyth, 1996)는 응답 과정에서 인지적인 분석이 필요한 아래의 7개 범주를 제시한 바 있다.

전문가 검토를 위한 코딩 범주

1. 읽기와 관련된 문제(Problems with Reading)
2. 지시문과 관련된 문제(Problems with Instructions)
3. 항목의 명확성과 관련된 문제(Problems with Item Clarity)
4. 가정과 관련된 문제(Problems with Assumptions)
5. 지식/기억과 관련된 문제(Problems with Knowledge/Memory)
6. 민감성/바이어스와 관련된 문제(Problems with Sensitivity/Bias)
7. 응답범주와 관련된 문제(Problems with Response Category)

출처 : Lessler and Forsyth, 1996, 조사표평가방법론에 관한 최근동향, 통계청

2.3 사용성평가 관련 국내 · 외 표준

사용성과 관련한 국제표준기구(ISO)의 규격은 제품지향적 접근(Product-oriented approach)과 과정지향적 접근(Process-oriented approach)의 2가지 접근 방식을 제공하고

있다.

우선, 제품지향적 접근에서의 사용성은 제품들이 사용 가능하게 되도록 하는 일련의 요구사항으로서 다루어지며, 품질관리활동의 일부로 설명될 수 있다(Bevan, 2001;ISO/IEC 9126-I,2001).

다음으로, 과정지향적 접근에서는 사용자들이 과업수행 시 각기 다른 환경에 처하게 되며, 이로 인해 그들만의 특별한 목표에 도달하는 방식을 예측할 수 없는 문제가 발생하는 데 착안하여 사용성을 설명하고 있다.

이 접근에 따르면, 사용성은 사용자중심의 설계 과정이 이루어지고 그 과정에서 사용자, 과업, 환경 속성 등과 같은 특수한 특성들이 모두 포함될 때 달성된다.

ISO 규준에서는 제품지향적 접근과 과정지향적 접근은 서로 상호보완적이며, 모두 제품 및 서비스 개발 시 모든 단계에서 수행되어야 한다고 강조하고 있다.

이러한 접근은 사용성 개념에 있어 새로운 방향을 제시한 것으로 인정받고 있으며(Glosiene외, 2005),가장 대표적인 사용성 관련 국제표준에는 ISO 9241-11, ISO 13407, ISO 9126-1 등이 있다.

먼저, 사용성의 대표적인 국제규격으로서 ISO 9241-11는 시각 표시장치(VDT)를 이용한 오피스 작업에 대한 인간공학적 요구사항을 다루고 있다.

이 규격에서는 사용성에 대한 정의를 내리며, 사용자의 행동과 만족도의 척도에 의해 사용성을 규정하거나 평가할 경우에 고려하지 않으면 안 되는 정보를 어떻게 인식할 것인가를 설명하고 있다. 이 규격에 따르면, 사용자가 어떠한 제품이나 서비스를 사용하는 범주는 사용자, 과업, 환경 요소들의 특성을 모두 포함하고 있어야 한다.

먼저 '사용자 특성'은 사용자의 신체적 속성, 지식, 경험, 교육 정도, 연령과 같은 것으로 제품과 상호작용하는 각 개인의 특성을 구별하는 데 필수적이며, 이를 통해 각 사용자의 행동을 예측할 수 있다는 의의를 지닌다.

'과업 특성'은 사용자가 목표에 도달하기 위해 필요한 특정한 행동의 범주를 보여주며, 이러한 과업을 분석함으로써 사용자가 목표를 성취하는 방법을 도표화하여 전반적인 시스템 요구사항을 규정하기 위한 가치 있는 정보를 제공하도록 도와준다.

마지막으로 '환경적 특성'은 사용자와 사용성에 영향을 줄 수 있는 제품 간의 상호작용을 둘러싼 외부적 요소들을 모두 포함한다.

이러한 특성을 모두 포함하는 사용의 범주가 바로 앞서 살펴본 유효성, 효율성, 만족 정도에 의해 평가되는 것이다.

ISO 9241-11은 사용 가능한 제품을 만들기 위해 '사용성'이 제품개발 과정 전반에 포함되어야 하며, 제품 자체의 품질에도 기여할 수 있어야 한다고 언급하고 있다.

다음으로, ISO 13407은 ISO 9241-11의 연장선상에서 인간중심 설계의 프로세스를 규정하고 있다. 즉, 이 규격은 다른 ISO 표준규격들처럼 공업제품의 사양을 규정하는 것이 아니라, 제품개발의 프로세스를 규정하는 규격이다.

마지막으로 CIF는 미국 상무성 기술관리본부국(NIST: The National Institute of Standards and Technology)의 주도 아래 열리고 있는 산업 사용성 보고서(IUSR: Industry Usability Report)프로젝트의 일환으로 소프트웨어의 사용성평가를 위한 보고서 양식이다. 처음에는 보잉(Boeing)사가 개시한 조달기준이었으나, 미국 상무성이 검토하여 2001년 규격화되었다. 이것의 특징은 기존 사용성평가에서 주관성을 배제한 객관적 지침이 없었던 측면을 보완하여, 정량적인 숫자로 제품의 사용성 달성도를 비교할 수 있도록 하였으며, 이를 통해 사용자들의 구매 판단에 도움을 주고자 하였다. CIF의 사용성 매트릭스는 효과성(effectiveness; 과제의 완성도, 에러 빈도, 완료율 등), 효율성(efficiency; 과제 완성까지의 평균 시간, 완료율 등), 수용성(acceptance) 또는 만족도(satisfaction; 사용자의 주관적 만족도)의 3가지로서, 기존 ISO 9241-11와 ISO 13407에 부합하면서도 보다 구체화를 도모하고 있다.

2.3.1 ISO/IEC Guide 71(2000)

고령자 및 장애인의 니즈를 반영한 표준화에 관한 ISO/IEC 정책으로서 고령자 · 장애인에 대한 배려를 중점 테마로 하여 어떻게 고려할 것인가에 대한 가이드라인을 제공하고 있다.

제품, 서비스 및 생활환경에 관한 모든 규격 작성 시 고령자 · 장애자를 배려해야 할 7가지 고려사항을 제시하고 있다.

① 정보, 표시

② 포장, 용기

③ 소재(재질)

④ 설치

⑤ 사용자 인터페이스(조작성)

⑥ 정비 · 보관 · 폐기

⑦ 구축환경

2.3.2 ISO/TR 22411:2008 (2008)

ISO/IEC Guide 71의 인간공학정보 및 지침서로서 노약자에게 필요한 기술정보 · 데이터 및 설계에 관한 지침을 제공하고 있다.

노약자를 포함하는 전 소비자의 사용성을 최대화할 수 있도록 하는 제품 설계단계에서 7원칙을 제시하고 있다.

① 사용의 형평성(Equitable Use)

② 사용상의 융통성(Flexibility in Use)

③ 간단하고 직관적인 사용(Simple and Intuitive Use)

④ 쉽게 인지할 수 있는 정보(Perceptible Information)

⑤ 오류에 대한 포용력(Tolerance of Error)

⑥ 적은 물리적 노력(Low Physical Effort)

⑦ 접근과 사용을 위한 크기와 공간(Size and Space for Approach and Use)

향후 노인소비자를 위한 사용성 개념 및 원칙을 정립하는데 있어 기존 사용성 관련 가이드라인에 노인소비자 특성을 반영하여 고찰하면 전반적인 사용성범위를 벗어나지 않으면서도 노인소비자를 포함하는 넓은 범위의 사용자를 위한 새로운 개념 및 원칙을 마련할 수 있다.

2.3.3 ISO 9241-11(1998) 사용성안내(Guidance on Usability)

사용성은 특정한 사용자들에 의해 어떤 제품을 사용할 때 특정한 목적을 성취하기 위한 특정한 맥락의 사용에서 효과성, 효율성 그리고 만족도에 대한 것으로 정의할 수 있다.

그림 2-3 KS A ISO 9241-11에 정의된 사용성 측면의 조작 편의성

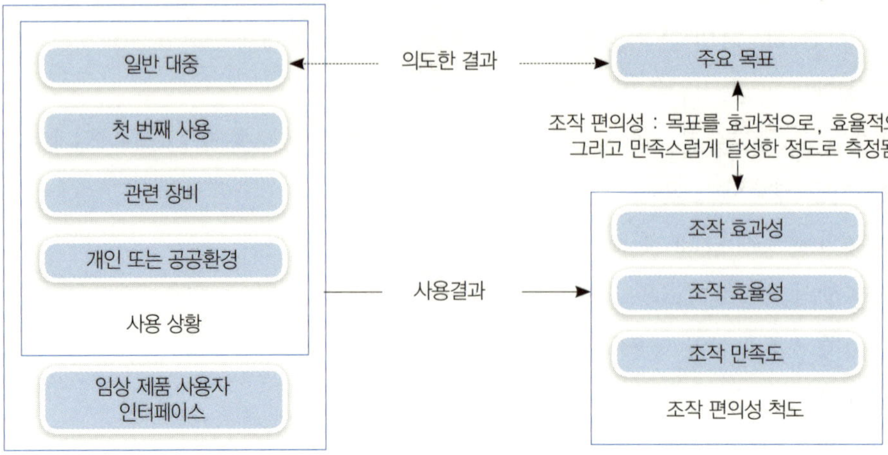

출처 : KS A ISO 9241-11 사용성 체계를 예시로 한 조작 편의성

그림 2-4 KS A ISO 9241-11에 정의된 사용성 체계

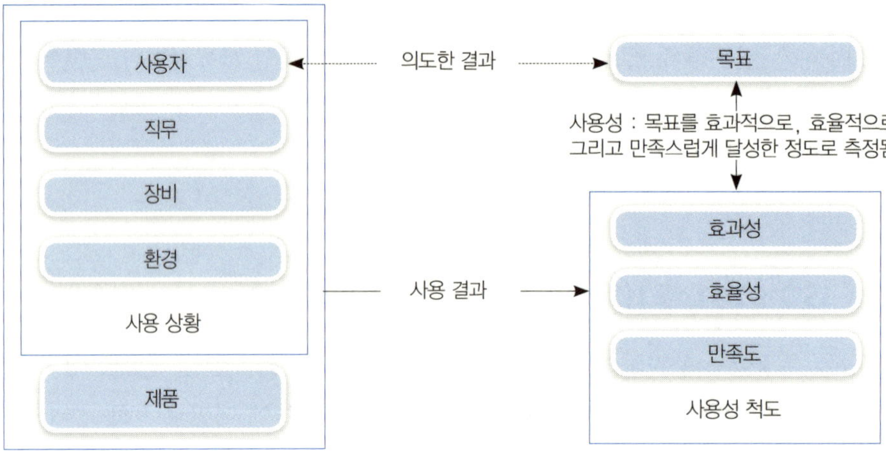

출처 : KS A ISO 9241-11 에 있는 사용성 체계

2.3.4 고령자 사용성 관련 한국표준규격(KS A ISO/IEC Guide 71:2007)

ISO/IEC Guide 71을 기초로 하여 기술적인 내용 및 대응 국제표준의 구성을 변경하지 않고 작성한 한국산업규격으로 이 지침은 관련 국제규격 개발자들에게 고령자 및 장애인들의 요구를 어떻게 고려할 것인가에 대한 지침을 제공하고 있다.

매우 심하고 복잡한 장애를 가진 일부 사람들은 이 지침에 반영된 수준 이상의 요구사항을 갖고 있다는 것을 인지하지만, 매우 많은 사람들은 가벼운 손상을 갖고 있어 규격의 접근 방식을 비교적 약간 변경하여 그 요구사항을 반영할 수 있으며, 이렇게 함으

로써 제품 또는 서비스 시장을 확대하는 것을 목적으로 다음과 같은 목적으로 정의된다.

① 인간의 능력이 어떻게 제품, 서비스 및 환경의 편이성에 영향을 미치는가에 대한 정보를 제공하고 이해를 증진하며 인식한다.

② 규격의 요구사항과 제품 및 서비스의 이용 용이성 및 편이성 사이의 관계를 약술한다.

③ 보다 넓은 시장의 관점에서 이용하기 쉽게 하는 설계원칙 채택에 따른 이익에 대한 인식을 전환한다.

이 지침은 고령자 및 장애인들의 요구가 규격개발에서 고려될 수 있는 프로세스를 기술하며, 규격개발자들이 규격의 관련 항목에는 모든 능력이 반영되었음을 보장하기 위해 고려되어야 할 요인과 연관시킬 수 있도록 일람표를 제공하고 있으며, 신체기능 또는 인간능력을 기술하고 손상의 실제적인 함축적 의미를 제공하고 있다.

2.3.5 미국 FDA Human Factor Guidance 및 IEC 62366 개정사항 조사

1) 미국 FDA Human Factor Guidance

미국에서는 사용적합성(Usability)을 휴먼팩터(Human Factors)라 하고 있으며, 2011년도에 FDA가 발행한 가이던스 "Applying Human Factors and Usability Engineering to Optimize Medical Device Design"의 휴먼팩터 엔지니어링 프로세스는 다음과 같이 나타낼 수 있다.

그림 2-5 휴먼팩터 엔지니어링 프로세스

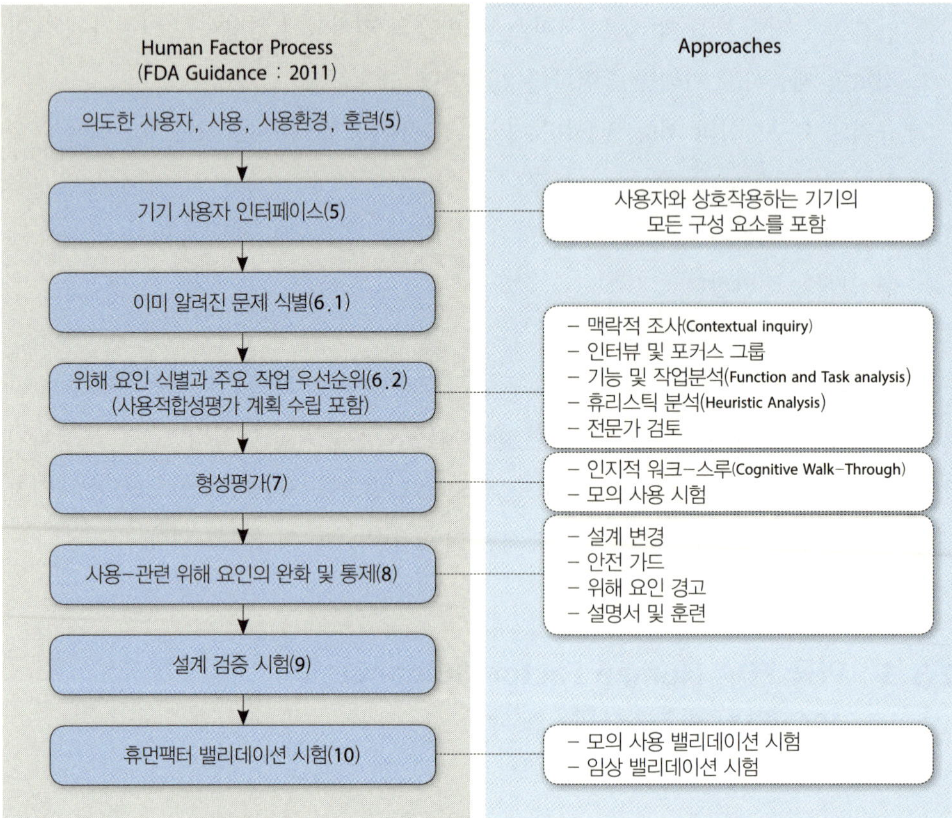

2) IEC 62366:2007 Ed1.0

현재 의료기기 사용적합성 국제규격으로는 "IEC 62366:2007 Ed1.0"이 활용되고 있으며 그 요구사항 및 프로세스는 다음과 같다.

그림 2-6 사용적합성 요구사항 (IEC 62366:2007 Ed1.0)

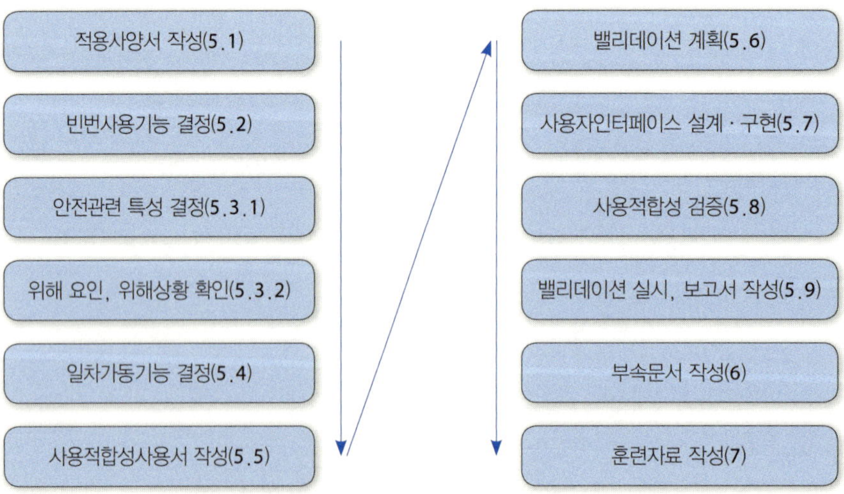

그림 2-7 사용적합성 엔지니어링 프로세스 (IEC 62366:2007 Ed1.0)

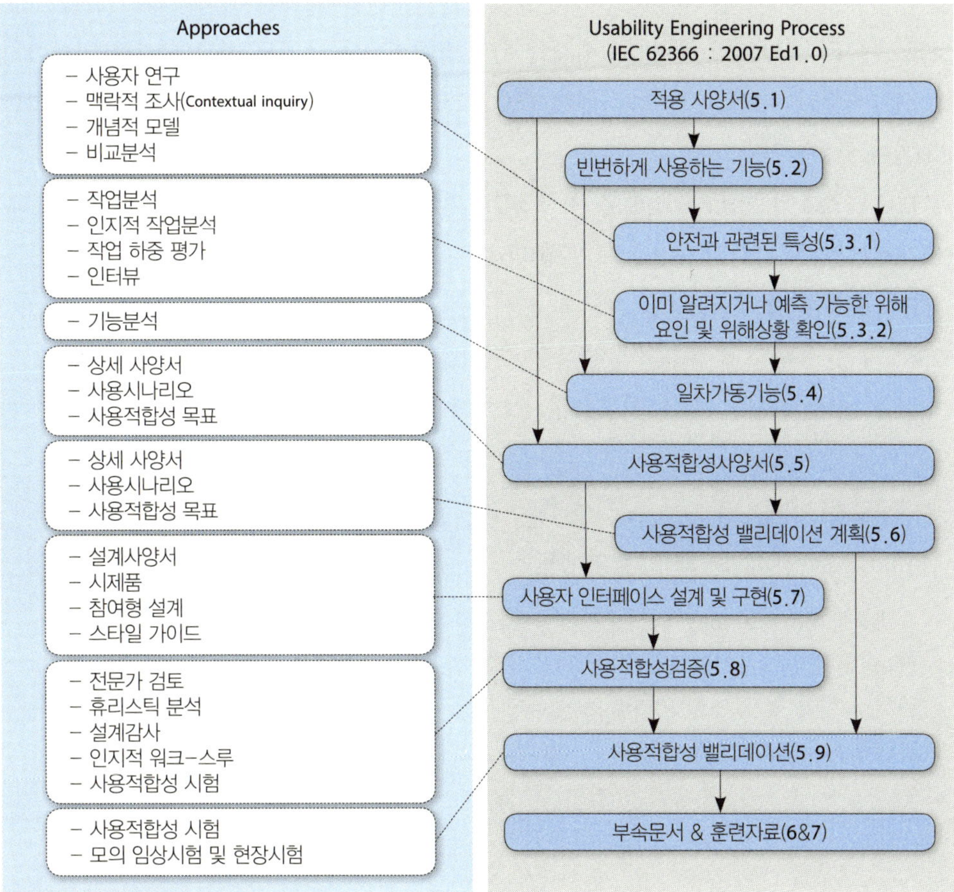

3) IEC 62366:2014 Ed1.1

2007년도 발행된 IEC 62366 Ed 1.0은 현재 개정 중에 있으며 각 회원국의 의견을 반영하여 "IEC 62366 amendment 1" 즉 "IEC 62366:2014 Ed1.1"로 발행되었다.

IEC 62366:2014 Ed1.1 개정내용

개정내용은 사용적합성 엔지니어링 프로세스에 적합하다는 증거가 없는 레거시(Legacy) 제품에 대한 요구사항을 추가한 것으로서, 레거시에 대한 프로세스를 다루기 위하여 새로운 용어인 "UOUP"를 용어 및 정의에 정의하고, UOUP에 대한 사용자 인터페이스 평가 프로세스를 Annex K(부속서 K)에 제시하였다.

- IEC 62366:2014 Ed1.1 = "IEC 62366:2007 Ed1.0 + UOUP 요구사항"

4) IEC 62366-1:2015 Ed1.0

IEC는 IEC 62366의 규격번호체계를 향후 IEC 62366-1, IEC 62366-2로 변환하기로 결정하였다. 이에 따라 2015년에 IEC 62366-1:2015 Ed1.0, IEC 62366-2:2015 Ed1.0이 발행되었다.

"IEC 62366-1:2015 Ed1.0"은 미국 FDA 휴먼팩터 가이던스와 미국 규격인 AAMI HE74를 반영한 강화된 내용으로 발행되었다.

IEC 62366-2는 의료기기에 대한 사용적합성 적용을 위한 가이던스로서 IEC 62366-1을 적용할 때 유용하게 활용될 수 있을 것으로 판단된다.

※ IEC 62366-2:2015 Ed1.0, Medical devices - Part 2: Guidance on the application of usability engineering to medical devices

IEC 62366-1:2015 Ed1.0 주요 내용

개정목적은 IEC 62366 사용적합성 엔지니어링 프로세스를 개선하는 것이며 미국 FDA 휴먼팩터 가이던스와 같이 사용자 인터페이스 관련 사용 시나리오를 바탕으로 위해 요인을 찾고 이를 평가하는 방식에 있어서 형성평가(Formative evaluation)와 총괄평가(Summative evaluation)를 사용하고 있다.

03 Chapter 사용성평가 수행 방법 : 계획

사용성평가 계획은 전체 테스트의 기초이다. 그것은 사용성평가를 어떻게, 언제, 어디서, 누가, 왜 해야 하는 지에 대한 부분이다. 때때로 사용성평가의 기한이 짧거나 아니면 제품의 기능이 단순한 경우 이러한 계획 단계를 거치치 않는 경우도 있으나. 사용성평가를 수행하기 위해서는 다음에서 제시하고 있는 사용성평가의 계획을 충실히 따라 사용성평가를 실시하여야 할 것이다.

사용성평가를 위해 계획을 세워야하는 중요한 이유는 다음과 같다.

1) 사용성평가에 대한 설계도 역할을 한다.

사용성평가 계획은 당신이 무엇을 만들지 정확히 설명하기 때문에 제품 테스트 방법을 정확하게 설명할 수 있다. 설계도는 제품에 대한 자세한 스펙 및 설명 등이 총 망라되어 있는 것으로 설계도를 통해 우리는 무엇을 만드는지, 무엇을 얻고자 하는지를 알 수 있다. 사용성평가 계획은 앞으로 진행되는 사용성평가의 모든 단계를 사전에 설정하는 것이다. 이렇기에 올바른 계획을 세우는 것은 사용성평가에 있어 가장 중요한 단계이다.

2) 사용성평가에 대한 의사소통 도구로 활용되어 진다.

사용성평가 계획은 제품의 디자이너와 개발자, 사용성평가 관리자 및 수행자 간의 주요 의사소통 수단으로 사용될 수 있다. 사용성평가 계획은 개발 팀의 모든 관련 구성원(관심이 있고 관련이 있는 경우)이 테스트 진행 방법을 이해하고 특정 요구가 충족되는지 여부를 확인하기 위해 검토해야한다는 문서이다. 사용성평가를 통해서 소비자의 요구사항을 도출하기 위해서는 사용성평가를 수행하는 이들 간의 호흡이 중요하다. 사용성평가가 실질적으로 수행될 때는 생각하지 못한 다양한 문제점들이 발생하고 일부 내용 및 방법의 수정이 발생할 수 있기 때문에 평가가 끝날 무렵 의도치 않은 결과가 초래할 수 있다. 이는 누구도 바라지 않는 상황일 것이다. 특히 조직이 처음 사용성평가를 시작할 때 사용성평가 결과의 영향을 직접 받는 모든 사람이 사용성평가 계획을 검토해야 한다.

3) 사용성평가에 필요한 자원을 정의하거나 암시한다.

사용성평가 계획은 내부 및 외부 모두에서 필요한 자원을 설명하거나 암시한다. 어떤 일이 언제 일어나는지 정확하게 설명하면 테스트를 통해 성취해야 할 일을 예측하는 것이 훨씬 쉽게 된다. 사용성평가 계획은 직접 또는 암시에 의해 사용성평가를 성공적으로 완료하는 데 필요한 리소스를 전달해야 한다.

4) 사용성평가를 위한 초점 지점을 제공한다.

사용성평가 계획이 없다면 세부사항이 모호해지게 된다. 사용성평가 계획은 체계적으로 사용성평가 작업에 접근하도록 하며 개발팀에게 평가 일정에 대한 관리를 수월하게 할 수 있도록 돕는다. 사용성평가 계획을 단계적으로 개발함으로써 변경사항에 대한 유연성을 확보할 수 있다. 예를 들어, 시간과 자원의 제약이 명확해지면 사용성평가가 절차나 인력소요 등이 단순해질 수 있다. 즉, 참여 인력이 변경될 수도 있으며, 사용성평가의 목표가 너무 부정확하고 단순화될 수도 있다. 또한 실험의 장소 및 설문지의 내용 등이 변경될 수 있다. 이러한 상황들이 사용성평가 계획을 수정하도록하는 실제적인 예이다.

3.1 1단계 : 계획

사용성평가의 맨 처음 단계는 평가의 계획을 설정하는 것이다. 계획은 (1) 예산계획 – (2) 평가소요시간 계획 – (3) 사용성평가 팀의 구축 순으로 진행된다. 보다 자세한 설명은 다음과 같다.

3.1.1 예산계획

사용성평가 1단계 계획의 다음 단계는 사용성평가에 소요되는 비용을 산출하는 단계이다. 일반적으로 비용은 고정비용과 변동비용으로 나눌 수 있다. 고정비용은 사용성평가 진행과 관련 없이 일정하게 지출되는 비용을 의미하며, 일반적으로 평가 장비 구입, 평가 장소 임차료, 평가 관련 전담 요원의 인건비 등이 포함된다. 평가 관련 전문가 인건비로는 일반적으로 사용성평가 전문가(인간공학 전문가, 마케팅 전문가, 평가 수행자 등)과 관련 된 인건비 항목이 포함된다. 평가 장소 임차료는 사용성평가를 위한 시설의 임차료를 포함한다.

변동비용은 평가 진행 과정에서 늘거나 줄어드는 비용을 의미하며, 일반적으로 평가 진행 인건비, 피험자에 대한 사례비, 평가 자료를 만드는 비용, 평가시스템 구축 비용 등이 포함된다. 피실험자 사례비는 사용성평가에 참여하는 피실험자에게 적절한 보상을 통해 평가에 대한 참여율을 향상시킬 수 있다. 평가시스템 구축비용은 대규모의 사용성평가를 실시할 경우 또는 다양한 제품에 대한 사용성평가를 실시하는 경우 별도의 평가시스템 구축비용이 포함된다.

사용성평가에 소요되는 비용은 이러한 고정비용과 변동비용의 합으로 나타나며, 이에 대한 적절한 비용을 산출해야 한다. 사용성평가를 통해 기업이 얻을 수 있는 혜택은 다음과 같다.

1) 설계 변경에 따른 후기 작업시간이 줄어들게 된다.

사용성평가를 통한 소비자의 요구가 반영되어 제품의 문제점을 사전에 파악할 수 있어 후기 설계변경에 따른 작업시간이 줄어들게 된다.

2) 정시 제품 출시 가능성이 향상된다.

시장에 대한 진입 시간 등이 줄어들게 되어 정시 제품 출시에 대한 가능성이 높아진다.

3) 제품 판매가 증가된다.

제품에 대한 유용성 및 소비자 만족도 증대에 따른 제품 판매의 증대를 가져올 수 있다.

4) 법정 규정을 준수할 수 있다.

의료기기 등과 같이 소비자의 생명과 안전에 직결된 제품의 경우 사용성평가를 의무화하는 규정을 두고 있는 경우가 있어 사용성평가를 실시하게 되는 법적인 규정을 준수하는 효과를 가져 올 수 있다.

3.1.2 평가 소요시간 계획

계획의 2번째 단계는 사용성평가에 소요되는 시간을 산출하는 것이다. 물론 제품의 수 및 참여하는 피실험자 수, 분석해야하는 실험 방법 등 다양한 변수에 따라서 시간의 변동이 발생할 수 있다.

하지만 일반적인 사용성평가의 정규 평가는 약 8주(2달)에서 12주(3달) 정도가 소요되며, 약식평가의 경우 조건에 따라서 1~2일 이내에도 이루어 질 수 있다.

사용성평가에 소요되는 예산비용에 따라 평가에 소요되는 제품 및 평가자 수, 실험 방법 등이 결정되고, 이에 따른 시간이 설정되게 된다.

3.1.3 사용성평가 팀의 구축

계획단계의 마지막은 사용성평가를 수행하는 팀을 구성하는 것이다. 평가 대상의 제품, 사용성평가의 목적에 따라 적절한 팀을 구성하여야 하며, 일반적으로 사용성평가에 참여하는 팀은 인간공학전문가, HCI전문가, 시스템 개발자, 디자이너, 마케팅 담당자 등이 참여하게 된다. 사용성평가를 수행하는 팀에는 가급적 의뢰하는 회사(기관)의 의사결정 권한이 있는 자(예, CEO, 개발팀장 등)가 참여하는 것이 좋다.

3.2 2단계 : 사용성평가의 목표 설정

사용성평가 2단계는 사용성평가의 목표를 설정하는 것으로 평가하고자 하는 대상 제품의 (1) 사용자 분류 - (2) 과업분석 - (3) 제품의 속성결정 - (4) 선택된 속성에 대한 측정기준 설정의 단계를 따른다.

3.2.1 사용자 분류

사용성평가 목표 설정의 가장 처음단계는 사용자를 분류하는 것이다. 이는 평가대상 제품의 목적에 맞는 사용자집단을 정하고, 그들의 다양한 특성을 파악하는 것이다.

일반적인 사용성평가 사용자 분류에는 다음과 같은 특성을 고려해야 한다.

① 대표적인 사용자들의 인구 통계학적 특성

② 제품을 얼마나 자주 사용하는지에 대한 빈도수

③ 자발적인 사용자인지 강요된 사용자인지에 대한 구분

④ 대표적인 사용자들의 교육 및 경력수준

⑤ 사용자에 제공될 수 있는 대체시스템의 존재 여부

3.2.2 과업분석

과업분석(task analysis)은 사용자들이 어떤 일(Task)을 어떻게 수행하는지를 관찰하여 이를 분석하는 방법이다. 과업분석은 어떤 시스템, 즉 제품 혹은 서비스를 사용자중심 디자인을 통해 개발하기 위하여 사용자가 실제 어떻게 주어진 일을 자신의 어떤 욕구를 충족시키기 위하여 사용할 때 어떤 특정한 방법이나 목적, 요인을 가지고 어떻게 수행하는지를 관찰 한 다음, 이를 바탕으로 어떤 목적을 사용자의 시각에서 개발하도록 하는 방법이다. 이것은 개발자가 이러한 분석이나 자료 없이 어떤 시스템을 디자인 할 경우 자칫 사용자의 자연스러운 방법과는 다른 개발자적 사고와 방법에 의해 만들어질 수 있기 때문이다. 이럴 경우 사용성과 편의성 등 사용자가 원하는 긍정적 사용자 경험이 얻어 질 수 없다.

보다 구체적으로는 이러한 분석을 통해 전체적 목표를 위해 어떤 과업이 필요하며 어떻게 단위별 세부적으로 과업을 규정할 수 있는지를 설계할 수 있으며, 다시 이러한 과업수행을 분석하여 효과적 수행을 측정하고 개선할 수 있다. 또한 시스템을 구성하는 인적자원에게 부여할 직무의 분석과 정의를 위한 방법이기도 하다.

이러한 과업분석을 하다 보면 또한 원래의 목적이 아닌 다른 부차적인 목적을 위해 창조적으로 시스템을 사용하는 경우도 있으며, 이는 새로운 개발을 위한 중요한 단서가 되기도 한다. 또한 사용자는 사용하는 경험이 쌓임에 따라 묵시적 지식(암묵지, Tacit knowledge)가 축적되기도 하는데 이는 사용자 매뉴얼이나 안내서와 같은 것에서 얻을 수 있는 명시적 지식(형식지, Explicit knowledge)을 이용하는 것보다 효율적인 사용을 가능하게 한다.

과업지시 단계에서 유용한 질문은
제품에 적용되는 과업이 과연 어떤 것인가?
현재는 어떤 방식으로 그 과업이 진행되고 있는가?
제공되는 시스템이 이 과정에서 어떤 역할을 할 것인가?의 질문들이 있다.

1) 과업분석 방법

일반적으로 사용되는 과업분석 방법은 다음과 같은 방법을 사용한다.

그림 3-1 계층적 과업분석 방법 예시(소비자분석)

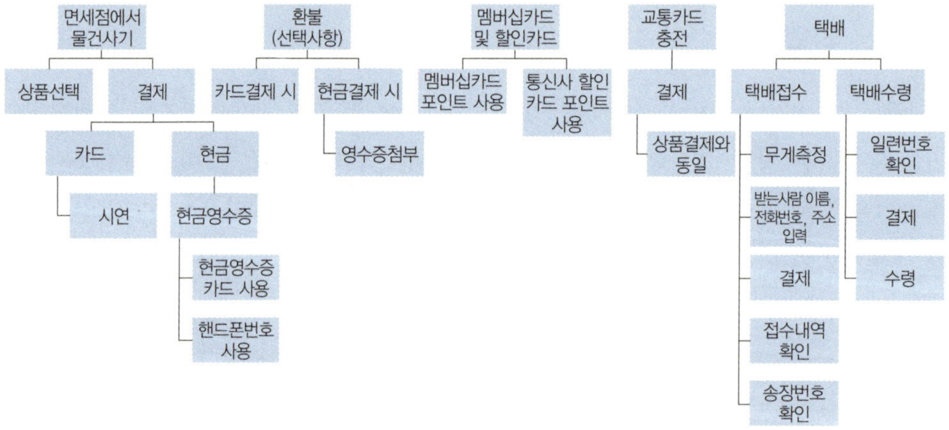

① **계층적 과업분석 방법** (Hierarchical task analysis)

계층적 과업분석 방법은 어떤 하나의 일을 여러 개의 과업으로 나누고, 각 과업을 다시 세부 과업으로 나누어 해당 과업에 대한 계층적인 구조를 파악하는 것이다. 이때 중요한 사항은 어느 수준까지 과업을 세분화 할 지를 결정하는 것이다.

이러한 계층적 과업분석을 통해 간단한 단위작업으로 분석이 가능하며, 불완전/비논리성/상충적인 부분을 파악하기 쉽다. 단, 사람의 행동을 분석하는 데는 적절하지 못하다.

② 지식기반분석 방법 (Knowledge based analysis)

전문가시스템과 같이 많은 지식을 필요로 하는 시스템을 개발하는 경우에 사용하는 분석 방법으로, 과업을 수행하기 위해 필요한 도구와 행위를 파악하고 이를 체계적으로 분류하고 분석하는 방법이다.

이러한 방법의 장점은 분류체계를 이용하여 체계적인 지식정리가 가능하다는 점이 있으며, 단점으로는 획일화된 분석이 요구되는 것을 들 수 있다.

③ 시나리오 분석 방법 (Scenario analysis)

사용자 입장에서 사용자가 수행한 과업 과정과 생각을 분석하는 방법으로, 사용경험을 상세하게 설명하도록 하여 이를 분석하는 것이다.

서술적 표현, 설명 자체를 매우 자세하게 하고 이러한 설명을 이용하여 시사점을 찾을 수 있도록 하는 방법이다. 일반적인 사용성평가 방법에 많이 활용되는 기법이다.

이 분석 방법의 장점은 개발 전체에 대한 윤곽을 그릴 수 있고, 발생 가능한 모든 과정을 체계적으로 정리할 수 있으며, 시스템의 점진적인 개선이 가능하다는 것이다. 또한, 사용자와의 의사소통 도구로 사용할 수 있고, 다양한 측면에서 시스템의 문제점을 파악할 수 있다

단점으로는 시스템과 관련된 사항을 구분하기가 어려우며, 여러 가지 시나리오가 가능함으로 포괄적인 구성이 어렵다는 것이다.

3.2.3 제품의 속성결정

다음 단계는 제품의 속성을 결정하는 단계이다. 이는 사용성과 관련된, 그리고 제품을 사용하는 사용자의 감성과 관련한 다양한 속성을 정의하는 것이다.

3.2.4 선택된 속성에 대한 측정기준 설정

다음 단계는 앞서 11.2.3에서 설정된 제품의 속성에 대한 측정기준을 설정하는 것이다.

3.3 3단계 : 사용성평가의 참가자 선발

사용성평가 3단계는 사용성평가를 위한 참가자(피실험자)를 선발하는 것으로 사용성평가를 위한 중요한 단계이다. 본 단계는 (1) 사용자의 특성 파악 – (2) 평가대상 기준 설정 – (3) 필요한 피실험자의 숫자 선택 – (4) 피실험자 모집 – (5) 피실험자 관리 등의 순서로 진행된다.

3.3.1 사용자의 특성 파악

3단계의 첫 단계는 사용자의 특성을 파악하는 것이다. 사용성평가의 대상이 되는 제품과 관련하여 제품의 사용경험, 해당 시스템의 사용경험, 해당 과업의 경험 유무, 교육정도(일부제품 및 서비스의 경우 일정 교육수준 이상에서 사용이 가능한 점 등을 고려해야 한다.) 등을 사전에 파악하는 것이다.

이는 사용성평가의 목적에 따라 해당 시스템의 오류 검출이나 제품 개선 등에 활용될 수 있으며, 일부 사용자의 경우 일부 제품 및 시스템에 대한 선입견을 일으킬 수 있으므로 유의하여야 한다.

3.3.2 평가대상 기준 설정

사용자의 특성 파악이 결정되면 다음은 평가대상의 기준을 설정하는 것이다. 평가대상의 기준은 제품 및 서비스와 관련하여 전문가 수준, 고급사용자 수준, 중급사용자 수준, 초급사용자 수준 등으로 나눌 수 있다. 이를 통하여 평가자가 얻고자 하는 데이터를 정확히 얻을 수 있다.

3.3.3 필요한 피실험자의 숫자 선택

앞서 관련 예산 및 기간 등에 따라서 피실험자의 수 등이 어느 정도 예상이 되었겠지만, 본 단계에서는 평가자가 얻고자 하는 데이터 결과의 신뢰도에 따라서 피실험자의 수를 결정하게 된다.

피실험자의 수는 사용성평가의 효과성을 결정하는 것이다. 이것은 사용성평가의 신뢰성과 직결되는 문제로 간과하여서는 아니 된다.

Usability Test에서 참가자(피실험자)의 수는 Jakob Nielsen에 의하면, 중간 규모의 사용성 프로젝트의 경우 비용효율을 감안할 때, 한 테스팅 당 약 5명 정도의 참가자 수가 이상적이라고 밝히고 있다.

또한 닐슨은 피실험자의 수를 산정하기 위한 아래와 같은 공식을 활용하고 있다.

N : 시스템의 총 사용성 문제 수

L : 한 사람의 피실험자를 통하여 발견할 수 있는 문제점의 백분율

출처: Jakob Nielsen, *Usability Engineering*, Academic Press, Inc., 1993, p. 174.

그림 3-2 Usability Test

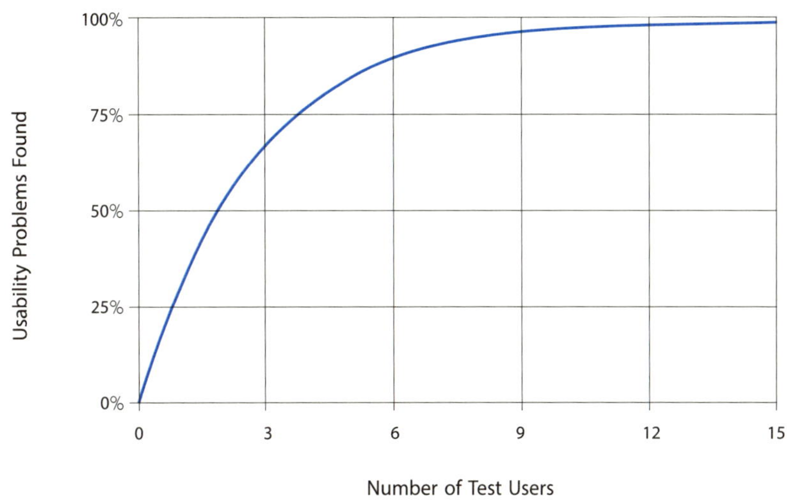

출처 : http://www.nngroup.com/articles/why-you-only-need-to-test-with-5-users/

하지만, 사용성평가의 효과성 등을 전반적으로 고려할 때는 다음의 기준에 따라 사용자 수를 결정한다. 일반적으로 효과성은 한 제품을 사용할 때 목표를 성공적으로 달성한 사용자의 비율로 측정된다. 효과성의 신뢰구간은 정밀한 이항 통계로 계산해야 한다. 높은 신뢰도로 성공률을 높이려면 사용자 표준이 커야 한다. 단측검증(값이 충분히 낮은 경우에만 가설을 기각)을 사용하여 80%와 95% 신뢰수준에서 75%와 80%보다 큰 모집단 성공률을 추정하기 위해 필요한 최대 실패 사용자 수에 대한 통계적 계산(조정 Wald 방법 사용)의 예를 제공한다.

비고 1. 이 방법은 작은 샘플에 대한 모집단 값을 제공하므로 조정 Wald 방법을 사용하여 신뢰수준을 생성한다.

보기: 사용자 10명 중 9명이 성공한 경우 성공률이 최소 63% 이상인 확률이 95% 이고 성공률이 최소 78% 이상인 확률은 80%이다.

비고 2. 이러한 통계는 무작위 표본일 경우에만 유효하다. 사용자를 무작위로 선정하는 것이 중요하다. 층별 추출의 경우 각 범주 안의 사용자를 무작위로 선발하는 것이 중요하다.

비고 3. 과학영역에서 신뢰도가 95%이면 통상적이고 확실한 주장을 할 수 있지만, 비즈니스 영역에서는 80%의 신뢰도로도 충분할 수 있다.

표 3-1은 95% 신뢰수준에서 80%보다 큰 모집단 성공률로 추정되는 최대 실패 사용자 수를 보여 준다.

표본 사용자가 14명에서 20명인 경우 비성공자 최대수가 0명이며,
표본 사용자가 21명에서 28명인 경우 비성공자 최대수가 1명이며,
표본 사용자가 30명인 경우 비성공자 최대수가 2명이며,
표본 사용자가 40명인 경우 비성공자 최대수가 3명이며,
표본 사용자가 50명인 경우 비성공자 최대수가 5명이며,
표본 사용자가 100명인 경우 비성공자 최대수가 13명임을 나타낸다.

95% 신뢰도로 75% 이상의 모집단 성공률을 추정하는 데 필요한 비성공자의 최대 수를 살펴보면

표본 사용자가 10명에서 16명인 경우 비성공자 최대수가 0명이며,
표본 사용자가 17명에서 21명인 경우 비성공자 최대수가 1명이며,
표본 사용자가 22명에서 27명인 경우 비성공자 최대수가 2명이며,
표본 사용자가 30명인 경우 비성공자 최대수가 3명이며,
표본 사용자가 40명인 경우 비성공자 최대수가 4명이며,
표본 사용자가 50명인 경우 비성공자 최대수가 7명이며,
표본 사용자가 100명인 경우 비성공자 최대수가 17명임을 나타낸다.

표 3-1 80% 신뢰수준에서 통계 계산의 예

1	2	3	4	5
추정된 모집단 성공률	75%		80%	

사용자 수	비성공자 최대수	추정된 모집단 성공률	비성공자 최대수	추정된 모집단 성공률
3	0	77.6%		
4	0	82.2%	0	82.2%
5	0	85.3%	0	85.3%
6	0	87.5%	0	87.5%
7	0	89.1%	0	89.1%
8	0	90.3%	0	90.3%
9	1	76.7%	0	91.3%
10	1	78.8%	0	92.1%
11	1	80.6%	1	80.6%
12	1	82.1%	1	82.1%
13	1	83.3%	1	83.3%
14	2	75.9%	1	84.4%
15	2	77.4%	1	85.4%
16	2	78.7%	1	86.3%
1	2	3	4	5
추정된 모집단 성공률	75%		80%	
사용자 수	비성공자 최대수	추정된 모집단 성공률	비성공자 최대수	추정된 모집단 성공률
17	2	79.9%	1	87.0%
18	2	81.0%	2	81.0%
19	3	75.9%	2	81.9%
20	3	77.0%	2	82.8%
21	3	78.0%	2	83.5%
22	3	79.0%	2	84.2%
23	3	79.8%	2	84.9%
24	4	75.9%	3	80.6%
25	4	76.8%	3	81.4%
26	4	77.7%	3	82.0%
27	4	78.5%	3	82.7%
28	5	75.2%	3	83.3%
29	5	76.0%	3	83.8%
30	5	76.8%	4	80.5%
⋮	⋮	⋮	⋮	⋮
40	7	76.9%	5	82.4%
⋮	⋮	⋮	⋮	⋮

50	9	77.0%	7	81.3%
⋮	⋮	⋮	⋮	⋮
100	21	75.4%	16	80.7%

표 3-2 95% 신뢰수준에서 통계 계산의 예

1	2	3	4	5
추정된 모집단 성공률	75%		80%	
사용자 수	비성공자 최대수	추정된 모집단 성공률	비성공자 최대수	추정된 모집단 성공률
10	0	75.1%		
11	0	76.9%		
12	0	78.4%		
13	0	79.7%		
14	0	80.9%	0	80.9%
15	0	82.0%	0	82.0%
16	0	82.9%	0	82.9%
17	1	76.0%	0	83.8%
18	1	77.2%	0	84.5%
19	1	78.2%	0	85.2%
20	1	79.1%	0	85.9%
21	1	80.0%	1	80.0%
22	2	75.1%	1	80.8%
23	2	76.0%	1	81.5%
24	2	76.9%	1	82.2%
25	2	77.7%	1	82.8%
26	2	78.5%	1	83.4%
27	2	79.2%	1	83.9%
28	3	75.5%	1	84.4%
29	3	76.2%	2	80.4%
30	3	76.9%	2	81.0%
40	5	76.2%	3	82.2%
추정된 모집단 성공률	75%		80%	
사용자 수	비성공자 최대수	추정된 모집단 성공률	비성공자 최대수	추정된 모집단 성공률
50	7	75.9%	5	80.6%
⋮	⋮	⋮	⋮	⋮
100	17	75.9%	13	80.4%

3.3.4 피실험자 모집하기

적절한 피실험자의 숫가가 결정되었다면 다음단계는 피험자를 모집하는 단계이다. 피험자의 모집은 일반적으로 라디오 및 텔레비전, 신문, 전단지, Web 등을 통하여 모집을 하게 되며, 피실험자를 모집광고에는 다음과 같은 내용이 포함되어야 한다.

① 평가자나 평가기관의 이름과 주소

② 평가시험의 조건, 연구목적

③ 피실험자 포함/제외 기준

④ 간략한 편익에 대한 설명 (예: 무료 진료 및 검사 등)

⑤ 시간 또는 피실험자의 준수사항

⑥ 연락처

어떠한 경우이든 대상자 모집공고를 내는 경우 사전에 임상시험심사위원회(Institution Review Board: IRB)의 사전심의를 거쳐야 한다. IRB와 관련해서는 이후에 설명하고자 한다.

3.3.5 피실험자 관리하기

피실험자를 관리하는 것은 매우 많은 시간과 노력을 필요로 하게 된다. 피실험자의 일정관리 및 실험참여 지속을 위한 적극적인 대응이 요구된다.

다음은 피실험자의 실험참여를 최대한 유지하는 방법의 일부이다.

① 시험담당자의 친절하고 진솔한 태도

② 매 방문 전 방문 알림 전화

③ 평가시험 참여 기념품 등 제공

④ 대기실에 다과 및 잡지대 준비

⑤ 감사 메모 전달 (평가시험 중간, 종료 시 등)

⑥ 생일 카드 발송 등

3.4 4단계 : 사용성평가의 과제(실험) 결정

사용성평가 4단계는 사용성평가의 실험 과제를 결정하는 것이다. 이는 어떠한 사용성평가를 실시할 것인가를 결정하는 것으로 과제(실험)의 범위에 따라 (1) 과제(실험)선정하기 – (2) 시나리오 작성하기의 단계를 거친다.

3.4.1 과제(실험)선정하기

4단계 사용성평가의 과제결정단계의 첫 단계는 과제(실험)선정하기 과정이다. 본 과정은 사용성평가의 범위에 따라 제품 및 시스템에서 문제가 있으리라고 예견되는 경우 및 시스템의 기본 가치와 관련된 경우, 사용 빈도수가 높은 경우 등으로 구분하여 적절한 과제(실험)를 결정한다.

3.4.2 시나리오 작성하기

과업 시나리오는 실험참여자가 제품 및 서비스를 사용할 때 실제 작업을 수행하는 과정을 설정하는 것이다.

시나리오 설정의 일반적인 성격은 다음과 같다.

① 과업 시나리오는 피실험자가 작업을 수행하려는 동기가 부여되어야 한다. 좋은 시나리오는 평가하고자 하는 실제 제품의 사용 속성과 밀접하게 관련되어 있어야 한다. 실험평가자는 피실험자에게 제품 및 서비스에 대한 충분한 정보를 제시하여야 한다.

② 과업 시나리오는 간단하고 이해하기 쉬워야 한다. 시나리오를 읽고 그 내용을 이해하는 데 너무 많은 시간이 걸리지 않도록 시나리오는 간단해야 하고, 피실험자의 입장에서 자주 사용하는 용어들로 시나리오를 기술하여야 한다. 작성된 사항에 대해서는 평가자 및 피실험자가 함께 정독한 후 충분한 이해가 이루어질 수 있도록 수정하여야 한다.

③ 실험참여자가 작업을 수행하는 동안 보게 될 구체적인 화면의 내용과 결과물을 기술한다.

④ 과업의 순서대로 시나리오를 작성한다. 시나리오의 과업순서가 자주 변경될 경우 피실험자로 하여금 원치 않는 오류를 유발하게 되며 실험 종료 후 데이터 분석에도 상당한 시간을 필요로하게 된다.

⑤ 각 시나리오별로 적당한 과업의 배분이 이루어져야 한다.

사용성평가 시나리오 (예시)

청소기 관련 제품

1. 제품의 사용설명서를 배부 후 미리 읽도록 함
   ⇒ 만족도의 사용설명서 이해도 등의 사용환경 평가
2. 제품 조립 실시
   ⇒ 조작성 영역의 부품 설치 용이성 평가
3. 청소기 충전 실시
   ⇒ 감전 유해성, 조작성 영역의 충전작업 항목에 대한 평가
4. 청소기의 전원을 켠 후 조작
   ⇒ 안정성 영역의 안정성 다수항목, 조작성 영역의 콘텐츠 조작 다수 항목 평가
5. 청소 먼지털이함의 분리 청소
   ⇒ 조작성 관련 영역의 항목 평가
6. 기타 부분에 대한 구두 설문

3.5 5단계 : 실험자료를 수집하는 방법의 결정

사용성평가 5단계는 실험의 자료를 수집하는 방법을 결정하는 것이다.

본 5단계에서 평가자는 설문자료, 조서자료, 로그자료, 추적자료 등 사용성평가에 적절한 데이터를 취득하는 방법을 결정한다. 각 자료의 특징은 다음과 같다

3.5.1 설문자료(questionnaire data)

제품 및 서비스의 사용성과 관련하여 사전 및 사후의 설문조사를 실시한 후 설문조사 결과를 사용성평가 결과로 활용하는 방식이다.

일반적으로 설문의 질문 형식은 개방형과 폐쇄성으로 구분되어 진다.

1) 개방형 질문

개방형 질문(open-ended question)이란 응답자에게 질문만 제시되고 그 질문에 대해 응답자가 자유롭게 반응을 기록하도록 하는 것이다. 개방형 질문은 주로 최종의 설문

지를 계획하기 위한 예비조사나 심층적인 면접을 위한 질문지에 많이 사용된다.

개방형 질문의 장점과 단점을 살펴보면 다음과 같다.

① 장점

㉠ 응답자가 제공하는 다양한 정보를 제한 없이 수집할 수 있다.
㉡ 응답자들의 자세하고 명확하며 또한 질적으로 좋은 응답을 얻을 수 있다.
㉢ 기대하지 않은 정보들도 얻을 수 있다.
㉣ 복잡한 이슈에 대해서도 적절한 응답을 얻을 수 있다.
㉤ 자기 표현적이고 창의적이고 내용이 풍부한 응답을 얻을 수 있다.
㉥ 응답자의 논리, 사고 과정, 비교 등 다양한 정보의 분석이 가능하다.

② 단점

㉠ 응답자에 따라 자세하고 응답하는 정도가 다르다.
㉡ 응답자의 반응이 질문과 무관하거나 지나치게 자세하여 오히려 애매할 수 있다.
㉢ 자유로운 응답이므로 응답을 코딩하기가 어렵고 통계적 비교나 분석이 어렵다.
㉣ 언어표현이 분명하거나 어휘수준이 높은 응답자들에게만 유리할 수 있다.
㉤ 질문이 너무 일반적이어서 응답자가 질문의 방향을 잃어버릴 수도 있다.
㉥ 응답자의 반응을 축약하여 기록해야 하고 면접 조사원을 체계적으로 훈련시키는 데 어려움이 따른다.
㉦ 조사시간이 오래 걸리고 생각과 노력이 많이 필요하다.
㉧ 응답자들의 자기 표현이 요구되므로 응답자들이 질문에 응답하는 것을 두려워할 수도 있다.

2) 폐쇄형 질문

폐쇄형 질문(close-ended question)이란 응답자에게 질문을 제시하고 사전에 연구자가 만들어 놓은 응답범주를 선택하여 응답하도록 하는 방법이다. 일반적으로 조사에서 가장 많이 사용되는 방법이다.

폐쇄형 질문의 장점과 단점을 살펴보면 다음과 같다.

① 장점

㉠ 응답자가 응답하기가 쉽고 빠르게 응답할 수 있다.

㉡ 서로 다른 응답자들의 반응을 비교하기가 쉽다.

㉢ 응답은 코딩하기가 쉽고 통계적인 분석이 용이하다.

㉣ 응답자들이 제공하는 반응의 의미를 정확하게 파악할 수 있다.

㉤ 구조화되어 있기 때문에 민감한 이슈에 대한 질문에도 쉽게 반응할 수 있다.

㉥ 어휘수준이 낮고 자기 주장 혹은 표현력이 낮더라고 다른 사람들과 동일한 정도의 반응을 할 수 있다.

㉦ 반복 연구를 할 때도 용이하다.

② 단점

㉠ 응답자들이 응답범주 내에서만 반응하기 때문에 응답자의 실제 견해와 다를 수 있다.

㉡ 응답자가 원하는 응답범주가 없을 때 잘못된 반응을 하기 쉽다.

㉢ 자세한 응답을 얻기 위해 종종 많은 문항을 사용하는데, 그에 따라 혼란해하거나 지루함을 유발할 수 있다.

㉣ 응답자가 질문에 대해 정확하게 이해한 후 반응하였는지를 확인할 수 없다.

㉤ 응답자들 간의 미묘한 응답 차이나 세밀한 정보를 밝힐 수 없다.

㉥ 복잡한 이슈에 대해서도 응답자들은 단순한 반응을 해야 하므로 응답자를 좌절시킬 수 있다.

㉦ 응답자들이 자신의 현실생활과 다른 응답을 할 수도 있다.

3) 개방형과 폐쇄형 질문의 비교

개방형을 선택하는가 혹은 폐쇄형을 선택하는가의 문제는 조사자의 조사목적과 다양한 제약사항에 의존한다.

개방형 질문은 주로 심층적인 분석을 수행하기 위한 연구에 적합하며, 전화조사보다는 일대일 면접조사에서 유용하다. 특히 연구의 초기단계나 탐색적인 연구에서 자주 사용되며, 표본의 크기가 큰 서베이를 위해 폐쇄형 문항을 결정하기 위한 예비조사에서도 활용된다. 응답자들의 구체적이고 세밀한 정보를 수집할 수 있어 질적 연구를 수행할 때에 적합하다.

폐쇄형 질문은 대단위 표본을 대상으로 하는 서베이에 적합하다. 정해진 응답범주에 따라 응답이 이루어지기 때문에 양적인 분석에 적합하며, 비교의 목적으로 사용된다. 특히 어떠한 형태의 조사 유형(면접조사, 자기보고식 등)에도 쉽게 활용할 수 있다. 조사의 기간과 분석에 소요되는 시간이 개방형에 비해 짧고 결과를 객관화 할 수 있다.

3.5.2 조서자료(protocol data)

피험자가 사용하면서 생각하는 내용을 가장 직접적으로 파악이 가능하며, 피험자가 과업 성과나 과정에 영향을 미칠 수 있다.

3.5.3 로그자료(Log data)

로그란 항해일지, 여행일기, 실험일지 등 기록하는 것으로 사용되는 단어로, 사용성평가의 실험 전 과정을 기록한 자료이다. 이러한 로그자료를 확보하는 이유는 사용성평가 과정상에서 평가자가 혹시 놓치는 자료를 분석할 수 있도록 하거나, 피험자에게 별도의 부담을 주지 않은 상태에서 사용 과정에 대한 정밀한 자료를 얻으려 할 경우 사용한다. 그러나, 이러한 로그자료는 사용 과정에 대한 현상을 파악할 수는 있지만, 이유를 설명할 수는 없다.

3.5.4 추적자료(Tracking information)

사용성평가에서는 추적 관찰된 자료를 분석하는 경우가 다시 발생할 수 있다. 일반적으로 추적 관찰된 자료의 분석은 사용자에게 별도의 요구를 하지 않은 상태에서 서버에 잡히지 않는 정밀한 사용 관련 자료를 수집하기 위하여 사용하게 된다.

3.6 6단계 : 실험자료 준비

사용성평가 6단계는 실험자료를 준비하는 것이다. 본 책에서 적시한 내용은 일반적인 내용을 기술한 것으로 사용성평가 시 준비사항은 더 추가되거나 줄어들 수 있다.

일반적으로 사용성평가의 준비는 실험 script 준비, 피실험자와 관련한 설문지와 시나리오, 동의서 준비, 실험을 위한 환경 구성, 실험의 주요 과정을 점검할 수 있는 체크리스트의 준비 등으로 나뉠 수 있다.

3.6.1 실험 script 준비하기

실험 script는 실험이 시작한 순간부터 실험이 마무리 되는 순간까지 평가자가 하는 모든 행동과 말을 정리하여 놓은 문서로서 원활한 실험의 진행을 위한 일종의 대본이다.

3.6.2 설문지와 시나리오

앞서 준비된 설문지 및 시나리오를 준비한다.

3.6.3 동의서

동의서는 피실험자로 하여금 실험 내용에 대한 자발적인 동의 의사 표명을 받음과 동시에 기업 제품의 비공개적인 최신 기능에 대한 비밀유지 동의의 효과를 동시에 받는 것이 중요하다. 또한 최근 중요시되고 있는 개인정보 수집 등에 관한 동의도 함께 받는 것이 좋다.

3.6.4 실험환경 만들기

피실험자가 참여한 상황에서의 사용성평가 실험환경을 구성하고 이에 대한 사전준비(제품의 전원)를 실시한다.

3.6.5 체크리스트 준비하기

실험을 시작하면서 실험에 중요한 사항을 쉽게 점검할 수 있는 체크리스트를 준비하는 것이 필요하다.

〈동의서 및 비밀유지 동의서 예〉

연구조사 참가 동의서

본 연구조사의 목적은 을 마련하고자 하는 데 있습니다.

따라서 이번 조사에서 피험자로 하여금 실험실 환경에서 근전도 등을 부착하고 사용성과 관련한 다양한 작업을 수행토록 하며, 전체 대상자에 대해서는 기본적인 연구 관련 정보를 얻기 위하여 각종 신체치수, 몸무게, 체지방 및 근전도 등을 측정하고 설문조사를 하게 됩니다.

단, 실험 도중 신체부담의 가능성이 있으며, 만약의 사고 발생 시 인천대에서 신속한 조치를 취할 것입니다.

설문조사를 포함한 모든 조사결과는 위에서 언급한 연구목적 이외의 목적으로는 절대 사용되지 않으며 개인정보에 대한 비밀이 보장됨을 약속합니다. 이번 연구조사가 수행됨으로써 중량물의 들기 작업을 통해 요통재해 발생기전을 이해하고 가이드라인을 개발함에 있어 중요한 자료가 될 것이며, 나아가서는 요통위험에 노출되는 근로자의 안전사고 예방에 기여할 것입니다.

1. 이번 연구조사에 대한 목적, 방법, 결과처리 및 개인정보에 대한 비밀보장 등에 관하여 실험책임자로부터 설명을 들었습니다.
2. 실험 시 불편사항과 위험 요소에 관하여 설명을 들었습니다.
3. 실험 시 복장 등에 따른 윤리적 문제에 대하여 들었습니다.
4. 이 연구조사가 진행되는 과정에 참여를 철회할 수 있음을 들었습니다.

이상의 사항에 대하여 그 내용을 충분히 이해하고, 본인에 대한 일반적인 정보(성별, 연령, 음주, 흡연 및 자각증상 등)와 건강영향평가 및 사용성평가 결과를 제공할 것을 동의합니다.

20 . . .

성명 :

(서명)

〈개인정보 수집 · 활용 동의서〉

0000은 연구자의 개인정보를 중요시하며, 개인정보에 관한 법률을 준수하고 있습니다. 0000은 개인정보취급방침을 통하여 연구자가 제공하는 개인정보가 어떠한 용도와 방식으로 이용되고 있으며, 개인정보보호를 위해 어떠한 조치를 취해지고 있는지 알려드립니다.

1. 수집하는 개인정보의 항목 및 구분

0000은 연구계획서에 포함된 아래의 개인정보를 수집하여 실험 완료 시까지 활용하고 있습니다.

- 수집항목 : 개인의 성명 및 실험과 관련한 각종 개인정보(추가 가능)

2. 개인정보의 제3자 제공

0000은 피실험자의 개인정보를 원칙적으로 외부에 제공하지 않습니다. 다만 의뢰기관에게 제공되는 연구계획서에 포함된 개인정보는 사전에 동의한 경우에 제한적으로 제공됩니다.

- 제공하는 항목 : 성명 개인정보 등
- 제공 목적 : 결과의 보고

3. 거부권 및 거부 시 불이익

위 개인정보의 수집 · 이용 · 제공과 관련하여 개인정보 동의를 거부할 수 있습니다. 다만, 위 개인정보는 사용성평가 실험을 위하여 필요한 정보이므로, 원활한 실험을 위하여 동의하여 주시기 바랍니다.

〈개인정보 수집 · 이용 · 제공 동의〉

ㅁ 개인정보 수집 및 제3자에 개인정보 제공 : (동의함 □ 동의하지 않음 □)

※ 개인정보 제공자가 동의한 내용 외의 다른 목적으로 활용하지 않으며, 제공된 개인정보의 이용을 거부하고자 할 때에는 개인정보 관리책임자를 통해 열람, 정정, 삭제를 요구할 수 있음.

「개인정보보호법」 등 관련 법류에 의거하여 본인은 위와 같이 개인정보의 수집 및 제3자 제공에 동의함.

20 년 월 일

성명 : (서명 또는 날인)

보안 및 비밀유지 각서

본인은 (사용성평가) 실시에 함에 있어 다음 사항을 준수할 것을 엄숙히 서약하고 이에 각서를 제출합니다.

1. 본인은 실험에 참여함에 있어 이에 관련된 조사대상(개인, 법인, 단체)의 정보 및 제품 및 서비스의 비밀에 속하는 사항에 대하여 비밀보호의 의무를 성실히 준수할 것을 서약합니다.

2. 본인은 실험을 통하여 알게 된 모든 사항을 실험기간 중은 물론 실험이 끝난 후에도 보안을 지킬 것이며, 이를 누설하지 않을 것을 서약합니다.

3. 본인은 만약 위 사항을 누설하거나 동각서의 사항을 위반하였을 때에는 그 동기 여하를 불문하고 제 법규에 의하여 어떠한 처벌도 감수할 것을 서약합니다.

20 년 월 일

성 명 : (인)

주민등록번호 :

주 소 :

3.7 7단계 : 사전실험

사용성평가 7단계는 본실험에 앞서 사전실험(pilot test)을 실시하는 것이다. 사전실험의 목적은 주어진 시간 동안에 피험자가 모든 과업을 완수할 수 있는지를 확인하고, 제품이 제대로 기능을 하는지, 시나리오가 이해되는지 확인함으로써 본실험에서 발생할 수 있는 문제를 사전에 파악하는 것이다.

사전실험은 본실험을 시작하기 1주일 전에 한 번, 2~3일 전에 또 한 번 실시함으로 실험 준비가 잘 이루어 질 수 있도록 하는 것이 중요하다.

이상의 전 단계를 표로 정리하면 다음과 같다.

㉮ 계획단계	ⓐ 사용성평가에 소요 되는 비용 산출	– 고정비용 : 평가 장비 구입, 평가 장소 준비, 평가 관련 전담 요원 – 변동비용 : 평가 진행 인건비, 피험자에 대한 사례비, 평가자료를 만드는 비용, 평가시스템 구축비용
	ⓑ 사용성평가에 소요 되는 시간 산출	– 정규 평가 : 8주에서 12주 소요. – 약식 평가 : 조건에 따라서 1~2일 이내에도 완성
	ⓒ 사용성평가 팀의 구축	– HCI전문가, 시스템 개발자, 디자이너, 마케팅 담당자
㉯ 사용성평가의 목표 설정	ⓐ 사용자 분류	– 대표적인 사용자들의 인구 통계학적 특성 – 제품을 얼마나 자주 사용하는지에 대한 빈도수 – 자발적인 사용자인지 강요된 사용자인지에 대한 구분 – 대표적인 사용자들의 교육 및 경력수준 – 사용자에 제공될 수 있는 대체 시스템의 존재 여부
	ⓑ 과업분석	– 제품에 적용되는 과업이 과연 어떤 것인가? – 현재는 어떤 방식으로 그 과업이 진행되고 있는가? – 제공되는 시스템이 이 과정에서 어떤 역할을 할 것인가?
	ⓒ 제품의 속성 결정	– 사용성의 속성, 유용성의 속성, 감성의 속성
	ⓓ 선택된 속성에 대한 측정기준 설정	
	ⓔ 성과수준의 결정	– 현재수준, 최소수준, 적정수준, 최적수준
㉰ 참가자의 선발	ⓐ 사용자의 특성 파악	– 과업 경력 – 제품 사용 경험 – 특성 시스템 경험 – 해상 시스템 사용 경험
	ⓑ 평가 대상의 기준 설정	– 전문가, 중급자, 초보자로 구분
	ⓒ 필요한 피험자의 숫자 정하기	– 최소 3명 최대 10명 이내

	ⓓ 피험자 모집하기	– 실제 사용자와 비슷한 피험자를 모집 – web을 이용하여 피험자 모집을 광고
	ⓔ 피험자 관리하기	– 피험자를 존중 – no-show를 사전에 방지하도록 노력함
㉣ 실험 과제 정하기	ⓐ 과제 선정하기	– 문제가 있으리라고 예견되는 경우 – 시스템의 기본 가치와 관련된 경우 – 사용 빈도수가 높은 경우
	ⓑ 과제의 단위를 규정하기	– 결과-기반과제 vs. 절차-기반과제 – 독립성 과제 vs. 의존형 과제
	ⓒ 시나리오 작성하기	– 간단한 시나리오 – 피험자가 이해하기 쉬운 시나리오 – 평가하는 시스템의 속성과 밀접하게 연관된 시나리오
㉤ 실험자료를 수집하는 방법 결정하기	ⓐ 설문자료 (quastionaire data)	– 사전 설문조사 – 사후 설문조사
	ⓑ 조서자료 (protocol data)	– 피험자가 사용하면서 생각하는 내용을 가장 직접적으로 파악 가능함 – 피험자가 과업 성과나 과정에 영향을 미칠 수 있음
	ⓒ 로그자료(log data)	– 피험자에게 별도의 부담을 주지 않은 상태에서 사용 과정에 대한 정밀한 자료를 얻을 수 있음 – 사용 과정에 대한 현상을 파악할 수는 있지만 그 이유를 설명할 수 없음
	ⓓ 추적자료 (taracking information)	– 사용자에게 별도의 요구를 하지 않는 상태에서 서버에 잡히지 않는 정밀한 사용 관련 자료를 수집할 수 있음
㉥ 실험자료 준비하기	ⓐ 실험 script 준비하기	– 실험이 시작한 순간부터 실험이 마무리 되는 순간까지 실험자가 하는 모든 행동과 말을 정리하여 놓은 문서
	ⓑ 설문지와 시나리오	– 사전 설문과 사후 설문
	ⓒ 동의서	– 실험 내용에 대한 자발적인 동의 의사 표명 – 제품의 비공개적인 최신 기능에 대한 비밀유지 동의서
	ⓓ 실험환경 만들기	– 비디오 및 오디오 기기 확인
	ⓔ 체크리스트 준비하기	– 실험을 시작하면서 실험에 중요한 사항을 쉽게 점검할 수 있는 체크리스트를 준비하는 것이 필요
㉦ 사전실험	ⓐ 목적	– 주어진 시간 동안에 피험자가 모든 과업을 완수할 수 있는 지를 확인 – 제품이 제대로 기능을 하는지 확인 – 시나리오가 이해되는지 확인
	ⓑ 시기	– 본 실험을 시작하기 1주일 전에 한 번 – 2~3일 전에 또 한 번

3.8 8단계 : 사용성평가의 수행

사용성평가의 핵심은 자신의 제품에 대한 사용성 테스트를 수행할 때 객관적인 것으로 평가를 수행하는 것이 거의 불가능하다는 것이다. 이러한 상황이 발생하는 이유는 사용성평가 수행자가 중립적인 원칙을 지켜서 본인의 역할을 하기보다는 원하는 결과를 얻으려는 방향으로 참가자를 유도하는 경향이 너무 강하기 때문이다. 이는 사용성평가실이 분리된 외부 제어실에서 테스트를 수행하는 숙련된 테스트 수행자에게도 해당된다. 제품의 개발자 관점에서는 누군가에게 자신의 제품을 시험해보라고 요청하는 것은 부모에게 자녀의 능력을 객관적으로 평가하도록 요청하는 것과 같다. 그러한 객관적인 평가는 거의 불가능하다고 할 수 있다.

그렇다면 누가 사용성평가를 실시할 수 있는가? 사용성평가를 위해 테스트 자료를 개발하고, 준비하고, 참가자를 선택하는 데 도움을 줄 수 있지만, 실제 테스트를 수행하고 결과를 분석하여 개발자가 필요로 하는 자료를 처리하기 위해서는 보다 객관적인 관점에서 사용성평가를 수행할 수 있는 사람이 필요하다. 사용성평가를 위한 전담 조직이 있는 경우에는 큰 문제가 없겠지만, 빠른 시간 안에 사용성평가를 실시해야 하는 경우 누가 사용성평가를 수행하는데 적합한지 살펴보고자 한다.

3.8.1 인간공학 전문가

일반적으로 사용성평가는 인간공학 전문가가 사용성 테스트를 수행할 가능성이 가장 높다. 인간공학 전문가는 일반적으로 심리학, 산업공학 또는 이와 유사한 분야의 고급 학위를 보유하고 있으며, 실험 방법론 및 시험의 결과분석 등 상당한 지식을 지니고 있다. 마찬가지로 심리학 분야 및 제품개발과 관련한 인적 요소에 대한 해박한 지식을 가진 전문가는 정보 처리, 인지 심리학 및 사용 가능한 제품, 시스템 및 지원 자료 개발과 관련된 지식이 있어 사용성평가를 수행하는 데 유리하다.

해외에서는 이미 인간공학 및 심리학 등 인지 분석 등 관련 분야의 전문가들이 사용성평가를 수행하고 있다. 국내에서도 인간공학기술사 및 인간공학기사 등 관련 전문인력이 배출되고 있어 향후 이들을 통한 사용성평가 수행이 이루어질 것으로 예상된다.

3.8.2 마케팅 전문가

마케팅 전문가는 일반적으로 고객 중심, 고객 중심 사고 및 좋은 대인관계 및 커뮤니케이션 능력을 가지고 있으며, 제품의 품질 개선에 대한 사용자의 품질 요구사항 등을 가장 잘 알고 있다. 이들은 사용성평가를 수행하고자 하는 제품에 대해 상당한 지식을 가지고 있다. 다만 이들은 사용성평가를 수행하는 데 있어서의 기술적인 능력은 다소 부족할 수 있다.

3.8.3 기술 전문가

기술 및 훈련 전문가를 포함한 기술 전문가 그룹은 제품 개선과 관련하여 기술적인 조언을 많이 할 수 있다. 이들은 이미 사용성평가 프로젝트에 대한 사용자 입장에서의 역할을 중심으로 수행하고 있고, 고급 전문가들은 제품 개선 및 개발을 위한 효과적인 디자인 및 기술과 관련한 상당한 자료를 가지고 있다.

3.8.4 외부 컨설턴트

사용성평가를 위해 회사는 외부 컨설턴트를 고용할 수 있다. 비용 및 시간 등을 고려한 회사의 입장에서는 사용성평가의 아웃소싱을 통해 지속적인 비용의 지출 및 사용성평가를 위한 시간을 상당부분 절약할 수 있다.

외부 컨설팅회사를 사용하여 테스트하는 것은 객관성을 보장 받을 수 있은 장점이 있다. 내부 전문가를 고용하여 제품의 설계 및 개발 작업을 수행하는 일부 회사에서도 객관성을 얻기 위해서는 일부 사용성평가를 외부 전문가에게 맡기기도 한다.

테스트를 실외공간에서 수행하는 경우 개발 팀 멤버가 사용성평가에 직접 참여할 수 있을 만큼 실제 평가 공간 위치가 상당히 가까워야 한다.

04 Chapter 사용성평가 수행 방법 : 실행

4.1 정성평가

일반적으로 사용성측정과 평가에 사용되는 방법은 크게 정성적인 평가와 정량적인 평가로 나뉜다. 가장 일반적으로 사용되는 정성적인 평가 방법은 설문이나 인터뷰 방법과 동영상 촬영을 통한 평가자 분석 방법이 있다.

정성적인 평가는 사용성평가에 많이 사용되는 방식으로 적은 비용과 사용이 간난하고 자료처리 등이 용이한 장점이 있으나, 단점으로는 복합적인 평가가 어려우며 개인의 주관진술에 의존하고 있기 때문에 실제의 제품 사용 상황에 대한 묘사가 어려운 점이 있다.

일반적인 설문조사 시 피평가자들은 평가자가 듣기를 원한다고 생각하는 답을 말하거나 중간 정도의 수준으로 답하려는 경향이 두드러지는 특징이 있다.

이를 보완할 수 있는 방법이 동영상 촬영을 통한 분석 방법이 있다. 이는 관찰지료의 분석으로 농영상 내에 포함되어진 대화를 분석하고, 사용성평가 당시의 언어와 몸짓, 행동 등을 추가적으로 평가할 수 있는 장점이 있다. 하지만 동영상 촬영 내용을 평가하기에는 전문적인 기술과 주의가 필요하며, 이에 따라 평가에 상당한 시간을 요하는 경우가 많다.

표 4-1 사용성평가 설문지 구성 예

<table>
<tr><th>구 분</th><th>영 역</th><th colspan="2">항 목</th></tr>
<tr><td rowspan="16">사용자 기반평가
User
(16)</td><td rowspan="5">안전성
(5)</td><td rowspan="2">전도 위험성</td><td>미끄러움</td></tr>
<tr><td>걸림</td></tr>
<tr><td rowspan="2">접촉유해성</td><td>뒤꿈치(월형)</td></tr>
<tr><td>옆면(쿼터)</td></tr>
<tr><td colspan="2">좌우안정성</td></tr>
<tr><td rowspan="2">조작성
(2)</td><td colspan="2">착탈용이성</td></tr>
<tr><td colspan="2">앞날개</td></tr>
<tr><td rowspan="9">만족도
(9)</td><td colspan="2">신발 굽</td></tr>
<tr><td colspan="2">치수</td></tr>
<tr><td colspan="2">갑피(어퍼)</td></tr>
<tr><td colspan="2">착화감</td></tr>
<tr><td colspan="2">무게감</td></tr>
<tr><td colspan="2">굴곡성</td></tr>
<tr><td colspan="2">착용유지성</td></tr>
<tr><td colspan="2">통기성</td></tr>
<tr><td colspan="2">디자인</td></tr>
<tr><td colspan="4">기타의견</td></tr>
</table>

세부 문항	④매우그렇다 ③그렇다 ②아니다 ①매우아니다
신발 바닥이 미끄럽지 않아 넘어질 위험이 없다.	④ ③ ② ①
신발 앞 끝부분이 바닥에 걸려 전도될 위험이 없다.	④ ③ ② ①
걸을 때 발뒤꿈치가 신발의 뒷면에 닿아 피부가 손상될 위험이 없다.	④ ③ ② ①
걸을 때 복사뼈가 신발의 옆면에 닿아 피부가 손상될 위험이 없다.	④ ③ ② ①
신발을 신고 걸을 때 안정성이 있어 좌우 흔들림이 없다.	④ ③ ② ①
신발을 신고 벗기가 쉽다.	④ ③ ② ①
앞날개(뱀프)를 구성하는 구조물(벨크로, 끈, 고무 등)의 조절이 쉽다.	④ ③ ② ①
굽 높이가 적당하여 편하다.	④ ③ ② ①
제시된 치수가 크거나 작지 않고 정확하다.	④ ③ ② ①
신발을 신었을 때 발 앞쪽 너비에 여유가 있어 편하다.	④ ③ ② ①
안창이 딱딱하거나 발이 닿는 부분이 없이 착화감이 좋다.	④ ③ ② ①
무게가 가볍다.	④ ③ ② ①
발가락이 굽혀지는 부분이 유연하여 걷기 편하다.	④ ③ ② ①

걸을 때 발뒤꿈치가 낮아 신발이 벗겨지는 불편함이 없다.	④ ③ ② ①
신발을 신고 걸을 동안 발에서 나는 열이나 땀 때문에 답답하지 않다.	④ ③ ② ①
제품 색상과 디자인에 만족한다.	④ ③ ② ①

출처 : 한국보건산업진흥원 고령친화산업정보은행

4.2 정량평가

일반적으로 사용성평가에서는 사용자의 정성적인 평가를 많이 이용해 왔다. 하지만, 과학기술의 발전과 더불어 다양한 평가장비들이 개발됨에 따라 정성적인 평가를 뒷받침할 수 있는 다양한 정량평가 기법들이 개발되어 지고 있다.

4.2.1 반응시간

인간의 행동은 환경의 자극에 의해서 일어나는데 환경으로부터의 자극은 눈이나 귀 등의 감각기관에서 수용되고, 신경을 통해서 대뇌에 전달되고, 여기에서 해석되고 판단되어 반응하게 된다. 필요한 행동의 경우에 말단기관에 명령을 내려서 언어로 응답하거나, 손이나 발 등의 신체기관을 움직여서 기계 및 장비 등을 조작한다.

어떤 자극에 대한 반응을 재빨리 하려고 하여도 인간의 경우에는 반응하기 위해 시간이 걸린다. 즉, 어떠한 자극을 제시하고 여기에 대한 반응이 발생하기까지의 소요시간을 반응시간(Reaction Time; RT) 이라고 하며 반응시간은 감각기관의 종류에 따라서 달라진다.

하나의 자극만을 제시하고 여기에 반응하는 경우를 단순반응, 두 가지 이상의 자극에 대해 각각에 대응하는 반응을 고르는 경우를 선택반응이라고 한다. 이때 통상 되도록 빨리 반응동작을 일으키도록 지시되어 최대의 노력을 해서 반응했을 때의 값으로 계측된다. 이 값은 대뇌중추의 상태를 짐작할 수 있도록 해주며, 정신적 사건의 과정을 밝히는 도구나 성능의 실제적 척도로서 사용된다.

1) 단순반응시간(simple reaction time)

① 하나의 특정 자극에 대해 반응을 시작하는 시간으로 항상 같은 반응을 요구한다.

② 통제된 실험실에서의 실험을 수행하는 것과 같은 상황을 제외하고 단순반응시간

과 관련된 상황은 거의 없다. 실제 상황에서는 대개 자극이 여러 가지이고, 이에 따라 다른 반응이 요구되며, 예상도 쉽지 않다.

③ 단순반응시간에 영향을 미치는 변수에는 자극양식(stimulus detectability: 강도, 지속시간, 크기 등), 공간 주파수(spatial frequency), 신호의 대비 또는 예상(preparedness 또는 expectancy of a signal), 연령(age), 자극위치(stimulus location), 개인차 등이 있다.

2) 선택반응시간(choice reaction time)

① 여러 개의 자극을 제시하고, 각각에 대해 서로 다른 반응을 요구하는 경우의 반응시간이다.

② 일반적으로 정확한 반응을 결정해야 하는 중앙처리시간 때문에 자극과 반응의 수가 증가할수록 반응시간이 길어진다. Hick – Hyman의 법칙에 의하면 인간의 반응시간은 자극 정보의 양에 비례한다고 한다. 즉, 가능한 자극 – 반응 대안들의 수(N)가 증가함에 따라 반응시간(RT) 이 대수적으로 증가한다. 이것은 RT = $a+b\ \log_2 N$의 공식으로 표시될 수 있다.

그림 4-1 반응시간(RT) 에 대한 Hick–Hyman의 법칙

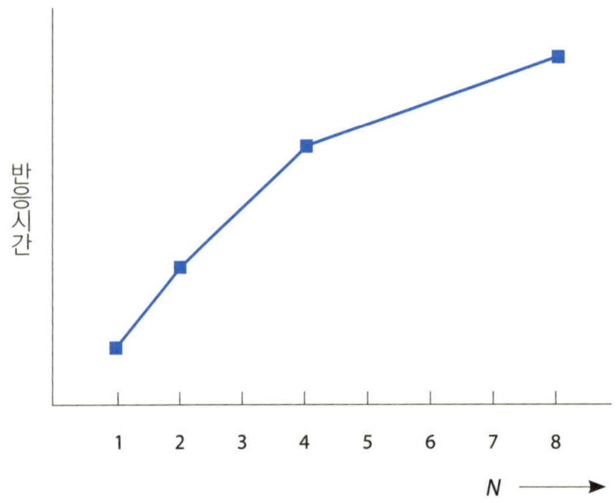

선택반응시간은 자극발생확률의 함수이다. 대안 수가 증가하면 하나의 대안에 대한 확률은 감소하게 되고, 선택반응시간이 증가하게 된다. 여러 개의 자극이 서로 다른 확률로 발생하면, 발생가능성이 많은 자극에 대한 반응시간은 짧아지고 발생가능성이 높은 자극에 대한 반응시간은 길어진다.

발생가능성이 높은 자극이 발생하면 미리 이에 대한 반응을 준비하고 있기 때문에

적절한 반응을 찾는 시간이 빨라져서 반응시간이 빠르다. 그 반대의 경우에는 예상한 자극이 아니므로 적절한 반응을 찾는 데 시간이 걸리게 된다.

③ 선택반응시간에 영향을 미치는 인자는 자극의 발생가능성 이외에도 많은데, 그 인자들로는 자극과 응답의 양립성(compatibility), 연습(practice), 경고(warning), 동작유형(type of movement), 자극의 수 등이 있다.

④ 반응시간은 여러 가지 조건에 따라서 상당한 변동을 나타낸다. 시각, 청각, 촉각의 자극별 반응시간을 비교하면 시각 자극이 가장 크며, 청각, 촉각의 차이는 적으며 또한 자극의 강도, 크기와도 관계가 있다. 청각적 자극은 시각적 자극보다도 시간이 짧고, 신속하게 반응할 수 있는 이점이 있다. 청각 자극이 경보로서 사용되고 있는 것도 이 때문이다. 즉, 감각기관별의 반응시간은 청각 0.17초, 촉각 0. 18초, 시각 0.20초, 미각 0.29초, 통각 0. 70초이다.

4.2.2 동작분석

동작분석이란 제품을 사용하는 동작들을 정밀하게 분석하는 검사이다. 예를 들면, 스마트폰을 사용할 때 손가락에 가해지는 힘은 어느 정도인지, 어떤 근육이 작용을 하며 관절은 어떻게 움직이는지 등을 정밀하게 분석하는 검사이며, 동작분석 방법 중 보행과 관련해서는 보행분석 방법을 많이 사용한다.

일반적으로 동작 및 보행분석 시 다양한 보행분석시스템을 활용하게 되며, 이는 특수한 빛을 반사하는 표시자(marker)를 동작을 하는 부위(예를 들어, 식사를 한다면 손과 팔목, 팔꿈치, 어깨 등)에 붙이고 신체의 동작을 특수 비디오 카메라로 포착하게 한다. 이 카메라는 컴퓨터와 연결되어 있어서 카메라로 촬영한 결과가 컴퓨터로 들어가서 동작을 할 때의 힘이나 관절의 움직임, 움직이는 각도, 방향 등이 정밀하게 분석되며 이 결과를 토대로 평가자가 제품사용 시 동작의 이상 유무나 이상이 있다면 어디에, 어느 정도의 이상이 있는지를 종합적으로 판단하는 방식이다.

그림 4-2 동작 · 보행분석 검사기의 구성

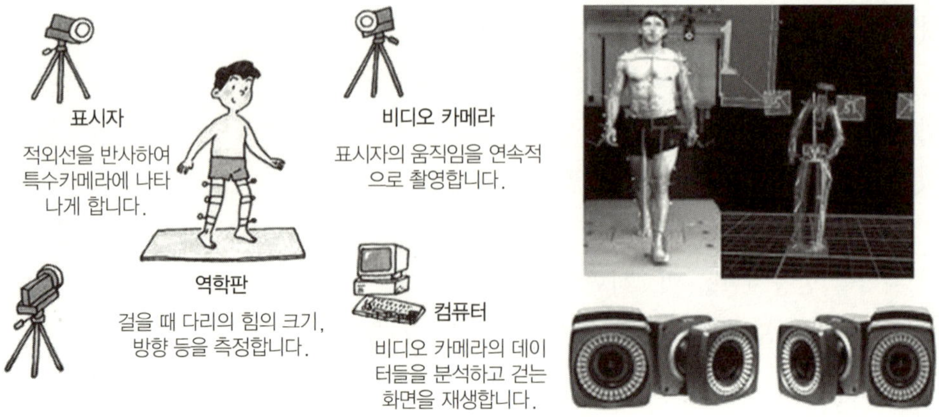

4.2.3 근전도(Electromyography)

근전도는 근육의 수축과 이완 시 발생하는 표면의 전압을 통한 근육 반응을 측정하는 방법이다. 근육의 수축은 힘을 발생시키기 위한 근육의 능동적인 작용을 말한다. 특히 운동을 담당하는 골격근의 수축은 중추신경계로부터 운동신경의 지배를 받는다. 중추신경 세포에서 나온 운동뉴런은 근육에 접근함에 따라 많은 가지를 내고 이 가지의 말단이 근육에 분포하게 된다. 근육과의 접속부를 통하여 신경으로부터 근육까지 자극이 화학적인 방법으로 전도된다. 근육의 전기적 신호는 신경근육의 활동에 대한 전기적 표시이며 이를 측정한 근전도의 진폭은 근육의 피로회복 과정을 일관성 있게 효과적으로 설명할 수 있는 방법이다.

EMG 신호는 근육의 수축 시 일어나는 전기적인 신호이다. 근육의 수축활동 시 수집된 EMG 신호는 별도의 신호처리 과정을 거쳐야 비교분석을 하기에 적합하게 된다. 많은 EMG 신호분석 방법 중 시간을 기준으로 하는 Time Domain 방법과 진동수(Frequency)를 기준으로 분석하는 Frequency Domain 방법이 일반적으로 사용된다. Time Domain 방법에는 Rectified Signal, Integration Value, Root Mean Square(RMS)의 값으로 신호처리를 하여 분석하는 방법이 대표적으로 사용되고 Frequency Domain 방법에는 Mean Frequency, Median Frequency, Bandwidth로 신호를 처리하는 방법이 주로 사용되고 있다(Kim, 1991).

이외에도 근전도의 분석에는 REMG(Rectified EMG)신호를 시간에 대하여 적분하는 IEMG(Integrated EMG), 일정한 진폭이상으로 증가되는 신호의 수를 측정하는 최대 파고치 식별법(最大波高値識別法), 그리고 근전도 신호의 진폭이 일정한 값 이상으로 증가 또는 감소되는 횟수를 측정하는 회수계수법 등과 같은 방법들이 사용되고 있다(황규성, 1993).

4.2.4 시선추적분석(eye tracking)

아이트래킹은 눈동자의 움직임을 감지하여 시선의 위치를 추적하는 기술로서 Video 분석 방식, 콘택트렌즈 방식, 센서부착 방식의 3가지 방식이 사용된다.

Video 분석 방식은 실시간 카메라 이미지의 분석을 통해 동공의 움직임을 검출하고, 각막에 반사된 고정 위치를 기준으로 시선의 방향을 계산하는 방식이며, 콘택트렌즈 방식은 거울 내장 콘택트렌즈의 반사된 빛이나, 코일 내장 콘택트렌즈의 자기장을 이용하며, 편리성이 떨어지는 반면 정확도가 높은 장점이 있다. 센서부착 방식은 눈 주위에 센서를 부착하여 눈의 움직임에 따른 전기장을 이용하며, 눈을 감고 있는 경우(수면 등)에도 눈의 움직임 검출이 가능하다. 하드웨어의 발전으로 적용 대상 기기가 넓어지고 있으며, 정확한 시선 검출을 위한 기술개발이 지속적으로 이루어지고 있는 상황이다.

그림 4-3 아이트래킹의 Layer 모델

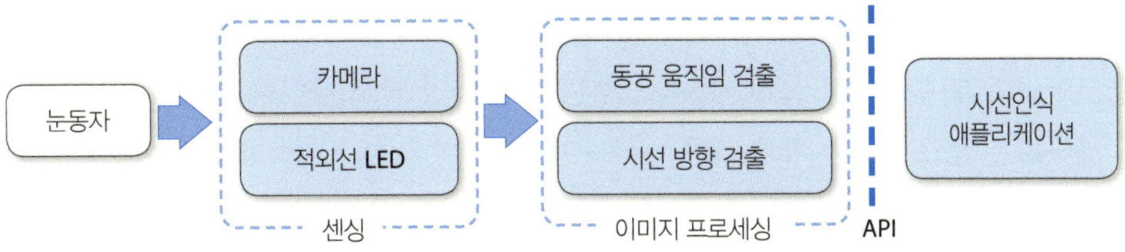

4.2.5 뇌전도(Electroencephalogram)

뇌파(Electroencephalogram)는 뇌의 전기적인 활동을 머리 표면에 부착한 전극에 의해 비침습적으로 측정하는 전기신호이다. 뇌파에 반영되는 뇌의 전기적 활동은 신경세포, 교세포, 혈뇌장벽에 의해 결정되는데 주로 신경세포에 의해 발생하며 매우 복잡한 패턴으로 진동하는 파형 형태로 보여지며, 주파수에 따라 분류하는 파워 스펙트럼 분석을 통해 특정 주파수로 진동하는 단순 진동들의 선형적 결합으로 가정하고 이 신호에서 각각의 주파수 성분을 분해하여 그 크기(또는 파워)를 가지고 평가를 하게 된다.

그림 4-4 뇌파측정기 및 분석자료(예시)

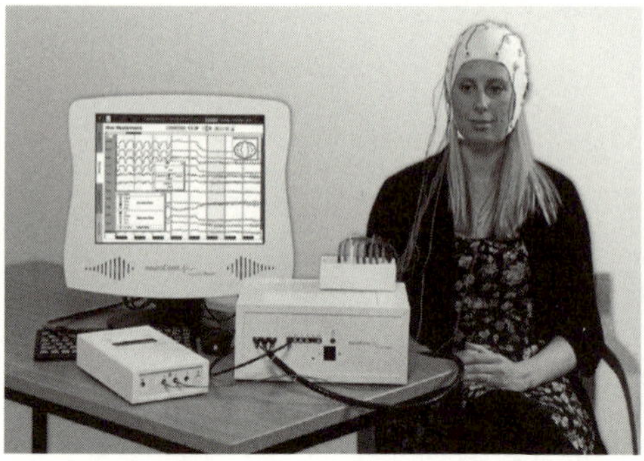

일반적으로 뇌파는 진동하는 주파수의 범위에 따라 인위적으로 델타(δ)파(0.2 ~ 3.99 Hz), 쎄타(θ)파(4 ~ 7.99 Hz), 알파(α)파(8 ~ 12.99 Hz), 베타(β)파(13 ~ 29.99 Hz), 감마(g)파(30~50 Hz)로 구분한다.

델타파는 주로 정상인의 깊은 수면 시나 신생아의 경우 두드러지게 나타난다.

쎄타파는 정서안정 또는 수면으로 이어지는 과정에서 주로 나타나며 기억력, 초능력, 창의력, 집중력, 불안해소 등 많은 다양한 상태와 관련되어 있으나 표준화된 결과들이 다소 부족한 상태에 나타난다.

알파파는 긴장이완과 같은 편안한 상태에서 주로 나타나며, 안정되고 편안한 상태일수록 진폭이 증가한다. 일반적으로 규칙적인 파동의 형태로 연속적으로 나타나며, 두정부와 후두부에서 가장 크게 기록되고 전두부에 가장 작게 나타나는 특성이 있다.

베타파는 주로 전두부에서 많이 나타나며, 깨어 있을 때, 말할 때와 같이 모든 의식적인 활동을 할 때 나타난다. 특히, 불안한 상태나 긴장 시, 복잡한 계산처리 시 우세하게 나타나기도 한다.

감마파는 베타파보다 더 빠르게 진동하는 형태로 정서적으로 더욱 초조한 상태이거나 추리, 판단 등의 고도의 인지정보처리와 관련이 깊다고 보고되고 있다.

그림 4-5 뇌파 주파수 스펙트럼 분석 예

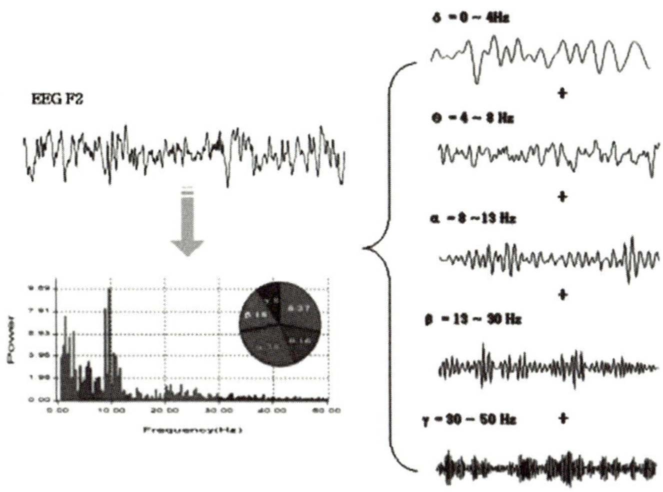

표 4-2 뇌파의 종류

뇌파의 종류	주파수 대역	뇌파의 형태	뇌의 상태
Delta	0.5~4Hz		숙면상태
Theta	4~7Hz		졸리는 상태, 산만함, 백일몽 상태
Alpha	8~12Hz	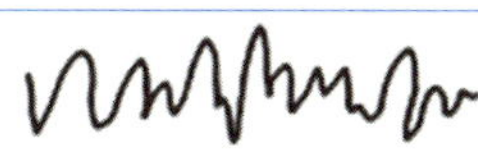	편안한 상태에서 외부 집중력이 느슨한 상태
SMR(Sensory Motor Rhythm)	12~15Hz		움지이지 않는 상태에서 집중력을 유지
Beta	15~18Hz		사고를 하며, 활동적인 상태에서 집중력 유지
High Beta	18Hz 이상		긴장, 불안

4.2.6 심전도(Electrocardiogram)

심전도(ECG)는 심장의 근육활동의 전위차를 기록하여 측정하고 분석하는 것을 말한다. 심장이 활동하는 동안의 전기적 자극을 기록한 그래프를 심전도(ECG 또는 EKG)라고 하며 일반적으로 12유도(Lead)를 사용하여 기록한다. 안정 시 심장근육 세포의 안쪽은 음전극(negative charge)을, 바깥쪽은 양전극(positive charge)의 분극상태를 유지한다. 이러한 분극상태는 소디움(Na+)이 세포막으로 이동하면서 깨지게 되어 탈분극(depolarization)이 시작되고, 이때 심근의 수축이 일어나게 된다. 심전도 상에는 구별할 수 있는 세 가지의 파장이 형성된다.

① P파는 SA node 를 통해 심방에 전달된 자극이 심방을 탈분극(depolarization)시키면서 나타나는 파장이다. P파는 약 0.08초 정도 소요되며, P파가 시작되고 약 0.1초 후 심방은 수축한다.

② QRS파는 심실의 탈분극 시 나타나며, 심실수축 이전에 실행되어진다. 또한 QRS파가 복잡하게 나타나는 것은 심근 및 심장 전도계의 구조적 특징 때문이고 소요시간은 약 0.008초이다.

③ T파는 심실의 재분극(repolarization)시에 나타나며 약 0.16초 정도 소요된다. 재분극은 탈분극보다 천천히 진행되어, QRS파보다 길게 벌어지고 진폭도 보다 낮게 나타난다. 또한 심방의 재분극은 크기가 작고 큰 QRS 파에 가려져 나타나지 않는다.

④ P-R분절(interval)은 심방의 수축으로부터 심실의 수축이 일어나기까지의 시간으로 약 0.16초가 소요된다.

⑤ S-T분절(interval)은 심실의 탈분극에서 재분극까지의 시간과 심실의 수축시간을 말한다.

그림 4-6 심장파형 그래프

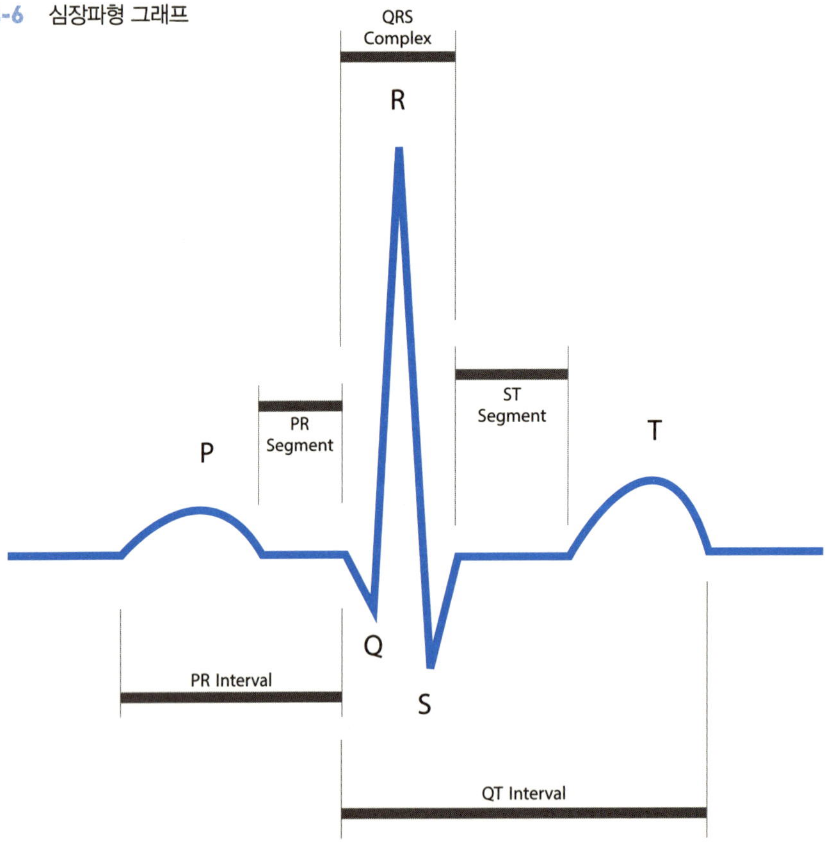

실습 예시

각조에서 11장에서 설정한 사용성평가와 관련한 설문 문항을 조작성, 안정성, 만족도 중심에서 각 5~10개 문항을 도출하고 이에 대해 직접 사용자를 대상으로 설문을 실시하시오.

표 4-3 청소기의 사용성평가 문항 도출 (예)

<table>
<tr><th>구분</th><th>영역</th><th colspan="2">항목</th></tr>
<tr><td rowspan="9">사용자 기반평가
User</td><td rowspan="9">안정성</td><td rowspan="4">안정성</td><td>정지 시</td></tr>
<tr><td>작동 시</td></tr>
<tr><td>이동 시 (평지)</td></tr>
<tr><td>청소 시</td></tr>
<tr><td rowspan="3">접촉
유해성</td><td>고정 시</td></tr>
<tr><td>이동 시</td></tr>
<tr><td>충돌 시</td></tr>
<tr><td colspan="2">반응 정도</td></tr>
<tr><td colspan="2">감전 유해성</td></tr>
</table>

세부 문항	④매우그렇다 ③그렇다 ②아니다 ①매우아니다
작동 후 정지 시 중심적인 문제로 청소기가 넘어질 위험이 없다.	④ ③ ② ①
주위의 작은 충격으로 넘어질 위험이 없다.	④ ③ ② ①
이동 시에 청소기가 넘어질 위험이 없다.	④ ③ ② ①
각종 부품 탈 · 장착 시 위험 요소가 없다.	④ ③ ② ①
청소기의 구조물이 신체에 다칠 위험이 없다.	④ ③ ② ①
주변 구조물이나 신체에 부딪쳐서 다칠 위험이 없다.	④ ③ ② ①
충돌 후 부서진 구조물이 신체에 위험을 줄 수 없다.	④ ③ ② ①
청소의 움직임(반응) 정도가 위험을 줄 수 없다.	④ ③ ② ①
신체나, 전도성 물체에 감전의 위험을 줄 수 없다.	④ ③ ② ①

구분	영역	항목	
사용자 기반평가 User	조작성	전원 조작	스위치의 위치
		작동 전환	스위치의 작동
			스위치 위치
			스위치 작동
		충전 작업	설치 작업
			충전 작동
		콘텐츠 조작	접근성
			학습성
			일관성
			검색 용이성
			오작동 예방성
			시스템 반응속도
			부품 설치 용이성
		에러대처	사용자 인터페이스

세부 문항	④매우그렇다 ③그렇다 ②아니다 ①매우아니다
전원 스위치의 위치가 찾기 쉽다.	④ ③ ② ①
전원 스위치의 작동이 쉽다.	④ ③ ② ①
작동 전환 스위치의 위치가 찾기 쉽다.	④ ③ ② ①
작동 전환 스위치의 작동이 쉽다.	④ ③ ② ①
충전 전원의 연결 방법이 쉽다.	④ ③ ② ①
충전 연결 후 충전 작동까지의 단계 이동이 쉽다.	④ ③ ② ①
지식, 경험과 관계없이 바로 이용이 가능하다.	④ ③ ② ①
서비스 항목(모드) 접근을 위한 메뉴가 적당하다.	④ ③ ② ①
메뉴를 익히는 데 걸리는 시간 소요가 적다.	④ ③ ② ①
메뉴에 사용되는 단어가 이해하기 쉽다.	④ ③ ② ①
반복되는 작업에 대한 수행 방법이 기억하기 쉽다.	④ ③ ② ①
중요한 메시지가 화면의 일정한 위치에 일관성 있게 나타나 있다.	④ ③ ② ①
선택하려는 메뉴가 눈에 쉽게 띈다.	④ ③ ② ①
자신이 선택하고 있는 메뉴가 무엇인가 알아보기 쉽다.	④ ③ ② ①
메뉴의 글자 색상이 잘 알아볼 수 있도록 선정되어 있다.	④ ③ ② ①
각 메뉴의 실행 취소버튼이 존재한다.	④ ③ ② ①
시작 버튼을 눌렀을 때 로봇반응의 속도가 빠르다.	④ ③ ② ①
진압방지 테이프 등 각종 부품 설치가 용이하다.	④ ③ ② ①
에러가 발생했을 때 그 내용에 대해 적절한 정보를 제공해준다.	④ ③ ② ①

Chapter 05 사용성평가 수행 방법 : 분석

5.1 기술통계학과 추측통계학

기술통계학은 자료를 표나 그래프로 나타내어 중심경향도나 산포도와 같은 특성들을 설명하기 위한 절차들로 구성되며, 추측통계학은 표본으로부터의 정보를 기초로 전체 모집단에 관한 추측을 하기 위한 절차들로 구성된다.

<table>
<tr><td rowspan="11">통
계
학</td><td rowspan="2">기술통계</td><td rowspan="2" colspan="3"></td><td>자료의 정리 및 요약</td></tr>
<tr><td>특성치에 의한 자료의 분석</td></tr>
<tr><td rowspan="9">추측통계</td><td rowspan="9">추측통계를 위한 확률이론
1. 개별사상의 확률
2. 확률분포의 기초
3. 주요 확률분포
4. 표본통계량과 확률</td><td rowspan="6">모수통계</td><td rowspan="3">1변량분석</td><td>추정</td></tr>
<tr><td>검정</td></tr>
<tr><td>분산분석</td></tr>
<tr><td rowspan="3">다변량분석</td><td>회귀분석, 상관분석</td></tr>
<tr><td>2변량분석</td></tr>
<tr><td>다변량분석</td></tr>
<tr><td>비모수통계</td><td></td><td>비모수통계</td></tr>
<tr><td rowspan="2">기타 주요
통계분석</td><td></td><td>시계열분석 및 지수</td></tr>
<tr><td></td><td>통계적 의사결정론</td></tr>
</table>

5.2 요약통계량

5.2.1 추정치와 추정량

모수를 추정하기 위해 표본으로부터 계산된 값을 추정치(estimate)라 한다. 추정치를 계산하기 위해 사용되는 공식을 추정량(estimator)이라 한다.

5.2.2 중심경향도

1) 평균(mean)

$\mu = \dfrac{\Sigma X_i}{N}$ (N은 모집단의 관찰치의 수)로 나타내며

그룹화된 자료의 평균을 계산하는 공식으로 사용된다. k가 계급의 수이고 M_1, M_2, …, M_k가 k개의 계급에 대한 가운데 값이라 하자. f_1, f_2, …, f_k를 해당되는 도수라 하면 표본평균은

$\overline{x} = \dfrac{\Sigma f_i M_i}{n}$ 이다.

2) 중앙값(median)

자료를 크기순으로 배열했을 때 중앙에 있는 값을 말하며

도수분포표로부터 중앙값은 $A + \dfrac{n/2-c}{d}(B-A)$이다.

여기서, A, B는 중앙값을 포함하는 계급의 하한, 상한을 의미하며,

c는 A보다 작은 관찰치의 개수, d는 $A \sim B$ 사이의 관찰치의 수이다.

3) 최빈값(mode)

관찰치에 대한 최빈값은 가장 큰 도수를 갖는 값이다. 최빈값은 반드시 하나일 필요는 없다.

4) 백분위수

관찰치 x_1, x_2, …, x_n이 오름차순으로 배열되어 있다고 하자. p번째 백분위수 (xp)란

관찰치의 p%가 x보다 작거나 같고 관찰치의 $(1-p)$%는 xp보다 크거나 같은 값이다.

계산절차는 다음과 같다.

① n개의 관찰치를 오름차순으로 배열한다. 가장 작은 값을 갖는 관찰치가 순위 1을 갖고 두 번째 작은 값을 갖는 관찰치가 순위 2 등을 갖는다.

② $i=(p \cdot n)/100$을 계산한다. 여기서 p는 관심있는 백분위수이고 n은 표본크기이다.

예 $p=i/n \cdot 100$

③ i가 정수이면 p번째 백분위수는 순위 i와 $i+1$을 갖는 값의 평균이다.

④ i가 정수가 아니면 p번째 백분위수는 i보다 큰 다음 정수의 순위를 갖는 값이다.

5.2.3 산포도

1) 모분산

$\sigma^2 = \dfrac{\Sigma(x_i-\mu)^2}{N}$ 으로 나타내며, 여기서 N은 모집단의 크기이다.

2) 표본분산

$s^2 = \dfrac{\Sigma(x_i-\bar{x})^2}{n\text{-}1} = \dfrac{\Sigma x_i^2 - \dfrac{\Sigma(x_i)^2}{n}}{n\text{-}1}$으로 나타내며, 여기서 n은 표본크기이다.

그룹화된 자료에 대한 분산을 계산하는 공식은 k가 계급의 수이고 $M_1, M_2, \cdots, M_k$가 k개의 계급에 대한 가운데 값이라 하자. $f_1, f_2, \cdots, f_k$를 해당되는 도수라 하면 표본분산은

$s^2 = \dfrac{\Sigma f_i(M_i-\bar{x})^2}{n\text{-}1} = \dfrac{\Sigma f_i(M_i^2-n\bar{x}^2)}{n\text{-}1}$ 이며,

모분산은 $\sigma^2 = \dfrac{\Sigma f_i(M_i^2-N\mu^2)}{N}$ 이다.

3) Chebyshev 정리

c를 1보다 큰수라 하자. 어떤 표본이나 모집단에 대해 평균으로부터 표준편차의 c배 이내에 있을 관찰치의 비율은 적어도 $1-1/c^2$이다.

4) 표준화 값

만약 모집단의 평균과 표준편차가 알려져 있다면 관찰치 x의 표준화 값은 $z = (x-\mu)/\sigma$이다. 표본평균과 표준편차가 사용되면 표준화 값은 $z = \frac{x-\bar{x}}{s}$ 이다. 표준화 값을 때때로 z 값이라고 부른다.

5) 변동계수(상대적 표준편차, coefficient of variation)

평균에 대한 비율로써 표준편차를 표시하는 방법이다.

모집단에 대한 변동계수 $CV = (\sigma\ /\ \mu) \cdot 100\%$이며,

표본에 대한 변동계수 $CV = (s\ /\ \bar{x}) \cdot 100\%$이다.

6) 확률실험(random experiment)

결과가 확실하게 예측될 수 없는 실험으로 확률실험의 각 가능한 결과를 기본결과라 부른다. 주어진 실험에 대한 모든 가능한 기본결과들의 집합을 그 실험의 표본공간이라 한다. 사건은 기본결과의 특정한 모임, 즉 표본공간으로부터 하나 이상의 기본결과들을 포함하는 집합으로 대문자로 나타낸다.

7) 사건의 여집합

A사건의 여집합 $P(\bar{A}) = 1-P(A)$로 표시하며,

확률의 덧셈법칙은 $P(A \cup B) = P(A) + P(B) - P(A \cap B)$이라 표현한다.

상호배반사건(mutually exclusive events)은 A와 B가 S에서의 두 사건이라 하자. A와 B가 공통된 기본결과들이 없다면 상호배반이라 한다. A, B가 상호배반이면 $(A \cap B) = \emptyset$이고 $P(A \cap B)=0$이다. 여기서 $\emptyset$은 공집합을 나타낸다.

8) 조건부확률

① 사건 B가 발생했다는 조건에서 사건 A가 발생할 조건부확률은 $P(B) \neq 0$이면 $P(A \mid B) = P(A \cap B)/P(B)$이다.

② 두 사건 A와 B가 모두 발생할 확률은 $P(A \cap B) = P(B) \cdot P(A \mid B) = P(A) \cdot P(B \mid A)$이다.

③ 사건 A와 B가 독립인 경우 $P(A \cap B) = P(A) \cdot P(B)$가 성립한다.

④ 베이즈 정리 : E_i를 사전확률 $P(E_i)$를 갖는 사건이라 하고 A는 어떤 새로운 사건이나 정보라 하자. 그러면 E_i의 사후확률은 다음과 같이 주어진다.

$$P(E_i \mid A) = \frac{P(E_i \cap A)}{P(A)}$$

$$= \frac{P(E_i)\,P(A \mid E_i)}{P(A)}$$

9) 순열(permutation)

n개의 서로 다른 대상으로부터 r개의 대상을 선택하여 이 r개의 대상을 순서대로 배열하는 방법으로 서로 다른 순열의 총수는 $nPr = N! \,/\, (N-R)!$ 이고 특별한 경우로서 $n=r$일 때 $nPr = n!$이다.

10) 조합(combination)

n개의 서로 다른 대상으로부터 r개의 대상을 선택하는 방법으로 이 r개 대상의 서로 다른 조합의 수는

$nCr = N! \,/\, (N-R)!*R!$ 이고, $nCr = nCn-r$이다.

5.3 이산확률변수

5.3.1 확률변수

변수 X가 갖는 값을 확실히 예측할 수 없을 때 변수 X는 확률변수이다. 확률변수 X가 어떤 구간에 있는 유한개의 서로 다른 값을 가지면 이산확률변수이고, 확률변수 X가 어떤 구간에 있는 모든 값을 가지면 연속확률변수이다.

이산확률분포는 이산확률변수 X가 갖는 각각의 가능한 값 x_i에 확률 $P(X=x_i)$를 관계시키는 표, 그래프 또는 규칙이다.

5.3.2 누적분포함수(cumulative distribution function)

x를 어떤 실수값이라 할 때 X의 누적분포함수는 함수 $F(x)=P(X \le x)$이다.

확률변수의 기대값 또는 평균은 확률분포의 중심에 대한 측도로서 사용된다. 이산확률변수 X의 기대값 또는 평균은 기호 $E(X)$나 μx로 나타내고 $E(X) = \mu x = \Sigma xP(x)$이다.

X가 확률변수이고 $g(X)$가 X의 함수일 때 $Y=g(X)$의 기대값은 $E(Y) = E[g(X)] = \Sigma g(x).P(x)$이다.

이산확률변수의 분산은 $\sigma^2 = \Sigma(x-\mu)^2P(x)$이다. 표준편차는 기호 σ로 나타내며 분산의 양의 제곱근이다.

X가 확률변수이고 $Y=a+b_X$라 하자. (a, b는 주어진 상수)

Y의 기대값은 $E(Y)=a+bE(X)$이며,

Y의 분산은 $\mathrm{Var}(Y)=b^2\mathrm{Var}(X)$이다.

Y의 표준편차는 분산의 제곱근으로 $\sigma y = | b | \sigma x$ 이다.

5.3.3 이산 이변량확률분포

X와 Y가 서로 다른 두 개의 이산확률변수라 하자. $P(X=x, Y=y)$로 나타나는 이변량확률함수는 확률변수 X가 특정한 값 x를 갖고 확률변수 Y가 특정한 값 y를 갖는 결합확률을 보여준다.

1) 주변확률함수

X와 Y의 주변확률함수는 개별확률 $P(X=x)$와 $P(Y=y)$를 나타낸다. 여기서 x와 y는 각각 확률변수 X와 Y의 특정한 값이다.

2) 조건부확률

확률변수 Y가 값 y를 가진다는 조건에서 확률변수 X가 값 x를 가질 조건부확률은 $P(X=x \mid Y=y)$로 표시하고 다음의 공식을 사용하여 계산된다.

$P(X=x \mid Y=y) = \dfrac{P(X=x,\ Y=y)}{P(Y=y)}$, 마찬가지로 $P(Y=y \mid X=x) = P(X=x, Y=y)\ /\ P(X=x)$라 표시한다.

3) 공분산

공분산(covariance)은 두 개의 변수 X와 Y의 상호연관도를 측정하는 기준으로 사용되며 다음과 같이 정의할 수 있다.

$\mathrm{Cov}(X, Y) = \sigma_{x, y} = E[(X\text{-}\mu_x)(\text{-}\mu_y)] = E(XY)\text{-}E(X)E(Y)$

X와 Y가 독립인 경우 $E(XY) = E(X)E(Y)$이므로 공분산은 0이다.

4) 상관계수

공분산의 크기는 X와 Y의 단위에 따라 달라지므로 단위에 관계없이 X와 Y의 관계를 측정하기 위하여 공분산을 X와 Y의 표준편차로 나누어 준 값을 다음과 같이 표시한다.

$$P_{xy} = \frac{\mathrm{Cov}(X, Y)}{\sigma_x \cdot \sigma_y}$$

단, 상관계수(coefficient of correlation)가 0에 가까워질수록 두 변수 간에 서로 관계가 없으며, 상관계수가 +1, −1에 가까워질수록 두 변수 사이의 관계가 높아진다.

5.3.4 이산확률분포의 종류

1) 베르누이분포

상호배반인 두 가지 가능한 기본결과 중 하나를 갖는 실험이다.

X를 베르누이분포를 갖는 이산확률변수라 하자. 여기서 성공확률은 p이고 실패확률은 $(1-P)$이다. X의 표본공간 $S=\{0, 1\}$이고 X의 확률함수는 $P(\mathrm{X}=0)=1-p$, $P(X=1)=p$이다. X의 평균 $\mu=E(X)=p$ 분산σ_2 = $\mathrm{Var}(X)$ = $p(1-p)$ = pq 표준편차 $\sigma = \sqrt{pq}$이다.

2) 이항분포

베르누이분포의 일반화된 분포이다. 이항실험에서 확률변수 X는 독립적으로 n번 반복된 베르누이 시행에서 얻어지는 성공의 횟수를 나타낸다.

확률변수 X를 성공의 확률이 p인 실험을 독립적으로 n번 시행하여 얻어지는 성공횟수라 하자. $q=(1\text{-}p)$이고 x가 확률변수 X의 어떤 값일 때 n번 시행 중 x번 성공할 확률은

$P(X=x) = {}_nC_x p^x q^{n-x}$, $x=0, 1, \cdots, n$

일반적으로 $np \geq 5$ 인 이항분포의 확률을 근사시키는 데는 정규곡선이 이용된다.

3) 포아송분포

포아송확률변수 X는 이산확률변수로 어떤 시간과 공간에서의 사건 발생수를 표시하며 대기이론에서 여러 가지로 응용될 수 있다.

포아송분포를 따르는 변수의 특징은 다음과 같다.

① 사건발생은 서로 독립이다.

② 사건발생의 확률은 시간 또는 공간의 길이에 비례한다.

③ 어떤 극히 작은 구간에서 두 사건 이상이 발생할 확률은 무시된다.

포아송분포에 대한 공식은 다음 $P(X=x) = \dfrac{\lambda^x e^{-\lambda}}{x!}$ $x = 0, 1, 2, \cdots$ 와 같으며, 포아송분포는 λ라는 단일 모수에 의존하고 평균과 분산은 모두 λ이다.

포아송분포는 $n \geq 50$이고 $np \leq 5$이면 이항분포에 대한 좋은 근사치를 제공한다. 이항분포에서 평균 $\mu = np$이며, 따라서 이항분포를 근사시키기 위해 포아송분포를 사용할 때 포아송분포의 평균은 $\lambda=np$로 표시할 수 있다.

4) 기하분포(geometric distribution)

베르누이실험에서 발생하며, 이항실험에서는 시행횟수 n을 고정시키고, n번 시행에서의 성공횟수를 결정한다. 이와 달리 기하분포에서는 확률변수 X가 첫 번째 성공을 얻는데 필요한 시행횟수를 나타낸다. 확률변수 X가 첫 성공이 나올 때까지 독립적 시행 횟수라 하고 x가 X의 특정한 값이라 하자. 확률변수 X에 대한 확률함수는 다음과 같다.

$P(X=x) = q\text{x}-1p$, $x=1, 2, \cdots$

또한,

평균 = $1/p$, 분산 = $q/p2$, 표준편차 = $\dfrac{\sqrt{q}}{p}$ 로 표시한다.

5) 초기하분포

확률변수 X는 N개의 원소를 갖는 유한모집단으로부터 복원 없이 선택된 n개의 확률표본에서의 성공횟수를 구할 때 초기하분포를 이용한다. (일반적으로 표본의 비율이 5%

이하면 이항분포사용 → 5% 이상이면 초기하분포가 정확)

모수가 N(모집단의 수), n(표본의 수), k(모집단에서 성공의 수)인 초기하확률변수 X(n개의 표본에서 성공의 수)의 확률함수는

$$P(X=x) = f(x) = \binom{k}{x}\binom{N-k}{n-x} / \binom{N}{n}$$ 로 표시하며,

초기하 확률변수의 평균과 분산은 $E(X) = n.(k/N) = np$, $\mathrm{Var}(X) = \binom{N-n}{N-1} npq$이다. 이때, 이항분포와 초기하분포의 분산은 유한모집단 수정계수를 제외하고 동일하다.

6) 다변량 초기하분포

다변량 초기하분포의 식은 다음과 같이 표시할 수 있다.

$$f(x_1, x_2, \cdots, x_{k-1}) = \binom{N_1}{x_1}\binom{N_2}{x_2}\cdots\binom{N_{k-1}}{x_{k-1}}\binom{N_k}{n-x_1-x_2-\cdots-x_{k-1}} / \binom{N_1}{x_1}$$

7) 다항분포

다항분포(multinomial distribution)는 실험의 결과가 상호배타적이며 완비적인 세 가지 이상의 결과로 나누어지는 경우의 분포이다.

8) 음이항분포(negative binomial distribution)

r번째의 성공이 일어날 때까지의 실패의 수를 X라고 하면 확률밀도함수는

$$f(x) = \binom{x+r-1}{r-1} p^x(1-p)^x = \binom{x+r-1}{x} p^r(1-p)^x$$ 이며,

기대값 $E(x) = \dfrac{rq}{p}$, 분산 $\mathrm{Var}(X) = \dfrac{rq}{p^2}$ 이다.

5.4 연속확률분포

5.4.1 밀도함수

연속확률변수 X의 확률분포를 나타내는 부드러운 곡선을 함수 $f(X)$로 나타내고 X의

밀도함수(density function)라 한다.

1) 연속확률변수의 기대치와 분산

기대치 $E(x) = \mu = \int_{-\infty}^{\infty} xf(x)dx$ 이며,

분산 $\mathrm{Var}(x) = \sigma^2 = \int_{-\infty}^{\infty} (x-\mu)^2 f(x)dx = E(X^2)-[E(X)]^2 = \int_{-\infty}^{\infty} x^2 f(x)dx-\mu^2$ 이다.

5.4.2 균등분포

균등분포의 기대값은 $\mu= E(X) = (a+b)/2$ 이며,

분산은 $\sigma^2 = \mathrm{Var}(X) = (b-a)2/12$ 이다. 확률변수 X가 c와 d 사이에 있을 확률은 다음과 같다.

$P(c \leq X \leq d) = (d-c)/(b-a)$

5.4.3 정규분포 or Gauss분포

정규분포의 특징은 다음과 같다.

① 곡선은 종모양으로 $X = \mu$에 대해 대칭이며 $-\infty$에서 $+\infty$까지 나타난 곡선 아래의 총면적은 1이다.

② 평균, 중앙 그리고 최빈값이 모두 μ와 같다.

5.4.4 표준정규분포

확률변수가 평균=0이고 분산=1인 정규분포를 가지면 표준정규분포를 갖는다고 하고 $N(0,1)$로 표시한다. 표준정규 확률변수를 X보다는 Z로 나타내는 것이 일반적이다.

1) 표준화 변환

X가 $N(\mu, \sigma^2)$에 따라 분포되어 있다고 하자. 표준정규분포로의 변환은 $Z = \frac{X-\mu}{\sigma}$ 이다.

2) 이항에 대한 정규근사

이항확률들을 근사시키기 위해 정규곡선을 사용하는 것은 $np \geq 5$와 $nq \geq 5$이면 적절하며 이항분포를 근사시킬 때 평균 $\mu=np$와 분산 $\sigma^2=npq$를 가진 정규분포를 사용한다.

3) 연속교정

이산확률 $P(X=x)$를 연속확률 $P(x-0.5 \le X \le x+0.5)$로 근사시킬 때 연속교정이 이루어진다.

5.4.5 지수분포

어떤 작업을 완성하는데 걸리는 시간(포아송분포는 발생하는 사건의 횟수이므로 이산확률변수이며, 대기시간은 어떠한 값도 가질 수 있기 때문에 연속확률변수임)을 파악할 때 이용한다.

확률밀도함수 $f(x) = \lambda e^{-\lambda x}$, $0 \le x < \infty$, λ는 단위시간당 사건발생횟수이며

지수분포의 특징은 다음과 같다.

① 확률변수 X는 0에서 ∞까지의 값을 가질 수 있다.

② 분포의 최빈값은 0이다. 즉 λ값에 관계없이 밀도함수의 정점은 $X=0$에서 나타나고 X가 증가하면 함수는 감소한다. 분포는 오른쪽으로 비대칭이므로 최빈치 < 중앙값 < 평균이다.

③ 지수분포의 확률계산은

X가 $X=0$과 $X=x$ 사이의 값을 취할 확률은 $P(X \le x) = \int_0^x \lambda e^{-\lambda x} dx = 1 - e^{-\lambda x}$, $0 \le x < \infty$이다.

5.5 표본이론(sampling theory)

5.5.1 표본과 관련된 오차

1) 표본추출오차(표본오차)

추출단위의 우연선정으로부터 나타나는 오차를 의미한다.

2) 비표본추출오차

표본의 선정이 적절하지 못한 경우, 측정오차(measurement error)를 의미한다.

5.5.2 표본추출의 방법

1) 확률표본추출법(random sampling)

모집단의 각 요소가 표본에 포함될 수 있는 확률이 사전에 알려진 표본추출 방법이다. 확률표본추출법의 종류는 단순확률추출법, 층별표본추출법, 군집표본추출법, 체계적 표본추출법 등이 있다.

5.5.3 확률표본

확률표본의 특징은 다음과 같다.

① 모집단으로부터 추출된 표본크기가 n인 확률표본이란 동일한 $f(x)$를 각각의 확률밀도함수로 갖는 n개의 상호독립적인 확률변수들인 $X_1, X_2, \cdots, X_n$의 집합을 의미한다.

② 확률표본의 구성 요소인 확률변수들 $X_1, X_2, \cdots, X_n$은 상호독립적이고 동일한 분포(independent and identically distributed : iid).

③ 앞으로의 이론전개는 대부분 확률표본을 가정하고 있다.

5.5.4 통계량

통계량(statistic)이란 확률표본을 구성하는 확률변수들의 함수이다. 따라서 통계량자체도 하나의 확률변수이며 그 자신의 분포를 갖는다. 대표적인 통계량은 표본평균, 표본분산, 표본비율이다.

1) 표본분포(sampling distribution) : 통계량(statistic)의 확률분포

주어진 모집단에 대해 추정량($\hat{\theta}$)가 갖는 값이 표본에 따라 변하므로 $\hat{\theta}$는 확률분포를 가지는 확률변수이다. 이 확률분포는 확률변수 $\hat{\theta}$의 표본분포라 부른다.

2) 추정량의 바람직한 성질

① **표본오차**(sampling error) : $\hat{\theta}$가 어떤 미지의 모수 θ의 추정량이라 하자.
차이 $D = | \theta - \hat{\theta} |$, $\hat{\theta}$을 표본오차 또는 추정오차라 부른다.(추출단위의 우연선정으로

부터 나타나는 오차임)

② **불편추정량**(unbiased estimator) : $\hat{\theta}$을 미지의 모수 θ의 추정량이라 하자. $E(\hat{\theta}) = \theta$이면 $\hat{\theta}$은 θ의 불편추정량이다.

③ **상대적 효율** : θ_1과 θ_2가 두 개의 불편추정량이라 하자. θ_2에 대한 θ_1의 상대적 효율은 그들의 분산들의 비, 즉 상대적 효율 = Var(θ_2) / Var(θ_1) 이다. Var(θ_1) < Var(θ_2) 이면 추정량 θ_1이 θ_2보다 효율적이라 한다.

④ **최소분산 불편추정량**(best linear unbiased estimator : BLUE) : error) : $\hat{\theta}$가 θ의 추정량이고 더 작은 분산을 가진 다른 불편추정량이 없다면 그 추정량 $\hat{\theta}$은 θ의 최소분산 불편추정량이다.

3) 중심극한정리

$x_1 \cdots x_n$이 평균이 μ이고 분산이 σ^2인 모집단으로부터 선택된 크기 n의 확률표본을 나타낸다고 하자. $\bar{x}$가 표본평균이라 하면 n이 클 때 모집단이 어떤 분포이건 상관없이 $\bar{x}$는 근사적으로 평균이 μ이고 분산이σ^2/n인 정규분포를 갖는다.

표본평균의 차이 $(\bar{x}_1 - \bar{x}_2)$의 기대값은 $E(\bar{x}_1 - \bar{x}_2) = \mu_1 - \mu_2$이며, 두 개의 확률표본이 서로 독립이면 $(\bar{x}_1 - \bar{x}_2)$의 분산은 $\mathrm{Var}(\bar{x}_1 - \bar{x}_2) = \dfrac{\sigma_1^2}{n_1} + \dfrac{\sigma_2^2}{n_2}$ 이다.

표본비율의 차이$(\hat{p}_1 - \hat{p}_2)$는 근사적으로 평균 $E(\hat{p}_1 - \hat{p}_2) = p_1 - p_2$와
분산 $\mathrm{Var}(\hat{p}_1 - \hat{p}_2) = (p_1 q_1/n_1) + (p_2 q_2/n_2)$인 정규분포이다.

4) 이항분포에 대한 정규근사법

중심극한정리에 의하여 표본크기 n이 무한히 커짐에 따라

$W = \dfrac{Y - np}{\sqrt{np(1-p)}} = \dfrac{\bar{X} - p}{\sqrt{p(1-p)/n}}$, $(\bar{X} = \hat{p})$ 는 표준정규분포 $N(0, 1)$에 접근한다.

5) 자유도(degree of freedom)

어떤 주어진 여건 하에서 일련의 변수들 가운데 자유스럽게 변할 수 있는 변수들의 수를 의미한다.

5.5.5 카이자승분포

표본분산(S^2)의 분포는 모집단이 정규분포일 때 S^2의 분포는 카이자승분포를 이용하여 나타낼 수 있으며, 또 특수한 경우에는 F분포와 연관된다.

X_1 , X_2, ⋯, X_n이 정규분포 $N(\mu, \sigma^2)$으로부터 추출된 표본크기 n인 확률표본의 구성요소일 때 $\frac{(n-1)S^2}{S^2} = \frac{\sum_{i=1}^{n}(X_i-\overline{X})^2}{\sigma^2}$ 이다. 여기서 $S^2 = \frac{1}{n-1} \sum_{i=1}^{n}(X_i-\overline{X}^2)$이며, $\chi^2(n-1)$분포에 근사한다.

카이자승분포의 평균은 $\mu=r$ 이며, 분산은 $\sigma^2=2r$ 이다.

5.5.6 t분포

표준정규분포의 확률변수 Z에서 σ를 표본표준편차인 S로 대체하면 $T = \frac{\overline{X}-\mu}{S/\sqrt{n}}$이 되며 확률변수 T는 자유도가 $n-1$인 t분포를 한다. (t분포는 n이 커짐에 따라 표준정규분포에 접근한다) t분포의 특징은 다음과 같다.

① t분포는 종모양의 형태로 표준정규분포와 대체로 같은 모양을 가져 평균은 0이다.

② t분포는 분포의 자유도라 불리는 ν에 의존한다. 모평균에 대한 신뢰구간을 구성할 때 적절한 자유도는 $\nu=(n-1)$이다. 여기서 n은 표본크기이다.

③ t분포의 분산은 $\nu/(\nu-2)$로 항상 1보다 크다($\nu>2$). ν가 증가함에 따라 이 분산은 1에 접근하고 모양도 표준정규분포에 접근한다.

④ 표준정규변수 Z의 분산이 1인 반면에 t의 분산이 1보다 크므로 t분포는 표준정규분포보다 중간에서 약간 더 평평하고 두터운 꼬리를 갖는다.

5.5.7 F분포

두 정규모집단의 분산이 같은 경우 F통계량 $F = \frac{S_y^2}{S_x^2}$은 자유도가 $df_1=m-1$, $df_2=n-1$인 F분포이다.

5.6 신뢰구간의 추정과 설정

5.6.1 신뢰수준

신뢰구간의 신뢰수준(level of confidence)은 모집단에서 취해진 확률표본을 사용하여 계산된 구간에 모수가 포함될 확률을 측정해 준다. 신뢰수준은 기호 $(1-\alpha)$로 표시된다.

5.6.2 표본크기의 결정

1) 모평균 추정 시

이미 알려진 분산 σ^2을 갖는 정규 모집단으로부터 확률표본을 취한다고 하자. 그러면 모평균에 대한 $100(1-\alpha)\%$ 신뢰구간은 관찰치 수가 $n = \frac{Z_{\alpha/2}^2\sigma^2}{D^2}$이라면 표본평균의 양쪽으로 거리 D만큼 있게 된다.

2) 모비율 추정 시

어떤 모집단으로부터 확률표본을 취한다고 하자. 그러면 모비율에 대한 $100(1-\alpha)\%$ 신뢰구간은 관찰치의 수가 $n = \frac{0.25z_{\alpha/2}^2}{D^2}$이면 표본비율의 양쪽으로 D만큼 있게 된다.

p의 추정치가 존재하면 $n = \frac{z_{\alpha/2}^2\hat{p}\hat{q}}{D^2}$를 사용한다.

5.6.3 두 평균의 차이에 대한 신뢰구간

1) 분산이 알려져 있거나 표본크기가 클 때

두 정규모집단으로부터 관찰된 표본평균이 $\bar{x}_1$와 $-\bar{x}_2$이면 $(\mu_1-\mu_2)$에 대한 $100(1-\alpha)\%$ 신뢰구간은

$$\left[(\bar{x}_1-\bar{x}_2)-z_{\alpha/2}\sqrt{\frac{\sigma_1^2}{n_1}+\frac{\sigma_2^2}{n_2}},\ (\bar{x}_1-\bar{x}_2)-z_{\alpha/2}\sqrt{\frac{\sigma_1^2}{n_1}+\frac{\sigma_2^2}{n_2}}\right]$$ 이다.

표본크기가 30 이상이고 모분산을 모른다면 모분산을 대응하는 표본분산으로 대치 가능하며 표본크기가 큰 경우에는 모집단분포가 정규분포가 아니라도 이 근사치가 적절하다.

2) 분산이 알려져 있지않지만 같은 경우에고 표본의 크기가 작을 때

$$\left[(\bar{x}_1-\bar{x}_2)-t_{\alpha/2}(v)\sqrt{\frac{S_p^2}{n_1}+\frac{S_p^2}{n_2}},\ (\bar{x}_1-\bar{x}_2)-t_{\alpha/2}(v)\sqrt{\frac{S_p^2}{n_1}+\frac{S_p^2}{n_2}}\right]$$

여기서 자유도는 (n_1+n_2-2)이고 S_p^2은 공통모분산의 합동추정치로 다음과 같이 구할 수 있다.

$$S_p^2 = \frac{(n_1-1)\bar{x}_1+(n_2-1)\bar{x}_2}{(n+n_2-2)}$$

두 모비율의 차이 (p_1-p_2)에 대한 $100(1-\alpha)\%$ 신뢰구간은

$$\left[(\hat{p}_1-\hat{p}_2)-z_{\alpha/2}\sqrt{\frac{\hat{p}_1\hat{q}_1}{n_1}+\frac{\hat{p}_2\hat{q}_2}{n_2}},\ (\hat{p}_1-\hat{p}_2)-z_{\alpha/2}\sqrt{\frac{\hat{p}_1\hat{q}_1}{n_1}+\frac{\hat{p}_2\hat{q}_2}{n_2}}\right]$$ 이다.

5.7 가설검정

신뢰구간은 모수의 가능한 값에 대한 정보를 제공한다. 이 정보를 얻는 또 다른 방법은 모수의 잠정적인 값에 대한 어떤 가설을 설정하고 표본자료가 이 가설을 지지하는지를 조사함으로써 이 가설을 검정한다.

5.7.1 귀무가설과 대립가설

귀무가설은 현재까지 모집단에 대해 알고 있는 정보를 나타낸 가정이며, 대립가설은 변화된 모집단에 대해 추측된 정보를 나타낸 가정을 의미한다.

1) 검정통계량

귀무가설의 기각 여부를 결정하는데 사용될 확률변수를 의미한다.

2) 결정규칙

귀무가설 H_0을 기각하는 검정통계량의 값의 집합과 채택하는 값의 집합을 정한다.

3) 기각치

기각영역(critical region)과 채택영역(acceptance region)을 분리시켜주는 값을 기각치(critical value)라 한다.

5.7.2 가설검정의 오류

H_0이 사실일 때 H_0을 기각하면 제1종 오류가 발생한다.

H_0이 거짓일 때 H_0을 채택하면(기각하지 않으면) 제2종 오류가 발생한다. 기호 β로서 표현하며 제2종 오류를 범할 확률 β는 귀무가설이 거짓일 때 검정통계량이 채택영역에 있을 확률이다.

귀무가설의 진위 / 귀무가설의 채택, 기각	귀무가설이 옳음	귀무가설이 틀림
귀무가설의 채택	옳은 결정 (확률 : $1-\alpha$)	제2종 오류 (확률 : β)
귀무가설의 기각	제1종 오류 (확률 : α)	옳은 결정 (확률 : $1-\beta$) :검정력

1) 유의수준

검정의 유의수준은 H_0이 사실이라는 조건에서 검정통계량이 기각역에 있을 확률이다. 유의수준은 기호 α로서 표현된다.

2) p값

검정의 p값은 실제 얻은 값보다 더 극단적인 표본추정치를 얻을 확률이다. 작은 p값들은 귀무가설에 반대되는 증거를 제공한다. 미리 설정된 유의수준 α를 사용할 때는 p값이 α 보다 작으면 항상 귀무가설을 기각한다.

3) 검정력

검정력은 H_0이 거짓일 때, H_0을 정확히 기각할 확률이다. 검정력은 $(1-\beta)$이며, H_0이 거짓일 때 검정통계량이 기각영역에 속할 확률이다. 검정력은 조사되는 모수의 실제 값에 의존한다. 검정되는 모수의 각 값에 대한 검정력을 나타내는 그래프를 검정력곡선이라 부른다.

4) 가설검정 절차

① 귀무가설과 대립가설의 설정
② 검정통계량(test statistic)의 선정
③ 유의수준 α 선택 및 기각치의 결정
④ 표본통계량 계산
⑤ 관찰된 표본통계량을 기각치와 비교 → 통계적 의사결정

5) 가설 H_0

$(p_1-p_2)=0$의 검정은 표본이 독립이고 표본추정치가 대략 정규분포라는 가정에 의존. 이것이 성립하기 위해서 $n_1p_1 \geq 5$, $n_1q_1 \geq 5$, $n_2p_2 \geq 5$, $n_2q_2 \geq 5$이 요구된다. 이 조건이 성립되면 검정통계량 $Z = \dfrac{\widehat{p_1}-\widehat{p_2}}{\sqrt{\dfrac{\widehat{pq}}{n_1}+\dfrac{\widehat{pq}}{n_2}}}$ 을 계산하여 이 값을 표준정규분포로부터 얻은 기각치와 비교한다. 여기서 p의 합동추정치는

$$\hat{p} = \frac{n_1\widehat{p_1}+n_2\widehat{p_2}}{n_1+n_2} = \frac{X_1+X_2}{n_1+n_2}$$ 이다.

5.8 분산분석(ANOVA : Analysis of Variance)

셋 이상의 모집단 평균들이 서로 동일한가를 검정할 필요 → 정규분포나 t분포를 이용할 때는 여러번 검정, 유의수준이 커지는 단점이 있다. 따라서 3개 이상의 모평균이 동일하다는 가설을 검정하려면 표본내(그룹내)분산과 표본간(그룹간)분산을 분석하여야 한다.

5.8.1 기준비율 = 표본간의 분산 / 표본내의 분산

ANOVA는 둘 이상의 정규모집단의 평균이 모두 같다는 귀무가설을 검정하는 방법이다. 또 일원분류 아노바는 종속변수의 평균은 독립변수(요인)의 값(또는 수준)에 의해 영향을 받지 않는다는 귀무가설을 검정하기 위해 사용(회귀분석). 모집단들은 등분산을 가지는 것으로 가정되고 독립적인 확률표본이 각각의 모집단으로부터 얻어진다(일원분산분석의 기본가정→기본가정이 충족되기 어려울 경우에는 크루스칼-월리스 검정 사용)

5.8.2 일원분산분석에서 총제곱합의 분할

$SST = SSW(SSE) + SSB$

총제곱합 SST는 $SST = \sum_{j=1}^{k}\sum_{j=1}^{n_i}(X_{ij}-\bar{x})^2$으로 계산되고 자료에서의 총변동을 파악한다. 그룹간 제곱합 SSB는 서로 다른 표본평균 사이의 변동을 측정하고, $SSB = \sum_{j=1}^{k} n_j(\bar{x}_j-\bar{x})^2$. 그룹내 제곱합 SSW(또는 오차제곱합 SSE)는 표본내의 변동 측정하고, $SSW = \sum_{j=1}^{k}\sum_{j=1}^{n_i}(X_{ij}-\bar{x}_j)^2 = \sum_{j=1}^{k}(n_j-1)S_j^2$라 나타낸다. 분산분석표는 다음과 같이 나타낸다.

변동요인	제곱합	자유도	평균제곱	F비율
그룹간	SSB	$b-1$	$MSB=SSB/(b-1)$	MSB/MSW
그룹내	SSW	$N-b$	$MSW=SSW/(N-1)$	
총변동	SST	$n-1$		

F통계량$=MSB/MSW$를 계산하여 이것을 자유도 $df_1 = (k-1)$과 자유도 $df_2 = (n-k)$를 가지는 F기각치와 비교하여 F통계량이 더 큰 경우 귀무가설을 기각한다.

j번째 그룹(인자수준)의 μ_j의 $100(1-\alpha)\%$ 신뢰구간은 $\bar{x}_j \pm t_{\alpha/2}(N-b)\sqrt{\frac{MSW}{n_j}}$ 이며,

평균의 차에 대한 $100(1-\alpha)\%$ 신뢰구간은 $(\bar{x}_{.1}-\bar{x}_{.2}) \pm t_{\alpha/2}(N-b)\sqrt{MSW\left(\frac{1}{n_1}+\frac{1}{n_2}\right)}$ 이다.

Hatley 검정(등분산검정)은 k개 정규모집단의 분산이 동일하다는 귀무가설의 검정에 사용. 검정을 수행하기 위해 H통계량 $H = \frac{\mathrm{Max}(s_j^2)}{\mathrm{Min}(s_j^2)}$ 사용하며, H통계량의 큰 값은 귀무가설을 기각한다.

5.8.3 이원분산분석

이원분산분석의 기본가정이 충족되지 않으면 프리드만 검정법과 같은 비모수적 통계 방법을 사용한다.

이원분류 아노바에서, 종속변수의 평균이 두 개의 설명변수 또는 요인의 값에 의해 영향을 받지 않는다는 귀무가설을 검정. 분석 방법은 각 cell에 하나의 관찰치가 있는지 또는 다수의 관찰치가 있는지에 따라 다르다. 이에 따른 분산분석표는 다음과 같다.

변동요인	제곱합(SS)	자유도	평균제곱(MS)	F
行(A)	SSA	$a-1$	$MSA=SSA/(a-1)$	MSA/MSE MSB/MSE $MSAB/MSE$
列(B)	SSB	$b-1$	$MSB=SSB/(b-1)$	
교호작용	$SSAB$	$(a-1)(b-1)$	$MSAB=SSAB/(a-1)(b-1)$	
오차	SSE	$ab(c-1)$	$MSE=SSE/ab(c-1)$	
전체합계	SST	$abc-1$		

① 각 cell에 하나의 관찰치가 있을 때 요인 A가 종속변수의 평균에 마무런 영향을 미치지 않는다는 것을 검정하기 위해 F통계량$=MSA/MSE$를 계산하고 이것을 자유도 $df_1=(a-1)$과 $df_2=(a-1)(b-1)$을 가지는 F기각치와 비교하여 귀무가설을 기각한다.(요인 B도 동일)

② 각 cell에 다수의 관찰치가 있을 때, 두 독립변수들의 교호효과의 존재에 대한 검정이 가능하며, 요인 A가 아무런 영향을 주지 않는다는 가설을 검정하기 위해 검정통계량 $F_A=MSA/MSE$를 계산하여 자유도 $df_1=(a-1)$과 $df_2=ab(c-1)$을 가지는 F기각치를 초과하면 H_0를 기각한다.(요인 B도 동일)

③ 아무런 교호효과가 없다는 귀무가설을 검정하기 위하여 검정통계량 $FI=MSI/MSE$를 계산하고 F가 자유도 $df_1=(a-1)(b-1)$과 $df_2=ab(c-1)$을 가지는 F기각치를 초과하면 H_0를 기각한다.

④ 아노바기법은 어떤 수의 설명변수들이나 요인들에 대해서도 사용될 수 있다. 따라서 종속변수가 셋 이상의 다른 요인들에 의해 어떻게 영향을 받는지를 설명할 수 있다. 더욱이 각 cell에 있는 관찰치의 수가 다른 경우에 대해서도 아노바기법이 존재한다.

5.9 회귀분석과 상관분석

5.9.1 회귀분석

한 변수 혹은 여러 변수가 다른 변수에 미치는 영향력의 크기를 수학적 관계식(equation)으로 추정하고 분석하는 방법이다.

5.9.2 상관분석

두 변수의 관계를 나타내는 수학적 관계식보다 두 변수가 관련된 정도에만 초점을 맞춘다.

개 요	
회귀분석(regression analysis)	**상관분석**(correlation analysis)
1. 회귀모형의 설정 1) 회귀모형의 가정 2) 모회귀선과 표본회귀선의 개념 2. 모회귀선의 추정 : 최소자승법 3. 모회귀선의 평가 1) 적합도측정: 표본회귀선이 관측치들을 얼마나 잘 나타내고 있는가를 측정 - 절대평가 방법 : 추정표준오차(s) - 상대평가 방법 : 결정계수(r^2) 2) 유의성검정: 회귀식의 기울기가 1인지를 검정 $H0$: β=0에 대한 t검정 $H0$: β=0에 대한 F검정 4. 회귀모형을 이용한 추정과 예측 1) 모회귀선상의 값 $E(Y_0)$의 신뢰구간 2) 개별관측치 Y_0의 예측구간 5. 회귀분석의 가정에 대한 검토 --- 잔차분석	1. 모상관계수 ρ와 표본상관계수 r $\rho = \frac{\text{Cov}(X, Y)}{\sigma_x \cdot \sigma_y}$ $= \frac{E[(X-\mu_x)(Y-\mu_y)]}{\sigma_x \cdot \sigma_y}$ $= E\left[\left(\frac{X-\mu_x}{\sigma_x}\right)\left(\frac{Y-\mu_y}{\sigma_y}\right)\right]$ S_{xy}를 X와 Y의 표본공분산, S_x, S_y를 X와 Y의 표본표준편차라 하면 $r = \hat{p} = \frac{S_{xy}}{S_x \cdot S_y}$ $= \frac{\Sigma x_i y_i}{\sqrt{\Sigma x_i^2 \Sigma y_i^2}}$ (r = 0 : no linear relation임에 주의) 2. 모상관계수 ρ와 통계적 추론 (H_0 : β=0와 H_0 : ρ=0 에 대한 검정이 동일함)

5.9.3 단순선형 회귀모형(simple linear regression model)

1) 모회귀선

모회귀선의 방정식은 다음과 같다. $E(Y_i \mid X=x_i)=\alpha+\beta x_i$

2) 표본회귀선

모회귀선의 추정된 방정식은 $\hat{Y}=a+bX$(a, b는 $\hat{a}$, β로 표시하기도 함)라 표시하며 이를 표본회귀선이라 부른다.

3) 잔차

주어진 값 $X=x_i$에 대해 실제값 Y_i와 예측된 값 $\widehat{y_i}$ 사이의 차이는 $\widehat{e_i}$로 표시된다. 이 값 $\widehat{e_i} \cdots \widehat{e_n}$은 잔차(residuals)라 부르고 다음 식으로 얻어진다.

$\widehat{e_i}=y_i-\widehat{y_i}-(a+bx_i)$

단순선형 회귀모형의 기본가정은 다음의 성질을 갖는 것으로 가정한다.

① 정규성 : 어떤 값 x_i에 대해 오차항은 정규분포를 가진다.

② 평균은 0 : 어떤 값 x_i에 대해 $E(x_i) = 0$ 이다.

③ 등분산성 : 분산은 X의 모든 값에 대해 동일하다.

④ 계열상관(serial correlation)이 없음 : 오차항은 서로 독립이다.($E(\varepsilon_i, \varepsilon_j)=0,\ i \neq j$)

⑤ e_i는 독립변수 X의 값과 독립이다.

4) 추정

최소자승법에 의한 회귀모수의 추정이 일반적이다.

5) 검정

(1) 적합도검정(선형회귀 방정식의 설명력 : 총분산(SST) = 설명분산(SSR) + 비설명분산(SSE) 총제곱합 = 회귀제곱합 + 오차제곱합)

① 절대평가 : 추정표준오차(ε_i의 표준편차인 σ의 추정량)

$$S_3 = \sqrt{\frac{\Sigma(Y_i-\hat{Y}_i)^2}{n-2}} = \sqrt{\frac{SSE}{n-2}} = \sqrt{MSE}$$

② 상대평가 : 결정계수 R_2 = SSR/SST = 1 − SSE/SST

③ b와 r의 관계 : $b = r\dfrac{S_y}{S_x} = \dfrac{S_{xy}}{S_xS_y}$

표본상관계수 r을 제곱한 값이 회귀분석의 적합도 측정기준인 결정계수와 같다.

(2) 유의성검정(회귀식의 기울기가 1인지를 검정) H_0 : β = 0에 대한 t검정, F검정

① 회귀계수 β = 0에 대한 t검정

단순회귀모형에서 b의 표본분포에서 평균은 β, 분산은 $\dfrac{\sigma^2}{\Sigma(X_i-\overline{X})^2}$ 이다.

분산의 추정치는

$S_b^2=\dfrac{S^2}{\Sigma(X_i-\overline{X})^2}=\dfrac{MSE}{\Sigma(X_i-\overline{X})^2}=\dfrac{\Sigma e_i^2/(n\text{-}2)}{\Sigma(X_i-\overline{X})^2}$ 이다.

β에 대한 100(1−α)%의 신뢰구간은 $b-t_{\alpha/2}(n-2)\cdot S_b <= \beta \leq b + t_{\alpha/2}(n-2)\cdot S_b$

H_0 : $\beta=0$를 검정하기 위한 t통계량은

$T = \dfrac{b-\beta_0}{S_b} = \dfrac{b-0}{S_b} = \dfrac{b}{S_b}$($S_b$에 추정치 a, b가 포함되어있으므로 자유도는 $n-2$)

와 같다.

② F검정과 t검정

단순회귀분석에서 F검정 통계량의 값은 t검정통계량값의 제곱과 동일하다.

(3) 회귀모형을 이용한 추정과 예측

① 모회귀선상의 값 $E(Y_0)$의 100(1−α)% 신뢰구간 (σ^2이 미지인 경우)

$\widehat{Y}_0 \pm t_{\alpha/2}(n-2)s\sqrt{\dfrac{1}{n}+\dfrac{(X_0-\overline{X})^2}{\Sigma(X_i-\overline{X}^2)}}$ 이다.

② 개별관측치 Y_0의 100(1−α)% 예측구간 (σ^2이 미지인 경우)

$\widehat{Y}_0 \pm t_{\alpha/2}(n-2)s\sqrt{\dfrac{1}{n}+\dfrac{(X_0-\overline{X})^2}{\Sigma(X_i-\overline{X}^2)}+1}$ (확률오차 ε에 의한 추가적 불확실성이 존재)이다.

(4) 회귀분석의 가정에 대한 검토

오차항 ε_i는 잔차 e_i로 추정되며 회귀모형의 가정을 충족시키는지는 잔차를 분석하여야 한다.

(5) 모상관계수 ρ에 대한 통계적 추론

H_0 : $\rho=\rho_0$에 대한 검정통계량은 $Z = \dfrac{A_r-E(Z_r)}{\sigma_{zr}} = \dfrac{\frac{1}{2}\ln\left(\frac{1+r}{1-r}\right)-\frac{1}{2}\ln\left(\frac{1+\rho_0}{1-\rho_0}\right)}{\sqrt{1/(n-3)}}$ 이다.

이때

H_0 : $\rho=0$이 참이라면 $T = \dfrac{r-0}{\sqrt{\dfrac{1-r^2}{n-2}}} = \dfrac{r\sqrt{n-2}}{1-r^2}$ 은 자유도가 $n-2$인 t분포를 따른다.

관측치를 훨씬 벗어난 범위에서 추정된 회귀식을 사용하기 위해서는 관측치보다 훨씬 큰 예측치에 대해서도 선형관계가 유효하다는 정당한 근거이다.

5.10 비모수통계(distribution free, non-parametric statistics)

5.10.1 비모수적 방법의 사용

모수적 방법을 적용할 수 있는 경우 검정력이 높은 모수적 방법을 우선 적용한다. 비모수적 방법은 다음의 경우들에서 이용될 수 있다.

① 분석의 대상이 되는 자료가 모수적 방법의 가정을 만족시키지 못할 때 비모수적 방법이 사용 가능하다.

② 자료가 순위(rank)로 되어 있는 경우 사용 가능하다.

③ 답을 요하는 질문이 모수와는 무관한 경우 즉 어느 한 표본이 확률표본인지의 여부를 알고자 할 때 사용 가능하다.

④ 조사연구의 시간제약이 있는 경우 비모수적 방법에 의한 계산이 모수적 방법보다 빠르고 쉽다.

5.10.2 비모수적 검정 방법

구 분		검 정 방 법	성 격	관련된 통계
단일표본		콜모고로프-스미르노프검정	적합도검정	χ^2 적합도검정
		무작위성(연속성)검정		
연관된 표본	2개의 표본	부호검정	2개 이상의 모집단의 평균들이 같은지에 대한 동일성검정의 성격	연관된 두 표본의 평균의 차 : t검정 평균보다는 중위수에 대한 검정
		윌콕슨의 T검정		
	3개 이상	프리드만의 순위 이원분산분석		이원분산분석을 비모수적 방법으로.
독립된 표본	2개의 표본	맨-위트니의 U검정		독립적 두 표본평균의 동일성 : t
		월드-월보비츠 검정		
	2개 이상	중위수검정(median test)		
	3개 이상	크루스칼-월리스의 H검정		맨-위트니의 발전, 順位일원분산분석
비모수적 상관분석		스피어만의 순위상관계수		두 변수가 수량적 자료, 이변량정규분포의 가정 충족하지 않을 때.
		켄달의 순위상관계수		

5.10.3 콜모고로프-스미르노프의 적합도검정

χ^2검정의 조건이 $np \geq 5$라는 단점을 보완 → 범주별 데이터를 가정하지 않을 뿐 아니라 연속형 데이터에도 적용이 가능하다. 관측된 자료의 크기를 나열한 후 누적확률을 구하고 이것을 가정된 분포의 누적확률과 비교하면 누적확률의 差의 최대치가 임계치보다 작으면 가정된 분포를 따르는 모집단에서 추출한다.

5.10.4 무작위성검정(runs test)

무작위성검정에는 다음과 같은 종류가 있다.

① table를 이용한 무작위성검정 (小標本의 경우)

② 大標本의 무작위성검정

표본을 추출하였을 때 관측되는 연속의 수 R을 변환하면

$Z = \frac{R-\mu_r}{\sqrt{\mathrm{Var}(R)}} \sim N(0,\ 1)$ 이며, 평균 $\mu_r = E(R)+ \frac{2n_1n_2}{n_1+n_2}+1$ 이고,

분산은 $\mathrm{Var}(R) = \frac{(\mu_r-1)(\mu_r-2)}{n_1+n_2-1}$ 이다.

5.10.5 부호검정

예 휴가가 노동자의 생산성에 미치는 영향(휴가 전후의 관측치)

H_0 : $p(+)=p(-)$, 즉 $p=0.5$ (差의 중위수는 0이다) H_1 : 差의 중위수는 0이 아니다. 유의수준 α에서 기각역은 $P(X \geq c \mid p=0.5) = \alpha/2$(양측검정, 여기서 c는 임계치) 표본의 크기가 큰 경우 정규근사법을 이용하며, 이 경우 기대치는 np, 분산은 npq, 그리고 유의수준 α에서 임계치는 $\mu+z_{\alpha/2} \cdot \sigma_x$이다.

1) 윌콕슨(Wilcoxon)의 *T*검정

짝으로 된 두 관측치들 사이의 差에 대한 부호는 물론 差의 크기 고려하여 table을 이용한다.

표본의 크기가 16과 같거나 클 경우 T의 표본분포는 근사적으로 정규분포를 따른다.

T의 변환치 $z = \frac{T-E(T)}{\sigma_r}$ 이며, 기대값 $E(T) = \frac{n(n+1)}{4}$, 분산 $\mathrm{Var}(T) = \sigma_t^2 = \frac{n(n+1)(2n+1)}{24}$ 이다.

2) 프리드만의 검정

① 분산분석의 가정(동일한 분산을 가진 정규모집단에서 추출되었다)이 충족되지 못하는 상황이거나 질적 자료만이 주어지는 경우 사용된다.

② 3개 이상의 집단의 평균의 동일성검정에서 사용된다.

검정통계량은 [$\chi^2(b-1)$의 분포를 함] $\chi^2_{b-1} = \frac{12}{ab(b+1)} \sum_{j=1}^{b} (R_j)^2 - 3a(b+1)$ 이며, 여기서 a, b는 행열의 수, R_j는 j번째 열의 순위합을 의미한다.

3) 맨-위트니(Mann-Whitney)의 U검정

평균의 동일성에 대한 검정 시 이용되며 t검정 시 필요한 가정들을 피하고자 하는 경우 t검정의 대안으로 사용된다.

분산의 동일성에 대한 검정 시에도 이용된다.

4) 중위수검정

둘 또는 그 이상의 표본들이 동일한 중위수를 갖고 있는 모집단들에서 추출되었는지 여부 검정을 위해 사용된다.

5) 크루스칼-윌리스(Kruskal-Wallis)의 H검정

일원분산분석의 사용은 모집단분포의 정규성과 분산의 동일성이라는 경직된 가정을 전제로 다음식이 성립한다.

$$H = \left[\frac{12}{n(n+1)}\sum_{j=1}^{b}\frac{R_j^2}{n_j}\right] - (n+1)$$

여기서, b : 표본의 수,
n_j : j번째 표본내의 관측치의 수

6) 검정통계량 H는 자유도($b-1$)를 갖는 chi-square 분포

예를 들어 용접공, 선반공, 배선공들의 임금이 상호 유의적인 차이가 있는지 검정할 때 이용된다.

7) 스피어만의 순위상관계수

예 작업장에서 노동자들의 성실성을 수치로 측정은 곤란하지만 순위를 부여하는 것은 비교적 용이하다.

표본의 크기가 $n \geq 20$인 경우 H_0 : $\rho_s=0$을 검정하기 위한 통계량 T는 자유도 $n-2$ 인 근사적 t 분포를 따른다. 검정통계량

$$T = \frac{r_s\sqrt{n-2}}{\sqrt{1-r_s^2}}$$ 이다.

8) 켄달의 순위상관계수 (τ :tau) = $\frac{S}{n(n-1)/2}$

표본의 크기가 10보다 큰 경우 tau는 근사적으로 정규분포를 따른다. 변환치

$$Z = \frac{\tau - E(r)}{\sigma_\tau} = \frac{\tau}{\sqrt{2(2n+5)/9n(n-1)}}$$ 이며, 여기서 평균 $E(\tau) = 0$,

분산 $\mathrm{Var}(\tau) = \sqrt{\frac{2(2n+5)}{9n(n-1)}}$ 이다.

9) 스피어만의 상관계수 r_s와 켄달의 상관계수 τ의 비교

① 동일한 자료를 사용한다할지라도 두 값은 다를 수 있지만, 상관관계를 탐색하는 데는 동일한 탐색력을 가지고 있다.

② r_s가 편상관분석에 적용할 수 없는 반면 켄달의 상관계수 τ는 적용 가능한 이점이 있다.

06 Chapter 사용성평가보고서 작성

6.1 제목 페이지

제목 페이지에는 다음과 같은 정보가 포함 되어 있어야 한다.

① 결과서 이름을 " OOO 제품 사용성평가 결과보고서 " 로 한다.

② 부제로 인용 표준이 포함된 내용을 삽입할 수 있다.

예 ISO 9241-11:2005 영상디스플레이 사용을 위한 인간공학요건

- 제11부 사용성 관련 지침 평가 보고서

③ 품목명과 제품명

④ 테스트를 주도한 사람(연구책임자)

⑤ 테스트가 수행된 일시

⑥ 결과서가 작성된 날짜

⑦ 결과서를 작성한 사람

⑧ 질의 및 확인 처리 담당자

⑨ 평가기관 전화번호

⑩ 평가기관 이메일 주소

⑪ 평가기관 주소

이 외에도 다음과 같은 정보를 추가적으로 제공할 수 있다.

① 고객사 이름

② 고객사 담당자

6.2 요약문(executive summary)

본 절은 사용성 테스트에 관한 전체 개요를 제시한다. 본 절의 목적은 소비자 조직의 구매 결정권자를 위한 정보를 제공하는 데 있다. 이러한 사람들은 이 문서의 기술적인 본문을 읽지 않을 것이다.

이 절은 새로운 페이지에서 시작하고 독자적인 요약서를 이용할 수 있도록 마지막 페이지에서 끝나야 한다.

사용성평가에 대한 요약문에는 다음 사항들이 포함되어야 한다.

① 사용성평가 대상 제품의 이름과 설명(제품사양, 사용환경 등 상세 설명)

② 사용성평가에 참여한 인원 수 및 수행평가 종류 등이 포함된 실험 방법에 대한 요약 설명

③ 사용성평가 지표 개발 과정

④ 사용성평가 지표

⑤ 사용성평가 지표를 통해 얻는 평균값 또는 다른 적절한 중앙경향 측정치로 나타낸 수행 및 점수

⑥ 사용성평가 정량 실험 내용 및 결과치(피실험자의 신체치수 및 다양한 계측장비를 활용한 결과값)

이 외에도 다음과 같은 정보를 추가적으로 제공할 수 있다.

① 사용성평가 동기 및 특징

② 표로 나타난 수행결과 요약

③ 다른 제품 간의 비교 등을 통해 값이나 제품에 차이가 있다고 주장한다면, 그러한 차이가 우연히 발생한 것이 아니라는 점에 대한 확률

6.3 개요

이 절에서는 제품에 대한 설명과 사용성평가 목적을 제시한다.

6.3.1 전체 제품에 대한 설명

다음과 같은 정보들이 제공되어야 한다.

① 공식적인 품목, 제품이름 및 제조번호, 제조일자 등
② 평가된 제품 부속품
③ 제품의 주요 사용자집단

이 외에도 다음과 같은 정보를 추가적으로 제공할 수 있다.

① 제품의 구체적인 사용 목적 및 사용 방법 설명
② 제품이 사용되는 물리적 및 사회적 환경에 대한 설명

6.3.2 사용성평가 목적

다음과 같은 정보들이 제공되어야 한다.

① 특정한 관심 분야를 포함한 사용성평가의 목적
  비고 : 이러한 목적에는 사용성평가에 대한 사용자의 수행도평가 및 제품의 특정 기능 성공 기준을 충족하는가를 판단하려는 주관적인 만족도평가 등이 포함된디.

② 사용자가 직간접적으로 상호작용하는 기능 및 제품의 구성 요소들

이 외에도 다음과 같은 정보를 추가적으로 제공할 수 있다.

⑦ 제품의 특정 기능만을 평가하는 경우, 그렇게 평가하게 된 이유

6.3.3 사용성평가

독립적인 사용성평가 담당자가 사용성평가 과정에서 해당 절차를 반복할 수 있도록 충분한 정보가 제공되어야 한다.

1) 평가 참가자

다음과 같은 정보들이 제공되어야 한다.

① 테스트 참가자의 총 수

비고: 타당한 종합 통계분석을 수행하기 위해서는 충분한 수의 대상을 사용성평가하여야 한다. 이 목적으로는 최소 8명 이상의 대상이 포함되어야 한다.

② 사용성평가한 사용자 그룹이 한 개 이상인 경우는 그 분류 방법

③ 사용자 그룹의 주요 특성 및 능력

④ 평가 참가자들을 선정한 방법 및 그들이 필수적인 특성을 가졌는지 여부

⑤ 평가 참가자들의 표본과 사용자 모집단 간의 차이

보기: 사용성평가 대상자들은 교육을 받지 않은 반면에 실제 사용자들은 교육 과정에 참여했을 수 있다.

⑥ 연령별, 전문적인 경험, 지적능력 등에 대한 사용자 요구 등이 포함된 참가자(행)별 특성(열)표

보기: 보조기술 및 기능에 대해 요구를 한 대상을 신체적으로 또는 심리적으로 장애를 가진 개인들일 수 있다.

보기: 다음 표는 하나의 예로서, 각 열에 나타낸 특성들은 전형적인 경우만을 보여주는 것으로 모든 종류의 사용성평가 상황을 다루고 있는 것은 아니다.

구분	성별	나이	교육	직업/직책	전문적인 경험	제품 경험
P1	남자	*	*	*	*	*
P2	여자	*	*	*	*	*
Pn	남자	*	*	*	*	*

㉠ 성별항에는 남자 혹은 여자를 입력한다.

㉡ 나이항에는 참가자의 연령이 들어가거나 어떤 나이 범위(예:25~40) 또는 연령층 (예: 18세 이하, 65세 이상) 에 속한다고 표시한다.

㉢ 교육항에는 정규교육을 수료한 연(年)수가 들어간다. 어떤 경우에는 교육의 수준이 최종학력으로 표시될 수도 있다.

㉣ 직업/직책항은 제품을 사용할 당시의 사용자 직업을 말한다. 직책을 아는 경우 직책이름을 사용한다.

㉤ 전문적인 경험항에는 사용자가 그 직책을 수행한 기간이 들어간다.

㉥ 제품 경험은 해당 제품 또는 유사한 제품에 대한 어떤 사전 경험의 종류 및 기간을 나타낸다.

특성 및 능력은 기본적으로 유사한 그룹의 참가자들을 모집할 수 있을 정도로 완벽해야 한다.

특성 및 능력은 제품의 사용성에 관련된 사항으로 선정해야 할 것이며, 이러한 사항들을 이용하여 프로젝트 발주 고객은 참가자들이 소비자 측의 사용자집단과 얼마나 유사한가를 판단할 수 있어야 할 것이다.

추가적으로 보조기술을 요구하는 모든 사용자에 대한 설명과 같은 정보도 제공되어야 할 것이다.

참가자는 테스팅 또는 공급자조직과 동일한 조직에서는 선정하지 않아야 할 것이다.

6.4 테스트 결과

이 절에서는 평가 상황과 실제 사용 상황 간의 모든 중요한 차이점이 기술되어야 한다.

6.4.1 Task

다음과 같은 정보가 제공되어야 한다.

① 테스팅을 위한 태스크들

② 테스팅을 위한 태스크 시나리오

③ 이러한 태스크를 선정한 이유

보기: 가장 빈번한 태스크, 가장 까다로운 태스크

④ 이러한 태스크의 출처

보기: 유사한 제품을 사용하는 고객들에 대한 관찰, 제품 시장조사 명세, 사용자 또는 설계 팀과의 토론

⑤ 참가자에게 주어지는 모든 태스크 데이터

보기: 데이터 입력을 위한 원시자료

⑥ 각 태스크에 대해 설정된 완료 또는 수행기준

6.4.2 Task 장비

다음과 같은 정보가 제공되어야 한다.

① 평가가 수행될 장소의 설정 및 형태

보기: 사용성 연구실, 작은 사무실, 회의실, 가정 사무실, 거실, 제작하는 층

② 결과에 영향을 미치는 모든 관련된 특징 및 환경

보기: 비디오 및 오디오 기록 장치, 단방향 거울 또는 자동 데이터 수집장치

6.4.3 태스크 운영자 도구

다음과 같은 정보를 제공해야 한다.

① 표준 설문조사가 사용되었다면, 여기서 이를 설명하고 명세화해야 한다.

표 6-1 표준화된 설문조사 예시(온수매트 사용성평가 지표)

구분	지표	상세지표	상세지표 항목	평가 문항	점수
사용자 기반 평가	안전성	(해당사항 없음)	(해당사항 없음)	사용 중 모서리나 매트 표면에 닿았을 때 신체가 손상될 위험이 없다.	
		방수 (해당사항 없음)	매트	매트 내부 생활방수가 잘 된다.	
			감전위험성	사용 중 감전이 되는 것 같은 느낌을 받은 적이 없다.	
			호수연결부	보일러와 매트 분리 시 물이 새는 현상이 없다.	
	조작성	보일러	작동	보일러 조작 및 설정이 사용하기에 편리하다.	
			설정	설정된 버튼이 정확하게 작동한다.	
			독립적 사용	보조자 도움 없이 독립적인 작동 및 사용이 가능하다.	
	효과성	(해당사항 없음)	(해당사항 없음)	사용 시 보온이 잘 이루어져 한기를 느끼지 않는다.	
	만족도	내구성	복원	매트 사용 후 꺼짐 부분의 복원이 잘 이루어졌다.	
			변형	매트를 접었다가 펴서 재사용 시 작동이 잘 된다.	
		온도	유지	설정온도가 설정시간 동안 잘 유지된다.	
			분포	설정온도가 매트 구역별로 일정하게 분포되어 잘 유지된다.	
			도달시간	설정온도의 도달시간이 신속하게 된다.	
		소음	(해당사항 없음)	작동 시 소음은 적당하다.	
		색상	(해당사항 없음)	제품색상에 만족한다.	
		대자인	(해당사항 없음)	제품디자인에 만족한다.	
		재질	(해당사항 없음)	제품재질에 만족한다.	
	효율성	(해당사항 없음)	(해당사항 없음)	좌우 분리 난방이 잘 된다.	
		보관	(해당사항 없음)	손쉽게 접어서 보관할 수 있다.	
		물빼기	(해당사항 없음)	보일러에서 물을 빼기가 편리하다.	
			(해당사항 없음)	매트안의 물을 빼기가 편리하다. (에어펌프 & 매트커넥터 사용 포함)	
	수행성	소모품 유지관리	물	물 주입 및 보충이 편리하다.	
			클린필터	클린필터 교환이 편리하다.	
			필터교환주기	클린필터 교환주기가 적당하다.	

6.4.4 실험설계

다음과 같은 정보를 제공해야 한다.

① 테스트 실험설계, 참가자에 대한 실험조건 부여 및 계획에 독립적인 변수 및 조건변수와 관련 된 통계분석 계획
② 독립변수 및 조건변수들
③ 각각의 조건 집합에 대해 기록되는 데이터들에 대한 측정

1) 절차

다음과 같은 정보를 제공해야 한다.

① 측정에 대한 조작상의 정의
② 독립변수 또는 조건변수에 대한 설명
③ 태스크에 대한 시간제한
④ 테스트 담당자와 대상 간의 상호작용에 대한 정책 및 절차
⑤ 참가자를 맞이하는 것부터 끝날 때까지의 진행 순서
⑥ 비공개 합의, 폼(FORM)작성, 준비 과정, 사전교육 및 결과서 등에 대한 상세한 설명
⑦ 참가자들이 인간 주체로서 그들의 권리를 알고 있고 이해하고 있다는 확인
⑧ 테스트 세션을 실행하고 데이터를 기록하기 위해 필요한 단계
⑨ 테스트 세션 동안에 참가자들과 상호작용하는 사람들의 수와 역할
⑩ 테스트 환경에 다른 개인들이 존재하는지 여부
⑪ 참가자들이 참가비 또는 다른 보상을 받는지 여유

2) 참가자에 대한 일반적인 지시사항

다음과 같은 정보를 제공해야 한다.

① 참가자에게 주어지는 지시사항
② 참가자들이 도움을 요청하는 방법 및 적용되는 경우, 다른 참가자와 상호작용 방법 등을 포함한 다른 모든 사람들과의 상호작용하는 방법에 대한 지시사항

6.4.5 사용성 메트릭(metrics)

사용성은 유효성, 효율성 및 만족도 등의 세 가지 종류의 메트릭으로 측정된다. 측정의 선택은 특정 연구의 목표, 사용자 특성, 특정한 태스크 및 상황에 따른 특징 등에 따라 다르다.

6.5 결과

6.5.1 데이터 분석

다음과 같은 정보는 테스트가 반복될 경우에 서로 다른 조직에서 데이터 분석기법을 복제할 수 있을 만큼 자세하게 제공되어야 할 것이다.

① 데이터 수집 : 수집하려고 계획했던 데이터와 실제로 수집된 데이터와의 차이점
보기: 누락된 데이터의 처리 방법, 특이한 데이터 값의 제외와 관련한 처리 방법

② 데이터 채점 : 수집된 데이터 값과 차후 분석에서 사용되는 값 간의 매핑
보기: 오류 분류 방법, 실제 나이를 나이 등급으로 매핑하는 방법, 도움을 받은 오류들을 값의 집합으로 매핑하는 방법

③ 데이터 정리 : 중앙경향 측정치의 계산 및 데이터 분산 특징을 계산하는데 사용한 방법
보기: 어떤 중앙경향 측정치가 사용되었는가(예 : 평균 및 최빈수), 순산 측정 방법(예 : 표준편차 또는 범위)

④ 통계적 분석 : 데이터를 분석하는 데 사용된 통계적 절차
보기: 그룹들을 비교한 방법(예: t-test, F-test)

6.5.2 결과 표현

다음과 같은 정보를 제공해야 한다.

- 태스크 또는 태스크 그룹당 수행결과를 특징짓는 표 형식으로 나타낸 유효성 및 효율성 측정치

07 Chapter 제품개선 방안의 모색

7.1 제품개선을 위한 해결 방안

사용성평가의 분석 이후 단계는 새로운 아이디어를 통한 제품의 개선 방안을 모색하는 것이다. 여기에서 새로운 아이디어라고 하는 것은 다양한 기술적인 문제와 소비자의 요구를 해결하기 위한 이론을 적용하는 것이 아니라 사용성평가를 통해 얻어진 다양한 결과를 활용하여 우리가 테스트한 제품에 대한 문제점을 개선하여 해결책을 찾아가는 과정이라고 할 수 있다.

7.2 제품개선을 위한 해결 방안 도구

문제의 해결 방안과 관련한 아이디어의 도출은 각 분야에서 포괄적으로 쓰이고 있다. '아이디어'의 사전적 의미는 관념적, 상징, 이상, 이념을 뜻하는 말로 사고라는 넓은 의미로 사용하기도 하고 사고활동의 일부인 창의나 착상, 고안, 발상 등으로 쓰이기도 한다(이기문, 1995).

해결 방안 도구	사용목적
브레인스토밍(Brainstorming)	최대한 많은 아이디어를 도출하는 것
어골도(Fishbone diagram)	문제의 원인을 파악하기 위한 것
유사성도표(Affinity diagram)	많은 아이디어를 포함하는 리스트를 신속하게 구성하는 것
타임라인(Timelines)	시간의 흐름상 요인들을 시각화 하는 것
플로우차트(Flow chart)	단계적인 순서에 따라 프로세스를 서술하고 도식화하는 것
매트릭스(Matrix diagrams)	두 가지 혹은 그 이상의 요인과의 관계를 분석하기 위한 것
구조화된 라운드(Structured round)	다양한 아이디어들을 도출하고, 구조화하기 위한 것
T-차트(T-charts)	주제와 관련된 두 가지 요인을 서술하고 도식화하는 것

7.2.1 브레인스토밍

브레인스토밍 기법은 몇 가지 창의성 사고 기법 가운데 가장 오래 된 것이며 또한 현재까지 가장 광범위하게 사용되고 있다. 이 기법은 1939년 실업가였던 Alex Osborn이 개발한 것이다. 집단의 성원들이 하나의 구체적인 문제에 초점을 두고 가능한 대로 많은 수의 아이디어들을 생성해 내기 위한 기법이다. 원래는 주로 집단이 문제 해결을 하는데 사용하기 위하여 개발한 것이지만 개인적으로 사용할 수도 있다. 또한 아이디어를 구두로 말하는 것이 보통이지만 성원들이 수줍어하거나 부자연스러워할 때는 아이디어를 종이에 써서 제출할 수도 있는데 이것을 브레인라이팅 기법이라 한다.

브레인스토밍은 아이디어를 많이 생성해 내는 데 목적이 있기 때문에 여러 가지 의견이나 아이디어가 있을 수 있는 장면이면 어디서든 사용할 수 있다. 다소간 혁신적인 아이디어를 원할 때 훨씬 적합하다. 그러나 브레인스토밍을 제대로 이용하려면 사전에 이 기법에 대한 이해와 준비가 잘 되어야 하며, 그리고 토의가 초점을 유지할 수 있게 진행이 효과적으로 이루어져야 한다.

1) 사용

창의적인 아이디어들을 많이 생성해 내는 것이 중요한 장면이며 어디서든 사용할 수 있다. 그러나 사용을 다음과 같이 나누어 생각해 볼 수는 있다. 매우 간단하게 사용하는 경우라 하더라도 브레인스토밍의 기본원리와 규칙은 철저하게 따르는 것이 중요하다.

① 주로 집단 토의에서 사용할 수 있는 기법이지만 개인이 혼자서 사용할 수도 있다.

② 어떤 문제를 창의적으로 해결하기 위하여 계획된 모임에서 이 기법의 사용을 미리 계획하여 사용할 수 있다. 그러나 사전계획 없이 수시로 그리고 자연스러운 필요 때문에 사용할 수도 있다. 예컨대 수업 과정에서 접하게 된 사건에 대하여 가능한 원인을 바로 브레인스토밍 하는 것과 같다.

2) 원리와 규칙

Osborn은 그의 저서 〈당신의 창의력(Your Creative power, 1948)〉에서 브레인스토밍의 두 개의 원리와 거기에서 도출해 낸 네 가지의 규칙들을 나열하고 있다. 이들 규칙들은 오늘날까지 그대로 적용되고 있다.

(1) 원칙

① 판단을 유보한다.

② 양이 질을 낳는다.

(2) 규칙 : BS 진행은 다음과 같은 네 가지의 규칙(4S)을 지켜야 한다.

① 제시한 아이디어에 대한 평가(판단)는 나중까지 유보한다. 그래서 어떠한 아이디어가 제시되더라도 이를 비판하지 아니한다(평가하면 발상이 저해되며, 또한 다른 그럴듯한 대안을 떠오르게 할지도 모르는 아이디어조차도 성급하게 내던져 버릴 수도 있다. Support)

② 아이디어는 거칠고 자유분방한 것일수록 더 좋다(무모해 보이고 엉뚱한 것일수록 보다 참신한 것일 수 있다. Silly).

③ 아이디어의 수가 많을수록 더 좋다. 질에는 관계없이 가능한 대로 많은 아이디어들을 생성해 내도록 격려한다.('양이 질을 낳는다' 란 원리이다. 많은 아이디어들을 생성해 낼 때 유용한 아이디어가 들어 있을 가능성은 더 커진다. Speed).

④ 남들이 제안한 아이디어들을 조합시켜 도 다른 것을 만들 수 있다.(이미 생성해 낸 아이디어들을 조합시켜 향상된 다른 아이디어를 만들어 낸다. Synergy).

Osborn은 창의적 문제 해결은 일상의 분석적인 문제 해결과는 다르다고 주장한다. 보통 회의 시간의 중간 부분에서 제일 많은 수의 아이디어들이 생성되며 또한 후반부의 것일수록 내용이 독창적이고 혁신적임을 알 수가 있다. 그래서 그는 질에 대한 판단은 나중까지 유보하고 가능한 한 많은 대안들을 생성토록 하면 훨씬 더 창의적인 결과를 얻는다고 말한다. 다시 말하면 이 기법은 아이디어들이 많이 있으면 그 속에는 적어도 몇 개의 좋은 아이디어가 포함되어 있을 것이라는 가설에 기초하고 있다. 그러나 이 가설을 단정적으로 증명하기는 어렵다. 그리고 브레인스토밍을 미리 준비할 때는 '가볍고 좀 우스운' 연습문제를 풀어보게 함으로써 회의를 시작할 때의 '냉기'를 깨뜨리는 것이 중요함도 알 수 있다.

3) 사전준비

(1) 안내자료

사전에 브레인스토밍을 계획하는 경우는 참가 예정자들에게 적어도 1주일 전까지 '회의에 대한 전체적인 안내와 창의성 연습 문제'가 포함되어 있는 '안내자료'를 보내준다.

(2) 테마(문제)의 선정과 재정의

① 브레인스토밍 기법은 다양한 아이디어(대안)를 생산해 내려고 하는 모든 장면에서 사용할 수 있다. 다시 말하면, 창의적 문제 해결의 어떤 단계에서도 사용할 수 있다. 구체적으로 회의실에 적거나 글로 써서 붙이는 '문제진술'로 예시해 보면 다음과 같다.

- (문제를 확인해 내려고 할 때) '문제점이 무엇인가?', '문제에 대하여 우리가 알고 있는 것은 무엇인가?', '어떻게 돌아가고 있는가?' 등등
- (문제를 진술하고자 할 때) '이슈가 무엇인가?', '무엇이 문제인가?', '애로가 무엇인가?' 등등
- (문제를 분석할 때) '문제의 원인이 무엇인가?', '사태가 왜 개선되지 않는가?' 등등
- (문제의 해결 대안을 생각할 때) '어떤 전략을 사용해야 할까?', '다른 해결책은 무엇일까?' 등등
- (의사결정할 때) '어떤 대안이 가장 그럴듯한가?', '각 대안의 위험 부담은 어떤가?'

② 고객이 문제 해결을 의뢰하는 경우: 먼저 고객이 문제를 설명하고 문제를 공식적으로 진술한다. 다음으로 브레인스토밍 멤버들은 문제를 12개 정도로 재정의 해본다. 이들 재정의한 문제 진술 가운데서 하나 또는 몇 개를 선정하여 해결 아이디어를 브레인스토밍 한다. 채택한 재정의가 몇 개인 경우라도 브레인스토밍은 하나씩만 가지고 한다.

4) 절 차

(1) 집단의 구성

① 집단의 크기는 5~12명이 이상적이다. 멤버들은 배경 경험이 다양하고 브레인스토밍 기법에 익숙하고, 그리고 현재의 문제나 조직에서의 위치가 문제에 너무 밀착되지 않는 것이 좋다. 이 기법에 대한 경험이 적으면 15명 정도까지 크게 할 필요가 있다.

② 사회자와 함께 반드시 기록자를 둔다. 사회자는 회의를 진행하고, 기록자는 참가자들이 표현한 모든 아이디어들을 기록한다. 대개 칠판이나 큰 종이 위에 기록하여 모든 사람들이 보고 재검토해 볼 수 있게 한다. 시계도 준비하여 회의가 유머러스하면서도 시간에 맞춰 빠른 템포로 진행되게 한다. 참가자 전원이 아이디어 생성에 참여해야 한다.

(2) 워밍업 연습

회의에서 다루려는 문제, 즉 '표적 문제'를 실제로 제시하기 전에 사회자는 브레인스토밍의 규칙을 설명해야 한다. 그리고 분위기의 냉기를 깨고 마음이 좀 편안해지도록 워밍업을 위한 연습문제를 브레인스토밍 하는 것이 좋다.

(3) 아이디어 생성단계

이제 사회자는 표적 문제를 진술하고 자유스럽게 될 수 있는 대로 많은 아이디어들을 말하도록 진행한다. 그리고 기록자는 빠뜨리지 않고 기록한다.

(4) 사회자의 유의사항

사회자는 다음의 사항들을 유의하여 아이디어 생성이 효과적으로 이루어지게 한다.

① 분위기는 편안하고, 재미있고, 자유분방해야 한다.

② 독창적인 새로운 아이디어뿐만 아니라 다른 사람의 아이디어를 발전시킨 것도 환영한다. 그래서 모든 사람들이 참여토록 한다.

③ 어떤 아이디어라도 좋으며, 황당하고 의외의 것일수록 더 좋다.

④ 여기서는 아이디어의 질보다는 수가 중요하다. 목표하는 아이디어의 수를 (20개 또는 50개) 미리 정해 놓고 할당된 시간 내에 거기에 도달하려고 할 수도 있다.

⑤ 아이디어 생성을 위한 시간을 적절하게 정한다(20분 내지 30분.) 집단이 너무 소극

적이고 아이디어 생성이 활발하지 못하면 5분 정도의 시간을 더 주고, “아주 엉뚱하고 터무니없는 것 같은 아이디어가 더 없을까요?”라고 말한다.(이런 아이디어들 가운데 수정하면 현실에 적합한 보석이 있을 수 있다).

5) 아이디어 평가단계

생성해 낸 아이디어들은 심사하고 분류하고 평가해야 한다. 그래서 하나 또는 몇 개의 가장 그럴듯한 아이디어를 선택해야 한다. 그리고 많은 경우, 이러한 시초의 아이디어들을 다듬고 개발시킴으로써 더 나은 아이디어로 발전시켜 나갈 수 있다.

이 평가단계에서 필요한 것이 바로 ‘수렴적 사고 기법’이다. 이들 기법들 가운데 어떤 것을 사용할 것인지는 생성해 낸 아이디어가 얼마나 많은 수의 것인가에 달려 있다. 그러나 일반적으로 말하면 참가자들은 평가의 기준, 즉 준거를 잘 알아야 한다. 준거는 참가자들이 같이 만들 수도 있지만 경우에 따라서는 이미 만들어져 있는 준거를 제시해 줄 수도 있을 것이다. 그리고 어떤 수렴적 사고 기법을 사용하든 간에 아이디어를 잘라내는 것보다는 더 나은 것을 찾는 ‘긍정적 판단’을 강조해야 한다. 우리는 아이디어들을 사정하면서 표현되어 있는 액면 그대로 뿐만 아니라 그것을 약간 수정했을 때까지를 고려하여 그 아이디어의 가치를 판단해야 한다. 엉뚱하고 터무니없는 것 같아 보이는 아이디어라도 그것을 약간 수정하면 매우 현실적인 대안이 될 수 있는가를 살펴보아야 한다.

브레인스토밍의 문제점

① 발표방해

자신이 어떤 아이디어를 가지고 있었는데 다른 사람이 발표해 버리면 자기 차례가 왔을 때는 자기 생각을 잊거나, 자기 생각이 부족하거나, 좋지 않다고 여겨 발표를 하지 않음. 특히 집단의 규모가 크거나, 말 많은 사람이 회의를 주도 하고 있을 때 두드러짐.

② 평가에 대한 두려움

아이디어를 발표했을 때 다른 사람들이 그것을 어떻게 생각할지 불안함. 생각이 너무 획기적이거나 비판적일 때, 또는 영향력 있는 사람이 같이 있을 때 두드러짐. 이로 인해 창조적이고 새로운 아이디어가 많이 산출되지 못함으로 브레인스토밍의 목적에 저해된다.

따라서 개개인이 자신의 아이디어를 종이에 적어 한 파일에 합쳐 정리하는 방식과 전산망을 이용해 아이디어의 산출, 전파, 평가, 실행하는 전자 브레인스토밍(Electronic Brainstorming)의 방법으로 개선할 수도 있다.

그림 7-1 브레인스토밍

출처 : http://learningspace.tistory.com/entry/brainstorming-in-groups

7.2.2 라운드 로빈(ROUNDROBIN)

1) 개요

새로운 다양한 아이디어를 가능한 많이 도출할 필요가 있을 경우 한 사람씩 돌아가며 15초 간격으로 원인을 진술하고 10초 이내에 생각을 하지 못하면 다음 사람에게로 넘어가게 하는 방법이다. 팀원 중 한 명은 서기가 되어 도출된 아이디어를 기록하며 팀원들은 도출된 아이디어들에 대해 평가적인 행동을 해서는 안 된다.

① 사용 시기 : 새로운 다양한 아이디어를 가능한 많이 도출할 필요가 있을 경우
② 팀 역할 : 팀원 중 한 명은 도출된 아이디어를 기록하는 서기가 된다.
③ 팀의 규칙 : 질내 도출된 아이디어에 대하여 평가적인 행동을 금한다.

2) 적용절차

① 서기 1명을 정한다.
② 처음 시작할 사람을 정한다(시계방향).

③ 제시된 문제가 왜 일어나는지에 대한 근본적인 원인에 대하여 생각해 본다(1분).

④ 한 사람씩 돌아가며 15초 간격으로 문제의 원인을 진술한다.

⑤ 10초가 지나도 나오지 않으면, 다음 사람으로 건너뛴다.

⑥ 더 이상 새로운 아이디어가 나오지 않을 때까지 계속 돌아가며 아이디어를 도출한다.

그림 7-2 라운드 로빈

출처: http://sdpcg.com/round-robin-2017-registration/

7.2.3 친화도법(KJ법)

1) 개요

고객설문, 고객 피드백, 브레인스토밍 등 여러 가지 자료로부터 나오는 정리되어 있지 않은 많은 사실, 의견, 아이디어를 논리적으로 연관된 그룹이나 범주로 분류하는 기법이다.

현실의 경험이나 관찰한 데이터(힌트)를 카드화하여 자유롭게 두고(그룹편성-공간배치-도해화), 모든 데이터로 하여금 말하게 함으로써 아이디어를 정리해 나가는 방법이다. 또한, 경험한 적이 없는 테마나 미래예측과 같은 방향성을 확인할 수 없는 테마에 대하여 광범위하게 데이터를 모으고 데이터를 카드화해서 카드끼리의 친화성(親和性)

을 하나로 근거로 삼아 해결의 방향성을 밝히는 방법이다.

2) 적용절차

① **테마의 결정** : 여러 사람들의 모임을 상호 이해하는 팀워크 집단으로 만들고 싶을 때, 관리자로서 하부직원의 소리를 지속적으로 청취하고 자신의 방침을 철저히 하고 싶을 때.

② **언어 Data의 수집** : 직접 현장에서 자신의 몸으로 파악한다. 또 다수의 아이디어를 도출하는 "브레인스토밍" 법이 활용된다.

③ **언어 Data의 카드화** : 언어 Data는 독립한 최소한의 의미를 갖는 문장으로 간결하게 정리해서 카드에 써 넣는다.

④ **카드 모으기** : 카드 중에서 서로 유사한 친근감을 느낄 수 있는 카드를 모은다. 카드는 이유를 달지 않고 느낌으로 모은다.

⑤ **표찰 카드 만들기** : 모아진 카드를 다시 한 번 읽으면서 검토하여 가장 확실한가를 확인한다. 그룹으로 형성된 것에는 거기에 걸맞는 간단한 표현을 찾아내어 그것을 1장의 카드에 써서 표찰로 한다.

⑥ **작도(作圖)** : 카드 뭉치는 10개 정도 될 때까지 그룹 편성을 몇 단계 더 해 간다. 그룹편성이 끝나면 전체를 구조적으로 알기 쉽게 도해한다.

그림 7-3 친화도법의 도해

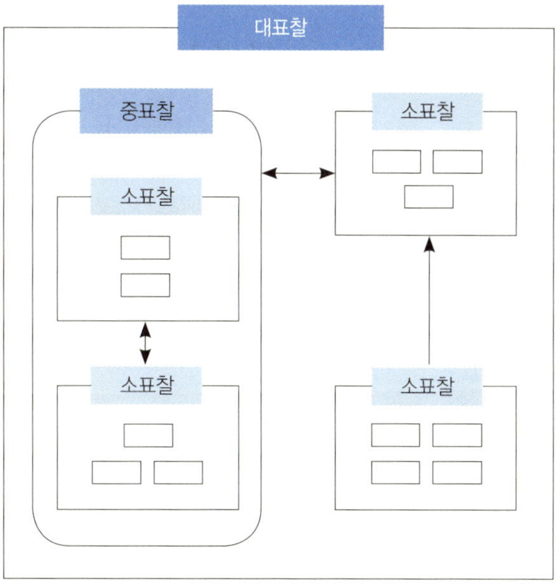

그림 7-4 친화도법 예시

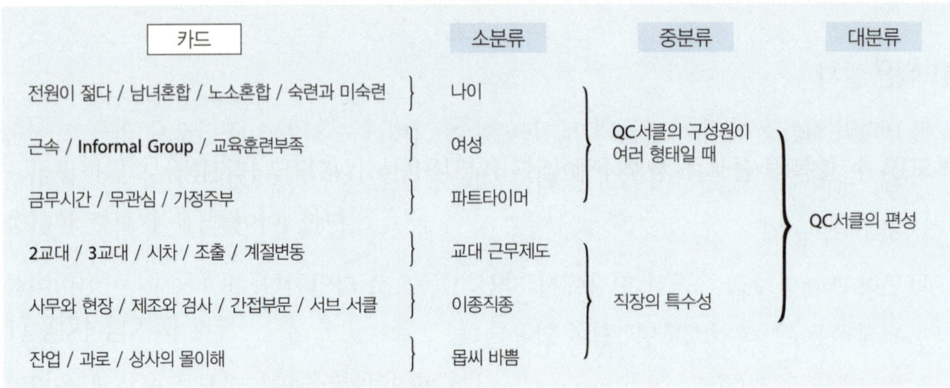

7.2.4 스캠퍼(SCAMPER)

1) 개요

스캠퍼는 미리 문제해결의 착안점을 정해 놓고 그에 따라 다각적인 사고를 해봄으로써 아이디어를 얻는 기법으로, 알렉스 오스본(Alex Osbone)이 소개하고 로버트 에벌리(Robert Eberle)가 재구성한 아이디어 촉진 질문법이다. 오스본(Osborn)이 제안한 동사 체크리스트를 보완하여 밥 에벌리(Bob Eberle)가 고안하였다.

표 7-1 스캠퍼의 단계별 질문

단계	질문
Substitute **대체**	• 다른 재료? 다른 무엇? 다른 성분? • 다른 에너지? 다른 장소? 다른 음성?
Combine **결합**	• 혼합하면? 단원을 조합하면? 목적을 합하면? • 아이디어를 조합시키면?
Adapt **적용**	• 번안하면? 각색을 하면? 이것과 비슷한 것은? • 과거의 것과 비슷한 것은? 베낄 수 있는 것은?
Maximize or Minimize **확대 혹은 축소**	• 확대시키면? 빼면? 변형시키면? 생략하면? • 빈도를 높이면? 더 강하게 하면? 더 길면?
Put to other use **다른 용도로 사용**	• (모양, 무게 또는 형태 등으로 보아) 다른 용도는? • 수정하면? 맥락을 바꾸면?
Eliminate **제거**	• 이것을 없애 버리면? 부품 수를 줄이면? • 낮추면? 더 가볍게 하면? 압축시키면?
Reverse **거꾸로**	• 거꾸로 하면? 역할을 바꾸면? 위치를 바꾸면? • 다른 시퀀스는? 원인과 결과를 바꾸어 보면?

표 7-2 SCAMPER 예시

SCAMPER 항목	아이디어
모자 대신 사용할 수 있는 것이 있을까?(Substitude)	- 두건을 사용하기 (머리의 크기로 고민할 필요가 없다. 하지만 햇빛을 가리지는 못한다.)
모자에 다른 물건을 합쳐보면 어떨까?(Combine)	- 모자에 머리끈을 합쳐 머리를 묶을 수 있는 모자 - 고리를 모자 위에 달아서 매고 다니는 모자 - 고무줄을 모자 속에 넣어 사이즈를 조정하는 모자
모자의 일부분을 바꿔보면 어떨까?(Adapt)	- 모자 뒷부분에 둘레 조절 부분을 머리 끈으로 바꾼 모자 - 모자의 뒤쪽을 부채 모양의 천을 대어 크기를 조절하는 모자
모자의 크기를 바꿔보면 어떨까?(Modify)	- 모자의 둘레 조절 부분을 크기 조절까지 가능하도록 차지하는 비중을 크게 하기 - 모자의 크기를 크게 만들고 내부에 탄력성이 있는 천으로 머리를 감싸게 하기
모자를 다른 용도로 사용하면 어떨까?(Put to other uses)	- 물건을 종류별로 정리할 수 있도록 바구니처럼 사용 (차양은 손잡이, 둘레 조절 부분은 담는 물건의 부피에 따라 조절)
모자의 일부분을 빼면 어떨까?(Eliminate)	- 모자의 윗부분을 제거하기 - 차양을 제거하기
모자를 거꾸로 사용하거나 뒤집어서 사용하면 어떨까?(Reverse)	- 둘레 조절 부분을 앞이나 옆에 달기 - 둘레 조절 부분을 모자 윗부분에 달아 크기 조절하기 - 모자 안에도 다른 디자인으로 장식하여 뒤집어도 쓸 수 있는 모자

스캠퍼는 일련의 사고 과정에 대한 약어로, 특정 대상이나 특정 문제에서 출발해서 그것을 변형시키는 방법이다. 이 기법을 이용할 때는 먼저 문제나 주제를 확인한다. 그런 다음 문제나 주제에 스캠퍼 질문을 적용하여 어떤 새로운 아이디어가 나오는지 살펴본다. 마지막으로 그 중에서 가장 활용 가능한 아이디어를 결정하면 된다(전우천, 김동용, 2001). 이 기법은 기존의 제품을 개선하거나 신제품을 만들어 낼 때 유용하다.

7.2.5 특성요인도

1) 특성요인도 개념

특성요인도는 문제의 근본원인을 찾아 나가는 과정을 그림으로 표시한 것으로, 그림이 마치 물고기의 뼈 같은 모양을 하고 있어 '피쉬본 다이어그램'이라고도 한다. 이 기법은 문제의 잠재적 원인을 순서대로 범주화하고, 그 범주에 속하는 프로세스상의 문제들(잠재적 원인들)을 모두 기술한 뒤에 그 중에서 근본적 주요 원인을 찾아 나가는 방식으로 진행된다.

그림 7-5 특성요인도의 개념

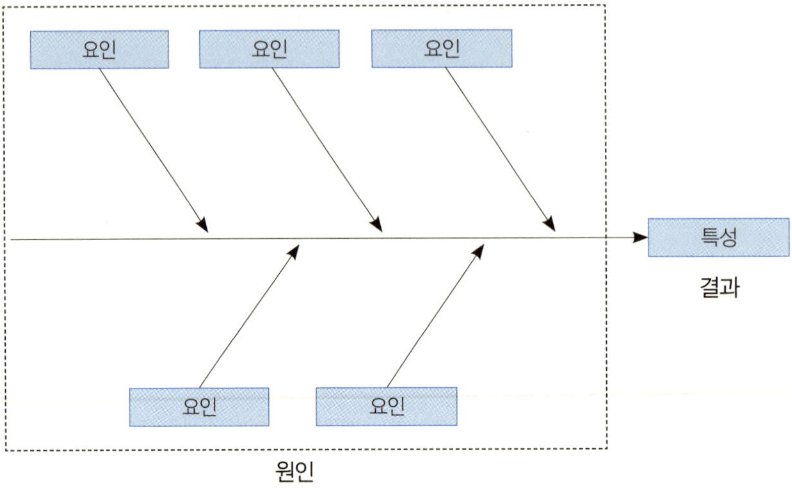

특성요인도에서 말하는 특성이란 길이 · 속도 · 불량률 등 제품의 품질을 표시하는 품질특성이란 말을 줄인 것이며, 또한 제품 및 서비스의 성능이나 기능 또는 일의 결과를 나타낸 것이라고 할 수 있다.

요인이란 원인 중에서 영향이 큰 것을 말하며, 제품이나 서비스의 품질을 나타내는 특성은 수많은 원인에 의해서 변하고 그 원인은 무수히 존재한다고 할 수 있다. 그 원인 중 특성에 영향을 미친다고 생각되는 것을 요인으로 하여 특성요인도에 기입하는 것이다.

특성요인도는 그 모양이 생선뼈와 비슷하여 '물고기 뼈 그림(Fishbone Diagram)'이라고도 하는데, 이 기법은 품질개선 활동에서 널리 사용된다. 또한, 일본의 품질관리 전문가였던 이시가와 가오루 박사가 고안하였기 때문에 '이시가와 다이어그램(Ishikawa Diagram)'이라고도 한다.

2) 특성요인도 적용사례

대한상공회의소 싱글PPM 품질혁신추진본부와 미드웨이 항공사(Midway Airlines)가 고객들의 불만에 대처하기 위한 방안 제시로 정시출발의 장애요인을 찾기 위한 특성요인도를 사용하였다.

그림 7-6 미드웨이 항공사의 출발지연에 대한 특성요인도

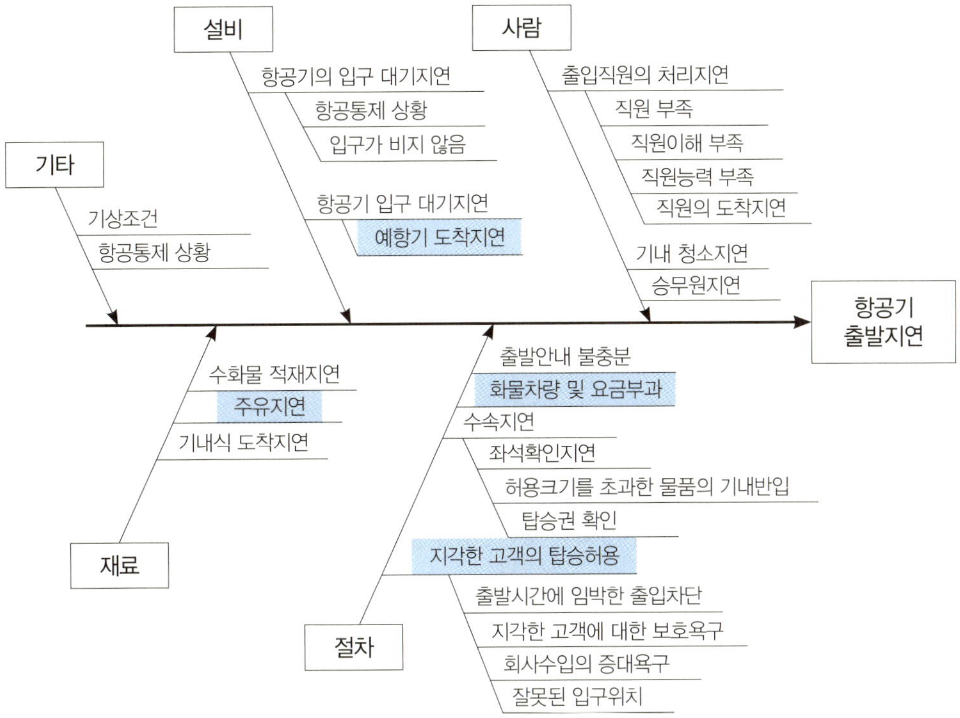

7.2.6 마인드맵(Mindmap)

1) 개요

마인드맵은 양뇌 활동의 보완적인 활동을 촉진함으로써 정신적인 과정의 가능성을 극대화시킨 것으로, 시각적 형태와 그림을 통해서 개념을 조직화하는 창의적인 방법으로 알려져 있다. 인간의 두뇌라는 무한한 용량의 컴퓨터에, 읽고, 생각하고, 기억하는 모든 것을 마치 두뇌 속에 지도를 그리듯 해야 한다는 독특한 정보 활용 방법으로서 다방면으로 많이 활용되고 있다.

마인드맵은 토니부잔에 의해 창시되었다. 그것은 잠겨있는 두뇌의 잠재력으로 들어갈 수 있는 만능열쇠를 제공해 주는 강력한 그래픽 기술로 실생활의 모든 면에 제공될 수 있고, 학습 기술을 향상시키며 명료한 사고를 가능하게 함으로써 인간의 활동을 강화시켜 준다고 한다(라명화, 1998).

결국 마인드맵은 좌 · 우뇌의 기능을 유기적으로 연결한 '사고력 중심의 두뇌개발 프로그램'이다. 읽고, 생각하고, 분석하고, 기억하는 그 모든 것들에 대해 빈 종이 위에 이

미지와 핵심 단어, 그리고 색과 부호를 사용하여 마음의 지도를 그려나가는 방법이다.

동시에 읽고, 생각하고, 분석하고, 기억하는 그 모든 것들(필기, 책 요약, 창작 및 논문 작성, 그룹학습, 문제해결, 지도안, 보고서 및 기획서 작성, 연설문, 경영관리, 창조적 사고, 일기 등)을 마음속에 지도로 그리는 방법이다. 이미지와 부호를 사용하여 좌 · 우뇌의 기능을 유기적으로 연결함으로써, 두뇌의 기능을 최대한 발휘할 수 있는 '사고력 중심의 두뇌개발 프로그램' 이다.

두뇌 속 지도라 할 수 있는 마인드맵은 다음과 같은 구조를 가진다.

① 생각의 핵심이 되는 주제는 항상 중심 이미지에서 시작한다.
② 중심 이미지에 관련된 주요 주제는 사람의 몸에 붙어 있는 팔처럼 연결되어 표현한다.
③ 가지들의 연결은 핵심 이미지와 핵심단어를 통해 확산된다.
④ 계속 이어지는 부 주제들은 나뭇가지의 마디마디가 서로 연결되어 있는 듯한 구조를 취한다.

2) 적용절차

① A4 백색 용지와 색연필을 준비한다.
② 전체 공간을 자유롭게 사용한다.
③ 지면의 중앙에서부터 사용한다.
④ 핵심 이미지를 가운데에 그린다. 그림으로 표현하기 어려울 때는 그림과 핵심 단어의 혼용도 가능하다.
⑤ 중심에서 한 가지씩 연결해서 그려나간다.
⑥ 주제로부터 부주제를 차례로 뻗어나간다.
⑦ 그림을 그린 후 테두리를 만들지 않는다.

그림 7-7 마인드맵

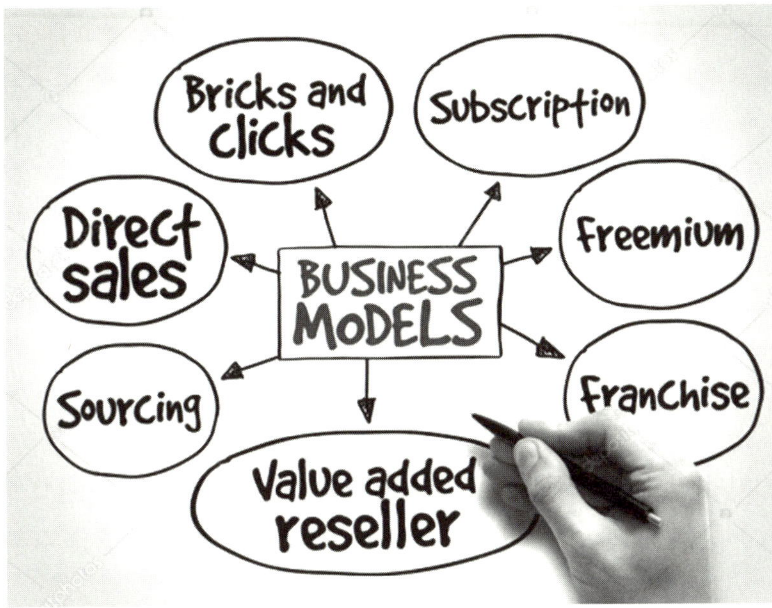
Bricks and clicks
Subscription
Direct sales
BUSINESS MODELS
Freemium
Sourcing
Franchise
Value added reseller

Chapter 08 제품개선을 위한 인간공학

8.1 제품개선 방안

8.1.1 인적오류 예방 및 대책수립

1) 휴먼에러 대책

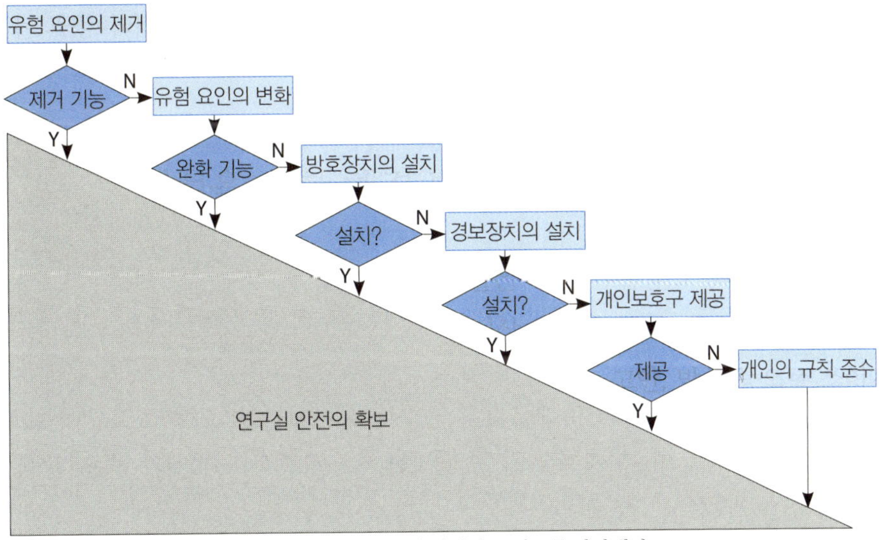

각 위치에서 삼각형의 높이는 연구실 안전 확보에 기여하는 정도를 나타낸다.

(1) 배타설계(exclusion design)

설계단계에서 사용하는 재료나 기계 작동 메커니즘 등 모든 면에서 휴먼에러 요소를 근원적으로 제거하도록 하는 디자인 원칙이다. 예를 들어, 유아용 완구의 표면을 칠하는 도료는 위험한 화학물질일 수 있다. 이런 경우 도료를 먹어도 무해한 재료로 바꾸어 설계하였다면 이는 에러제거 디자인의 원칙을 지킨 것이 된다.

(2) 보호설계(preventive design)

근원적으로 에러를 100% 막는다는 것은 실제로 매우 힘들 수 있고, 경제성 때문에 그렇게 할 수 없는 경우가 많다. 이런 경우에는 가능한 에러 발생 확률을 최대한 낮추어 주는 설계를 한다. 즉, 신체적 조건이나 정신적 능력이 낮은 사용자라 하더라도 사고를 낼 확률을 낮게 설계해 주는 것을 에러 예방 디자인, 혹은 풀-푸르프(fool proof) 디자인이라고 한다. 예를 들어, 세제나 약병의 뚜껑을 열기 위해서는 힘을 아래 방향으로 가해 돌려야 하는데 이것은 위험성을 모르는 아이들이 마실 확률을 낮추는 디자인이다.

(3) 안전설계(fail-safe design)

사용자가 휴먼에러 등을 범하더라도 그것이 부상 등 재해로 이어지지 않도록 안전장치의 장착을 통해 사고를 예방할 수 있다. 이렇듯 안전장치 등의 부착을 통한 디자인 원칙을 페일-세이프(fail safe)디자인이라고 한다. Fail-safe 설계를 위해서는 보통 시스템 설계 시 부품의 병렬체계설계나 대기체계설계와 같은 중복설계를 해준다.

병렬체계설계의 특징은 다음과 같다.

① 요소의 중복도가 증가할수록 수명은 길어진다.

② 요소의 수가 많을수록 고장의 기회는 줄어든다.

③ 요소의 어느 하나가 정상적이면 정상이다.

④ 시스템의 수명은 요소 중 수명이 가장 긴 것으로 정할 수 있다.

2) 휴먼에러 예방을 위한 설계 지침

제품의 사용 방법은 사용자의 정보처리 특성에 관한 지식을 반영한 설계가 필요하다. 즉, 사용자의 심리적 · 인지적 특성을 고려한 사용자중심의 설계가 사용 편리성을 높이는 데 중요하다.

(1) 좋은 개념 모형의 제공

제품을 설계하는 디자이너들은 나름대로 제품을 통하여 의도하는 바가 있으나 사용자에게 직접적으로 설명할 기회는 주어지지 않고 제품의 외관이나 표시장치, 조정장치 또는 사용설명서 등을 통해서만 사용자에게 개념을 제공할 수 있다. 사용자는 주로 경험과 훈련, 지시 등을 통하여 얻은 개념으로 제품에 대한 개념 모형을 형성하게 된다. 개념 모형들 중에서 디자이너와 사용자의 모형이 일치할 때 제품을 사용하는 사용자는 실수를 하지 않게 되는 것이다.

그림 8-1 개념 모형의 종류

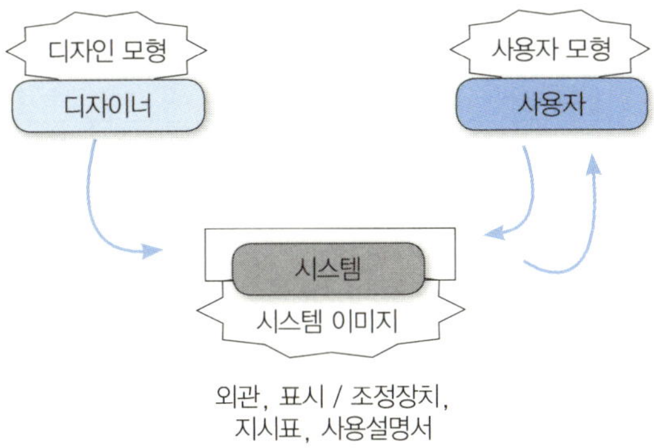

(2) 가시성

사용자가 제품의 작동 상태나 작동 방법 등을 쉽게 파악할 수 있도록 중요 기능을 노출하는 것을 가시성(visibility)이라 한다. 제품에서 살펴보아야 할 중요한 부분과 행위 결과에 대한 정보를 나타내면 무엇이 가능하고 무엇을 해야 하는지에 관한 단서를 제공하여 준다. 일반적으로 어떻게 작동할 것인가에 대한 작동장치나 조정장치와 행위의 결과와 현재의 작동상태를 표시하여 주는 표시장치나 상태표시기 등이 가시성을 표현하여 준다.

(3) 피드백

피드백(feedback)이란 제품의 작동결과에 관한 정보를 사용자에게 알려주는 것을 의미한다. 사용자가 제품을 사용하면서 얻고자 하는 목표를 얻기 위해서는 조작에 대한 결과가 어떤 상태로 나타나는가를 알려주기 위한 피드백이 필요한 것이다. 일반적으로 피드백에는 시각적인 피드백인 표시판뿐만 아니라 청각적인 피드백인 sidetone 등을 사용할 수도 있다.

(4) 양립성

양립성(compatibility)이란 안전을 근원적으로 확보하기 위한 전략으로서 외부의 자극과 인간의 기대가 서로 모순되지 않아야 하는 것이다. 제어장치와 표시장치 사이의 연관성이 인간의 예상과 어느 정도 일치하는가 말하는 것이다.

① 공간적 양립성

어떤 사물들, 특히 표시장치나 조정장치의 물리적 형태나 공간적인 배치의 양립성을 말한다.

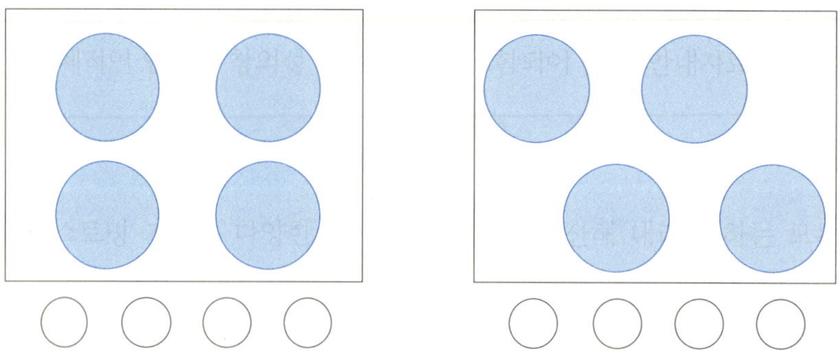

(×) (○)

② 운동적 양립성

표시장치, 조정장치, 체계반응 등 운동방향의 양립성을 말하는데, 예를 들어 그림에서는 오른 나사의 전진방향에 대한 기대가 해당된다.

그림 8-2 운동적 양립성에 따른 설계 예

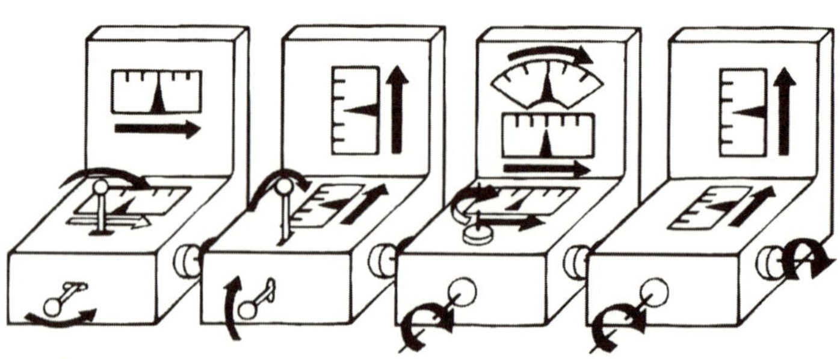

③ 개념적 양립성

외부로부터의 자극에 대해 인간이 가지고 있는 개념적 연상의 일관성을 말하는데, 예를 들어 파란색 수도꼭지와 빨간색 수도꼭지가 있는 경우 빨간색 수도꼭지를 보고 따뜻한 물이라고 연상하는 것을 말한다.

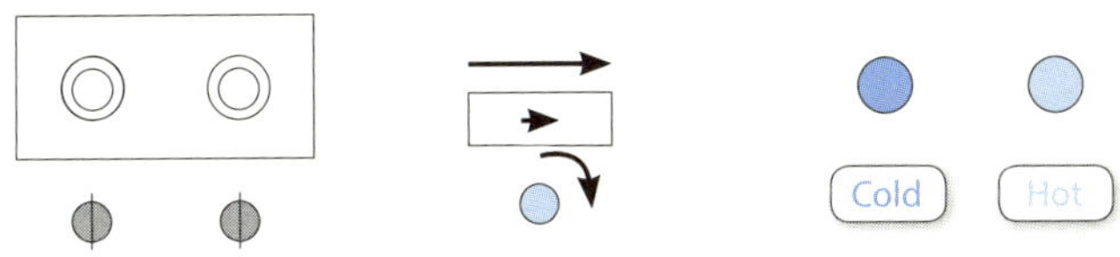

[공간 양립성] [운동 양립성] [개념 양립성]

양립성은 두 가지 요인에서 기인한다. 첫 번째는 본질적으로 습득하여 갖게 되는 관계를 생각할 수 있다. 자동차의 핸들을 오른쪽으로 돌리면 우회전하고, 왼쪽으로 돌리면 좌회전하는 것은 태어나면서 본질적으로 갖게 되는 관계라고 할 수 있다. 두 번째는 자라면서 환경 속에서 얻게 되는 문화적 습득을 들 수 있다. 세면대에서 아래 위쪽 방향으로 조작하는 수도꼭지를 보면, 미국회사 제품은 위로 올리면 물이 나오고, 일본회사 제품은 아래로 내리면 물이 나오게 된다. 미국 사회에서는 스위치를 위쪽으로 올리면 작동 상태가 되고, 일본 사회에서는 스위치를 아래쪽으로 내리면 작동 상태가 된다. 자동차의 통행이 일본은 좌측통행이고, 미국은 우측통행인 것도 문화적 차이라 할 수 있다.

사용자의 기대와 일치하지 않는 경우에는 당연히 제품의 작동 방법을 배우는데 시간이 많이 걸릴 것이며, 조작 시간도 많이 걸릴 수밖에 없고, 실수도 많을 수밖에 없다. 사용자가 불평할 것도 당연하다. 아무리 연습을 하여 억지로 작동 방법을 배웠다 하더라도 긴박한 상황에서는 원래 사람이 기대했던 대로 행동이 나타난다는 것이다. 따라서, 인간의 기대와 일치하도록 설계하는 양립성의 개념은 인간의 실수를 줄이기 위하여 필요한 원리이다.

(5) 제약과 행동유도성(Affordance)

사람들은 사물의 특성에 관한 해석을 하면서 어떻게 조작하거나 행동할 것인가에 대하여 추측을 하게 된다. 즉, 사물의 특성은 사물을 어떻게 다룰 것인가에 대한 단서를 제공하여 준다.

물건에 물리적, 또는 의미적인 특성을 부여하여 사용자의 행동에 관한 단서를 제공하는 것을 행동유도성(affordance)이라 한다. 제품에 사용상 제약을 주어 사용 방법을 유인하는 것도 바로 행동유도성에 관련되는 것이다. 좋은 행동유도성을 가진 디자인이라면 그림이나 설명이 필요 없이 사용자는 단지 보기만 하여도 무엇을 해야 할지에 관하여 알 수 있도록 설계되어 있는 것이다.

이러한 행동유도성은 행동에 제약을 가하도록 사물을 설계함으로써 특정한 행동만이 가능하도록 유도하는 데서 온다. 물리적 특성에 의존하여 한정된 행위만이 가능하도록 하는 물리적 제약이나, 주어진 상황의 의미나 문화적 관습에 따라 해석이 가능하도록 하는 제약 등이 제품설계에서 주로 이용된다.

예제

레고 블록을 가지고 오토바이를 만들었다. 최종적으로 오토바이에 노란색과 빨간색 전등이 남아 있다면 앞과 뒤 각각 전등 자리에 어느 색깔의 전등을 붙이는 것이 옳을까?

[오토바이의 앞과 뒤 전등색은?]

(6) 오류방지를 위한 강제적 기능(forcing function)

어떠한 단계에서 실패가 생기면 다음 단계로 넘어가는 것이 차단되도록 행동이 제약되는 상황을 오류방지를 위한 강제적 기능이라고 한다. 이 강제적 기능은 잘못된 행위를 발견하기 쉽게 만드는 강력한 물리적 제약 중의 하나로, 오류를 범하게 되면 안전이나 시스템에 막대한 영향을 줄 가능성이 있을 때에 안전성을 확보하기 위하여 사용하는 방법의 하나이다. 일반적으로 제품에 강제적 기능을 부여하는 경우에는 사용하는데 불편함을 초래할 수 있다. 따라서, 사용 시의 불편을 최소화하며 안전성을 확보하기 위한 강제적 기능을 가진 디자인이 필요하다.

예제

미국에서는 한 때 자동차 운행 시에 운전석과 조수석 모두에 안전벨트를 착용하는 것을 의무화한 적이 있었다. 법적으로 운전석과 조수석에 안전벨트를 착용하지 않은 상태에서 시동을 걸면 소리가 나며 시동이 걸리지 않도록 하는 강제적 기능을 부여한 적이 있다. 당연히 운전자들은 불편할 수밖에 없었다. 안전벨트가 고장나면 자동차의 엔진은 정지되었으며, 조수석에 짐을 실은 경우에도 승객으로 감지하여 안전벨트를 채우지 않으면 시동은 걸리지 않았다. 불편한 운전자들은 정비공장에서 안전벨트의 기능을 떼어버리는 경우가 많이 발생하였다. 결국은 시동이 안 걸리는 강제적 기능은 취소되었으며, 조수석의 안전벨트 미착용에 대한 경고음도 울리지 않도록 설계가 변경되고 말았다. 강제적 기능에 의한 안전성 확보는 사용 시의 불편함과 반작용 관계에 있을 경우가 많은데 이를 단적으로 나타내주는 예이다.

강제적 기능장치는 크게 interlock(맞잠금), lockin(안잠금), lockout(바깥잠금)으로 분류된다.

맞잠금(interlock)은 조작들이 올바른 순서대로 일어나게끔 강제하는 장치이다. 안전을 확보하기 위하여 갖추어져야 할 조건들이 모두 만족되는 경우에만 작동이 되도록 하는 강제적 기능이다.

예제

아래 그림과 같이 전자렌지나 가스오븐렌지를 사용하는 사람이라면 이런 경우를 생각해 볼 수 있다. 보통 이들은 시간조절기로 시간을 예약하고 작동을 시키는 데, 어린 아이가 와서 작동중인 전자렌지나 가스 오븐렌지의 문을 열고 손을 집어넣고 장난을 한다면 어떻게 될 것인가? 당연히 계속 작동 중이라면 위험에 처할 것이다. 다행히도 이들 제품을 설계한 사람들은 이러한 조건에서는 작동이 멈추도록 하는 강제적 기능을 부여해 놓았다.

[가스 오븐렌지와 Interlock 기능]

작동하던 제품의 작동을 계속 유지시킴으로써 작동의 멈춤으로 오는 피해를 막기 위한 예방 개념을 안잠금(lockin)이라 한다. 예를 들어, 안잠금은 컴퓨터 사용자가 프로그램 사용 중에 저장을 하지 않고 종료 버튼을 선택할 경우에, 저장이 안된 채로 종료되는 것이 아니라 점검해서 저장할 것이냐고 친절하게 물어보기까지 실질적인 작동을 유지시킴으로써 올 수 있는 피해를 줄이고자 하는 것이다.

또 하나의 강제적 기능의 유형은 바깥잠금(lockout)이다. 바깥잠금은 위험한 상태로 들어가거나 사건이 일어나는 것을 방지하기 위하여 들어가는 것을 제한 또는 예방하는 개념이다. 예를 들면, 백화점 같은 대형 건물의 에스컬레이터나 통로들을 설계할 때 지상 1층까지는 같은 형태로 배치하다가, 지하로 내려가는 것에 대해서는 이제까지 방향과는 달리 다른 곳으로 돌아서 내려가도록 위치시키는 것이다. 이는 건물에 화재가 나는 등의 위급한 상황에서 사람들이 1층까지 내려온 뒤에는 더 이상 지하로 내려가지 않도록 진행을 방해하는 개념으로 설계한 강제적 개념이다.

(7) 안전설계 원리

① 풀 프루프(Fool Proof)

사용자가 조작 실수를 하더라도 사용자에게 피해를 주지 않도록 하는 설계 개념을 풀 프르푸라 한다. 초보자나 사용 미숙련자가 잘 모르고 제품을 사용하더라도 고장이 나지 않도록 하거나 작동하지 않도록 하여 안전을 확보하는 개념이다. 예를 들어, 극성이 정해져 있는 전원 커넥터를 사용하여야 하는 경우에는 극성이 다르게 삽입되는 것을 방지하기 위하여 커넥터의 모양을 비대칭적으로 하여 극성이 올바르게 맞는 경우에만 삽입될 수 있도록 설계하여 놓는 경우이다. 프레스에 설치된 안전장치도 대표적인 플 프르푸 설계의 하나이다.

예제

자동 변속기를 가진 자동차에 어린아이가 타서 시동 열쇠를 꽂고 시동을 건다고 상상하여 보자. 만일 주행 모드인 D 자에 놓인 상태로 시동이 걸린다면 자동차는 어떻게 될 것인가? 자동차는 움직이기 시작하고 놀란 어린아이는 속수무책일 것이다. 다행히 자동차 설계자들은 주행 모드에선 시동이 걸리지 않도록 설계하여 놓았다. 잘 모르고 실수할 가능성이 있는 것을 대비하여 미리 설계단계에서 고려한 것이다.

② 페일 세이프(fail safe)

고장이 발생한 경우라도 피해가 확대되지 않고 단순 고장이나 한시적으로 운영이 계속되도록 하여 안전을 확보하는 설계 개념을 페일 세이프라 한다. 과전압이 흐르면 내려지는 차단기나, 퓨즈 등이 페일 세이프의 예이다. 고가의 장비에서 병렬 부품을 사용하여 부품 하나가 고장 나더라도 나머지 부품이 작동하여 시스템이 작동하도록 설계된 것도 페일 세이프의 개념이다.

예제

철도 차단기는 기차가 오는 것을 센서가 감지하여 경고음과 함께 차단기가 내려지도록 설계되어 있다. 만일, 철도 차단기가 고장 나면 어떻게 되겠는가? 대형 충돌 사고가 우려된다. 그러나, 철도 차단기 설계자는 페일 세이프 개념을 이용하여 차단기 자체가 고장 난 경우에도 경고음이 울리도록 설계하였다. 차단기가 고장 났으니 빨리 수리하여 안전을 확보하도록 하는 것이다.

③ Temper Proof

프레스 작업에서 작업자들은 작업 속도가 느려지고 불편하다는 이유를 들어 고의로 안전장치를 제거하거나 무용지물로 만드는 경우가 종종 있다. 일반적으로 안전장치를 고려할 정도면 안전장치가 제거되는 경우에 사고가 발생될 가능성이 아주 크다고 할 수 있다. 제품 설계자는 고의로 안전장치를 제거하는 데에도 대비하여야 한다. 이러한 예방설계 개념을 temper proof라 한다. 예를 들면, 위험설비의 안전장치를 제거하는 경우에는 제품이 작동되지 않도록 설계하는 개념이다.

㉠ 인지능력

인간의 인지능력은 다음 사항을 포함한다.

ⓐ 다양한 감각 중에서 다양한 패턴을 지각하고 이해하는 능력
ⓑ 하나 이상의 기억체계에서 대량의 정보로 작업하고 저장하는 능력
ⓒ 복잡한 방법으로 사고하는 능력
ⓓ 간단하거나 어려운 결정을 모두 내릴 수 있는 능력
ⓔ 사전 경험을 바탕으로 해법으로 인식하거나, 그 문제의 요소로 작업하는 것을 통해 복잡한 문제를 해결할 수 있는 능력

ⓕ 인간 노력의 여러 영역에서 독창적인 작품을 제작할 수 있는 능력

아직 잘 파악되지 않은 인간의 인지적 능력은 많지만, 설계에 대한 특정 유형의 결정이 좋은 또는 나쁜 상호작용으로 이어질 수 있는지에 대한 예측을 할 수 있을 정도의 인지능력은 충분히 알려져 있다. 예를 들어, 작업 기억의 한계가 7±2인지, 3±2인지를 논쟁하는 것과 상관없이, 작업 기억 과부하는 많은 사용자에게 어려움을 초래하는 것은 명확하다.

사용자들이 제품과 상호작용할 때 생각하는 것에 대한 그림을 그리기 위해 소리 내어 생각하기, 자판 누르기 추적기, 스캔 변환기, 시선 추적과 같은 사용성 방법을 시도한다. 목표는 사용자의 인지 과정을 이해하고 모현화하는 것이기 때문에, 인테페이스는 주위의 다른 방법보다는 인간의 사고에 맞게 조정될 수 있다.

다른 시작과 높고 낮은 수준의 교육수준을 가진 사용자집단은 어디나 있으며, 현대 사용자 인터페이스 특성에 대한 경험은 국가 내에서도 지역별로 다를 수 있다. 따라서 음성 입출력 가능성 또는 터치 버튼 같은 고급기능을 모두에게 보편적으로 가치가 있거나 유용하다고 할 수 없다. 다양한 상호작용기능의 유용성을 자용자의 직무와 그 직무와 관련한 그들의 지식, 기술 및 인지적 능력의 상호작용에 의존한다.

ⓛ 지식과 경험

ⓐ 서론

일상 제품설계 시 인지 과정이 누적된 지식과 사전경험을 사용하는 사실을 고려해야 한다. 개인은 일상 제품이 제공하는 기능과 조작 방법에 대한 이해가 다를 수 있다.

ⓑ 사용자 기대와 정신 모델

자신의 과거 경험을 바탕으로 사용자의 기대와 정신 모델을 고려해야 한다. 새로운 상품일지라도 사람은 유사 제품 또는 비슷한 모델의 경험이 있을 수 있기 때문에, 이전 경험의 유형을 이해할 필요가 있다.

사용자의 기대를 저버리면 안 된다. 예를 들어, 만약 인터페이스 조정장치가 좌우로 이동할 때 표시장치 문자가 상하 방향으로 움직이게 해서는 안 된다. 사용자는 신속하게 조정장치와 표시장치를 식별하고 즉시 그들의 관계를 인식하여, 가능하면 제품이 의도하는 목적을 쉽게 식별할 수 있어야 한다.

새로운 제품은 언제든지 사용자의 기존 경험과 정신 모델을 바탕으로 제작해야 한다.

비고: 사용자가 결함이 있는 정신 모델을 가지고 과거 제품을 경험하였을 경우에는

사용자의 정신 모델은 다르지 않을 수도 있다.

보기: 일부 조정장치는 흐름의 증가를 나타내는 데 사용하는 회전 방향에 대한 일관성이 부족하다. 조정장치는 전류 값을 높이기 위해 시계 방향으로 회전하기도 하고, 가스의 흐름을 높이기 위해 시계 반대 방향으로 회전하기도 한다. 이것이 전기와 가스 기기를 교환할 때 문제를 발생시킬 수 있다.

ⓒ 고정관념

과거 경험에 의존할 수 없다면 목표 사용자의 잘 정립된 고정관념을 사용하여야 한다. 그러나 문화의 차이로 인하여 공통의 고정관념을 다르게 해석할 수 있다.

정보 과부하 또는 스트레스 조건 하에서는 개인이 과거의 습관적인 행동패턴으로 되돌아갈 확률이 매우 높기 때문에, 높은 수준의 잘 구축된 경험과 고정관념의 영향을 극복하는 방편으로 사용되어서는 안 된다.

제품의 사용자 인터페이스의 개념, 단어 및 표현이 일부 사용자, 국가 또는 문화에 익숙한지 여부를 고려해야 한다.

제품이 목표 사용자 중에 고령자를 포함하는 경우에는 청소년이 일반적으로 사용하는 단어와 그들이 이해할 수 없는 상호작용 개념을 사용하지 말아야 한다.

보기 1: 고령자는 일반적으로 컴퓨터에서 사용되는 "초기화"라는 단어를 종종 이해하지 못한다.

보기 2: 자동차의 가속 페달은 항상 오른쪽에 있고 브레이크는 왼쪽에 있다. 일부 자동차의 페달 위치를 변경하면 문제를 야기할 가능성이 매우 높다.

보기 3: 미터법이 모든 국가와 직업에서 사용되지는 않는다. 예를 들어, 라이베리아, 미얀마, 미국은 미터법을 사용하지 않으며, 항공학에서는 높이를 피트로, 속도를 노트로 측정한다.

ⓒ 문화

정보혁명과 현대 제품의 세계적 보급은 이미 전 세계의 기호와 심볼의 의미를 이해하는 데 영향을 미쳤다. 현 세대의 사람은 기술, 공통적으로 공유되고 넓혀진 의미적 이해, 자기 나라의 문화에 대한 이해를 능가하는 서계적인 문화에 노출되어 있다. 미래에는 더욱 넓게 공동적인 이해가 세계 인구에 의해 공유될 것으로 예상된다.

그러나, 문화적 차이는 주요 요인이며 이러한 문화의 차이는 한 국가 내에서 뿐 아니라 대륙 간에도 존재한다. 문화 차이는 은유, 정신 모델, 네비게이션, 상호작용 및 외관 측면에서 제품에 대한 선호도, 수용도 및 욕구에 영향을 미칠 수 있다.

서로 다른 문화적 배경을 가진 개인은 다음 측면에서 상당히 다를 수 있다.

ⓐ 단어에 주어진 의미적 함축
ⓑ 색상에 주어진 의미
ⓒ 픽토그램과 아이콘의 해석
ⓓ 내용의 계층과 구성에 대한 선호도 또는 기대
ⓔ 특히 동사 또는 명사를 중점으로 한 레이블의 해석
ⓕ 사람, 사물, 장소 사진에 대한 방응
ⓖ 시스템, 응용 및 환경에 대한 기본적인 조작 은유
ⓗ 정보의 선호되는 복잡도나 밀도
ⓘ 동작의 흐름에 대한 고정관념(예를 들어, 왼쪽에서 오른쪽으로, 위에서 아래로)

서로 다른 문화적 환경에서 사용되기를 원하는 제품의 설계자나 평가자는 이러한 차이점을 고려해야 한다.

ⓡ 읽고 쓰는 능력

읽고 쓰는 능력은 세계적으로 고르게 분포되어 있지 않다. 즉, 읽고 쓰는 능력이 높은 지역도 있고 읽고 쓰기 능력이 낮은 사람들도 있다. 2000년 유럽은 전체 인구의 1%가 읽고 쓸 수 없으나, 아프라카의 49%, 남아시아의 59% 여성은 문맹이었다. 문맹이 높은 나라는 일반적으로 여성의 비율이 남성보다 높다.

그러나 교육수준이 높은 사회에서도 사회적 빈곤과 실업률이 높은 지역에서는 40%까지 기능적으로 문맹일 수 있다.

난독증은 읽기 능력에 대한 유전적 질환이다. 듣고 말하는 데에는 어려움이 없지만 문자를 판독하는 데에 이상이 있는 증세이다. 문자의 공간관계의 이해와 난독증은 약 2~8%의 비율을 차지하며, 여성보다 남성에게서 3배로 높게 발견된다.

ⓜ 언어

전세계에는 수많은 언어가 사용되고 있으며, 일부 국가에서는 하나의 언어 내의 방언이 너무나 달라 그 언어를 사용하는 사람끼리도 서로 이해하지 못한다. 인도만 해도 15개 언어와 1,600개의 방언을 가지고 있다고 한다.

ⓑ 신체 크기

전세계의 다양한 국가와 성별 및 연령에 따른 많은 집단에 대한 신체 크기 자료가 나와 있다. 일부 지역에서는 평균키가 연간 2mm씩 증가하고, 신체 비율이 약간 변화하기 때문에 이러한 자료를 주기적으로 갱신할 필요가 있다. 다양한 비율 때문에 전체

키 외에 다른 신체 측정치는 서로 다르게 분포할 수 있다. 키와 다양한 측정치의 신체 크기 자료가 존재하며, 사용자를 위한 설계와 연관 된 뻗기 및 다양한 자세를 명시할 수 있는 그래픽 신체 크기 모형과 전산화 모델을 구할 수 있다.

(8) 극단치 설계(최대치수와 최소치수 사용)

특정한 설비를 설계할 때, 거의 모든 사람을 수용할 수 있는 경우(최대치수)가 필요하다. 문, 통로, 탈출구 등을 예로 들 수 있다. 최소치수의 예로는 선반의 높이, 조종장치까지의 거리 등이 있다.

① **최소치수** : 하위 백분위 수(퍼센타일, Percentile) 기준 1, 5, 10%.

② **최대치수** : 상위 백분위 수(퍼센타일, Percentile) 기준 90, 95, 99%

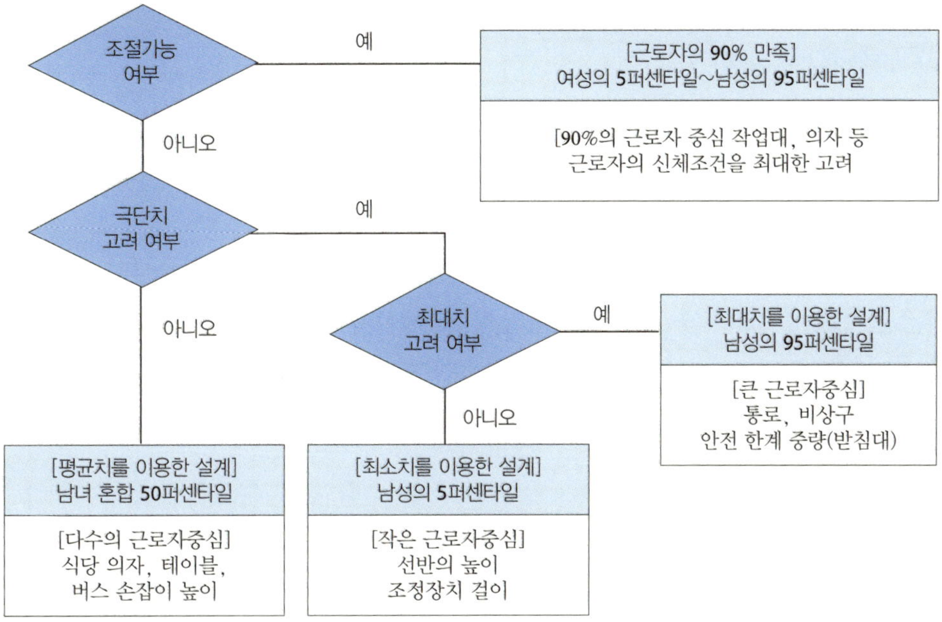

③ **조절 가능한 설계 조절범위(5~95%)**

체격이 다른 여러 사람에 맞도록 조절식으로 만드는 것이 바람직하다. 그 예로는 자동차 좌석의 전후 조절, 사무실 의자의 상하 조절 등이 있다.

④ **평균치를 기준으로 한 설계**

최대치수나 최소치수를 기준으로 설계하기도 부적절하고 조절식으로 하기도 불가능할 때, 평균치를 기준으로 설계를 한다. 예를 들면, 손님의 평균 신장을 기준으로 만든 은행의 계산대 등이 있다. 하지만 이는 바람직한 설계는 아니다.

*실제 평균치 인간은 존재하지 않음.

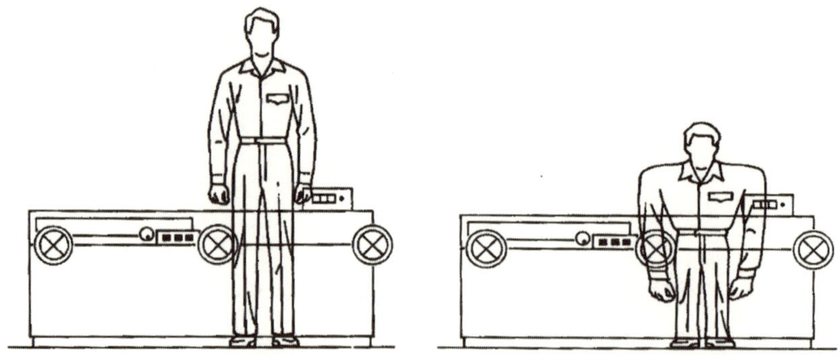

(a) 대분분의 사람은 위와 같은 외형을 지닌다.

(b) 그러나, 일부 설계자들은 사람들이 위와 같은 외형을 지녔다고 생각한다.

[공업용 선반 설계: 휴먼 인터페이스]

출처: Singleton, 1962. 영국 런던의 과학 및 산업 연구부, 산업인간공학

(9) 인체역학적 능력

일부 국가에서 소포를 들어올리는 작업은 25kg 으로 제한한다. 이러한 제한의 이유는 부적절한 들기 작업으로 인한 부상이나 조기 은퇴와 질병으로 인한 결근의 원인이기 때문이다.

신체 크기를 제품 측정에 연관시키는, 구체적으로 사용자가 제품을 조작하는데 요구되는 뻗기와 육체적 힘과 같은 사용자 조작 및 제어기기 배치의 인체역학적 적합성은 계산될 수 있다. 신체 크기 모형과 컴퓨터 모델링을 통한 목적으로 사용할 수 있다. 운동의 반복은 인간의 생리적 한계와 비교할 수 있다. 대수학적 수식과 컴퓨터 프로그램도 이러한 목적으로 쓰일 수 있다.

그림 8-3 인체 역학평가를 위한 관절 구분 예시(http://www.swingbank.com)

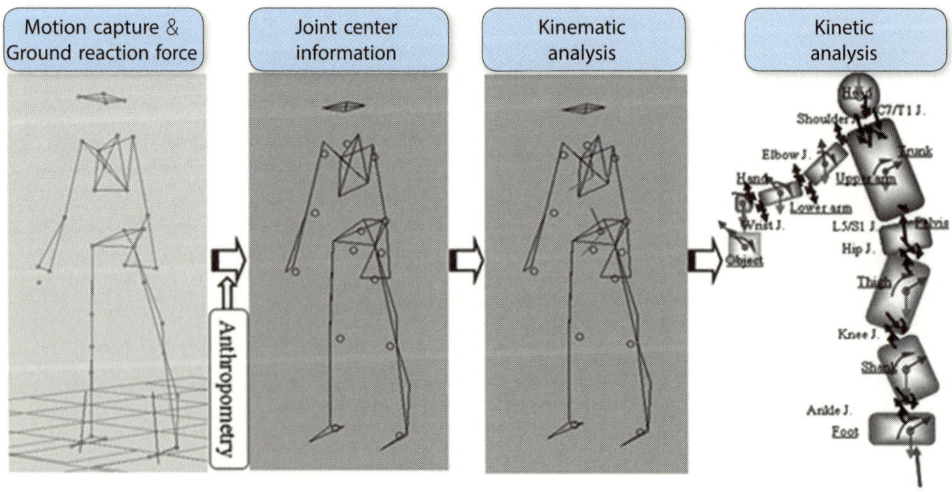

그림 8-4 인체 역학평가를 위한 프로그램(http://3dsspp.software.informer.com/)

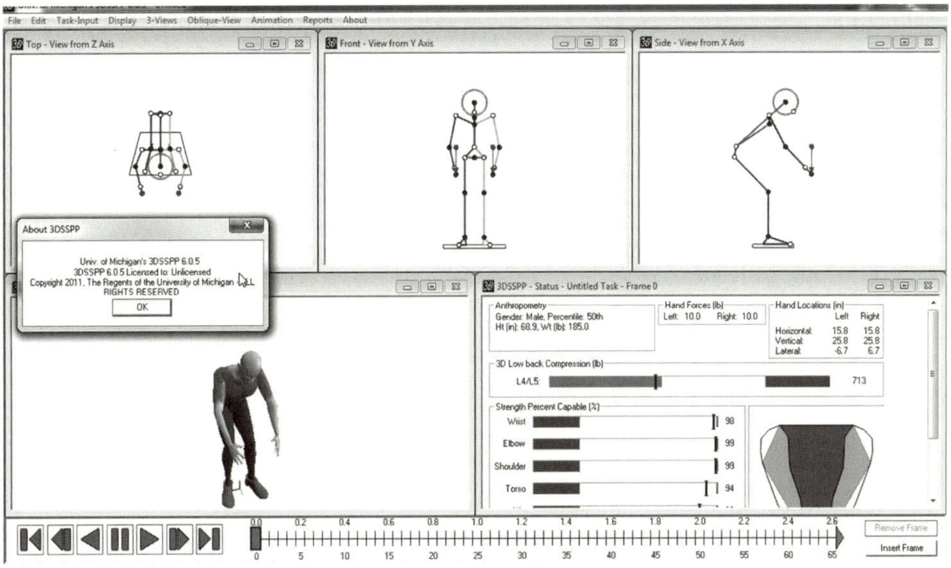

(10) 특별한 요구사항을 가진 사용자(사회적 약자 포함)를 위한 실험설계 방법

장애가 있거나 나이가 어린 여러 집단의 모든 특성에 대한 완벽한 인간공학적 자료가 아직 없는 것으로 알려져 있어, 이 표준은 이 분야를 완벽하게 다룰 수 없다. 그럼에도 불구하고 장애가 있는 사람, 고령자, 어린이는 일상 제품에 대한 목표 사용자집단의 한 부분이다.

"접근 가능한 설계", "유니버셜 디자인", "모두를 위한 설계", "장벽 없는 설계", "포괄적 설계", "세대를 초월한 설계"와 같은 용어는 다른 상황에서의 이 방법을 설명하는 데 사용한다.

유니버설 디자인의 정의와 7가지 원칙

유니버설 디자인(universal design)이란 건강한 사람뿐만 아니라 신체장애인, 노인 등도 건강한 사람처럼 제품을 사용할 수 있도록 배려하는 설계 철학이다. 유니버설이라는 단어는 '보편적인', '만인의', '개개인을 향함'이라는 의미가 내포되어 있다. 개개인을 존중해야 한다는 의미로 유니버설 디자인은 모든 사용자들에게 쾌적하고 사용하기 편리한 환경과 제품을 제공한다는 목적을 지향하는 의식과 태도라고 할 수 있다.

유니버설 디자인이라는 용어는 미국 노스캐롤라이나 주립대학의 Ronald L. Mace 에 의해 1990년대에 처음으로 사용되었으며, '특별한 개조나 특수 설계를 하지 않고 모든 사람들이 가능한 한 최대한까지 이용할 수 있도록 배려된 제품이나 환경 디자인'이라

고 정의하였다

Null & Cherry (1996)는 유니버설 디자인을 창출하는 데 필수적으로 고려해야 할 원칙을 다음과 같이 네 가지로 정리하였다.

① **신체기능지원**(supportive)

신체기능상 필요한 도움을 제공해야 하며, 도움을 제공할 때에 어떠한 부담도 초래해서는 안 된다.

② **융통성**(adaptable)

상품이나 환경이 다양한 사람들의 요구를 충족시켜 주어야 한다. 요구의 다양성을 만족시키기 위한 선택가능성, 능력의 다양성을 수용하기 위한 조절가능성 등을 포함해야 한다.

③ **접근용이성**(accessible)

방해가 되거나 위협적인 물리적 환경을 변화시켜서 조작이나 행동을 위한 장애물이 제거된 상태를 의미한다.

④ **안전지향**(safety oriented)

사고의 가능성이나 위험성을 제거하고 안전을 확보하기 위하여 설계를 고려한다.

유니버설 디자인의 발원지인 노스캐롤라이나 주립대학의 유니버설 디자인 센터에서는 유니버설 디자인에 관한 7가지 기본적 원칙을 다음과 같이 설명하고 있다.

① **공평한 사용**(equitable use)

사용자의 연령이나 성별, 체격의 차이, 신체기능의 차이 등에 영향을 받지 않고 어떠한 사람이라도 공평하게 사용할 수 있도록 설계한다.

② **사용 시의 유연성 확보**(flexibility in use)

다양한 사용자나 사용환경에 대응할 수 있는 유연성을 확보하여 사용상의 자유로움을 높인다.

③ **간단하고 직관적인 사용 방법 추구**(simple and intuitive use)

제품의 사용 방법을 사용자의 지식이나 경험, 언어능력, 집중력에 관계없이 직감적으로 이해할 수 있도록 설계한다.

④ **인식하기 쉬운 정보의 제공**(perceptible information)

사용 상황이나 사용자의 감각능력에 관계없이 필요한 정보를 효과적으로 전달할 수 있도록 설계되어야 한다.

⑤ **오류에 관한 수용**(tolerance for error)

사고의 가능성이나 위험을 제거하며, 사용상의 오류에 대하여 안전을 확보하도록 설계한다.

⑥ **신체적 부담의 경감**(low physical effort)

다양한 체격과 신체능력을 가진 사람들이 편하게 사용할 수 있도록 불편한 자세나 과도한 힘이 필요하지 않도록 설계한다.

⑦ **사용에 적합한 사용 공간**(size and space for approach and use)

사용자의 체격이나 이동능력에 관계없이 이용하기 쉽고 조작이 용이하도록 공간이나 크기를 확보한다.

(11) 시각 및 청각능력

시력은 사진, 글자, 심볼을 명확히 인식하는 것이며 물체의 크기에 따라 달라진다. 작은 글자는 망막 세포를 작게 덮기 때문에 인식하기 어렵다. 시력은 정상 시력에 대한 질제 시력의 몫으로 측정된다. 사람의 정상 시력은 호의 1분의 각도를 구별하며, 최대 시력은 호의 2초만큼 작은 각도를 구별할 수 있다. 이 자료를 사용하면 사용자 인터페이스 요소의 최소 크기를 계산할 수 있어, 특정한 사용 상황에서 사용자가 명확히 볼 수 있다.

유전적 차이로 명확하게 볼 수 있는 능력은 이미 출생 시 원시나 근시로 제한될 수 있고 교정이 필요하다. 서양에서는 어린이가 처음 학교를 들어갈 나이에 이미 학생의 20%가 안경을 쓴다. 시력은 연령에 따라 크게 악화되며, 모든 사람의 70%가 50세에 읽기를 위해 안경이 필요하다.

색맹은 모든 국가에서 발견되고 유사한 비율을 가지고 있다. 남성 인구의 약 2%가 심각한 색맹이고, 남성 인구의 6%는 일부 유형의 색맹이다. 여성은 1%만이 색맹이다.

젊은 사람은 눈에서 8cm의 가까운 거리에서 볼 수 있지만, 50세는 가장 가까운 가능 거리는 일반적으로 50cm 이며, 고령자는 안경 없이 명확하게 물체를 보기 위해 눈에서 최소한 100cm의 거리가 필요하다. 제품의 조작장치 등의 설계시 표시장치에 연결 된 조정장치까지 사용자의 팔이 뻗을 수 있는 거리를 초과할 수 있기 때문에 100cm에 가까운 점을 고려하기 힘들다.

시력의 여러 다른 부분은 연령에 따라 악화된다. 눈의 조절능력이 감소하고, 시야가 감소하고, 암순응 속도가 감소한다. 눈부심의 민감도가 증가하고, 잘못된 위치의 광원과 강한 반사는 표시된 정보의 가시성을 줄일 수 있다.

인간의 청각은 공기의 진동을 신경 차형으로 변환한다. 달팽이관 세포가 특정 주파수 대역에 반응하여 인간은 약 20Hz 에서 최대 20,000Hz까지 주파수를 들을 수 있다. 연령이 증가함에 따라 높은 주파수에 대한 기능은 중지되며, 연령에 관계없이 과도한 소음에 노출되면 청력 손상을 입을 수 있다.

(12) 우세 손

서양 인구의 약 90%가 오른손잡이고, 11.6%의 남성과 8.6%의 여성은 왼손잡이며, 1% 미만은 양손잡이다. 우세 손은 정도의 차이가 다양하다. 유년기에 우세 손이 결정되고, 글쓰기를 할 때 처음 알게 된다. 일부 국가에서는 학교 체계로 왼손잡이를 오른손을 사용하도록 쓰도록 바꾸지만, 다른 나라에서는 어린이의 개인적 결정에 맡긴다.

신체 동작 기능은 특정한 측면에서 수행되지만 두뇌에서는 반대편에 비친다. 학습과 지식은 뇌의 한쪽에서 다른 한쪽으로 바로 전송될 수 없다. 손재주가 필요한 복잡한 작업에서 한 손에서 다른 한 손으로 제품의 사용을 변경하는 경우는 학습을 반복해야 한다. 특정 측면의 선호도와 훈련효과는 손뿐만 아니라 발에 대해서도 알려져 있다.

(13) 연령

본질과 정도가 개인에 따라 다를 수 있지만, 연력에 따라 대부분의 기능적 능력이 감소된다.

현재 많은 국가에서 고령자의 인구비율이 크게 증가하고 있다. 여성의 높은 장수로 인해 세계 고령자는 남성보다 여성이 더 많다는 것도 중요하다.

2050년에는 60세 이상의 세계 인구는 오늘날의 3배가 되고, 60세 이상의 인구 비율이 21%가 될 것이다.

(14) 성별

성별은 신체적 차이, 신체 크기, 힘에 특히 영향을 미치지만, 아이콘, 픽토그램, 단어, 지침과 관련된 기대와 정신 행동도 경험과 사회화의 결과로 유의하게 다를 수 있다.

09 Chapter 사용성평가 분석기초 : 인체계측학

우리들이 일상생활에서 사용하는 여러 가지 시설이나 장치 등이 설계가 잘못 되어 사용에 적합하지 않은 경우가 있다. 예를 들어, 낮은 싱크대, 앉아 있기 불편한 의자, 너무 높아서 손이 미치지 않는 선반 등 수없이 많이 존재한다. 이는 시설이나 장치를 설계할 때, 사용하는 사람의 신체 치수에 맞추지 않고 설계하였기 때문이다.

현대의 사람들은 컴퓨터, TV, 도서관, 교실, 자동차 등 앉아 지내는 시간은 늘어나고 있는데, 의자나 작업대 등의 부적합한 설계로 인해, 목, 어깨, 등, 허리, 다리 등에 각종 통증을 유발하는 문제를 일으키고 있다. 이렇게 시설이나 장치가 사람에게 얼마나 적합하게 설계가 되었느냐의 문제는 신체적인 안락감뿐만 아니라 인간의 성능에도 영향을 미치게 된다.

9.1 인체 측정의 유형

인체측정학(anthropometry)에서는 신체 치수를 비롯하여 각 부위의 부피, 무게중심, 관성, 질량 등 신체의 물리적 특징을 다룬다(Sanders and McCormick, 1993; 조영일, 1995). 광범위한 설계문제의 기초자료가 되는 신체 치수 측정인 구조적 치수(structural dimension)와 기능적 치수(functional dimension)가 있다.

9.1.1 구조적 치수

구조적 치수(structural dimension ; 정적 치수)는 신체의 정적 자세에서 측정한 것으로, 골격 치수(skeletal dimension), 외곽 치수(contour dimension) 등 여러 가지 신체 특징을 측정할 수 있다. 이러한 측정치는 헬멧, 이어폰, 장갑 등 특정 용도뿐만 아니라 일반용으로도 이용되고 있다. 그림 9-1은 구조적 인체 측정에 대한 몇 가지 예를 보인 것이고(Sanders and McCormick, 1993 ; 양성환 외, 2015), 표 9-1은 인체 치수의 측정 값을 제5, 제95 백분위수(percentile)로 나타낸 것이다(Kroemer, 1989 ; Sanders and McCormick, 1993 ; 박경수, 1995 ; 양성환 외, 2015).

그림 9-1 인체 측정 방법

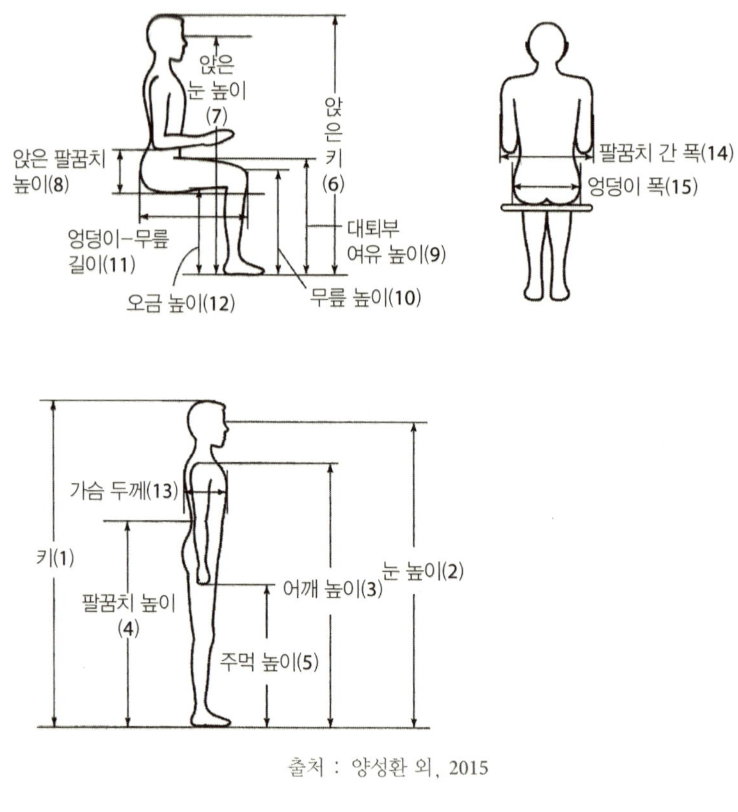

출처 : 양성환 외, 2015

표 9-1 성인 남녀의 인체 치수 (단위 : cm)

신체 부위	미국인				한국인			
	남		여		남		여	
	5%	95%	5%	95%	5%	95%	5%	95%
1. 키	161.8	184.4	149.5	171.3	158.4	175.9	147.2	163.0
2. 눈 높이	151.1	172.7	138.3	159.3	147.4	164.8	136.8	151.9
3. 팔꿈치 높이	100.0	119.0	93.6	108.8	97.5	111.6	91.4	103.8
4. 앉은 키	84.2	96.7	78.6	90.7	85.7	94.6	78.5	88.0
5. 앉은 눈 높이	72.6	84.4	67.5	78.5	75.0	84.2	68.7	78.2
6. 앉은 팔꿈치 높이	19.0	29.4	18.1	28.1	23.1	30.9	21.3	29.1
7. 앉은 무릎 높이	49.3	59.3	45.2	54.5	–	–	–	–
8. 앉은 오금 높이	39.2	48.8	35.5	44.3	47.9	53.9	44.9	50.7
9. 팔꿈치-팔꿈치 너비	35.0	50.6	31.5	49.1	40.8	49.2	37.1	44.7
10. 앉은 엉덩이 너비	30.8	40.6	31.2	43.7	29.6	34.7	30.0	35.7

출처 : 박경수, 1996; 양성환 외, 2015

신체 측정치는 나이, 성별, 인종에 따라 다르게 나타나는데, 키와 관련된 치수는 일반적으로 10대 후반이나 20대 초반까지는 커지지만, 이후 비교적 일정하고, 중년 이후 줄어든다(Stoudt, 1981).

남성과 여성의 신체 치수는 현저한 차이를 보이며(표 9-1), 직업에 따라서도 신체 치수에 차이가 생긴다(Sanders and McCormick, 1993). 가령 Sanders(1977)에 따르면 트럭 운전사는 일반 시민보다 크고 무겁다. Ayoub 등(1982)에 따르면 지하 작업 광부는 군인보다 몸통, 팔, 다리 등의 둘레가 크지만 높이와 길이 등의 선형 치수에는 별 차이가 없다. 직업적 차이가 생기는 것은 높이나 무게의 제약, 작업 중 육체적 활동의 양, 실제적 또는 사회학적 이유로 인한 적응자의 자가 선택(self-selection) 등의 인자 때문이다.

9.1.2 기능적 치수

기능적 치수(functional dimension; 동적 치수)는 신체적 활동을 하는 상태에서 측정하는 것이다(Sanders and McCormick, 1993; 조영일, 1995). 예를 들어, 운전을 하거나, 도구를 집기 위해 팔을 뻗거나 하는 등의 신체활동 중에는 신체 각 부분의 기능이 조화를 이룬다. 만약 팔이 미치지 못한다면, 이는 팔길이 자체만이 아니라, 어깨 동작, 상체의 부분적 회전, 허리 굽힘, 손으로 실행하고자 하는 기능 등의 영향 때문이다. 그림 9-2는 자동차의 설계 시 구조적 치수와 기능적 치수를 적용할 때의 차이를 예시하고 있다(박경수, 1996).

그림 9-2 자동차의 설계 시 구조적 치수와 기능적 치수

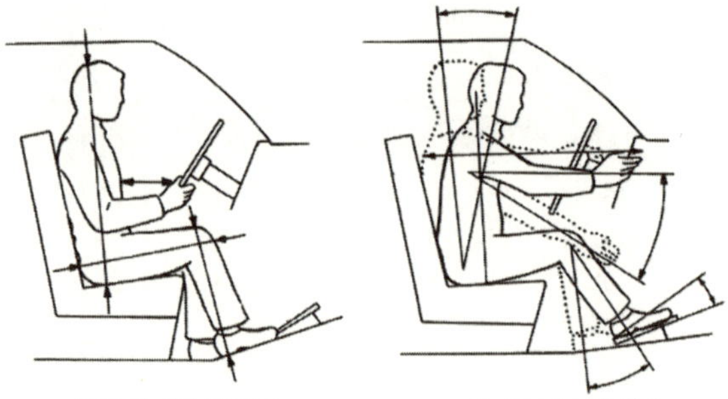

출처 : 박경수, 1996

기능적 치수를 사용하는 것이 중요한 이유는, 신체적 기능을 수행할 때 각 신체 부위는 독립적으로 동작하는 것이 아니라 서로 조화를 이루어 움직이기 때문이다. 즉, 구조적 인체 치수만을 가지고 모든 공간이나 치수(dimension) 문제를 해결하는 건 바람직하지 않다.

실제 인간활동을 대표하는 것은 기능적 척도지만, 기능적(동적) 측정자료보다는 구조적(정적) 자료가 훨씬 많다(Sanders and McCormick, 1993). 정적 자료를 동적 자료로 변환하는 체계적 방법은 없지만, Kroemer(1983)의 제안 방법은 다음과 같다.

① 높이(키, 눈, 어깨, 엉덩이) : 3% 줄어든다.

② 팔꿈치 높이 : 변화가 없지만 작업 중에 들어올리면 5%까지 증가한다.

③ 앉은 무릎 높이 또는 오금 높이 : 굽 높은 구두를 신지 않는 한 변화가 없다.

④ 전방 및 측방 팔길이 : 편안하게 하면 30% 줄고, 어깨와 몸통을 심하게 돌리면 20% 늘어난다.

물론 이러한 변화는 대략적 추산에 불과하며, 작세와 작업조건 등에 따라 달라진다.

9.1.3 국내 인체 측정과 용어의 표준화

산업자원부 기술표준원은 1979년 1차, 1986년 2차 국민체위조사를 거치면서 인체측정 용어의 표준화에 대한 필요성이 대두되었고, 1988년 인체 측정 용어의 표준화 연구가 이루어져 기존의 대부분 일본식 한자어였던 용어들이 우리말로 바뀌어 사용되었다(출처 : 산업자원부 기술표준원 한국인 인체 치수 조사 Size Korea). 이후, 1992년 3차, 1997년 4차 국민체위조사에서 다시 부분적으로 변경되었지만, 현재 우리 나라에서 사용하고 있는 인체 측정 관련 용어는 우리말, 일본, 영어 등 다양한 용어로 표현되고 있는 실

정이다. 또한 인류학, 의학, 의류학, 인간공학 및 체육학 등 인체 측정 관련 분야에서 사용하는 인체 측정 용어에 차이가 있고, 동일 분야 내에서도 용어의 통일이 이루어지지 않고 있는 실정이다.

영어 용어를 많이 사용하는 분야가 있는가하면 일본식 용어를 많이 사용하는 분야가 있으며, 기준점이나 측정 항목의 용어는 같으나 내용이 다른 경우가 있고, 측정 방법이 같은데 다른 명칭의 항목으로 표현되기도 한다. 인체 측정 용어가 통일되지 않음으로 인하여 산업체나 인체 측정 관련 분야의 연구자들이 자료를 이용하는데 혼란을 가져오고 있다.

따라서, 인체 치수를 측정하기 위한 기준점을 정의하고 측정 방법을 설명하기 위하여 표 9-2와 같이 인체의 기준면과 방향에 대한 용어에 대해 정의하였다(산업자원부 기술표준원). 인체의 기준면과 방향 용어는 일반적으로 해부학적 자세를 기준으로 정의된 용어를 사용한다.

예를 들어, 기존의 용어인 안쪽과 바깥쪽을 안쪽과 가쪽으로 바꾸었는데, 바깥은 속의 상대적인 말로 안이 빈 장기의 바깥과 속 또는 몸의 겉으로 나온 것과 들어가 있는 것을 가리키는 말이고, 정중면에 가깝고 먼 것을 상대적으로 나타낼 때는 안쪽과 가쪽을 쓴다라는 해부학적 설명에 기초하였다. 또한, 윗쪽과 아랫쪽을 위쪽과 아래쪽으로 바꾼 것은 우리말 사전에 기초하였다.

표 9-2 인체의 기준면과 방향 용어 비교

번호	표준화 용어	영어	구용어
1	정중면	Midsagittal Plane	정중면
2	정중선	Midsagittal Line	정중선
3	수평면	Transverse Plane	수평면
4	관상면	Coronal Plane	관상면, 전두면
5	앞쪽	Anterior	전, 복측
6	뒤쪽	Posterior	후, 배측
7	위쪽	Superior	상, 윗쪽
8	아래쪽	Inferior	하, 아랫쪽
9	안쪽	Medial	내측
10	가쪽	Lateral	외측, 바깥쪽
11	몸쪽	Proximal	근위
12	먼쪽	Distal	원위

출처 : 산업자원부 기술표준원 한국 인체 치수 조사 Size Korea

또한, 부록 1에 인체 측정 기준점 용어, 부록 2에 인체 측정 항목 용어를 정리하였으며, 그림 9-3은 머리 부위의 인체 측정 기준점과 용어를 나타낸 것이다.

그림 9-3 인체 측정 기준점 및 용어의 예

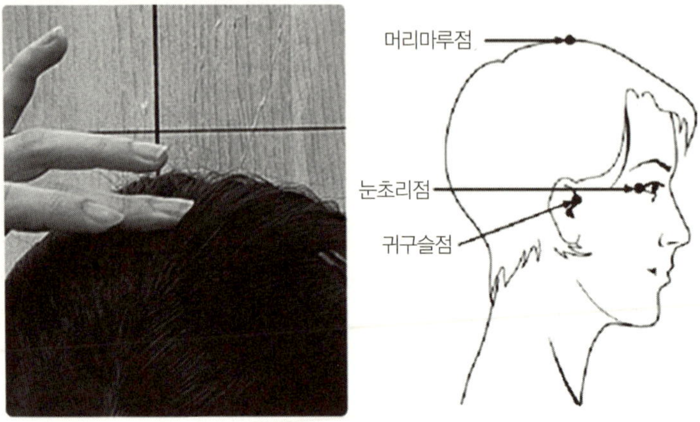

출처 : 산업자원부 기술표준원 한국 인체 치수 조사 Size Korea

9.2 인체 측정 자료의 응용

인체 측정 자료를 장비나 설비 등의 설계에 이용할 때는 그 자료가 장비나 설비 등을 사용할 집단을 대표하는 것이어야 한다(Sanders and McCormick, 1993; 조영일, 1995). 대부분 대상 집단은 '대부분의 사람들'로 구성되지만, 설계 특성은 광범위한 사람들을 만족시킬 수 있어야 한다. 성인 여성, 이동, 노인, 축구선수, 장애인 등의 특수 집단을 위한 제품을 설계할 때는 특정 국가나 문화권에서 특정 집단에 맞는 자료를 사용해야 한다. 즉, 설계자는 제품이나 장비 등을 실제로 사용할 사람들과 비슷한 집단으로부터 얻은 자료를 선택해야 한다.

또한, 특정한 설계문제에 따라서 대상 자료를 선택하는 다음과 같은 세 가지 원칙이 있다.

9.2.1 평균치 설계

인체측정학에서 평균인(average individual)이란 없다(Sanders and McCormick, 1993). 한두 가지 치수는 평균치와 같더라도, 이러한 치수 사이에 완전한 상관관계는 없으므로 여러 치수가 평균치와 같은 사람을 발견할 수 없다. 설계자가 인체 측정 자료의 복잡성을 다루지 않아도 된다는 핑계 때문에 평균치에 맞추어 설계하는 경우도 많다. 그렇다고 평균치에 맞도록 설계해서는 안 된다는 뜻은 아니다. 상황을 철저하게 분석해 보면 평균치가 오히려 용인되는 경우가 있다. 극단적 설계가 부적절하거나 가변적 설계가 비현실적인 중요하지 않은 작업을 하는 상황을 들 수 있다. 예를 들어, 슈퍼마켓이나 마트 등의 계산대는 키가 작은 어린이나 농구선수에게 맞추기보다는 평균 고객에게 맞추어야 일반 고객에게 주는 불편이 덜할 것이다. 그러나 평균치에 맞추어 설계할 때는 먼저 상황을 주의하여 검토해야 하며, 쉬운 방법이기 때문에 택해서는 절대로 안 된다.

9.2.2 최소 또는 최대치 설계

특정한 설비를 설계할 때, 어떤 인체 계측 특성의 한 극단에 속하는 사람을 대상으로 설계하면 거의 모든 사람을 수용할 수 있는 경우가 있다(박경수, 1996). 최대 집단치(maximum population value)를 위한 설비 혹은 기타 설계에는 통상 대상 집단에 대한 관련 인체 계측 변수의 상위 백분위수(percentile)를 기준으로 하여 90, 95, 99%치가 사용된다. 전형적으로 최대 집단치는 문, 탈출구, 통로 등과 같은 공간 여유를 정할 때 사용된다. 이때 문제되는 설비가 큰 사람을 수용할 수 있다면 이보다 작은 사람은 모두 수용한다. 즉, 키가 큰 농구 선수가 출입할 수 있는 문은 키가 작은 어린 아이도 출입할 수 있다. 그네, 줄사다리와 같은 지지물 등의 최소지지 중량도 또 하나의 예이다.

한편, 최소 집단치(minimum population value)를 위한 설계에는 관련 인체 계측 변수 분포의 1, 5, 10% 등 하위 백분위수를 기준으로 정해진다. 선반의 높이, 조정장치까지의 거리 등을 예로 들 수 있으며, 팔이 짧은 사람이 잡을 수 있다면, 이보다 긴 사람은 모두 잡을 수 있다.

이런 최대 집단치나 최소 집단치를 정할 때, 100%를 모두 수용하기 위해서는 비용이 많이 발생하므로 흔히 5%나 95%치를 사용하는 것이 바람직하다.

9.2.3 가변적 설계

장치나 설비의 특성 중에는 사용자 개인에게 맞추어 조정하도록 설계할 수 있는 것이 있다(Sanders and McCormick, 1993; 조영일, 1995). 예를 들어, 자동차 좌석, 사무실 의자, 책상, 발받이 등을 들 수 있다. 이러한 설비의 설계에서는 일반적으로 관련 집단 특성치의 여성의 제5 백분위수 및 남성의 제95 백분위수 범위에서 조정하도록 하는 것이 실질적이다. 이러한 조정범위(adjustable range)는 특히 그 집단의 100%에 맞추려 할 때 아주 극단적 사례 때문에 기술적으로 곤란한 경우에 사용한다. 대개 극단적 사례에 맞출 때의 이득보다는 손실이 크기 때문이다. 한편 여성의 제5 백분위수와 남성의 제95 백분위수에 맞추면, 남성과 여성의 비율이 50대 50인 집단의 90%가 아니라 95%에 맞는 것이 된다. 이는 남성과 여성의 신체 치수의 중복 때문이다. 일반적으로 조정범위에 맞도록 설계하는 것이 선호하는 설계 방법이지만 언제나 이렇게 할 수 없을 때도 있다.

9.2.4 인체측정학적 설계

위에서 검토한 원리는 단일 치수에 관한 인체 측정 자료의 응용에 관한 것이며, 실제로 몇 가지 치수를 조합하여 고려할 필요가 있을 때는 설계문제가 더욱 복잡해진다(Sanders and McCormick, 1993). 예를 들어, 몇 가지 치수에 대해 모두 제5 및 제95 백분위수의 한계를 설정한다면, 집단의 상당한 비율을 제외시키게 될 수도 있다. Bittner(1974)에 의하면, 어떤 상황에서 13종의 치수에 대해 제5 및 제95 백분위수의 한계를 적용한 결과, 예상되는 10%가 아니라 52%를 제외시켰다. 이유는 신체 치수가 서로 완전한 상관관계를 가지지 않기 때문이다. 예를 들어, 손이 짧다고 해서 다리도 짧으란 법은 없다는 것이다. 즉, 치수의 조합에 기초하여 물건을 설계할 때는 신체치수 사이의 상관관계를 고려해야 한다.

특정 설계문제에 인체 측정 자료를 응용하고자 할 때, 문제되는 상황과 설비의 설계 대상이 되는 개인의 유형이 다양하기 때문에 명확한 절차가 있는 것은 아니다(Sanders and McCormick, 1993). 그러나, 일반적으로 다음과 같은 방법을 제안할 수 있다.

① 설계에서 중요한 신체 치수를 정한다.
  예 자동차에서 좌석-천정 치수의 기본 인자로서의 앉은키
② 장치나 설비를 사용할 집단을 정의하고, 이로부터 고려할 치수범위를 정한다.
  예 아동, 여성, 미국 민간인, 특정 연령군, 세계 인구, 인종 등
③ 적용할 원리를 결정한다.
  예 평균, 최소 혹은 최대치, 가변적 설계
④ 관련이 있을 때는 맞추고자 하는 집단의 비율이나 문제와 관련되는 것을 선택한다.
  예 90%, 95% 등

⑤ 대상 집단에 적절한 인체 측정 자료에서 관련 값을 찾는다.
⑥ 특수 복장을 착용해야 할 때는 적절한 여유를 두도록 한다.
⑦ 설계하고자 하는 장치나 설비의 실체 모형(mock-up)을 만들고, 이를 이용하여 대규모 및 소규모 사용자를 대표하는 사람들이 대표적 과업을 수행해 보도록 한다.

9.3 작업 공간

사람을 위한 물건의 설계에서 인체 측정 자료의 용도는 많지만 모두 인체 측정 자료를 사용해야 한다는 것은 아니다(Sanders and McCormick, 1993 ; 조영일, 1995). 가장 중요한 용도의 하나는 작업 공간 포락면(envelope)을 비롯한 작업 공간(work space)의 설계에 관한 것이다. 작업 공간 포락면은 개인이 그 안에서 일하는 삼차원 공간이다. 이러한 공간의 합당한 한계는 기능적 팔뻗침으로 결정하는데, 이것은 또 팔뻗침 방향, 수작업의 성질, 제약조건의 유무, 복장, 등걸이 각도 등의 변수와 나이, 성별, 인종, 장애 정도 등의 인적 변수의 영향을 받는다. 가능하다면 이러한 공간은 그 설비를 사용할 집단의 인적 특성을 고려하여 설계해야 하며, 일반적으로 사용자집단의 제5 백분위수에 관하여 이러한 공간을 설계하는 것이 표준 방법인데, 이렇게 하면 그 집단의 95%에 맞는다.

특정 집단의 작업 공간 포락면에 관한 Rozier(1977)의 보고에 의하면, 팔꿈치 아래 의료보조기구를 가진 절단자(amputee)의 경우 사용할 수 있는 작업 공간이 45% 감소하였으며, 팔꿈치 위 의료보조기구를 가진 사람은 평균 83% 감소하였다. 따라서, 특수 집단에 대해서는 특별히 주의하여 작업 공간을 설계해야 한다.

9.3.1 앉은 사람의 작업 공간

한 장소에 앉아서 수행하는 작업활동에서, 사람이 작업하는 데 사용하는 공긴을 작업 공간 포락면(work space envelope)이라 부른다(박경수, 2005). 이 포락면을 설계할 때는 수행해야 하는 특정 활동과 공간을 사용할 사람의 유형을 고려하여 상황에 맞추어 설계해야 한다.

파악 한계(grasping reach)란 앉은 작업자가 특정 수작업기능을 편히 할 수 있는 공간의 외곽 한계이다. 이를 측정하기 위해서는 그림 9-4 (a)와 같이 배치된 의자에 피실험자를 앉히고, 끝에 손잡이가 달린 막대기 여러 개를 여러 각도에서 우측 어깨를 향하게 설치한 후, 어깨를 등판에서 떼지 않고 손만을 끝까지 뻗쳐 밀어내도록 한다(Kennedy, 1964). 기준점으로부터 밀어낸 막대기까지의 수평 및 수직 거리를 측정하여 정리하면 그림 (b)에 있는 예와 같은 파악 한계의 수평곡선을 얻는다. 이와 같은 자료는 사람의 유형이나 의자 배치가 다르거나 수작업이 크게 다른 경우에는 직접 응용할 수 없다.

신체 일부분의 활동 제한과 같이 제약 유형에 다라서 기능적 팔뻗침이 영향을 받는다(양성환 외, 2015). 즉, 제약이 적을수록 뻗침 길이가 늘어난다. 또한 실행하는 수작업의 성질에 따라 적업 공간 포락면의 경계가 달라지는데, 예를 들어 단추, 스위치, 노브, 레버 중 어느 것을 사용할 것인가에 따라 이용되는 손부위의 측정치가 결정된다. 또한, 쥐는 방법에 따라서도 작업 공간 포락면이 달라지게 되고, 입는 복장 역시 뻗는 거리와 동작에 제약을 주어 작업 공간 포락면에 영향을 끼친다.

그림 9-4 앉은 작업자의 포락면과 파악 한계

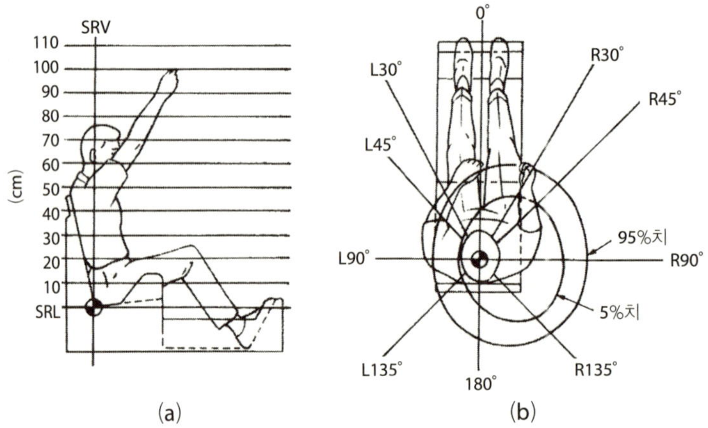

출처 : Kennedy, 1964; 박경수, 1996

9.3.2 선 사람의 작업 공간

등과 뒤꿈치를 벽에 기대고 전방으로 가능한 팔을 뻗었을 때, 일반적으로 선 자세에서 앞으로 뻗을 수 있는 길이가 제한되는데, 이는 무게중심(center of gravity)이 발로 받치는 바닥의 한계를 넘어서면 앞으로 넘어지게 되기 때문이다(Sanders and McCormick, 1993). 벽에서 몇 걸음 떨어져서 하면 골반뼈가 뒤로 나가면서 균형을 잡아서 무게중심이 발 위에 있도록 하기 때문에 더 멀리 앞으로 뻗을 수 있다. 따라서, 선 자세 뻗침(standing reach)은 기본적으로 신체 평형의 문제이며, 뻗침 포락면(reach envelope)은 이에 영향을 미치는 인자에 따라 달라진다. 뻗는 손에 무게를 들고 있거나 사람 뒤에 장애물이 있어서 균형 작용(conuterbalancing activity)이 제한을 받으면 뻗침 길이가 준다. 발바닥을 높이면 뻗침 길이가 늘어난다.

9.4 작업대 설계

3차원적인 작업 공간의 포락면 내에는 작업대(work surface)와 의자가 있고 이들의 치수와 높이 등의 설계도 또한 중요하며, 문제되는 설비를 실제로 사용할 사람들을 고려하여 인체 계측학적 근거에 의해서 결정하여야 한다(박경수, 2005).

9.4.1 수평 작업대

앉은 작업자와 '앉았다 섰다 하는' 작업자가 사용하는 수평 작업 평면 영역에서는 일반적으로 편리한 팔뻗침거리 내에서 수작업을 할 수 있어야 한다(Sanders and McCormick, 1993; 조영일, 1995). 수평 작업대에서 작업 영역은 그림 9-5와 같이 정상 작업 영역과 최대 작업 영역으로 구분한다(양성환 외, 2015; 박경수, 2005).

그림 9-5 수평 작업대의 정상 작업 영역과 최대 작업 영역

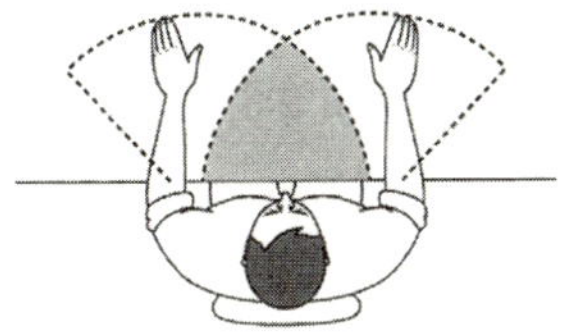

(a) 정산 작업 영역

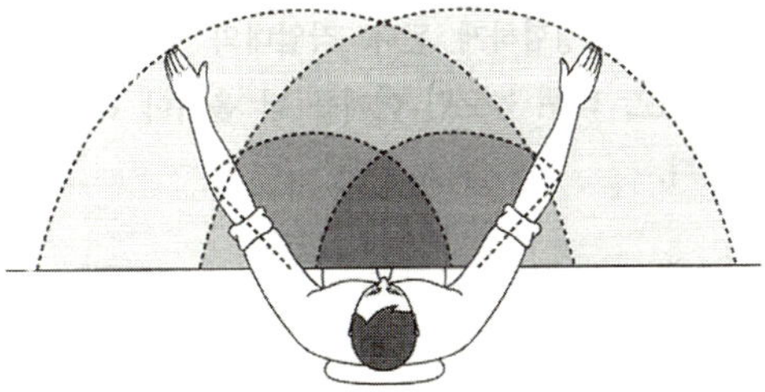

(b) 최대 작업 영역

출처 : 양성환 외, 2015

① **정상 작업 영역**(normal work area) : 윗팔을 자연스럽게 수직으로 늘어뜨린 채, 아래팔만으로 편하게 뻗어 파악할 수 있는 구역
② **최대 작업 영역**(maximum work area) : 아래팔과 윗팔을 곧게 펴서 파악할 수 있는 영역

읽기와 쓰기와 같은 사무 작업의 대부분은 데스크와 테이블과 같은 수평면에서 수행하므로, 가능하면 경사면을 사용할 것을 제안하였다(Eastman and Kamon, 1976). 이에 의하면, 경사면을 12°, 24°를 사용하는 피검자는 수평면을 사용할 때보다 자세가 좋고 몸통 동작이 적으며 피로와 불편이 덜 하였다. Bridger(1988)은 경사면 15°를 사용하는 피검자는 앉을 때 목을 덜 굽히고 바로 앉으며 몸통을 덜 구부린다. 이처럼 읽기와 같은 시각적 과업에서는 자세 면에서 재래식 수평 작업대보다 경사 작업대가 상당한 장점이 있다.

9.4.2 작업대 높이

탁자, 책상, 세공대 등에서 수행되는 작업의 다양성과 개인차 때문에 어떤 하나의 절대적인 최적 높이를 설정할 수는 없지만, 체격이나 신체 역학을 고려하여 다음과 같은 지침을 밝힐 수 있다(박경수, 1996). 즉, 작업대의 높이는 윗팔이 자연스럽게 수직으로 늘어뜨려지고 아래팔은 수평 또는 약간 아래로 비스듬하여 작업대와 만족스러운 관계를 유지할 수 있는 수준으로 정해야 한다. 작업대가 이보다 높아 윗팔을 조금 올려야 할 때는 작업의 불편함이 증가한다(Tichauer, 1967).

1) 착석식 작업대 높이

작업 때문에 허리, 목, 어깨의 통증의 경험한 사람이면 작업대의 높이 때문에 이러한 통증의 원인임을 입증할 수 있다(Sanders and McCormick, 1993 ; 조영일, 1995). 작업대가 너무 낮으면 허리를 많이 구부려야 하고, 반대로 너무 높으면 어깨를 편안한 자세보다 더 올려야 하기 때문에, 어깨와 목이 불편하게 된다.

작업대 높이를 검토할 때 작업대 높이와 작업 높이를 구분해야 한다. 작업대 높이(work-surface height)는 테이블, 벤치, 데스크, 카운터 등의 상면의 바닥으로부터의 높이다. 반면, 작업 높이(working height)는 하는 일에 따라 달라진다. 종이에 글을 쓸 때는 작업 높이와 작업대 높이가 같다. 컴퓨터의 키보드를 사용할 때는 자판의 기준열을 작

업 높이로 한다. 싱크대에서 야채를 씻을 때는 실제 작업 높이가 작업대 높이보다 낮다.

작업대의 높이는 작업의 성격에 따라서 달라지며, 일반적으로 미세 부품 조립과 같은 섬세 작업일수록 높아야 하며, 거친 작업에는 약간 낮은 편이 바람직하다(박경수, 1996). 이와 같이, 체격의 개인차, 선호차, 수행되는 작업의 차이 때문에 가능하다면 의자 높이, 작업대 높이, 발걸이 등을 조절할 수 있도록 하는 것이 바람직하다.

① 팔 자세

작업 높이의 측면에서, 상완이 편안한 자세에서 팔꿈치를 90° 정도로 하여 작업하면 팔목을 곧게 유지할 수 있어서 편안하므로, 타자나 전자부품 조립과 같은 반복과업 실행에서 유리하다. 1958년 유럽에서 많이 사용한 작업대 높이는 76cm이었으나 1970년에 72cm로 줄어들었고, 1971년 인체 측정 자료에 의해 68.6cm롤 줄일 것을 제안하였다(Bex, 1971).

② 대퇴부 여유

작업대 높이는 좌석 높이, 작업대 두께, 대퇴부 두께의 영향도 받는다. 좌석과 작업대 밑면 사이의 공간에는 가장 큰 사용자의 대퇴부가 들어갈 수 있어야 한다. ANSI(Human Factors Society, 1988)에서는 고정 않은 작업대 하부의 최소 높이로서 66.5cm를 권장하였다. 그러나 이러한 작업대는 가장 작은 사용자에게는 문제가 된다. 대개 좌석을 높여야 팔꿈치 높이가 작업 높이와 같아지며, 이때 발이 바닥에 닿지 않으므로 발을 올려놓을 수 있는 발받침대가 필요하다. 작업대 높이를 조정할 수 있으면, 작은 사용자도 발을 바닥에 댄 채로 작업 높이가 팔꿈치 높이와 같게 할 수 있다. ANSI(Human Factors Society, 1988)는 작업대 하부의 높이를 51.3~66.5cm 범위에서 조정할 것을 권장하였다. 작업대가 특별히 두텁거나 올려놓고 작업하는 물체의 수직 치수가 크지 않다면 이 정도로 충분하다.

③ 작업의 성실

대표적 인체 측정 자료에 기초한 작업대 높이의 권장치를 표 9-4에 나타내었다(Ayob, 1973; Sanders and McCormick, 1993). 여기서 미세 및 정밀 작업에 관한 권장치는 작업 높이가 팔꿈치 높이와 같아야 한다는 두 번째 기본 원리와 약간 다르다. 미세 및 정밀 작업용 작업대는 팔꿈치 높이보다 각각 15cm 및 5cm 높아야 하므로, 작업대에서 팔을 쉴 수 있는 방도가 필요하다. 이러한 작업에서는 시각범위를 가깝게 하는 것이 중요하기 때문에 높은 작업대를 권장한 것이다.

표 9-4 앉은 작업별 작업대 높이

앉은 작업의 종류	남성(cm)	여성(cm)
미세 작업(미세 조립)	99~105	89~95
정밀 작업(기계적 조립)	89~94	82~87
가벼운 조립	74~78	70~75
거친 작업이나 중간 작업	69~72	66~70
읽기와 쓰기	74~78	70~74
타자 데스크 범위	60~70	60~70
컴퓨터 키보드 사용	58~71	58~71

④ 인간공학적 원리

이상으로 작업대 높이와 관련한 인간공학적 측면의 원리를 정리할 수 있다(Sanders and McCormick, 1993).

ⓐ 가능하면 작업대 높이를 조정하여 개인의 신체 치수와 선호에 맞춘다.

ⓑ 작업 높이가 팔꿈치 높이와 같아져야 한다.

ⓒ 작업대 하부의 여유 공간이 적절하여 사람의 대퇴부가 자유롭게 움직일 수 있어야 한다.

2) 입식 작업대 높이

선 작업자를 위한 작업대 높이의 결정에서 팔꿈치 높이와 실행 중인 작업의 종류 등 중요한 특징은 앉은 작업자의 경우와 비슷하다(Sanders and McCormick, 1993; 조영일, 1995). 그림 9-6에 정밀 작업, 경작업, 중작업에서의 팔꿈치 높이와 권장 높이를 보였다(Grandjean, 1988; 양성환 외, 2015). 경작업과 중작업에서의 권장 작업대 높이는 팔꿈치 높이보다 아래지만, 정밀 작업에서는 약간 위이다. 그러나 정밀 작업은 앉아서 실행하도록 권장한다.

작업대 높이가 부분적으로는 과업 성질의 영향을 받지만, 개인의 선호도도 관련된다. Ward와 Kirk(1970)가 세 가지 부엌 일에서 작업대에 대한 영국 가정 주부의 선호도 비율을 조사한 결과를 표 9-5에 나타내었다. 그림 9-6에서는 경작업의 권장 작업면 높이가 팔꿈치 높이보다 아래였지만, 표 9-3에서는 힘이 드는 작업에서 피검자의 50%가 팔꿈치 높이보다 위인 작업대를 선호하였다. 인체 측정치와 사용자 선호도를 함께 고려하여 타협점을 얻을 수 있겠지만, 작업면의 높이를 조정할 수 있어야 한다는 점을 분명히 말할 수 있다.

그림 9-6 서서 하는 작업별 작업면 높이

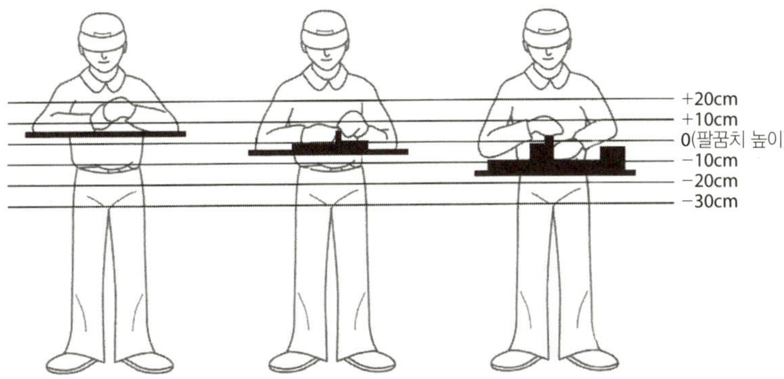

출처 : 양성환 외, 2015

표 9-5 세 가지 부엌 일에서 피검자가 선호하는 작업대 높이의 비율

과업 종류	팔꿈치에 상대적인 높이		
	아래	동일	위
작업면 위에서 하는 일 (채소 벗기기, 빵 자르기 등)	54	14	32
작업면에서 하는 일 (버터 펴기, 조미료 다지기 등)	16	11	73
힘든 일 (다림질, 반죽 등)	41	9	50

3) 서거나 앉아서 하는 작업대

한 작업을 서거나 앉은 자세에서 수행하거나 작업자가 자세를 바꿀 수 있도록 하는 것이 바람직하다(Sanders and McCormick, 1993). 이 경우 앉은 자세에서도 윗팔이 이완된 위치를 취할 수 있는 높이에 작업대가 오도록 하기 위해 높은 의자와 발걸이를 사용하여 몸을 높여준다(박경수, 2005).

9.4.3 의자의 설계

인간은 직장, 가정, 버스 등 어디에서나 많은 시간을 앉아서 보내며, 의자가 얼마나 편안한가는 인간의 작업 성능에도 영향을 미친다(박경수, 2005).

1) 의자 설계의 일반적 원리

의자는 사람마다 좋아하는 의자가 다르기 때문에, 최선의 접근 방법으로 사람들이 선택할 수 있는 의자 설계의 몇 가지 원리는 다음과 같다(Sanders and McCormick, 1993).

① 요부 전만을 촉진한다.

사람이 바로 섰을 때 척추 위 요부(엉덩이 바로 위의 작은 등 부분)가 자연적으로 안쪽으로 휘는 부분을 전만이라 한다. 자연적 요부 전만(lumbar lordosis)은 대퇴부와 골반을 통과하는 수직 축 가까이에 척추골을 정렬한다. 그러나 대퇴부를 90°로 하여 앉으면, 등의 요부가 밖으로 나와 휘는데 이를 후만이라 한다. 이렇게 되는 것은 엉덩이 관절이 약 60°만 돌아가고 골반을 등쪽으로 약 30° 돌아가게 함으로써 대퇴부 각도를 90°로 만들기 때문이다. 요부 후만(lumbar kyphosis)이 되면 척추골 사이에 있는 디스크에 가해지는 압력이 증가한다.

Andersson 등(1979)은 두께 4cm인 요부 받침을 사용하면, 의자 등받침 각도가 90°일 때 요부 전만을 유지하는데 현저한 영향을 미친다. 등받침 각도를 110°로 젖히고 요부 받침을 사용하면 요부 척추는 서 있을 때의 요부 곡선과 거의 같은 모양이 된다.

요부 척추의 펴짐, 즉 후만을 예방하기 위해서는 앞으로 기운 좌석(forward-tilting seat)을 사용하는 것이다(Mandal, 1985). Keegan(1953)이 X선에 의한 조사결과, 사람이 옆으로 누워 잘 때의 가장 편안한 정상 수면 자세는 척추와의 각도가 약 135°일 때이다.

② 디스크 압력을 줄인다.

척추골 사이의 디스크는 과도한 압력을 가하면 손상될 수 있다(Sanders and McCormick, 1993). 등받침을 사용하지 않고 앉으면, 서 있을 때보다 디스크 압력이 상당히 증가한다. Nachemson과 Elfstrom(1970)에 의하면, 등받침 없이 똑바른 곧은 자세로 앉으면, 서 있을 때에 비해 압력이 40% 증가한다. 등받침 없이 앞으로 굽은 자세로 앉으면 서 있을 때에 비해 90%나 증가한다.

Andersson(1987)은 젖힌 등받침을 사용하여 수직(90°)에서 100~110°로 젖히면 압력이 상당히 감소되는 현저한 효과가 있음을 밝혔다.

③ 등근육의 정적 부하를 줄인다.

Andersson과 Ortengren(1974)의 발견에 따르면, 등받침을 110°까지 젖히면 등의 근육활동이 감소하며, 그 이상에서는 더 이완되지 않았으며 요부 받침이 EMG 활동에 미치는 영향은 일정하지 않았다.

④ 자세 고정을 줄인다.

Grieco(1986)는 자세 고정(postural fixity), 즉 컴퓨터를 사용할 때 손을 키보드에 두고 눈을 스크린에 고정하는 것과 같이 한 위치에 장기간 앉아있을 때, 영양물 교환이 감소하고 장기적으로는 디스크의 퇴행 과정이 촉진된다. 자세 고정은 등과 어깨 근육의 정적 부하를 촉진하여 통증과 경련을 일으키게 된다. 또한 다리로 향하는 혈류를 제한하여, 붓고 불편해진다.

⑤ 쉽게 조절할 수 있도록 한다.

조절할 수 있는 가구는 좋은 인간공학적 설계에서 기초적인 것으로 조절 가능한 좌석은 생산이 증가하고 어깨와 허리 통증의 호소를 줄일 수 있다(Springer, 1982; Shute and Starr, 1984). 문제는 사용 중인 의자가 조절하는지를 모르거나 조절이 쉽지 않다는 것이다. Lueder(1986)는 조절을 쉽게 할 수 있는 지침을 다음과 같이 제안하였다.

ⓐ 조절장치에 손이 닿기 쉽고 앉은 작업 위치에서 조절할 수 있어야 한다.
ⓑ 가구에 부착한 표지와 사용설명서는 이해하기 쉬어야 한다.
ⓒ 조절장치를 쉽게 찾고 조작하기 쉬어야 한다.
ⓓ 도구가 필요 없어야 한다.
ⓔ 조절하면 그 결과가 즉시 나타나야 한다.
ⓕ 조절 조작의 방향이 논리적이고 일괄적이어야 한다.
ⓖ 조절장치 사용에 필요한 동작의 수가 적어야 한다.
ⓗ 사용자가 한 손으로만 조절할 수 있어야 한다.

2) 의자 선택 시 고려사항

의자는 그 용도에 따라서 다른 설계를 요구하고 또 개인차가 설계문제를 더욱 복잡하게 하지만, 주어진 용도에 충분히 맞는 설계의 선택을 돕는 일반적 지침이 있다(박경수, 2005).

① 체중 분포

인간은 앉았을 때 체중이 주로 둔부의 두 좌골 결절에 실려야 편안하도록 진화되어 왔다. 주 체중은 이 뼈들이 지탱해야 하지만 그러나 전 체중이 한 곳이 집중되어도 피부 통증을 유발하므로, 둔부 주위로 갈수록 둔부에 걸리는 압력이 점차 감소하는 형태로 체중이 둔부 전체에 배분되어야 한다(Rebiffé, 1969).

바람직한 체중 분포를 얻기 위해서는 적당한 두께의 탄력성 완충재나 방석을 깔아야 한다. 완충재를 깔지 않은 평판 의자는 체중이 좌골 결절 부위에만 집중되어 오래 앉아 있으면 통증을 느끼게 된다. 반대로 무른 완충재를 너무 많이 쓴 경우, 전 체중이 둔부 전체에 균형 배분되어 둔부 주위의 약한 부위에도 상당한 압력이 가해지게 되므로 둔부 주위에 통증을 느끼게 된다.

몸의 외형에 맞도록 파거나 휜 윤곽 좌판도 바람직한 체중 분포에 도움이 되나, 몸의 움직임을 제한하는 단점이 있다. 정적 자세는 인간에게 부자연스러우며, 앉은 채로 이리저리 움직여야 자세 압박을 덜 수 있다. 하나의 절충안은 좌판의 윤곽 정도를 제한하는 것이다.

② 의자 좌판의 높이

대퇴를 압박하지 않도록 좌판은 오금 높이보다 높지 않아야 하고 앞 모서리는 5cm 정도 낮아야 한다(박경수, 2005). 이때 치수는 5퍼센타일 이상되는 모든 사람을 수용할 수 있게 선택하고, 신발의 뒤꿈치가 수 cm를 더한다는 점을 감안해야 한다. 흔히 45cm의 자판 높이가 많은 다용도 의자에 쓰인다.

한편, 등판에 기대지 않고 책상에 숙인 자세로 비교적 활발한 수작업을 하거나, 자주 일어섰다 앉았다 하는 사람에게는 좌판이 오금 높이보다 약 1cm 정도 높은 편이 편안하고, 또한 허리 등뼈(lumbar)의 굴곡(flexion)을 감소시켜 건강에 유리하다(Mandal, 1982).

③ 의자 좌판의 깊이와 폭

좌판의 바람직한 깊이와 폭은 의자 종류에 따라 다르지만, 일반적으로 폭은 큰 사람에게 맞도록 하고 깊이는 장딴지 여유를 주고 대퇴를 압박하지 않도록 작은 사람에게 맞도록 해야 한다(박경수, 2005).

여러 사람이 긴 의자에 일렬로 앉든가 의자들이 옆으로 붙어 있는 경우 팔꿈치 간 폭을 고려해야 하며, 95퍼센타일을 사용하더라도 어느 정도의 콩나물 시루 효과(sadine effect)가 나타난다.

④ 몸통의 안정

사람이 의자에 앉을 때 체중이 주로 좌골 결절에 실려야 몸통 안정이 쉬워진다. 이 점에서, 좌판과 등판의 각도와 등판의 만곡이 중요한 역할을 한다. 등판이 곧거나 등판의 지지가 미흡하면 척추가 자연스러운 S자 만곡에서 벗어나 곧게 되며, 허리 등뼈는 뒤로 볼록(convex)하게 된다. 이렇게 척추뼈들이 평행에서 벗어나 압력이 한 쪽에 치우치게 되면 척추병 등의 원인이 된다. 허리 부분이 앞으로 볼록하게 설계된 등판으로 허리를 충분히 지지해 주면 허리 등뼈는 뒤에서 오목(concave)하게 되고 척추뼈들이 평행을 유지하여 등뼈 간의 압력이 최소화 된다

좌판과 등판의 각도도 의자의 기능과 얽혀진 문제이다. 앞으로 미끄러지는 것을 방지하고 허리 지지를 돕기 위해서, 좌판은 뒤가 낮게 약간 경사져야 하고, 등판은 뒤로 기댈 수 있도록 뒤로 기울어야 한다. 예를 들어, 사무용 의자의 자판 각도는 3°, 수평으로부터의 등판 각도는 100°가 추천된다. 그러나, 사무용이 아닌 휴식 및 독서를 위해서는 각도가 더 큰 것이 선호된다.

3) 특수 목적용 의자

특수 목적용 좌석은 과학과 예술의 요소를 조합하여 설계한다(Sanders and McCormick, 1993). 지금까지 과학에 중점을 두었지만, 설계의 총괄적 가치를 판단하는 기준으로 예술을 무시할 수 없다. 그러나, 의자의 설계에서는 좌석의 안락감, 생체역학, 유용성, 생체역학 등을 고려하는 것이 우선시 되어야 한다.

① 컴퓨터용 의자

컴퓨터 이용이 확대되면서 컴퓨터 작업대용 의자의 설계에 관한 연구가 많이 이루어지고 있다. Lueder(1991)는 사용자가 별로 조절할 필요가 없는 동적 좌석 설계(dynamic seat design)를 제공하는 세 가지 기법을 제안하였다. 첫째, 좌석 동작이 자동적으로 동조되는 설계인데, 등받이 각도를 조절하면 좌석판 각도가 자동으로 재조정된다. 둘째, 의자에서 사용자가 움직이면 이에 대응하여 사용자를 받쳐주는 부동(floating) 등받이에 관한 것으로 사용자가 앞 · 뒤로 기울이면 등받이가 이 사람과 함께 움직인다. 셋째, 사용자와 함께 휘는 새로운 유연한 좌석 재질을 사용하는 것이다.

② 휴식용 의자

신문을 읽거나 편히 쉬기 위한 의자의 바람직한 특징은 보다 활동적인 용도에 쓰이

는 의자와는 다르다(박경수, 1996). 좌판 높이는 사무용 의자보다 7~8cm 낮은 37~38cm, 좌판 각도는 25°~26°, 등판 각도는 105°~108°가 추천된다(Grandjean, *et al.*, 1969). 허리를 특히 받쳐주고 등 전체를 지지할 수 있는 등판이 중요하고, 5cm 정도 두께의 완충재(cushion)가 바람직하다.

9.4.4 VDT 작업대

VDT 작업대는 책상, 의자, 모니터, 키보드, 원고대로 이루어진다. VDT 사용에서 오는 불편에 대한 잦은 불평은 전형적으로 이들 요소가 어떻게 VDT 작업대에 통합되는가 하는데서 발생한다.

화면과 좌판의 높이와 각도는 능률적인 작업 자세에 중요한 요소이다. 작업면에서 너무 멀리 떨어진 좌판은 피로를 유발한다. 또한, 키보드는 키보드의 상단에 있는 행의 자판에 쉽게 닿을 수 있도록 사용자 쪽으로 18° 정도 기울어야 한다. 사용자가 화면으로부터 적당한 거리를 유지하는 것도 중요하다. 통상 VDT 사용자는 원고, 화면, 자판, 이 세 가지를 빨리 번갈아 본다. 생리적 이유 때문에 조절이 잘 안된 눈으로 읽는 것을 방지하기 위해서 시거리의 변화를 최소로 유지하는 것이 필요하다.

자판의 높이는 팔꿈치 높이와 같거나 약간 낮아야 한다. 이럴 때, 자판은 통상 45~50cm의 시거리에 있게 된다. VDT 화면까지의 시거리는 약 45~50cm이어야 하고, 70cm를 넘어서는 안 된다. 화면은 시선이 수평으로부터 약 20° 밑에 있을 때 편안하게 읽을 수 있다. 화면은 시선에 거의 직각이어야 하므로 약간 뒤로 기울어야 한다(Cakir. *et al.*, 1980).

안전보건공단에서는 VDT 작업을 작업대, 의자, 모니터, 키보드와 마우스 등으로 분류하여 권장사항을 다음과 같이 권고하고 있다(안전보건공단, 2006).

① 작업대

- 작업을 하면서 충분한 공간이 있어야 한다.
- 작업대의 높이가 높으면 의자가 높이 조절이 가능해야 한다.
- 작업대의 모서리 부분은 둥글게 되어야 한다.
- 작업대 밑에는 서랍이 없어야 하고 충분한 공간이 있어야 하며 발을 편하게 둘 수 있어야 한다.
- 자주 사용하는 서류나 도구는 빈도수를 고려하여 가까운 곳에 배치할 수 있도록 하여라.

② 의자

- 안정되어야 하고 이동, 회전이 자유롭고 미끄러지지 않아야 한다.
- 높이 조절이 가능해야 한다.
- 몸을 지탱할 수 있는 등받이가 있어야 한다.
- 팔걸이가 있어야 하며 조절이 용이해야 한다.
- 책상이 높아서 의자를 높여야 한다면 발을 지탱할 수 있는 발받침대가 있어야 한다.
- 의자에 앉을 때는 의자 뒤까지 엉덩이가 닿을 수 있도록 앉는다.

③ 모니터

- 모니터를 가깝게 설치하면 눈의 피로를 유발시킬 수 있다.
- 모니터를 높게 설치하면 목이 뒤로 젖혀지는 경향이 있어 위험하다.
- 모니터를 낮게 또는 멀게 설치하면 몸을 앞으로 숙여야 하므로 자세가 나빠진다.
- 화면보호기를 설치하여 눈의 피로를 예방한다.
- 워드 작업을 할 때는 책상 위에다 서류를 놓고 작업하는 것보다 책 받침대를 사용한다.
- 모니터를 바라보면서 움직이지 않거나 오랫동안 보지 않도록 한다.
- 형광등이나 조명등이 모니터에 반사되지 않도록 위치를 조정한다.
- 모니터 주파수가 낮으면 눈을 피로하게 하므로 모니터가 가능한 주파수를 고려하여 높게 설정한다.
- 눈과 모니터의 거리는 최소 40cm 이상으로 한다.
- 편안한 자세에서 모니터를 바라볼 수 있도록 10-15도 경사지게 한다.
- 워드 작업 할 때는 책 받침대를 사용하여 목을 숙이지 마라.
- 책 받침대는 모니터와 가까운 곳에 위치하여 목의 이동을 최소화 시켜라.

④ 키보드와 마우스

- 어깨와 팔목이 들리지 않은 자세에서 키보드 작업을 하여야 한다. 가능하다면 키보드의 위치는 낮아야 한다.
- 키보드 위치가 높다면 팔목을 받쳐줄 수 있는 팔걸이가 있어야 한다.
- 키보드 밑에 손목 보호대를 설치하여 손목을 편안하게 해준다.
- 자판이 부드러워서 손가락에 무리가 가해지지 않도록 한다.
- 마우스는 너무 크거나 작으면 안되고 편안하게 잡을 수 있는 크기가 가장 좋다.

– 마우스 패드의 사용을 권하고 젤 패드처럼 손목을 받쳐줄 수 있는 패드 형식이 좋다.
– 마우스와 키보드는 높이가 같아야 하며 키보드 옆에 설치한다.

표 9–6은 ANSI(Human Factors Society, 1988)와 Lueder(1986)에 의한 키보드와 스크린의 높이 및 각도에 대한 조절범위에 대한 권장치를 나타낸 표이다.

표 9-6 키보드와 스크린의 조절 범위

치수	Human Factors Society(1988)	Lueder(1986)
키보드 높이	23~28in	24~32in
(바닥에서 홈열까지)	(58.5~71cm)	(61~81.5cm)
키보드 각도	0~25°	0~25°
스크린 위치		
수평면에 대한 각도	0~60°	
받침면 높이		24.4~35in
수직면에 대한 스크린 각도		(62~89cm)
이상적		+/- 20°
최저		+/- 7°

9.5 작업 공간의 배치

인간은 많은 시간을 사무실, 가정, 교실, 휴게실 등 인간이 만든 환경 속에서 지낸다. 이러한 물리적 공간에서 구성 요소의 배치는 인간의 성능이나 안락에 영향을 미치게 되는데, 구성 요소(component)란 정해진 공간 안에 설치해야 할 물리적 실체를 가리킨다(Sanders and McCormick, 1993; 양성환 외, 2015). 작업장에서의 공간과 구성 요소들 간의 배치에 대한 원리와 방법들에 대해 살펴보자.

9.5.1 구성 요소 배치의 원칙

많은 시스템과 설비의 경우, 표시장치, 조종장치, 원료, 기계, 작업대, 사무실 등을 구성하는 요소들의 위치를 결정해야 할 때가 있다(Sanders and McCormick, 1993; 조영일, 1995; 박경수, 2005). 각 구성 요소들은 그 기능이나 인간 요소 면에서 최적 위치가 있겠지만, 항상 최적 배치가 가능한 것은 아니므로 다음과 같은 요소들에 의해 우선순위를 결정해야 한다.

① 중요성의 원칙(importance principle)

중요한 구성 요소를 편리한 위치에 두어야 한다. 중요도란 구성 요소가 시스템 목표 달성에 중요한 정도를 말하며, 대개 시스템 조작 전문가가 판단할 문제이다.

② 사용 빈도의 원칙(frequency-of-use principle)

자주 사용하는 구성 요소를 편리한 위치에 두어야 한다는 것이다.

③ 기능성 원칙(functional principle)

배열의 기능성 원리는 구성 요소들을 그 기능에 따라서 한데 모아야 한다는 것이다. 예를 들어 표시장치류, 제어장치류, 또는 기계류는 시스템의 조작과 관련된 기능에 따라 모아 설치한다.

④ 사용 순서 원칙(sequence-of-use principle)

장치 조작이나 서비스 또는 과업의 실행에서 어떤 물건들을 사용할 때는 관련 순서나 패턴이 자주 생기며, 이 패턴을 이용하여 물건을 배열한다.

여러 구성 요소들을 배치할 때, 모든 경우에 적용할 수 있는 하나의 지침이란 있을 수 없으므로, 일반적으로 중요성과 사용 빈도에 따라서 구성 요소의 일반적인 위치를 정하고, 기능 및 사용 순서에 따라 구성 요소의 배치를 결정할 수 있다.

9.5.2 활동의 분석 및 활동 자료의 이용

작업공간에 구성 요소를 배열할 때는 관련 자료가 있어야 하고 이 자료를 적용하는 어떤 방법이 있어야 한다(Sanders and McCormick, 1993).

1) 활동분석

구성 요소 배열을 고려할 때 가장 중요한 자료는 사람이 수행하는 활동에 관한 것이다(박경수, 1996). 적절한 기준에는 빈도, 순서, 상호 관계, 판단된 중요성, 소요 시간 등이 있으며, 경우에 따라서 주관적 안락, 편의성, 선호도 등이 사용된다.

이런 자료를 구할 때는 활동사진분석, 안구 운동 기록, 작업 표본 추출(work sampling) 등을 활용할 수 있고, 특정한 활동의 빈도나 중요성 혹은 어떤 장치의 사용

용이성 등에 관한 의견이나 경험자와의 면접 및 질문서를 통해 수집한다.

구성 요소 배열에 사용되는 관련 자료의 종류에는 다음과 같은 것들이 있다(Sanders and McCormick, 1993).

① 인간에 관한 기초자료

인체 측정 및 생체 역학 자료뿐만 아니라 감각, 인지 및 정신운동에 관한 자료 역시 중요하다.

② 과업분석자료

특정 시스템이나 작업 상황에 참여하는 사람들의 작업활동에 관한 자료이다.

③ 환경자료

조명, 소음, 진동, 운동, 열, 교통량 및 혼잡도 등 상황과 관련되는 환경 특성 전반에 관한 것이다.

2) 활동자료의 이용

작업활동의 분석을 통해 구성 요소 배치 관련 자료를 구하고, 우선순위 지수에 대한 정보와 상관관계에 관한 정보의 두 가지 부류로 나눌 수 있다.

① 구성 요소의 우선순위 지수

여러 구성 요소의 상대적 우선순위가 명확하지 않을 경우, 구성 요소의 위치를 정하기 위한 우선순위 지표를 유도해야 할 때가 있다(박경수, 1996). 이때, 중요성과 빈도와 같이 2개 이상의 요소가 관련될 때에는 이들을 더하거나 곱해서 하나의 지표로 통합할 수 있으며, 이를 빈도-중요도 복합 지수(composite frequency-importance index)라고 한다(Sanders and McCormick, 1996). 예를 들어, 중요도를 '매우 중요하지 않다'에서 '매우 중요하다'까지 5점척도로 평가하고, 빈도를 '거의 사용하지 않는다'에서 '아주 자주 사용한다'까지 5점척도로 평가한다고 하자. 아래 표 9-7은 5개의 표시장치에 대해 중요도와 빈도의 평점에 의한 더하거나 곱했을 때의 복합 지표를 나타낸 것이다(박경수, 1996).

표 9-7 빈도-중요도 복합 지수

자료	표시장치				
	A	B	C	D	E
(1) 중요성 평점	3.0	1.7	1.6	2.5	1.1
(2) 빈도 평점	3.0	1.2	1.7	1.0	2.7
(3) (1) + (2)	6.0	2.9	3.3	3.5	3.8
(4) (1) × (2)	9.0	2.0	2.7	2.5	3.0

② 구성 요소의 상관관계에 의한 정보

사람과 사람 간, 혹은 사람과 구성 요소 간의 여러 종류의 상관관계를 링크(link)라 하는데 일반적으로 통신 링크(communication link), 제어 링크(control link), 동작 링크(movement link)가 있으며, 동작 링크는 일반적으로 한 성분에서 다른 성분으로의 순차 동작을 반영한 것이다(박경수, 1996; Sanders and McCormick, 1993).

ⓐ 통신 링크

- 시각(사람 → 사람; 장치 → 사람)
- 청각, 음성(사람 → 사람; 사람 → 장치; 장치 → 사람)
- 청각, 비음성(장치 → 사람)
- 촉각(사람 → 사람; 사람 → 장치)

ⓑ 제어 링크

- 제어(사람 → 장치)

ⓒ 동작 링크(한 곳에서 다른 곳으로의 이동)

- 눈동작
- 손동작, 발동작 또는 이 두 가지
- 신체 동작

9.5.3 제어장치와 표시장치의 일반적 위치

시스템이나 설비의 구성 성분은 감각, 인체측정학, 생체역학 등의 어떤 관련 사항에 기초하든간에, 각각 합리적인 최적 위치가 있다고 볼 수 있다(Sanders and McCormick, 1993). 특정 성분의 최적 위치는 상황에 따라 달라질 수 있지만, 성분의 종류에 따라 일반화할 수 있는 것들이 있다.

1) 시각적 표시장치

정상 시선은 수평선 아래 15° 정도이다(박경수, 1996). 약간의 안구 및 머리운동으로 정상 시선 주의 구역에 대한 시각적 주사(走査)를 편하게 할 수 있으므로, 가장 편한 주시 구역은 정상 시선 주위의 10°~15° 반경을 갖는 원이다.

2) 수동 제어장치

수동 제어장치의 최적 위치는 제어의 형태, 제어 방법, 성능 지표(정확도, 속도, 힘 등) 등에 의해 결정된다.

① 힘을 요하는 제어장치

제어장치의 위치는 손을 뻗어 잡기 쉬운가이지만, 어느 정도 힘을 들여야 작동되는 제어장치는 주어진 손위치에서 주어진 방향으로 낼 수 있는 힘도 고려해야 한다(박경수, 1996). 사람이 앉아서 팔을 굽히고 잡아 당길 때 몸쪽에 가까울수록 낼 수 있는 힘은 상당히 감소한다.

② 제어반 상의 제어장치

제어장치는 일반적으로 이를 사용하는 사람의 전면에 있다(Sanders and McCormick, 1993). 사람의 인체측정학적 및 생체역학적 특성 때문에 사람이 쉽게 조작할 수 있는

그림 9-7 우선순위에 따른 제어장치의 위치

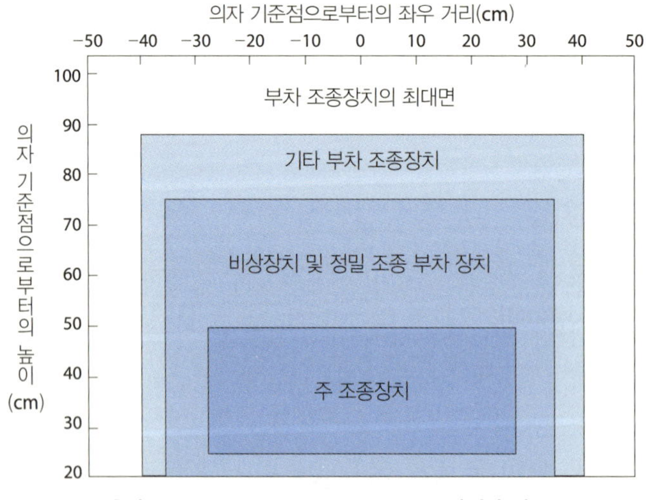

출처 : Sanders and McCormick, 1993; 양성환 외, 2015

위치가 있는데, 그림 9-7은 우선순위에 따른 4종류의 제어장치의 위치를 나타낸 것이다(박경수, 1996; 양성환 외, 2015). 이 그림은 우선순위를 고려하여 제어장치의 위치를 정하는 일반적 지침이기는 하나, 특정 제어장치의 운용 요건에 따라 또 다른 제약조건이 도입될 수도 있다.

③ 양손 제어장치

경우에 따라서 제어는 두 손으로 동시에 해야 할 경우가 있는데, 금형 프레스의 제어에서 프레스 작동 중 손을 떼야 하는 안전상 이유 때문에 조작자가 두 누름 단추를 동시에 눌러야 한다(Sanders and McCormick, 1993). 경우에 따라 제어장치가 눈 높이에 위치하기도 하는데, 근전도 기록에서 보면 눈높이에 있는 버튼의 조작에서는 허리 높이에 있는 버튼일 때보다 근육활동이 4배 이상이었다.

3) 발조작 제어장치

몇 가지 중요한 설계 매개변수가 발조작 제어장치의 퍼포먼스에 영향을 미친다(김대식, 2006). 무릎을 사용하거나 사용하지 않고 떠밀기가 필요한지의 여부, 받침점의 위치, 다리의 경골에 대한 발의 각도, 부하, 제어장치와 사용자의 상대적 위치 등을 들 수 있

그림 9-8 발조작 제어장치의 최적 및 최대 영역

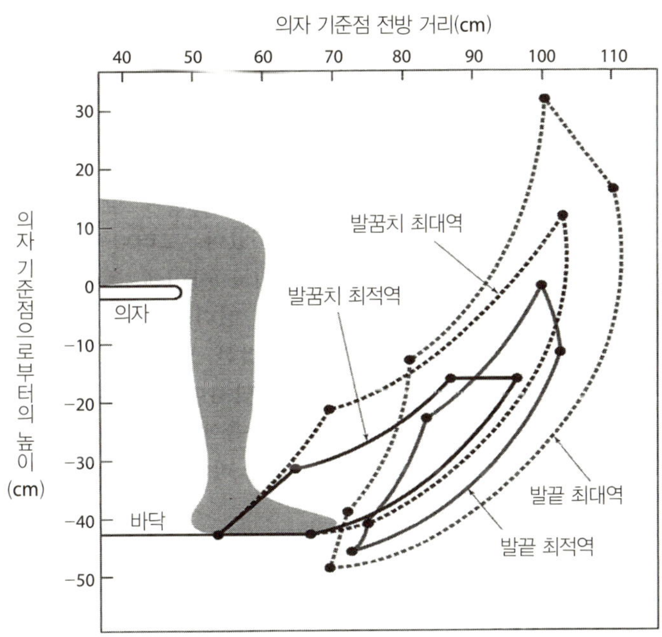

출처 : 양성환 외, 2015

다. 설계 평가에 채택되는 여러 판단 기준은 반응시간, 이동시간, 조작속도, 정확도, 생성력, 주관적 선호도 등이다.

쉽게 작동하는 제어장치의 일반적인 위치는 그림 9-8과 같이 동적 인체 계측 자료로부터 구할 수 있다(박경수, 1996 ; 양성환 외, 2015). 여기서 최대역이라 표시된 위치는 대퇴 및 다리를 많이 움직여야 하므로 빈번히 또는 계속적으로 사용하는 페달(pedal)의 위치로는 적합지 않다. 상당한 힘을 가할 때는 페달이 훨씬 앞쪽에 설치해야 하며, 다리를 굽혔을 때보다는 폈을 때 답력이 더 크고, 페달의 각도가 수직으로부터 15°~35° 인 경우 답력이 가장 크다.

4) 작업장 설계의 일반 지침

표시장치와 제어장치가 있는 작업 공간 설계의 일반 지침은 다음과 같다(Sanders and McCormick, 1993 ; Van Cott and Kinkade, 1972).

① 제1순위 : 1차적 시각 과업

② 제2순위 : 1차적 시각 과업과 상호작용하는 1차적 제어장치

③ 제3순위 : 제어장치 - 표시장치 관계(제어장치를 관련 표시장치, 양립적 동작 관계 등에 가까이 둔다)

④ 제4순위 : 순차적으로 사용할 요소의 배열

⑤ 제5순위 : 자주 사용할 요소의 편리한 배치

⑥ 제6순위 : 시스템 중의 다른 배치와의 일관성

10 Chapter 사용성평가 분석기초 : 작업생리학

10.1 근육생리학

인간의 신체활동은 주로 골격, 골격근, 신경 계통, 대사(metabolism) 과정에 좌우된다. 인체는 화학원소 중 24개의 물질이 결합해 세포를 만들고, 이것이 모여서 조직이 되고, 소직이 모여서 이루어진 것이다. 인체는 10종류의 주된 기관계로 이루어져 있으며, 일정하게 배열되어 신체의 복잡한 기능을 수행한다(김대식, 2006).

10.1.1 골격의 구조

인체의 기본구조를 이루는 것은 골격으로서 모두 206개의 뼈들로 구성되어 있다(박경수, 2005). 이들 중 어떠 것은 주로 신체의 중요한 기관을 보호하는 역할을 하며, 예를 들면, 뇌를 보호하는 두개골이나 내장을 보호하는 늑골을 들 수 있다. 그림 10-1은 골격의 구조를 나타낸 그림이다(고병문 외, 2006).

200여 개로 구성된 뼈들의 역할은 ① 각 기관을 보호(두개골 23개, 늑골 24개, 흉골 1개)하고, ② 신체활동을 수행(팔(상지골) 64개, 다리(하지골) 62개, 척추 26개)한다. 이들 뼈는 여러 종류의 관절(joint)로 연결된다(양성환 외, 2015).

그림 10-1 인간의 골격구조

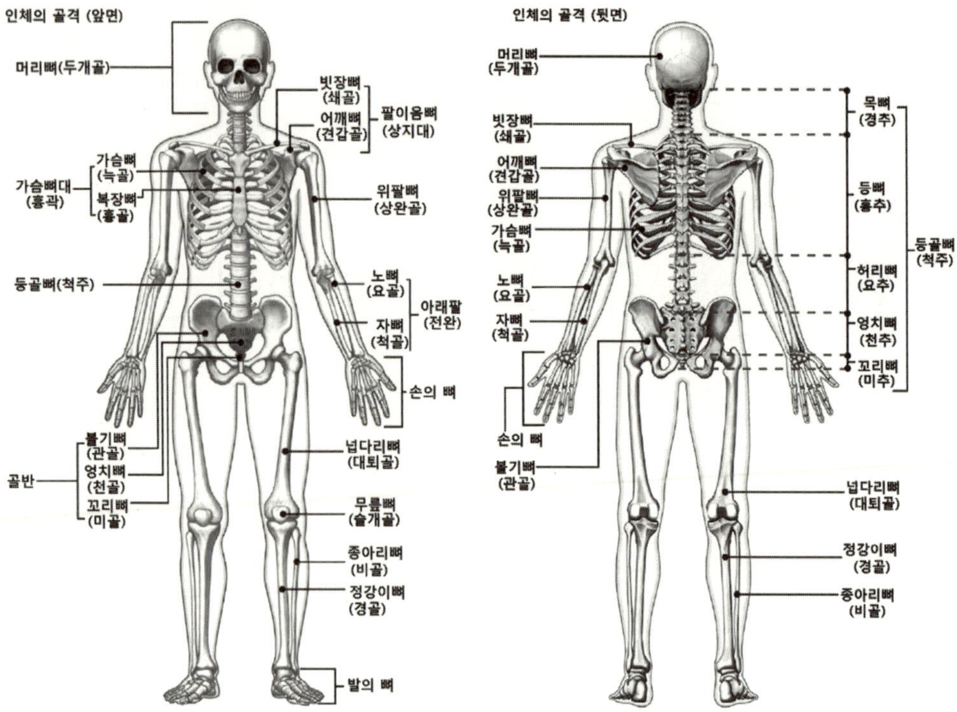

출처 : 고병문 등, 2006

10.1.2 골격근

몸의 뼈는 관절에서 인대로 결합되어 있다(박경수, 2005). 가로 무늬(striated)근 또는 수의(隨意, voluntary)근이라고도 불리우는 골격근(skeletal muscle)은 근 섬유(muscle fiber) 관속(管束, bundle, 묶음)으로 이루어져 있으며, 이는 수축성이 있어 화학적 에너지를 기계적 에너지로 바꾸어 준다(그림 10-2). 모든 골격근의 양단에는 힘줄(腱, endon)이 있어 뼈에 부착되어 있으며, 근육이 작용하면 지레와 같은 작용을 한다.

1) 근육의 성질

인체는 600가지 이상의 근육으로 이루어져 있으며, 이 중 400개 이상이 골격근으로 신체 양쪽에 쌍으로 있다(Sanders and McCormick, 1993). 그러나, 심한 활동을 하는 것은 이 중 80쌍 미만이며, 골격근은 건(tendon)에 의해 뼈에 붙어 있다(Jensen *et al.*, 1983). 근육이 수축하면 근은 팔꿈치, 어깨, 엉덩이, 무릎 등의 관절에서 움직임을 일으킨다.

그림 10-2 골격근의 구조

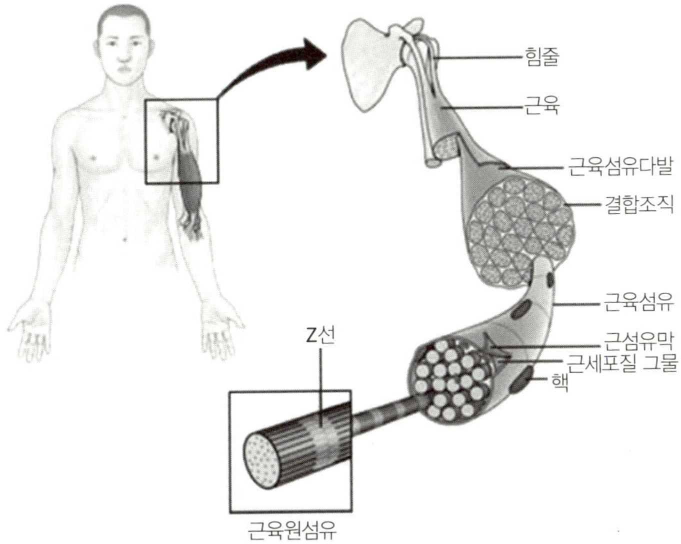

출처 : Medart 메디컬 일러스트

각 근육은 여러 근섬유로 되어 있고 그 길이는 대개 0.5~14cm 정도지만 30cm에 이르는 것도 있다. 하나의 근육은 수십만 개의 섬유로 되어 있다. 이 섬유는 조직에 의해 연결되어 있는데, 신경 임펄스가 도입되면 이러한 섬유를 통하여 운반된다. 근육에 산소와 영양소를 운반하는 미세혈관은 근육조직을 투과하는 복잡한 모세망(capillary network)을 이룬다.

2) 근육의 수축

근육은 자극을 받으면 수축한다(박경수, 2005). 근섬유가 수축하면 I대 및 H대가 짧아진다(그림 10-3). 이는 그림 10-4와 같이 가는근육미세섬유(단섬유)들이 굵은근육미세섬유(굵은 단섬유)들 사이로 미끌어져 들어가기 때문에, 최대로 수축하였을 때는 Z선이 A대에 맞닿고 I대는 사라진다. 그러나 가는근육미세섬유들의 길이는 변하지 않는다.

근섬유의 수축단위는 근원섬유(myofibril)인데, 이것은 그림 10-3 그림과 같이 두 가지 기본형의 단백질 필라멘트인 마이오신(myosin)과 액틴(actin)으로 되어 있다(Sanders and McCormick, 1993). 각 근섬유는 여러 근원섬유로 되어 있으며, 그림 10-4처럼 밴드로 배열된다. 근육이 수축하면 액틴 필라멘트가 마이오신 필라멘트 사이로 미끄러진다. 이러한 복합작용에 의해 근섬유의 길이가 반 정도로 수축한다. 각 섬유는 일정한 힘으로 수축하며, 근육 전체가 내는 힘은 활성화된 근섬유 수의 함수이다. 근육이 수축

그림 10-3 근육의 구조

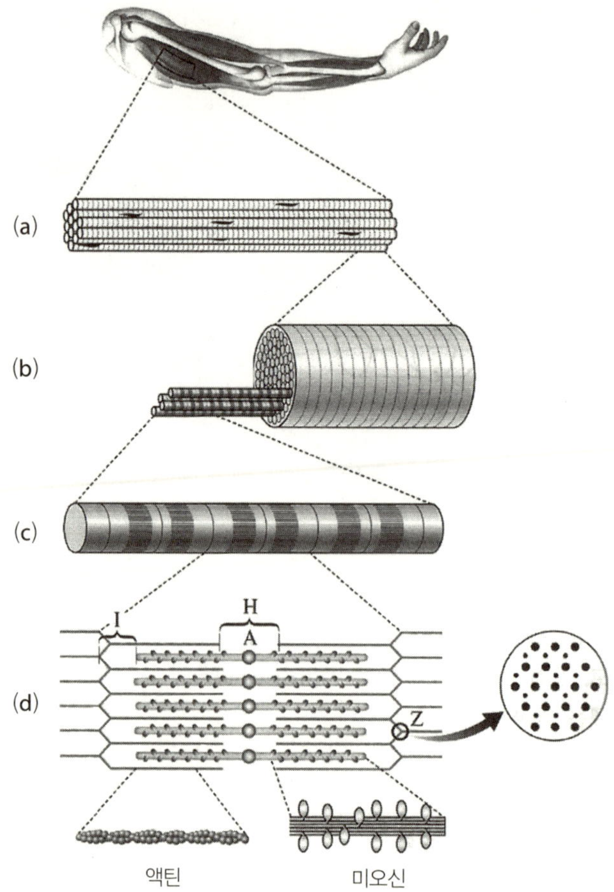

출처 : 양성환 외, 2015

그림 10-4 근육의 수축과 이완

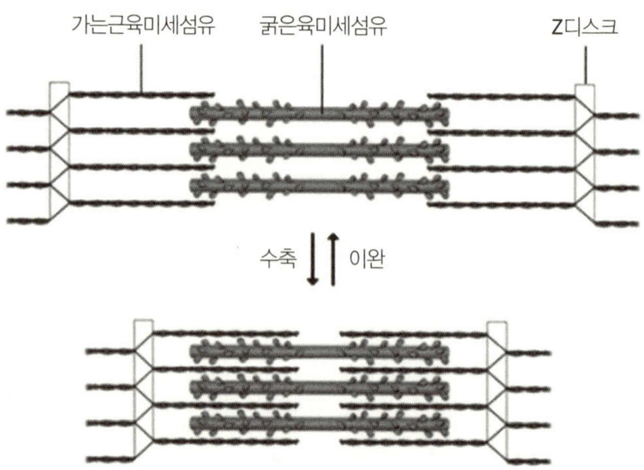

출처 : Medart 메디컬 일러스트

할 때 전기적 임펄스를 검출할 수 있으며, 근 무리가 있는 피부에 전극을 설치하여 기록할 수 있다. 이 기록법은 근전도법(electromyography, EMG)이라 한다.

3) 근육활동의 조절

근섬유는 척수(spinal cord)에서 나온 운동신경에 의하여 활력을 잃는다(Sander and McCormick, 1993; 조영일, 1995). 근육은 의식수준이나 반사수준에서 활력을 잃을 수 있다. 단일 운동 신경섬유가 한 무리의 근섬유의 활력을 잃게 하는데 이를 운동단위(morot unit)라 한다. 한 운동단위 중의 섬유는 어느 정도 근육 전체에 분산되어 있으므로, 한 운동단위를 자극하면 근육의 특정 위치에서의 강한 수축보다는 근육 전체에서 약한 수축을 일으킨다.

신경세포는 본체와 축삭돌기(axon)로 이루어져 있다(박경수, 1996). 신경섬유는 신경충동을 전달하며, 신경충동은 감각 세포로부터 뇌로 정보 신호를 전달하고, 뇌로부터 근육세포로 명령 신호를 전달한다. 신경세포와 축삭돌기 내의 세포질에는 K^+ 이온과 단백질$^-$ 이온이 많이 있다. K^+ 이온은, 단백질 이온과는 달리, 세포막을 투과할 수 있으므로, K^+ 이온 농도차에 의해서 밖으로 삼투하려는 경향은 K^+ 이온보다 많은 − 이온으로부터 생기는 음전위로 인하여 속으로 흡입되려는 경향과 평형을 이루게 된다.

신경과 근육의 세포막은 K^+, Na^+ 이온에 대한 투과성이 변하는 능력이 있다(박경수, 1996; 양성환 외, 2015). 신경세포가 기계, 전기, 화학적인 자극을 받으면, 세포막은 갑자기 Na^+ 이온을 투과시키고, 그 후에 세포는 K^+ 이온을 투과시켜 평형전위차가 이루어지도록 한다. 이러한 세포전위차의 급격한 기복을 활동전위차라 한다.

휴지상태의 신경섬유가 자극을 받으면, 그 주위의 세포막에서 Na^+ 투과력이 생겨 활동전위차가 발생하고, 잠시 동안 내부는 + 전위를, 외부는 − 전위를 띄게 된다(박경수, 1996). 이 전위들은 인접 전위를 중화시켜 막 전위차를 변화시키는 역할을 하며, 이는 세포막에 Na^+ 이온 투과성을 부여하여 활동전위차를 일으킨다. 이러한 연쇄 반응으로 인하여 활동전위차의 형태를 한 맥동파(pulse)가 양쪽 방향으로 전파된다.

4) 근육의 대사 작용

대사(metabolism)란 음식물을 기계적인 일과 열로 전환하는 집합적인 화학적 과정이다(박경수, 1996). 기계적인 일의 일부는 물론 호흡과 소화 과정에서 내부적으로 사용된다. 그 밖의 기계적인 일은 걷거나 육체적인 일 등에 외부적으로 사용된다. 이때 발생하는 열은 외부로 발산된다.

육체 작업은 근육 수축에 필요한 에너지가 공급되어야 한다(Wickens *et al.*, 1998; 이재식, 2002). 근육 수축에 필요한 에너지는 ATP(adenosine triphospate)와 CP(creatine phosphate)라고 알려진 높은 에너지를 갖는 인산 복합체의 형태로 전달된다. 이러한 복합체들은 산소를 사용하거나(호기성 대사) 혹은 산소를 사용하지 않은(염기성 대사) 영양소의 대사 작용에 의해 얻어지는데, 이러한 높은 에너지의 인산 복합체를 생성해 내는 과정은 부인산작용(phosphorylation)이라고 불린다.

ATP와 CP 복합체는 신체의 모든 곳에서 발견되는 에너지 전달체이며, 이들은 신체의 모든 부위에서 신체가 에너지원을 사용하도록 하며 생명을 유지하는 기능을 한다 Wickens *et al.*, 1998). 근육의 수축이나 이완과 같은 반응에 에너지가 필요할 경우, ATP는 하나의 인산 결합을 떼어놓음으로써 ADP(adenosine diphosphate)로 전환되며, 이 과정을 통해 에너지의 사용이 가능해진다. 이러한 측면에서 ATP는 직접 사용할 수 있는 에너지를 단기간 저장하는 일종의 재충전 가능한 배터리처럼 작용한다고 할 수 있다(Astrand and Rodahl, 1986).

① 젖산의 축적

신체활동 초기에는 근육 내에 있는 당원을 쓸 수 있지만, 활동을 계속할 때는 혈액으로부터 양분과 산소를 공급 받아야 한다(박경수, 1996). 산소 공급이 충분한 유기성(aerobic) 과정에서는 젖산(latic acid)이 축적되지 않고, 활동수준이 평상시의 혈액 순환으로 공급되는 산소 이상을 필요로 하는 경우에는, 순환 계통은 이에 맞추어 호흡수와 맥박수를 증가시켜 산소 소요를 충족시킨다. 그러나, 신체활동이 많아지면 근육에 공급되는 산소량이 부족해지면서 혈액 중에 젖산이 축적되기 시작한다. 당원은 산소 없이 무기성(anaerobic) 과정에 의해 젖산으로 분해된다. 젖산은 유기성 과정에 의해 물과 CO_2로 분해되어 발산된다. 만일 신체활동의 수준이나 지속 시간이 젖산을 누적시키게 되면, 결국 근육은 반응을 하지 않는다.

② 산소 부채(oxygen debt)

젖산의 제거 속도가 젖산 생성 속도에 미치지 못하면, 그림 10-5와 같이 활동이 끝난 후에도 젖산은 남아있게 되며 이를 제거하기 위해 산소가 더 필요하며, 이를 산소 부채(oxygen debt)이라 한다(박경수, 1996). 이러한 산소 부채를 제거하기 위해 맥박과 호흡수도 활동 이전 수준으로 즉시 돌아오지 않고 서서히 감소한다.

그림 10-5 산소 부채

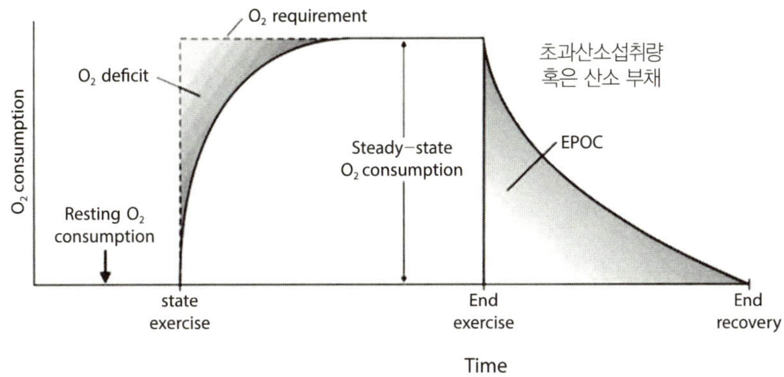

③ 기초 대사(basal metabolism)

대사작용은 화학적 과정인데, 이 과정에서 음식이 열이나 기계적 에너지로 전환된다(Sanders and McCormick, 1993). 신체의 큰 근육은 이 과정에서 방출되는 에너지의 약 30%를 기계적 일로 변환하고 나머지 70%는 열로 폐기된다. 신체는 육체적 일을 하지 않고 쉬고 있을 때, 즉 근육을 움직이지 않고 누워있을 때도 생존하기 위해 일정량의 에너지가 필요하다. 이처럼 생명 유지에 필요한 단위 시간당 에너지량을 기초대사율(basal metabolic rate : BMR)이라 한다. 기초대사율은 개인차가 심하며, 체형, 나이, 성별에 따라 달라진다.

10.2 작업 생리

근육에서 진행되는 대사 과정은 순환기와 호흡기 계통에서 지원을 받는다(Sanders and McCormick, 1993). 육체적 작업에서 생리적 반응은 아주 복잡하고 다양하다.

10.2.1 호흡기 반응

일하는 근육에서는 많은 산소를 필요로 한다(Sanders and McCormick, 1993). 휴식 중의 산소 소비량은 대개 0.5L/min 미만이지만, 중노동 중에는 5L/min 정도까지 증가한다. 이때 호흡기 반응(respiratory response)에 의해 호흡 속도와 배기량이 증가한다. 그러나, 신체는 일을 시작하자마자 근육이 필요한 만큼의 산소량을 즉시 증가시킬 수는 없다. 작업 초기 몇 분 동안에는 반응이 지연되어 ATP 및 CP의 감소에 의해 근육에 에너지를 제공한다. 이 동안에는 그림 10-5와 같이 산소 부채를 지게 된다.

아무리 최선을 다한다 해도 허파에 있던 공기가 모두 빠져 나오지는 않는다(Wickens *et al.*, 1998 ; 이재식, 2002). 허파에 있는 공기를 가장 많이 내쉬었을 때 이것을 최대 호기(maximum expiration)라고 부르며, 최대 호기 후에 허파에 남아 있는 공기의 양을 잔여용적(residual volume), 그리고 최대 호기에 의해 허파에 배출되는 공기의 양을 폐활량(vital capacity)이라 부른다.

최대 호기나 최대 흡기는 거의 나타나지 않고, 숨을 한 번 쉴 때마다 내뿜어지는 공기의 양, 즉 호흡 용적(tidial volume)은 폐활량보다 양이 적기 때문에 허파에는 흡기용 예비 용량(inspiratory reserve volume ; IRV)과 호기용 예비 용량(expiratory reserve volume, ERV)이 남게 된다(Wickens *et al.*, 1998). 쉬고 있을 때 성인의 호흡 용적률은 대략 0.5*l*이며, 심한 육체적 작업을 할 경우 약 2*l*까지 증가할 수 있다. 호흡 용적률의 증가분은 흡기용 공기의 예비 용량과 호기용 공기의 예비 용량을 비교하여 계산할 수 있다. 호흡계는 호흡 용적률이나 호흡의 빈도를 변화시킴으로써 분당 호흡할 수 있는 공기의 양, 즉 분당 환기량(minute ventilation, 혹은 분당 호흡 용적량(minute volume)을 조절할 수 있다. 실제 분당 호흡 용적률은 호흡 용적률과 호흡의 빈도를 곱함으로써 구할 수 있다. 신체는 폐포 환기량이 필요로 하는 호흡의 효율성을 극대화하기 위해 이 두 가지 변인들을 적절히 조절한다. 쉬고 있는 성인의 경우, 호흡 빈도는 대략 분당 10~15회 정도이다. 가벼운 육체적 작업인 경우 호흡 용적은 증가하지만 호흡 빈도는 변하지 않는다. 그 이유는 호흡을 할 때마다 공기가 지나다닐 수 있는 코와 허파 사이의 공기 통로가 해부적으로 일정한 공간을 갖고 있고 그 공간 속에 있는 공기가 폐포까지 도달하지 못하기 때문이다. 호흡이 깊어질수록, 폐포에 도달하는 공기의 비율이 증가하기 때문에 호흡 빈도를 증가시키는 것보다 호흡 용적률을 증가시키는 것이 더 효율적이다. 그러나 작업이 힘들어짐에 따라 호흡 용적률을 증가시키는 것만으로 필요한 환기량을 충족시켜줄 수 없기 때문에 작업부하가 증가함에 따라 호흡 빈도도 급속하게 증가한다. 힘든 육체적 작업인 경우, 호흡 빈도는 쉬고 있을 때에 비해 세 배까지 증가하여 분당 45회 정도까지 이를 수 있다.

10.2.2 순환기 반응

작업 중 근육에서 필요로 하는 산소와 포도당은 순환기 계통을 통해 혈액 중에서 전해진다(Sanders and McCormick, 1993). 휴식 상태에서는 산소로 포화된 혈액이 폐를 떠나므로, 열심히 숨을 쉬어도 근육에 도달하는 산소량은 증가하지 않는다.

1) 심박출량 증가

산소와 포도당을 더 많이 공급하기 위해서는 근육으로 가는 혈류량이 많아야 하므로, 심장이 단위 시간당 혈액량을 더 많이 배출해야 한다(Sanders and McCormick, 1993). 즉, 심박출량(cardiac output)을 증가시켜야 한다. 이를 위해서, 단위 시간당 박동의 수(heart rate, 심박수)를 늘이거나 맥박 중의 혈액 수송량(stroke volume)을 증가시킨다. 휴식 중의 심박출량은 5L/min 정도이고, 중노동 중에는 25L/min 이상으로 증가한다. 심박수와 박출량은 육체적 작업 초기부터 증가하기 시작한다. 사람의 최대 육체적 작업능력의 40% 정도에서 박출량은 안정되지만 심박수는 계속 증가한다.

2) 혈압 상승

육체적 작업 중 심박출량이 증가하면 혈압(blood pressure)이 상승한다(Sanders and McCormick, 1993). 부신(adrenal gland)이 호르몬(catecholarnine류)을 분비하여 심장 박동을 강화하고 혈압을 높인다. 이때, 심장은 압력을 증가시켜서 혈액을 박출해야 하므로 심장에 대한 스트레인이 커진다. 혈압이 상승해야만 맥박 사이에 충분한 양의 혈액을 반송시켜서 심장을 채울 수 있다. 맥박이 120/min일 때 맥박 사이에 심장을 채우는 시간은 0.5초 정도이다.

3) 혈액의 재분배

심박출량과 혈압이 증가하면 신체 전체에 흐르는 혈액이 재분배된다(Sanders and McCormick, 1993). 표 10-1은 휴식과 작업조건에 따른 혈액 분포 차이를 보인 것이다. 중노동 중에는 혈액의 유량이 많기 때문에 심장 근육이 더 많은 혈액을 받아들이지만, 그 비율은 동일하다. 작업 중 뇌의 혈액 비율은 낮지만, 휴식 중일 때와 마찬가지의 혈액량이 분배된다. 물론 혈액을 가장 많이 차지하는 것은 근육이다. 작업 중에는 피부로 가는 혈액량이 증가하여, 대사 과정에서 발생하는 열을 발산한다.

혈액 흐름의 저항력은 혈관의 직경과 굵기에 따라 달라진다(Wickens *et al.*, 1998; 이재식, 2002). 혈관의 길이는 정상적으로는 변하지 않지만 혈관의 직경은 크게 변화한다. 더구나 혈관의 직경이 조금만 변해도 혈액의 흐름에는 많은 변화가 일어난다. 따라서 혈관의 직경은 혈액 흐름의 저항 정도를 결정짓는 중요한 요인이다. 활동하고 있는 근육 속의 혈관 직경이 확장됨으로써 혈액 흐름이 증가된다. 각각의 혈관은 혈액을 분배하는데 나름대로 독특한 기능을 담당한다. 동맥은 직경이 크기 때문에 혈액 흐름에서의 저항을 작게 해줄 수 있다. 동맥은 혈액이 조직 속으로 공급될 수 있도록 도와주는 일종의 압력 탱크 역할을 한다. 동맥 속의 압력은 심실이 수축할 때 최대에 이르렀다가 심실의 이완이 끝날 때 최소가 되는데, 최대 동맥 압력은 수축기 혈압(systolic pressure)이라고 불리고, 최소 압력은 이완기 혈압(diastolic pressure)이라고 불린다. 이 두 압력은 일반적으로 수축기/이완기의 형태로 기록되는데, 수축기 압력과 이완기 압력의 차이를 맥압박(pulse pressure)이라고 부른다.

표 10-1 휴식과 작업조건에 따른 혈액의 분배

기관	혈액 분배(%)		
	휴식	중간 정도 작업(38℃)	힘든 작업(21℃)
근육	15~20	45	70~75
피부	5	40	10
소화 기관	20~25	6~7	3~5
신장	20	6~7	2~4
뇌	15	4~5	3~4
심장	4~5	4~5	4~5

출처 : Astrand and Rodahl, 1986; Brouha, 1967; Eastman Kodak, 1986

10.3 신체 반응의 측정

일반적인 신체활동은 스트레스(stress)나 긴장(strain) 없이 수행할 수 있다(박경수, 2005). 스트레스란 바람직하지 않은 고통이나 반응을 초래하는 인간활동이나 환경을 말하며, 긴장은 압박의 결과로 개인에게 나타나는 고통이나 효과이다. 표 10-2는 압박의 근원을 작업, 환경, 일주 리듬(circadian rhythm)에 따라 생리적·심리적 근원으로 세분화 한 것이고, 표 10-3은 긴장의 주요 척도들을 나타낸 것이다.

표 10-2 스트레스의 주요 원인

주요 근원	생리적	심리적
작업	중노동 부동 위치	정보 과부하 경계
환경	대기 소음/진동 열/냉	위험 유폐
일주 리듬	수면 부족	수면 부족

출처 : Singleton, 1971

표 10-3 긴장의 주요 척도

생리적 긴장			심리적 긴장	
화학적	전기적	신체적	활동	태도
혈액 성분 요 성분 산소 소비량 산소 결손 산소 회복 곡선 열량	뇌전도(EEG) 심전도(ECG) 근전도(EMG) 안전도(EOG) 전기피부반응(GSR)	혈압 심박수 부정맥 박동량 박동 결손 신체 온도 호흡수	작업 속도 실수 눈 깜박임수	권태 기타 태도 요소

10.3.1 생리적 부담의 척도

작업이 인체에 미치는 생리적 부담은 흔히 맥박수와 산소 소비량으로 측정한다(박경수, 1996). 이 두 척도는 여러 수준의 동적인 육체 작업에서는 상관관계가 높으나, 정적 혹은 부분적 동적 육체 작업과 정신 작업을 나타내기에는 예민하지 못하다.

1) 심장활동의 측정

심장은 심장근으로 이루어져 있어 근섬유는 율동적으로 수축, 이완한다(박경수, 2005). 심장 맥동은 SA(sinu-artial) 절에서 시작하며, 잠시 후 두 심방(atria)이 동시에 수축하여 피가 양 심실(ventricle)로 보내진다. 심장근 내에서는 신경 없이 수축파가 전파된다. 4개의 판막(valve)이 있는 심방과 심실 사이의 섬유질 중격막(septum)은 수축파를 전도하지 않으므로 심장근 내의 수축파는 AV(atrioventricular) 절에서부터 방실속(His bundle)을 따라 이동한다. 수축파가 방실속을 내려오는 동안 심장은 순간적으로 쉰다. 수축파가 하정점 부근의 심실에 이르면 다시 상면을 향해 전파되며 심실 내의 피는 양 동맥을 통해 내보내진다. 그 후에 심장은 다음번 맥박이 시작될 때까지 이완되어 잠시 쉰다.

심실이 수축하는 기간을 수축기(systole)라 하며 약 0.3초 지속된다(박경수, 1996). 심실이 이완하는 기간은 확장기(diastole)라 하고 약 0.5초 지속한다. 이러한 일련의 사건들을 심장 주기(cardiac cycle)라 하며, 약 0.8초간 지속되므로 1분에는 약 70주기가 반복되며, 이를 심박수(heart rate)라 한다. 심실 수축기가 시작되면 심방과 심실 사이의 판막이 닫혀지며, 첫 번째 심음(心音)을 낸다. 이는 약 0.15초 지속되고, 주 진동수는 25~45Hz이다. 수축기가 끝나면 심실 내의 압력이 떨어지고 심실–동맥 간의 판막이 닫혀지며 두 번째 심음을 낸다. 이는 약 0.1초 지속되고, 주 진동수는 약 50Hz 정도이다. 심장근 수축에 따르는 전기적 변화를 피부에 부착한 전극들로 검출, 증폭, 기록한 것을 심전도(ECG)라 하며, 파형 내의 여러 파들은 P, Q, R, S, T파 등으로 불리운다.

산소 소비량은 에너지 소비와 직접 관련되지만, 실제 작업에서는 평가하기가 어렵다(Sanders and McCormick, 1993). 산소소비량과 심박수 사이에는 선형관계가 있으며, 심박수는 측정이 아주 쉽고 이를 이용하여 산소 소비량과 에너지 소비량을 알 수 있지만 몇 가지 문제가 있다.

그림 10-6 심장의 구조

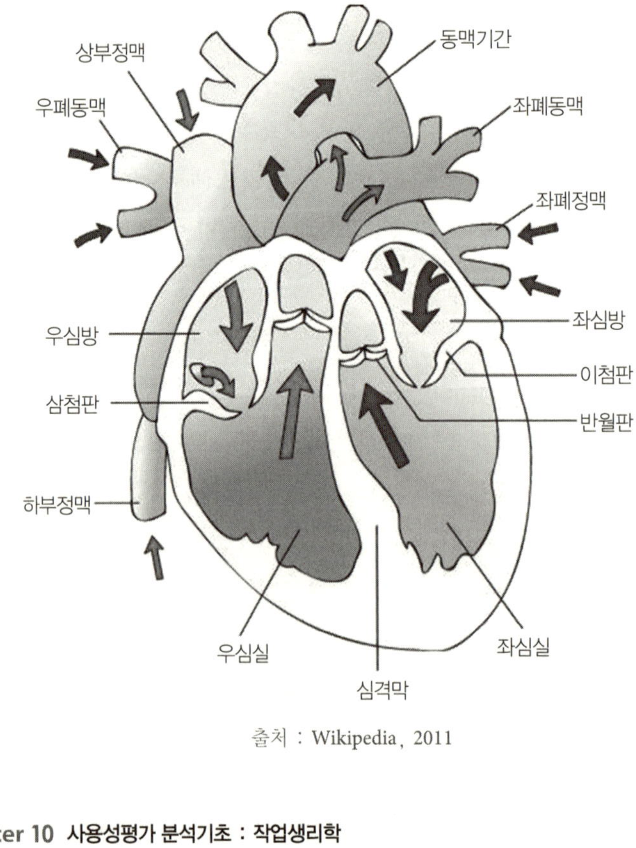

출처 : Wikipedia, 2011

① 심박수와 산소 소비량 사이의 선형관계는 사람마다 다르다. 신체 상태가 좋을수록 산소 최대 섭취능력(maximum aerobic power : MAP)이 커지고, 임의 심박수일 때의 산소 소비량이 커진다. 활동하는 근육에 일정 수준의 산소를 공급하기 위해 심장이 심하게 운동하지는 않는다. 따라서, 심박수와 산소 소비량의 특정 관계를 정하려면 사람마다 검량(calibration)해야 한다.

② 심장의 박출량이 안정된 후에 산소 소비량을 추정하는 편이 좋다는 것이다. 이 안정 상태는 MAP의 약 40% 정도일 때이다. 따라서 심박수는 중간 정도나 심한 작업을 할 때의 산소 소비량 추정에 이용하는 것이 좋다.

③ 감정적 스트레스, 피로, 열 스트레스처럼 심박수에는 영향을 미치지만 산소 소비량에는 영향을 미치지 않는 인자가 있다. 따라서 심박수~산소 소비량 관계를 측정하는 상태는 가능한 한 이 관계를 이용하여 산소 소비량을 추정하고자 하는 상태와 맞아야 한다.

2) 산소 소비량 측정

산소는 식품의 대사와 에너지 방출에 사용되며, 방출되는 에너지량은 부분적으로는 대사되는 식품량에 따라 달라진다(Sanders and McCormick, 1993). 보통 식사에서는 산소 1*l*가 약 5kcal의 에너지를 방출한다. 따라서, 작업 중 산소 소비량(oxygen consumption; 산소 섭취량, oxygen uptake)을 측정하여 에너지 소비량(energy expenditure)을 직접 평가할 수 있다.

작업 중인 사람의 산소 소비량 측정은 다소 번거롭지만 Douglas 관을 사용하여 단위 시간당 배기량을 측정한다(Sanders and McCormick, 1993; 박경수, 1996). 공기 중에 산소가 약 21% 존재하므로, 단위 시간에 들여마시는 산소의 양을 쉽게 구할 수 있다. 또 단위 시간당 호기량을 측정하고 시료를 채취하여 산소 함유율을 분석한다. 이러한 측정치로부터 단위 시간당 산소 섭취량을 구할 수 있다.

질소는 체내에서 대사되지 않고, 또 배기는 흡기보다 적으므로 배기 중의 질소 비율은 커진다. 이 질소 비율 변화로부터 흡기의 부피를 구할 수 있다. 흡기 부피를 $V_{흡}$, 배기 부피를 $V_{배}$라 하면,

$$79\% \times V_{흡} = N_2\% \times V_{배}$$

이므로,

$$V_{흡} = (100 - O_2\% - CO_2\%)/79 \times V_{배}$$

$$O_2소비량 = 21\% \times V_{흡} - O_2\% \times V_{배}$$

이다. 작업의 에너지 값은 흔히 분당 또는 시간당 산소 소비량을 측정하며, 이 수치는

$1l\ O_2$ 소비 = $5kcal$

의 관계를 이용하여 분당 혹은 시간당 kcal치로 바꿀 수 있다.

10.3.2 국소적 근육활동의 척도

국소적 근육활동의 척도에 그림 10-7과 같이 근전도(electromyogram : EMG)가 사용된다(박경수, 1996). 이는 근육활동 전위차의 기록으로서 수의근의 활동 정도를 나타내는데 대상 근육이 있는 피부 표면에 전극을 설치하고, 근육 수축에서 생기는 전기적 활성(electric activity)을 기록한다(Sanders and McCormick, 1993). 이 기법의 적용 예로는 국소 근육 피로 예측과 골프 선수의 여러 근육 작동 개시 시간차분석 등이 있으며, 근육이 피로해지기 시작하면 EMG 신호의 저주파수 범위의 활성이 증가하고 고주파수 범위의 활성이 감소한다.

그림 10-7 근전도 및 신경전도 검사

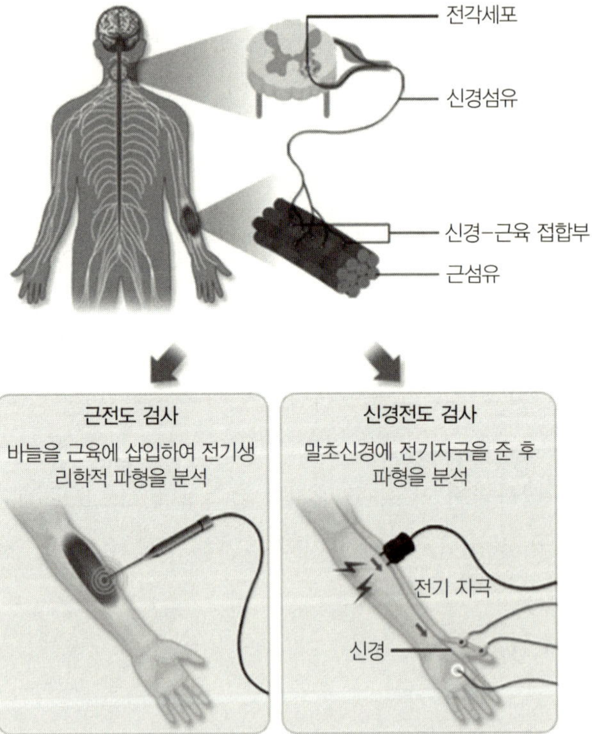

출처 : 보건복지가족부, 대한의학회

10.3.3 정신활동의 척도

정신활동도 생리적 과정이긴 하지만 아직 그 기법이 미비한 점이 있으며, 정신 부하의 생리적 척도를 유도하기 위한 연구가 계속되고 있다(박경수, 2005).

정신 작업의 생리적 척도는 정보처리에 중추신경의 활동이 관여를 하고 있고, 이러한 활동이나 징표가 측정 가능하다는 가정에 기초하고 있다(양성환 외, 2015). 연구에서 사용된 생리적 척도로는 부정맥, 심박수의 변화, 뇌전도(EEG), 동공반응, 호흡률, 점멸융합 주파수(flicker fusion frequency), 체액의 화학적 성질 등이 있다.

1) 부정맥(cardiac arrhythmia)

심장활동의 불규칙성의 척도이며, 맥박 간격(heart beat interval)들의 표준편차나 변동계수(coefficient of variation) 등으로 표현된다(박경수 2005). 일반적으로 정신 부하가 증가하면 부정맥 점수가 감소한다(Kalsbeek, 1971).

2) 점멸 융합 주파수(Flicker fusion frequency)

시각 혹은 청각적 점멸 융합 주파수란 계속되는 자극들이 점멸하는 것 같이 보이지 않고 연속적으로 느껴지는 주파수이다(박경수, 2005). 이것은 시각 연구에 사용되어 왔으며, 망막(retina)의 함수라 여겨 왔다. 그러나, 최근 점멸 융합 주파수가 피질(cortex)의 기능이라 밝혀지고 있으며, 중추신경계의 피로, 즉 정신 피로의 척도로 사용될 수 있다.

시각적 점멸 융합 주파수(VFF)를 측정할 때는 피검자가 상점(常點) 혹은 점멸한다고 느낄 때까지 점멸률을 점차 증가 혹은 감소시킨다. 하강법으로 측정하면 점멸률 변화 속도에 따라 약간 높은 VFF 값이 나온다. VFF에 영향을 주는 변수들은 다음과 같다(Murrell, 1969).

ⓐ VFF는 조명 강도의 대수치에 선형적으로 비례한다.

ⓑ 시표와 주변의 휘도가 같을 때에 VFF는 최대로 한다.

ⓒ 휘도만 같으면 색은 VFF에 영향을 주지 않는다.

ⓓ 암조응시는 VFF가 감소한다.

ⓔ VFF는 사람들 간에는 큰 차이가 있으나, 개인의 경우 일관성이 있다.

ⓕ 연습의 효과는 아주 적다.

10.4 신체활동과 에너지 소비

육체적 작업에 종사하는 작업자가 겪는 작업 부하(workload)에 영향을 미치는 인자에는 여러 가지가 있다(Sanders and McCormick, 1993). 신체의 에너지 출력수준에 영향을 미치는 인자에는 활동의 성질, 체성 인자(somatic factor), 훈련, 동기, 환경 인자 등이 있다. 이러한 인자는 근육 대사에 필요한 연료와 산소를 공급하는 생리적 서비스 기능을 통하여 에너지 출력에 영향을 미치므로, 인간의 건강 및 안전과 밀접한 관계가 있다. 따라서, 인간의 육체 노동이 건강과 안전에 위험하다면 장비, 작업 공간 등을 재설계하거나, 작업 방법을 개선 또는 작업 기간이나 속도를 줄여 작업 개선을 시도해야 한다.

10.4.1 작업 효율과 에너지 소비량

에너지 가(價, energy cost)는 활동의 종류뿐만 아니라, 그 속도 또는 보조에도 달려 있다(박경수, 1996). 그러나, 최적 보조는 연령 및 개인에 따라 다르며, 각 개인은 자기에게 가장 자연스러운 보조를 결정하는 능력이 있을 것이고, 이는 에너지 소비량을 최소화하는 보조에 가깝다(Corlett and Mahadeva, 1970).

1) 작업 효율

작업을 수행하는 사람의 효율은 기계의 효율에 비유할 수 있다(박경수, 1996). 효율을 측정하는 공식은

$$\text{효율}(\%) = \frac{\text{한 일}}{\text{에너지 소비}} \times 100$$

이다. 최적의 조건하에서 인간의 신체적 노력은 약 30% 정도의 효율만 있을뿐, 나머지 70%는 열로 변한다. 그러나, 또한 많은 활동에서 한 일(work output)은 쓸 수 없는 형태로 낭비된다. 이렇게 낭비되는 에너지는 정적 노력, 구부리거나 부자연스러운 자세에 기인하는 경우와 비효율적인 장비나 방법에 기인하는 경우가 있다. 표 10-4는 여러 활동에 따른 작업 효율을 나타낸 표이다.

표 10-4 여러 가지 활동의 작업 효율

활 동	효 율(%)
삽질(구부린 자세)	3
삽질(정상 자세)	6
무거운 망치 사용	15
계단 오르내리기(맨몸)	23
카트 끌기	24
카트 밀기	27
자전거 타기	25
평지 걷기(맨몸)	27

출처 : Grandjean, 1988

2) 육체활동에 따른 에너지 소비량

육체적 작업을 시작하게 되면 신체가 요구하는 에너지의 요구량은 휴식을 취하고 있을 때 요구되는 수준보다 더 높아진다(Wickens *et al.*, 1998; 이재식, 2002). 신체는 증가된 에너지 요구량을 충족시키기 위해 대사 작용 수준을 증가시키게 된다. 작업 대사량(working metabolism) 혹은 작업 대사 소비량(metabolic cost of work)이라고 불리는 용어는 쉬고 있는 상태에서 작업을 하는 단계로 변할 때 증가되는 대사량을 일컫는 것들이다. 육체적인 작업 중의 대사율 혹은 에너지 소비율은 기초 대사율과 작업 대사율을 합한 것이다. 일상적 활동들이나 어떤 작업 유형들에 대한 에너지 소비율의 추정치들은 1.6kcal/min에서 16kcal/min에 이르는 것으로 알려져 있다. 즉, Edholm(1967)은 앉아 있을 때와 서 있을 때의 에너지 소비량은 각각 1.6kcal/min과 2.25kcal/min 정도라고 보고하고 있다. Durnin과 Passmore(1967)는 목수 일을 하는 남성의 경우 2.9~5.0kcal/

표 10-5 다양한 활동들에 대한 에너지 소비율의 추정치

활동	에너지 소비율의 추정치(kcal/min)
수면	1.3
앉아 있기	1.6
서 있기	2.3
걷기(3km/h)	2.8
걷기(6km/h)	5.2
목수일-조립하기	3.9
목세공-포장하기	4.1
저장고 작업	4.2
용접 작업	3.4
나무 톱질	6.8
나무 베기	8.0
운동 활동	10.0

출처 : Durnin and Passmore, 1967; Edholm, 1967; Vos, 1973

min의 에너지가 요구되고, 빨래 세탁을 하는 여성의 경우에는 대략 3.0~4.0kcal/min의 에너지가 소비된다는 것을 밝혔다. 표 10-5는 다양한 활동들에 소요되는 에너지 소비율을 나타낸 것이다.

표 10-6은 작업의 종류에 따른 에너지 소비량을 나타낸 것이다(Christensen, 1953). 또한, 하루 동안에 보통 사람이 낼 수 있는 에너지는 약 4,300kcal/일 정도이며, 여기서 기초 대사와 여가에 필요한 2,300kcal를 빼면 나머지 2,000kcal/일 정도가 평상 작업일을 통해 가용한 에너지이다(박경수, 1996). 이것을 480분(8시간)으로 나누면 4kcal/분이 나온다(Lehmann, 1958). 따라서 기초 대사를 포함한 상한은 약 5kcal/분이다.

표 10-6 작업의 종류별 에너지 소비량

작업 분류	에너지 소비량		산소 소비량(liter/분)
	kcal/분	kcal/8시간	
초중량	12.5 이상	6,000 이상	2.5 이상
중량	10.0~12.5	4,800~6,000	2.0~2.5
중	7.5~10.0	3,600~4,800	1.5~2.0
중간	5.0~7.5	2,400~3,600	1.0~1.5
경량	2.5~5.0	1,200~2,400	0.5~1.0
초경량	2.5 이하	1,200 이하	0.5 이하

Kroemer 등(1986)은 대학생을 포함하여 여러 직업에서의 에너지 소비에 관한 자료를 제시하였는데, 표 10-7과 같고 한 가지 직업군에서도 에너지 소비량의 범위가 아주 크며, 직업 사이에 상당히 중첩되어 있다(Sanders and McCormick, 1993).

표 5-7 직업에 따른 에너지 소비량

직 업	에너지 소비량(kcal/일)		
	평균	최소	최대
실험실 기사			
남자	2,840	2,240	3,820
여자	2,130	1,340	2,540
대학생			
남자	2,930	2,270	4,410
여자	2,290	2,090	2,500
남성			
건설 작업자	3,000	2,440	3,730
제강 작업자	3,280	2,600	3,960
채탄 작업자	3,660	2,970	4,560
주부(중년)	2,090	1,760	2,320

10.4.2 에너지 소비량에 영향을 미치는 인자

특정 과업에서 에너지 소비 수준에 영향을 미치는 인자는 작업 방법, 작업 자세, 작업 속도, 도구 등이 있다(Sanders and McCormick, 1993).

1) 작업 방법

특정 작업에서의 에너지 비용은 작업 수행 방법에 따라 달라지며, 그림 10-8은 운반 방법에 따른 에너지 소비량을 비교한 그림이다. 가장 효과적인 방법은 등과 가슴을 이용한 방법으로, 가장 효과적인 방법은 좋은 자세와 균형을 유지하는 것이며, 이때 몸의 무게중심에 미치는 영향이 가장 적다.

그림 10-8 운반 방법에 따른 에너지 소비량

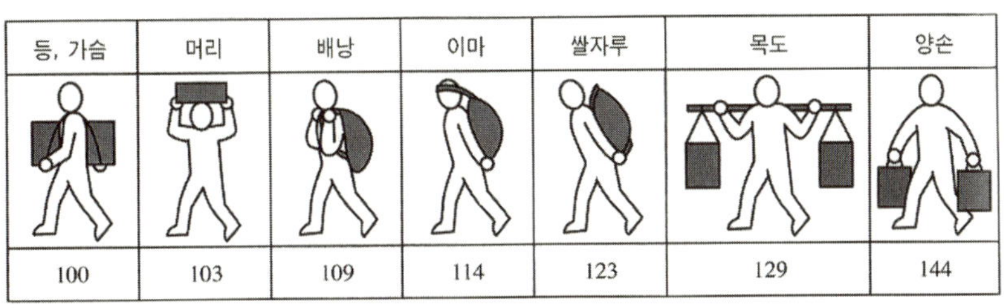

출처 : Datta and Ramanathan, 1971; 양성환 외, 2015

2) 작업 자세

과업 실행 시 작업자의 자세(posture)도 에너지 소비량에 영향을 미친다(Sanders and McCormick, 1993; 조영일, 1995). Vos(1973)는 바닥에 표준 패턴으로 놓아둔 금속 꼬리표를 줍는 과업에 관한 연구에서 손으로 받치면서 무릎을 댄 자세와 쪼그려 앉은 자세가 다른 자세에 비해 에너지 소비량이 적었다. 또한, 낮은 의자에 앉은 자세가 쪼그려 앉은 자세보다 다소 좋지만, 의자를 이리저리 끌고 다녀야 하는 일에서는 곤란하다. 이 예에서는 지면 과업에 관한 자세만을 다루었지만, 다른 과업에서도 마찬가지로 자세에 따라 에너지 소비량이 달라진다.

3) 작업 속도

작업 속도(work rate; 작업 보조, work pace)도 작업 부하에 영향을 미치는 중요한 인자 중 하나이다(Sanders and McCormick, 1993). 특정 과업을 특정 속도로 실행하면 생리적 부담 없이 오랫동안 지속할 수 있다. 적절한 속도에서 작업할 때는 심박수가 약간 증가한 수준에서 상당 시간 유지할 수 있다. 그러나 작업속도가 상당히 빠르면 작업 부하 때문에 심박수와 다른 생리적 부담이 증가하며 심박수 회복 속도에도 현저한 차이가 있다.

10.4.3 에너지 소비의 한계 범위 유지

인간의 작업활동 특성을 설계하거나 관심 있는 사람은 에너지 비용을 합리적 한계 범위 내로 유지하고자 한다. 이를 위해서 에너지 소비의 한계가 어떤 것이고, 특정 활동의 에너지 비용이 어느 정도인지 알아야 한다(Sanders and McCormick, 1993).

1) 권장 한계

일상 작업에 관한 에너지 소비량의 상한은 여러 가지가 제안되었는데, Michael 등(1961)과 Blink(1962)에 의하면, 8시간 동안 작업하는 일일 경우 작업 부하는 그 사람의 MAP의 35%를 초과하지 않아야 한다. Ayoub 등(1989)은 8시간 작업 일에서 에너지 소비는 남자 평균 5.0kcal/분 이하, 여자는 3.35kcal/분 이하여야 한다. 이러한 값은 각각 남자와 여자의 MAP의 33%에 해당한다. 이들은 또 4시간 작업일 때의 남녀 상한으로 각각 6.25 및 4.20kcal/분을 권장하였다.

Brouha(1967), Suggs와 Splinter(1961)는 평균 심박수가 분당 115회를 초과하지 않아야 하며, Snook와 Irvine(1969)에 의하면, 최대 평균 심박수는 다리 작업일 때 분당 112회, 손 작업일 경우 분당 99회이다.

2) 작업과 휴식

총괄 작업 부하 수준이 권장 한계를 초과하게 되면 초과한 부하를 보상하기 위해 휴식을 취해야 한다(Sanders and McCormick, 1993). 작업 부하 수준과 작업 지속시간에 따라 필요한 휴식량을 결정하는 여러 연구가 있으며, 작업 등급과 지속시간을 알면, 필요한 휴식량(rest allowance; 작업기간의 백분율로 표시)을 결정할 수 있다. 예를 들어, 아주 힘든 일(예를 들어 8kcal/분)을 10분 동안 하는 사람에게 필요한 휴식량은 작업시간의 80%인 8분이다.

한편, Murrell(1965)은 임의 작업활동에서 필요한 총휴식량(total amount of rest)을 계산하는 공식을 제안하였다.

$$R = \frac{T(W-S)}{W-1.5}$$

R : 필요한 휴식시간(분)
T : 총작업시간(분)
W : 작업 중 평균 에너지 소비량(kcal/분)
S : 권장 평균 에너지 소비량(kcal/분) : 보통 4~5kcal

분모의 1.5는 휴식 중 에너지 소비의 근사량으로서, 기초 대사량보다 약간 큰 값이다. 여기에서 보수적 표준으로 S = 4*kcal*/분이라 하고, 위 공식을 적용하면 8kcal/분에서 10분 동안 작업한 후에 필요한 휴식시간은 약 6분 정도 된다.

임의 작업기간에서 필요한 총휴식량은 중요하다. 그러나 제대로 회복되려면 휴식 시간 전의 실제 작업의 지속시간이 더 중요하다. 작업시간과 휴식시간을 짧게 하면, 길게 하였을 때에 비해 생리적 회복이 좋고 스트레스 수준이 낮았다. 따라서, 회복을 좋게 하고 스트레스를 줄이려면 이러한 좋은 일반 원리를 염두에 두고 작업과 휴식 일정을 짜야 할 것이다.

3) 훈련

훈련(exercise training)하면 신체가 단련되어 피로하지 않고 육체적 작업을 실행할 수 있는 것으로 알 고 있다(Sanders and McCormick, 1993). 일반적으로 훈련하면 MAP를 증가시키고 심박수를 감소시키며 혈압을 내리고 근력과 지구력을 증가시킬 수 있다. 이러한 모든 변화는 임의 작업 부하 스트레스 수준에서 경험하는 스트레인(strain) 수준을 감소시킨다.

10.5 근력과 지구력

작업능력은 근육에 연료와 산소를 수송하는 순환기 계통의 능력에 좌우된다. 또한, 많은 과업과 활동에서 근력(strength) 및 근육의 지구력(endurance)이 제한 인자가 되기도 한다.

10.5.1 근력

1) 근력의 정의

근력이란 한 번의 수의적인 노력에 의해 근육이 등척성(isometric)으로 낼 수 있는 힘의 최대치를 말하며, 악력계(dynamometer)나 요배근력 측정기 등을 통해 측정하지만 근력 외에 피검자의 동기유발(motivation), 검사자의 지시 내용, 또한 측정 방법에 따라서 달라진다(박경수, 2005). 또한, 정적인 근력의 측정치로부터 동적인 작업에서 사람이 발휘할 수 있는 성능을 예측하기는 힘들다.

근력은 팔, 다리, 등의 특정 근육이나 근육군과 관계가 있으며 근력의 상태는 다음 두 가지가 있다(Sanders and McCormick, 1993).

① 동적 상태(dynamic condition)

상자나 바벨(barbell)을 들어올릴 때처럼 팔이나 다리의 신체 부위를 실제로 움직이는 상태. 이때의 근력을 등속성 근력(isokinetic strength)이라고도 한다.

② 정적 상태(static condition)

물체를 들고 있을 때처럼, 신체 부위를 움직이지 않으면서 고정 물체에 힘을 가하는 상태. 이때의 근력을 등척성 근력(isometric strength)이라고도 한다.

2) 근력의 측정

하나나 여러 근육이 외부 물체에 대하여 내는 힘을 측정하여 근력을 평가할 수 있다(Sanders and McCormick, 1993).

① 정적 근력

피검자가 고정 물체에 대해 최대 힘을 내도록 하여 평가한다. 이때 근육의 피로를 피하기 위해 지속시간은 대개 10초 미만으로 한다. AIHA(American Industrial Hygiene Association; Chaffin, 1975)의 권장에 따르면, 4~6초 동안 정적 힘을 발휘하게 하면서 순간 최대 힘과 3초 평균 힘의 값을 기록한다. 이 근력 측정치는 자세, 관절 각도, 동기, 힘을 내는 방법 등의 인자에 따라 달라진다. 따라서 수집한 자료의 신뢰도를 높이려면 여러 번 측정해야 하며, 근력 측정치는 한 사람을 하루에 측정하더라도 ±10% 정도 달라진다.

② 동적 근력

가속과 관절 각도의 변화가 힘의 발휘와 측정에 영향을 미치므로 측정하기 어렵다. 발휘하는 노력에 관계 없이 운동 속도를 설정값으로 조절할 수 있는 동적 근력 시험장치가 개발되었다. 이러한 장치에서는 운동속도를 일정하게 유지하면, 측정 중의 가속 영향을 거의 배제할 수 있고, 운동 중의 여러 자세에서의 순간력을 기록할 수 있다.

운동속도는 동적 근력 측정에서 중요한 인자이다. 천천히 움직이면 대개 측정 근력치가 커진다. Pytel과 Kamon(1981)에 따르면, 0.73m/s로 들 때의 동적 근력값은 이보다 약간 빠른 0.93m/s로 들 때보다 50% 정도 크다.

3) 근력에 영향을 미치는 개인적 인자

사람마다 근력은 매우 다양하며, 한 산업 집단에서도 가장 강한 사람의 근력은 가장 약한 사람에 비해 6~8배가 된다(Chaffin and Andersson, 1991). 근력은 개인의 유전적 성질, 신체 치수, 육체적 훈련, 동기 등을 포함하여 여러 가지 인자에 영향을 받으나, 근력이 필요한 직무에서 직무배치 결정과 연관되는 성과 연령의 두 가지 인자만 살펴본다(Sanders and McCormick, 1993).

① 성과 근력

근력에 영향을 미치는 여러 인자 중, 가장 큰 차이가 생기는 원인은 성이다. 여성의 평균 근력은 남성의 평균 근력의 67% 정도이다(Roebuck, Kroemer, and Thomson, 1975). 이것은 평균치이며, 남성에 대한 여성의 특정 근력 평균치는 측정 대상 근육군에 따라 최저 35%, 최고 85%이다.

Chaffin과 Andersson(1991)에 따르면 일반적으로 하지의 들어올리기, 밀기, 끌기 활동에서는 여성의 평균 근력이 남성의 근력과 거의 비슷하다. 어깨에서 팔의 굽힘이나 회전으로 근력을 발휘하는 일은 남성보다 여성이 아주 힘들다. 또한, 남성이나 여성 집단 내에서도 아주 다양하며, 분포 사이에는 상당히 중첩된다는 점이다. 남성보다 강한 여성도 많다.

② 연령과 근력

일반적으로 25~35세 사이에서 최대 근력이 최고치에 도달하고, 40대에는 완만하거나 지각하지 못할 정도로 감소하며, 그 이후 가속적으로 감소한다(Sanders and McCormick, 1993). 일반적으로 나이에 따라 근력이 감소하는 것은 틀림없지만, 근육군에 따라 영향이 다르다. 무릎 펴는 힘과 악력은 감소율이 가장 크지만, 허리통 굽히는 힘과 팔꿈치 굽히는 힘은 감소율이 가장 적다. 31~35세일 때와 비교할 때, 평균적으로 51~55세의 근력은 약 80%, 71~75세일 때는 약 60%이다. 그러나 육체적 훈련에 의해 성인의 근력을 30~40% 정도 증가시킬 수 있다.

4) 근력 자료

표 10-8은 남성 및 여성 작업자의 정적 근력 자료로서, 중앙치, 여성의 제5 백분위수, 남성의 제95 백분위수를 나타냈다(Sanders and McCormick, 1993). 밀기와 끌기 동작이 가장 강하지만, 팔꿈치 각도의 영향을 크게 받으며 150°~180°일 때가 가장 강하다. 또한, 왼손 동작의 힘은 오른손인 경우보다 10% 정도 적다.

표 10-8 정적 근력 자료

신체 관절/설명	여성(백분위수)		남성(백분위수)	
	5	50	50	95
팔꿈치				
굽히기(옆으로 90°)	16	41	77	111
펴기(옆으로 70°)	9	27	46	67
무릎				
굽히기(앉아서 135°)	22	62	100	157
펴기(앉아서 120°)	52	106	168	318
허리통				
굽히기(앉아서 100°)	49	75	143	216
펴기(앉아서 100°)	71	184	234	503

출처 : Strobbe, 1982; Chaffin and Andersson, 1991

10.5.2 지구력

사람이 근육을 사용하여 특정한 힘을 유지할 수 있는 시간, 정적 근력의 유지를 지구력이라 한다면, 누구나 알고 있듯이 지구력은 힘의 크기와 관계된다(Sanders and McCormick, 1993; 박경수, 1996). 사람이 최대 정적 노력을 유지할 수 있는 것은 단시간에 불과하고, 최대치의 25% 정도 이하의 힘은 다소 긴 시간 10분 정도 유지할 수 있다. 따라서 어느 시간 동안 힘을 유지해야 할 때는, 요구되는 힘이 그 사람의 정적 능력보다 상당히 낮아야 한다.

Chapter 11 사용성평가 분석기초 : 생체역학

11.1 인간 운동의 생체역학

생체역학 또는 신체역학은 인간의 신체를 마치 기계처럼 간주하여 신체를 여러 부분으로 나누어 각 부분에 미치는 힘을 역학적으로 계산하여 작업 시에 척추나 특정 부위에 무리한 힘이 미치지 않도록 하는 학문이다(김대식, 2006). 인간은 골격구조, 근육, 신경 계통의 도움으로 믿을 수 없을 정도의 많은 육체적 활동을 할 수 있다(Sanders and McCormick, 1993). 생체역학(biomechanics)에서는 신체의 물리적 움직임의 여러 측면을 다룬다. 물리학의 법칙과 공학적 개념을 이용하여 신체의 여러 부위가 하는 운동과 정상적 일상활동 중에 이러한 신체 부위에 작용하는 힘을 기술한다(Frankel and Nordin, 1980). 동작운동학(kinesiology)에서는 골격계의 구조와 관련하여 인간 운동을 연구한다.

11.1.1 신체 동작의 유형

신체 동작은 움직일 수 있는 관절 주위에서 일어난다(Sanders and McCormick, 1993; 조영일, 1995). 관절은 골격계에서 두 개 이상의 뼈가 만나거나 접합된 점이다. 주로 육체적 활동에 사용되는 관절에는 활액관절(synovial joint)과 연골관절(cartilaginous joint)의 두 가지가 있다.

활액관절에는 경첩관절(hinge joint, 손가락과 무릎), 축관절(pivot joint, 팔꿈치), 구형관절(ball-and-socket joint, 어깨와 엉덩이) 등이 있다. 중요한 연골관절은 척추의 척추골 관절로서, 집단적으로 크게 회전하고 상체를 앞으로 굽힐 수 있다. 관절의 종류에 따라 그림 11-1과 같이 특정 동작을 할 수 있다. 신체 부위가 실행하는 기본 동작을 설명하면 다음과 같다(Jensen *et al.*, 1983).

① **굴곡**(flexion) : 팔꿈치에서 팔굽히기처럼 관절에서의 각도가 감소하는 신체 부분의 동작

② **신전**(extention) : 굴곡과 반대 방향의 동작으로서, 팔꿈치를 펼 때처럼 관절에서의 각도가 증가하는 동작 등을 아취형으로 만들 때처럼, 정상 신전 자세 이상으로 신체 부분을 신전하는 것을 과신전(過伸展, hyperextension)이라 한다.

③ **외전**(abduction) : 팔을 옆으로 들 때처럼 신체 중심선(midline)에서 멀어지는 측면에서의 신체 부위의 동작

④ **내전**(adduction) : 팔을 수평으로 편 위치에서 수직 위치로 내릴 때처럼 중심선을 향한 신체 부위의 동작

⑤ **회전**(rotation) : 신체 부위 자체의 길이 방향 축 둘레에서의 동작, 신체의 중심선을 향하여 안쪽으로 회전하는 신체 부위의 동작을 중전(medial rotation)이라 한다. 손과 전완의 회전의 경우에는, 손바닥이 아래로 향하도록 하는 회전을 회내(pronation), 손바닥을 위로 향하도록 하는 회전을 회외(supination)라 한다.

⑥ **선회**(circumduction) : 팔을 어깨에서 원형으로 돌리는 동작처럼, 신체 부위의 원형 또는 원추형 동작

아래의 분류는 신체 부위의 동작을, 작용하는 근육별로 또는 몸과의 상대적인 운동 방향별로 묘사한 것이며, 여기에도 물론 개인차가 있다.

그러나, 작업을 할 때는 특정한 활동을 수행할 때에는 신체 부위의 동작을 좀 더 실용적으로 묘사할 수 있다. 여러 가지 분류 방법 중 하나는 다음과 같다(박경수, 1995).

① 위치(positioning) 동작

② 연속(continuous) 동작

③ 조작(manipulative) 동작

④ 반복(repetitive) 동작

⑤ 축차(sequential) 동작

⑥ 정적(static) 동작

그림 11-1 여러 유형의 관절 운동

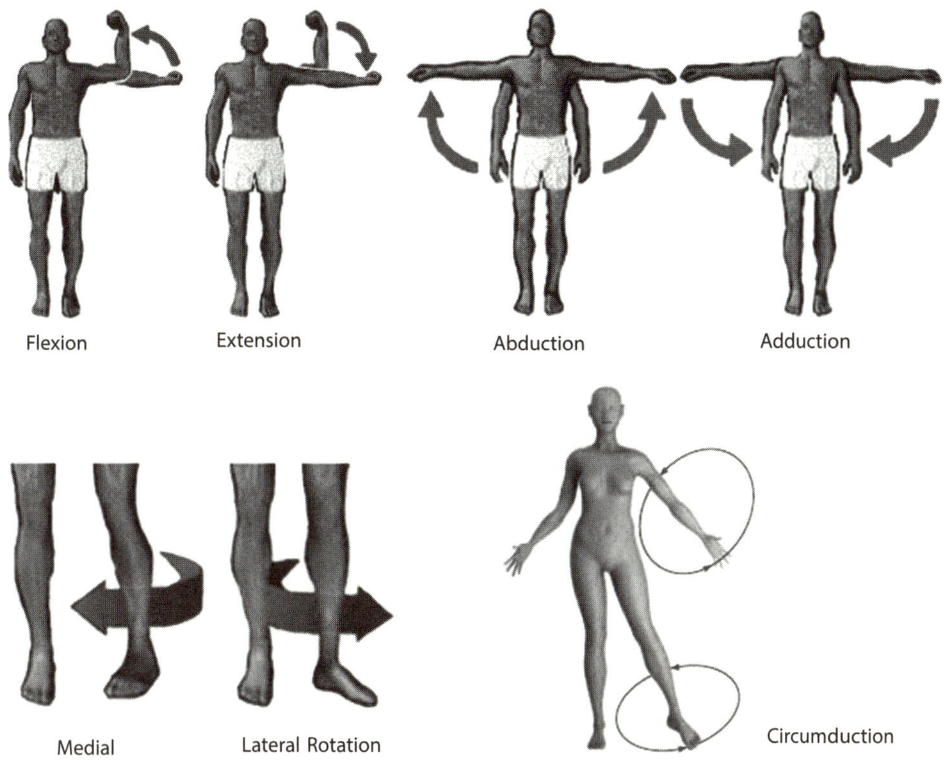

관절운동(joint movement)은 관절의 가동성(mobility 또는 flexibility)을 말한다. 관절의 운동범위, 즉 관절의 가동성은 주로 관절의 최대 각변위를 통하여 측정할 수 있다(권영국, 변승남, 1999).

관절운동의 운동범위는 연령, 성별, 신체 자세, 체중 등에 의해 영향을 받기 때문에 유동적이며 상대적이라고 할 수 있다. 예를 들면 16세 집단은 10세 집단에 비하여 관절운동 범위가 약 10% 정도 감소하며, 성별에 있어서는 여성이 남성에 비하여 관절의 가동성이 높다.

해부학적인 측면에서 관절의 운동범위를 결정하는 요인으로는

① 관절에 접한 뼈의 구조

② 운동을 제한하는 관절 근처의 근육 및 기타 조직의 부피

③ 관절 주위에 있는 근육, 건(腱), 인대의 탄력성에 의하여 결정된다.

무릎(knee; 슬)관절이나 팔꿈치(elbow; 주)관절 등의 단축관절은 단일 평면상에서 단순운동만이 가능하여 거의 운동축이 고정되어 있지만, 어깨관절이나 엉덩이관절 등의 구관절(ball-and-socket joint)은 삼축관절로써 세 개의 운동면 상에서의 운동이 가능하며 또한 수시로 운동축의 위치가 변하기도 한다. 손목관절의 외전과 내전은 시상면 상에서의 각운동이라고 할 수 있다.

발목관절의 경우(그림 11-2), 발등이 경골로 향해 운동하는 것을 배쪽 굽히기 또는 배측굴곡, 발바닥이 경골로부터 멀어지는 운동을 발쪽 굽히기 또는 족저굴곡이라고 부른다. 또한, 손목관절의 경우(그림 11-3)에도 손바닥이 앞팔의 전면을 향해 운동하는 것을 손바닥쪽 굽히기 또는 장측굴곡(palar flexion), 반대로 손등이 앞팔의 후면을 향해 운동하는 것을 배쪽 굽히기 또는 배측굴곡(dorsi flexion)이라 한다. 그러나 일부에서는 발목의 배측굴곡을 발목펴기(ankle extension), 그리고 손목의 배측굴곡은 손목펴기(wrist extension)라고 부르기도 한다.

걷기, 달리기 등의 인체 기본운동(locomotion)은 하지의 고관절, 슬관절, 족관절을 중심으로 하여 이들 관절과 인접한 분절들이 시상면 상에서 굴곡과 신전동작을 연속적으로 반복 수행한 결과라고 말할 수 있다.

척추(spinal column)가 좌우면 상에서 측면으로 휘어지는 동작을 외측굴곡(lateral flexion or tending), 그 반대 동작을 내측굴곡(medial flexion)이라 한다.

그림 11-2 발목관절 운동

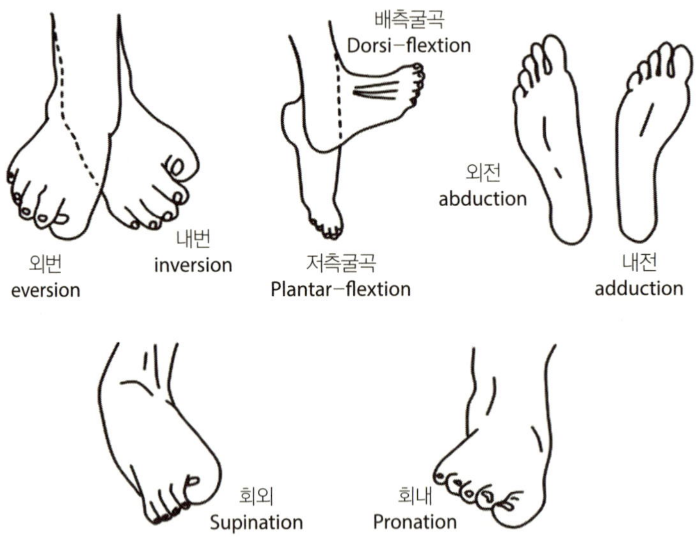

출처 : 조상현 역, 1999

그림 11-3 손목관절 운동

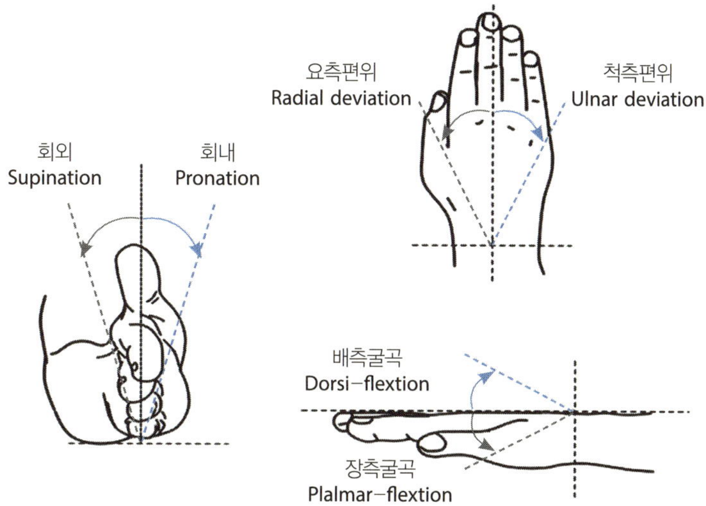

출처 : 조상현 역, 1999

11.1.2 동작범위

동작범위란 그림 11-4와 같이 특정 운동면(관상면(frontal plane), 시상면(sagittal plane), 수평면(horizontal(transverse) plane) 등 대상 부위의 축을 포함하면서 동작의 궤적을 포함하는 평면)을 통하여 관절에서 일어날 수 있는 동작의 양(범위)이다(양성환 외, 2015). 어떤 관절에서의 동작범위는 관절의 골구조, 관절 부근의 벌크(bulk; 근육이나 기타 조직)의 양, 그리고 관질 주위의 근육, 건(tendon), 인대(ligament)의 탄력 등에 따라 달라진다(Sanders and McCormick, 1993). 예를 들어, 상완의 이두근 크기가 증가하면 팔꿈치에서의 굴곡이 제한된다. 이를 근육 제한(muscle bound)이라 한다. 마찬가지로 상체를 앞으로 굽힐 수 있는 능력은 복부에 벌크가 너무 많으면 제한되지만, 근육 때문에 생기는 문제가 아니라, 허리 아래와 다리 위의 근육과 연결 조직이 유연하지 않으면, 무릎을 편 채로 허리를 굽혀서 발가락을 만질 수 없다.

어떤 관절의 동작범위는 근육과 연결 조직을 늘여서 증가시킬 수 있다. 유연하지 않은 근육과 조직은 근육에 동작 저항을 생기게 하므로 이를 극복해야 한다. 이때 피로가 생겨서 지구력이 감소한다. 근육, 건, 또는 인대를 일상적 길이 이상으로 늘일 경우, 비유연성(inflexibility) 때문에 손상될 수 있다. 그러나 유연성을 증가시키면 관절의 안전성이 감소되어, 축구, 레슬링과 같은 운동에서 다칠 수 있다(Jensen *et al.*, 1983).

그림 11-4 동작범위의 운동면(수평면, 관상면, 시상면)

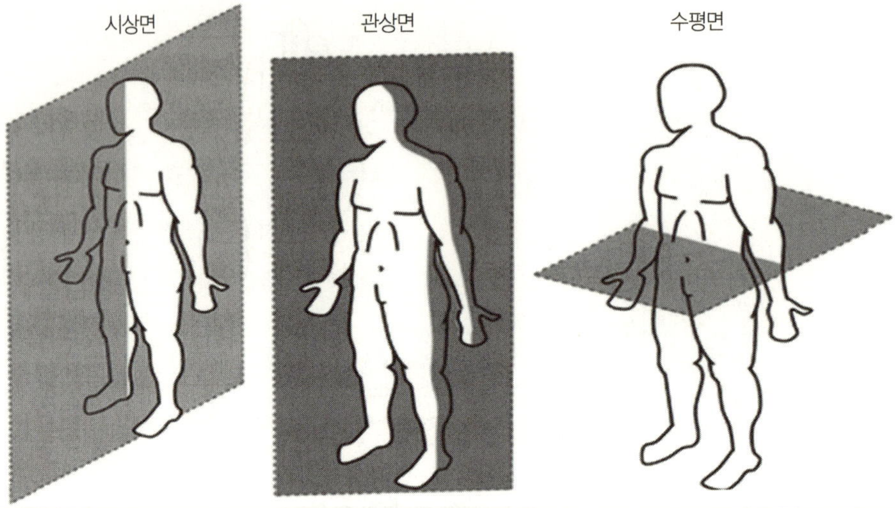

11.2 동작의 반응과 정확도

인간은 어떤 정보를 받아들여서 이를 처리하고 반응한다(양성환 외, 2015). 이것은 인간 행동의 기본적인 입력-조정-출력 모델(input-mediation-output model)이다. 그러나, 이 과정은 실제로 아주 복잡하다. 여기서는 이 모델의 반응(response) 부분을 중심으로 다루려 한다. 일단 앞에서 관절과 운동범위에 관한 것들을 살펴보았다. 그러나, 관절의 유연성뿐만 아니라, 운동의 속도와 정확도 및 제어도 함께 고려해야 한다. 이와 관련된 모든 내용을 다룰 수는 없고, 몇 가지 기본 개념과 특징만을 다루려 한다.

11.2.1 운동 반응

인간은 어떤 목적을 달성하기 위해 운동 반응을 실행한다. 여기서의 목적이란 버튼을 누르거나, 메모를 하거나, 휴지 조각을 쓰레기통에 던져 넣거나 하는 것들이 될 수 있는데, 이러한 목적적 행동과 관련하여 기량(skill)이라는 개념을 함께 생각하여야 한다(양성환 외, 2015).

1) 동작의 종류

운동 반응에 앞서서, 우선 운동 동작의 몇 가지 부류를 살펴볼 필요가 있다. 운동 동작은 다음과 같이 분류될 수 있다(Sanders and McCormick, 1993).

① 독립동작(discrete movement)

한 제어장치를 향해 팔을 뻗거나 컴퓨터 스크린 상의 한 단어를 가리키는 것처럼, 정지 과녁에 이르는 단일동작이다. 시각적 제어 장치를 사용하고나 사용하지 않고 독립동작을 할 수 있다.

② 반복동작(repetitive movement)

하나나 여러 개의 정지 과녁을 향한 단일동작의 반복이다. 예를 들어, 망치로 못을 박거나 컴퓨터 키보드에서 커서 키(cursor key)를 누르는 동작을 들 수 있다.

③ 순차동작(sequential movement)

규칙적 또는 불규칙적으로 배치된 다수의 정지 과녁을 향한 독립동작이다. 예를 들어, 타자하거나 여러 저장소에 있는 부품들을 향해 팔을 뻗는 동작을 들 수 있다.

④ 연속동작(continuous movement)

자동차의 핸들(steering wheel)을 조작하거나 나무토막을 잘라내기 위해 띠톱(band saw)에 맞추는 것처럼, 동작 중에 어떤 종류의 근육 조절이 필요한 동작이다.

⑤ 정지동작(static positioning)

신체 부위를 일정 기간 동안 특정 위치로 유지하는 것으로, 엄격하게 말하면 이것은 동작이 아니고 동작의 결여이다. 가령 납땜질 하면서 한 손으로 부품을 들고 있거나 실을 꿰려고 바늘을 들고 있는 경우를 들 수 있다.

2) 정보의 피드백

출력으로서의 운동 반응은 내부 및 외부 정보의 영향을 받는다. 운동 기량의 고전적 모델에서는 폐회로 제어시스템을 고려하는데, 이 제어시스템은 내부 및 외부 정보에 의한 실제 운동응답과 어떤 설정 목표를 비교한다. 그 비교결과를 바탕으로 목표와 실제 반응의 오차를 감소시키기 위한 새로운 일련의 출력 명령을 발생시킨다(Sanders and McCormick, 1993).

① 감각정보의 역할

감각 정보는 운동 반응의 어느 시점에서 생기는가에 따라 피드백(feedback) 정보와 피드포워드(feedforward) 정보로 분류된다. 즉, 운동 반응 중이나 후에 생기면 피드백 정보이고, 반응을 조절하고 일으키기 전에 생기면 피드포워드 정보이다.

인간의 운동 반응은 빠르게 혹은 느리게 일어날 수 있다(양성환 외, 2015). 빠른 반응에서는 정보의 수용과 반응 사이에 아무런 매개 없이 자동 반사(automatic reflex)가 일어난다. 이 반응은 수정이 불가능하고 시스템에 내장되어 있다는 특징을 갖는다. 느린 반응은 의식적으로 조절이 가능한 수의 행동(voluntary behavior)이다. 특정 요구에 맞추어 수정이 가능하다. 이 두 가지 반응 사이에는 수정이 가능한 정도에 따라 여러 가지 반응이 있다(Sanders and McCormick, 1993).

감각 정보는 운동 반응 조절에서 몇 가지 역할을 수행한다. 첫째, 피드백 역할을 하여, 신체 내에서 적절한 운동 프로그램 설정에 필요한 환경과 상태에 관한 정보를 제공한다. 둘째, 선택 오류를 수정하기 위한 피드백 기능을 한다. 셋째, 실행 오류의 반사적 수정을 시작하기 위한 피드백 역할을 한다.

② 피드백 정보의 근원

인체에는 사지의 동작과 위치 감각, 즉 근감각(kinethesis)에 기여하는 정보를 감지하여 전달하는 여러 감각기(receptor)가 있는데, 근, 건, 관절, 피부조직(cutaneous tissue) 중에 존재한다(Sanders and McCormick, 1993). 근 중의 기본 감각기는 근방추(muscle spindle)인데, 근 길이와 그 변화 속도를 감지하는 고도의 전문 감각기이다. 근방추에 대한 기초 자극은 근이 늘어날 때 생긴다. 이에 대한 응답으로, 늘어나는 작용에 대항한 근출력이 거의 즉각적으로 증가한다. 또한 근방추는 보다 느리고 의식적으로 근 출력을 제어하는 고위 과정에 의해 신경 지배를 받는다.

관절 위치에 관한 정보는 관절 부근에 있는 감각기에서 생긴다고 했지만, 현재는 관절 각도를 코드화하는 것은 관절 감각기가 아니고, 관절이 움직이든 아니든 간에 발사 속도에 영향을 미치는 것은 관절 중의 장력이라고 생각한다. 그러나, 관절 감각기가 코드화하는 정보가 무엇인지는 아직 확실치 않다.

근수축으로 발생되는 근장력에 민감한 것은 건 중의 감각기, 즉 Golgi 건기관(tendon organ)인 것으로 보인다. 이 감각기는 근수축을 방해하며, 근방추와 함께 근작용을 조절하는 역할을 한다. 피부 중의 감각기 역시 관절 위치보다는 관절 동작을 감지하는 역할을 한다.

③ 운동 반응의 제어

Schmidt(1982)는 동작을 느린 동작과 빠른 동작으로 구분하였다. 빠른 동작(fast movement)은 200ms 정도 걸리는 것으로, 공을 차거나 기계의 긴급 정지 버튼을 누르는 동작을 들 수 있다(Sanders and McCormick, 1993; 조영일, 1995). 이러한 동작은 미리 계획을 세운 그대로 진행되도록 하며, 실행 중에 뭔가 잘못되었음을 알았더라도 의식적 조절이 거의 불가능한 경우로, 분명히 나쁜 공인줄 알면서도 헛치는 타자의 동작을 들 수 있다. 한편, 느린 동작(slow movement)은 200ms 이상 걸려서 실행하므로, 여러 가지 감각적 피드백의 안내를 받아서 의식적으로 조절할 수 있는 충분한 시간이 있는 경우로 바늘에 실을 꿰는 동작이다. 빠르고 많이 연습한 운동 반응을 폐회로 및 개회로 이론으로 설명한다.

ⓐ **폐회로이론**(closed-loop theory)

감각적 피드백의 역할을 강조하며, 어떤 행동의 설정 목표와 실제 행동의 영향을 비교함으로써 느리거나 빠른 행동을 조절할 수 있다고 본다(Sanders and McCormick). 이 차이를 오차로 보고 이를 줄이는 방향으로 응답을 변경한다.

Adams(1971)는 동작의 지각적 궤적(perceptual trace)과 진행 중인 응답에서 생기는 감각 피드백을 비교하였는데, 이 폐회로이론은 느린 동작을 설명하는데 적절한 것이다. 인간이 정보를 지각하고 이를 이용하여 응답을 변경하는데 약 200ms가 필요하며 이 시간은 시각적 정보처리를 위한 최소 반응시간(minimum reaction time)과 같다(Schmidt, 1982).

ⓑ **개회로이론**(open-loop theory)

개회로이론에서는 동작 패턴 형성(patterning)에 필요한 모든 정보가 들어 있는 운동 프로그램(motor program)을 강조한다(Sanders and McCormick, 1993). 동작 순서가 시작되기 전에 이 운동 프로그램이 구축된다고 본다.

Klapp, Anderson, Berrian(1973)에 의하면, 응답해야 할 것이 복잡할수록 반응시간(신호 발생과 응답 시작 사이의 시간)이 길어졌다. 즉, 단순 동작일 때보다 복합 동작일 때 운동 프로그램의 구축 시간이 많이 걸린다. 이 결과는, 앞선 응답의 피드백이 처리되기까지 다음 동작이 준비되지 않는다는 폐회로이론과 상반되는 것이다.

Grillner(1985)에 의하면, 선천적 동작 패턴이 학습 동작 프로그램의 기초가 되며, 새로운 동작의 학습은 선천적 동작 조절에 사용되는 신경 장치(neuronal apparatue)를 새로운 양상으로 조합하여 순서를 매기는 방법을 배우는 것이다.

④ 운동 반응의 습득

Schmidt(1982)에 따르면, 상이한 응답을 하는 데는 상이한 운동 프로그램이 필요하다는 것은 지나치게 단순한 개념으로서 두 가지 문제가 있다(Sanders and McCormick, 1993).

첫째, 매 응답이나 응답의 변동마다 상이한 운동 프로그램이 필요하다면, 뇌에는 이 모든 것을 저장할 만한 자리가 없을 것이다. 둘째, 과거에 경험해 보지 못한 새로운 동작이나 행동에 대해서 어떻게 동작 프로그램을 수립할 것인지 불명확하다.

따라서, 이러한 문제를 해결하기 위해, 운동 응답의 모든 세부 내용을 규정하는 모든 운동 프로그램이 있다는 생각을 버리고, 복합수준 또는 체계적 프로그램 작성이라는 관점을 택하는 것이다. 이에 따르면, 행동의 추상적 기술은 높은 수준에 있고, 낮은 수준에서 특정 패턴으로 변환된다(Glencross, 1980 ; Keele, 1981 ; Summers, 1989 ; Shaffer, 1982 ; Schmidt, 1982). 이러한 고위 프로그램을 일반 운동 프로그램(generalized motor program)이라고 한다.

ⓐ 일반 운동 프로그램

일반 운동 프로그램은 여러 상황에서 일반화할 수 있는 명령(instruction)의 집합으로 되어있다고 가정한다(Sanders and McCormick, 1993). 상황에 따라 응답에 맞는 특수 매개변수를 가진 프로그램을 공급함으로써 이를 수행할 수 있지만, 이 일반 운동 프로그램 중에 고정되거나 코드화된 정보가 무엇이며, 프로그램에 어떤 정보나 매개변수를 공급해야 할지에 대해서는 논란의 여지가 많다.

Schmidt(1982, 1984)에 의하면, 일반 운동 프로그램에서 규정할 수 있는 매개변수는 응답의 총괄속도, 이 응답을 실행하는 근육, 응답의 힘과 규모 등이다.

ⓑ 스키마(schema)

일반 운동 프로그램이 숙련 운동 행동 조절 메커니즘이라면, 그 프로그램에 필요한 매개변수 값의 결정 방법을 고려해야 한다(Sanders and McCormick, 1993). Schmidt(1982)에 의하면, 사람들은 과거 경험에 기초하여 추상적 스키마를 만들고 현재 상황에서 작용할 수 있는 매개변수 값을 결정한다. 이 이론에 따르면, 우리가 응답할 때는 다음 네 가지 정보를 간단히 저장한다.

i) 매개변수(parameter) : 금방 완성한 프로그램에 맞는 매개변수 값(힘, 속도 등)을 저장한다.

ii) 동작 결과(movement outcome) : 응답 결과로서 환경에 생긴 결과를 저장한다.

iii) 감각적 결과(sensory consequence) : 응답을 실행하였을 때 응답이 어떻게 느껴지고, 어떻게 보이며, 어떤 소리가 나는가 등을 정한다.

iv) 초기 조건(initial condition) : 응답을 시작하기 전의 초기 조건 역시 기억한다.

인간은 이러한 네 가지 정보를 이용하여 스키마를 개발하거나 수정하며, 새로운 정보로 이 스키마를 일단 갱신하면, 정보는 잊어버리고 갱신된 법칙만 간직하게 된다.

Schmidt는 인간이 개발하는 스키마는 두 가지가 있다고 주장한다.

i) 상기 스키마(recall schema) : 초기 조건과 새로 추가된 특정 매개변수 값을 연관시켜 새롭게 개발되는 스키마

ii) 인식 스키마(recognition schema) : 감각적 결과를 환경 중에서의 동작 결과와 연관시켜 개발하는 스키마. 응답을 제대로 실행하였을 때의 느낌과 실수했을 때의 느낌을 학습한 후, 이 스키마를 이용하여 실행자는 동작을 시작하기 전에 동작 패턴의 예상되는 감각적 결과를 만든다. 실행 중에 시간이 허락한다면 예상 느낌과 실제 느낌을 비교하여 얻은 오류 척도를 이용하여 동작을 수정한다.

이러한 이론이 운동기량 학습 분야에 적용될 수 있다(Sanders and McCormick, 1993). 운동기량의 학습자는 여러 다양한 기본 응답 패턴의 형성에 필요한 다양하고 광범위한 조건에서 동작 패턴을 연습해야 한다. 이를 바탕으로 상기 스키마를 쉽게 개발할 수 있으므로, 실행자가 새롭고 실습하지 않는 초기 조건에 적응하는 데 도움이 될 것이다.

McCracken과 Stelmach(1977)는 단순동작 과업에 대한 연구에서 동작시간을 200ms로 유지하도록 피검자들이 트랙에서 슬라이더(slider)를 움직이게 하였다. 한 집단은 항상 같은 거리를 움직여서 연습시키고, 다른 집단은 네 가지 거리를 불규칙적 순서로 움직여서 연습시켰다. 훈련 후에 이 두 집단 모두 연습하지 않은 새로운 거리에서 과업수행을 시켰는데, 연습 중에는 다양성이 낮은 집단이 다양성이 높은 집단보다 정확한 동작을 하였으나, 새로운 거리에 대해서는 다양성이 낮은 집단의 오차가 다양성이 높은 집단일 때보다 컸다. 또한, 연습 조건에서 다양성의 장점은 성인보다는 어린이를 훈련시킬 때 더욱 크다(Moxley, 1979).

11.2.2 동작속도

상황에 따라서는 시각적 표시나 청각적 표시 등에서 받는 자극에 기초하여 빠른 반응을 해야 한다(Sanders and McCormick, 1993; 조영일, 1995). 즉, 응답시간을 구성하는

성분과 이 성분에 영향을 미치는 변수를 알면, 응답시간이 중요한 상황일 때의 과업과 표시장치의 설계에 도움이 될 것이다.

총응답시간은 반응시간(reaction time)과 동작시간(movement time)의 두 부분으로 나눌 수 있다. 응답시간은 반응해야 할 신호의 발생에서부터 응답을 시작하기까지의 시간이고, 응답을 시작하여 완성하기까지의 시간은 동작시간이다. 예를 들어, 한 버튼에 손가락을 대고 있다가 어떤 소리에 응답하여 누르는 경우 이 버튼을 누르는데 걸리는 시간은 반응시간이고, 실제로 버튼을 누르고 있는 시간은 동작시간이다.

1) 반응시간

많은 동작들이, 바뀌는 신호등이나 청각적 경계 신호와 같은 외부 자극을 계기로 하여 개시된다(박경수, 1996). 자극이 있은 후 동작을 개시하기까지 걸리는 시간은 표 11-1과 같이 여러 종류의 지연의 누적 효과이다(Wargo, 1967).

반응시간은 과업의 성질에 기초하여 단순 반응시간과 선택 반응시간의 두 가지 반응시간으로 구분한다(Sanders and McCormick, 1993).

표 11-1 여러 종류의 지연 누적으로서의 반응시간

감각 수용기(receptor) 지연	1~38ms
피질(cortex)로의 신경 전달	2~100
중앙 처리 지연	70~300
근육으로의 신경 전달	10~20
근육의 잠재 및 작동시간	30~70
반응시간	113~528ms

① 단순 반응시간(simple reaction time)

하나의 특정한 자극만이 발생할 수 있을 때 반응에 걸리는 시간이며, 흔히 실험에서와 같이 자극을 예상하고 있을 때이다(박경수, 2005). 이런 경우 반응시간이 가장 짧으며 전형적으로 0.15~0.2초이고, 특정 감각기관, 강도나 지속시간 등 자극의 특성, 연령, 개인차 등에 따라서 약간의 차이는 있다. 단순 반응시간에 영향을 미치는 변수에는 다음과 같은 것들이 있지만 이에 따른 반응시간 변화는 대개 100ms 미만이다(Sanders and McCormick, 1993 ; 조영일, 1995).

ⓐ 자극 양식(stimulus modality) : 단순 청각 또는 촉각 반응시간은 단순 시각 반응시간보다 40ms 정도 빠르다.

ⓑ 자극 검출성(stimulus detectability) : 점멸등이 아주 희미하면($3cd/m^2$ 이하), 작고

아주 빠른 점멸등에 대한 반응시간은 500ms나 된다. 그러나, 밝기가 3cd/m^2 이상이면, 아주 작고 빠른 점멸등인 경우 단순 반응시간이 200ms로 개선된다.

ⓒ 공간 주파수(spatial frequency) : 수직 격자(grating)에서 공간 주파수가 1cpd에서 16cpd로 증가하면 이를 검출하는 단순 반응시간이 80ms 정도 증가한다.

ⓓ 신호의 대비 또는 예상(preparedness or expectancy of a signal) : 자극이 간혹 생기거나 자극을 예상하지 못 했을 때는 단순 반응시간이 증가한다.

ⓔ 연령(age) : 단순 반응시간은 15~60세 정도에서는 나이에 따라 별로 달라지지 않는다. 이보다 어릴 때는 상당히 느리지만, 60세 이상이라고 보통 이상으로 느려지지는 않았다(Keele, 1986).

ⓕ 자극 위치(stimulus location) : 자극이 시야의 중심에서 나타날 때에 비하여 주변에서 나타나면 응답이 15~30ms 정도 느려진다(Keele, 1986).

② 선택 반응시간(choice reaction time)

몇 가지 자극을 제시하고 이 각각에 대해 상이한 응답을 요구하는 경우의 반응시간이다(Sanders and McCormick, 1993; 조영일, 1995). 별도의 반응을 요하는 가능한 자극의 수가 여러 개이면, 정확한 반응을 결정해야 하는 중앙 처리 시간 때문에 반응시간은 길어진다(박경수, 2005).

실제로 선택 반응시간은 자극 발생 확률의 함수로서, 보다 가능한 사건일수록 빨라진다(Sanders and McCormick, 1993; 양성환 외, 2015). 수가 증가하면 한 대안의 확률이 감소하며, 결과적으로 선택 반응시간이 증가한다. 여러 개의 자극이 서로 다른 확률로 발생하면, 발생가능성이 높은 자극에 대한 반응시간은 짧아지고, 발생가능성이 낮은 자극에 대한 반응시간은 길어진다. 다시 말해 발생가능성이 높은 자극이 발생하면, 미리 이에 대한 반응을 준비하고 있기 때문에 적절한 반응을 찾는 시간이 빨라져서 반응시간이 빠르다. 그러나, 그 반대의 경우에는 예상한 자극이 아니므로, 적절한 반응을 찾는데 시간이 걸리게 된다. 이처럼 선택 반응시간에 영향을 미치는 인자는 자극의 발생가능성 이외에도 많다. 그 인자들로는 자극과 응답의 양립성(compatibility), 연습(practice), 경고(warning), 동작 유형(type of movement), 자극의 수 등이 있다(Karlin and Kestenbaum, 1968; Posner *et al.*, 1973).

2) 동작시간

신호에 따라 동작을 실행하는데 걸리는 시간으로, 동작의 종류와 거리에 따라 다르지만, 조종활동에서의 최소시간은 약 0.3s이다(Wargo, 1967). 이 값을 반응시간 0.2s에 더하면 총 반응시간은 약 0.5s나 된다(박경수, 2005). 동작 완성에 필요한 시간은 동작 성질과 요구되는 정확도에 따라 달라진다(Sanders and McCormick, 1993).

① 동작방향

신체구조의 특성 때문에 더 빨리 동작할 수 있는 특정 방향이 있다. 예를 들어, 팔꿈치를 축으로 한 좌하 또는 우상 방향의 팔동작이 상완과 어깨 작용에 의한 동작일 때보다 시간이 적게 걸리며, 보다 정확하다. 이는 작업장을 설계 시 조립 과업에서 부품통의 위치를 결정할 때 고려되어야 할 요소이다.

② 동작거리와 정밀도

동작거리와 동작 대상인 과녁의 크기에 따라 요구되는 정밀도가 동작시간에 영향을 미칠 것이다. 거리가 멀고 과녁이 작을수록 동작에 걸리는 시간이 길어진다. Fitts(1954; Fitts and Peterson, 1964)에 의하면, 동작시간은 과녁이 일정할 때는 거리의 로그 함수이고, 거리가 일정할 때는 동작거리의 로그 함수이다. 이 사실로부터 현재 사용되고 있는 Fitts 법칙(Fitts' Law)의 수식은 다음과 같다.

$$MT = a + b\log_2 \frac{2D}{W}$$

MT : 동작시간
a, b : 실험 상수
D : 동작 시발점에서 과녁 중심까지의 거리
W : 과녁의 폭

Fitts의 법칙은 머리동작(Radwin, Vanderheiden, and Lin, 1978)과 팔동작(Drury, 1975), 물속에서의 동작(Kerr, 1978), 원격 조절장치에 관한 동작(McGovern, 1974)에 잘 맞는 것으로 입증되었다.

Crossman과 Goodeve(1983), Keele(1968)은, 한 과녁으로 향한 동작은 각각 일정한 시간이 걸리는 부분동작(submovement)의 직렬로 구성된다. 부분동작은 검출된 오차를 감소시키고자 하는 시각적 피드백에 대한 임펄스 응답(impulse response)이다. 동작에서 필요한 정밀도(과녁 폭)는 수정해야 할 횟수에 영향을 미치지만, 이러한 수정에 걸리는 시간에는 영향을 미치지 않는다. 필요한 시간은 약 250ms로 추정된다. 실제로 Fitts 법칙은 200ms 이하인 동작에는 맞지 않는다(Glencross and Barrett, 1989). Gian과

Hoffmann(1988)은 200ms 이하의 동작을 탄도동작(ballistic movement)이라 하였다. 이들의 발견에 따르면 이러한 경우의 동작시간은 동작거리의 제곱근과 선형적 관계가 있다.

3) 동작 정확도

경우에 따라 반응속도보다 정확도가 더 중요한 경우다 있다. 예를 들어, 운전 시 제동 페달을 밟아야 하는 상황에서 가속 페달을 밟는 경우가 있는데, 이 경우 자동차의 고장이나 사고가 발생할 수 있다(Sanders and McCormick, 1993). 이러한 부주의 가속 사고는 근육의 힘을 내는 과정 중의 발의 궤적과 그 동작의 시간조절 사이의 불일치 때문이다.

여기서는 시각적 피드백에 의해 제어되지 않는 동작의 정확도와 떨림(tremor)이 연속 제어에 미치는 영향에 대해 살펴본다.

① 맹목 위치 조정동작

다른 것에 주의하거나 환경이 어둡기 때문에 실행 중인 동작을 볼 수 없는 것을 맹목 위치 조정동작(blind positioning movement)이라 하며, 시각적 피드백에 의해 제어되지 않는다(Sanders and McCormick, 1993). 이는 아주 빠른 동작(0.2s 이내)도 마찬가지지만, 이러한 동작은 시작 전에 미리 프로그램 된다. 여기서는 맹목 위치 조정동작과 아주 빠른 동작의 정확도에 영향을 미치는 인자에 대해 검토한다.

ⓐ **과녁 위치**(target location)

맹목 위치 조정동작의 유형은 다른 곳을 보면서 손이나 발로 제어장치를 더듬는 것과 같은 동작이다(Sanders and McCormick, 1993). 이때 과녁의 크기는 그 위치에 있는 과녁에 대한 평균 오차점수(error score)에 비례한다. 즉, 원이 작을수록 정확도가 좋다. 과녁이 정면에 있을 때 가장 정확하고 옆에 있을수록 부정확하며, 상단보다는 중단과 하단에 있을 때가 약간 더 정확하다. 따라서 제어장치는 정면 부근의 어깨 높이 아래에 배치하며, 측면에 배치하는 것은 정면에 배치하는 것보다 제어장치 사이의 간격을 크게 한다.

ⓑ 동작거리

Brown, Knauft, Rosenbaum(1947)은 피검자가 고정 직선경로를 따라 노브(knob)를 미끌어지게 하도록 하였다. 이 미끄럼동작의 끝 위치에는 등을 설치하고, 등을 끈 어둠 속에서 피검자가 목표하는 끝 위치까지 노브를 움직이도록 하였다. 그 결과 짧은 거리(약 1in 이하)는 과대평가하여 과녁을 지나치고, 긴 거리는 과소평가하여 과녁에 미치지 못하였다. 얼마나 길게 느끼는가는 몸에서 멀어질 때와 몸으로 가까워질 때에 따라 달라졌다. 짧은 거리는 지나치고 긴 거리는 미치지 못하는 것을 거리효과(range effect)라고 한다(Sanders and McCormick, 1993).

ⓒ 동작속도

동작이 너무 빠른 경우 시각적 피드백의 이득을 얻지 못하는 경우는 Fitts 법칙이 맞지 않는다. Schmidt 등(1979)은 이러한 동작에서는 정확도가 움직이는 거리와 동작시간의 선형함수이다. 이 관계를 Schmidt 법칙이라 하는데 수식은 다음과 같다(Sanders and McCormick, 1993; 조영일, 1995).

$$W = a + b\frac{D}{WT}$$

MT : 종점 분산의 표준편차, 정확도의 한 척도로서 유효 과녁폭(effect target width)이라고도 한다.

a, b : 실험 상수

D : 거리

WT : 동작시간

Schmidt 법칙은 거리 30cm 이내에서 140~200ms가 걸리는 동작의 정확도를 잘 나타낸다. 상수 a, b는 오차를 이동선에 평행으로 측정하였는가 아니면 직각으로 측정하였는가에 따라 달라진다. 일반적으로, D/MT가 일정할 때, 200ms 이상 걸리는 동작은 이보다 빠른 동작보다 정확한데, 이는 느린 동작일 경우에는 시각적 피드백을 이용하여 오차를 수정하기 때문일 것이다.

Schmidt 법칙은 최대 능력의 60~70%를 초과하는 힘을 내는 조건에서는 맞지 않는다. 이러한 동작은 특히 이동선에 직각 방향일 경우 실제로 더욱 정확하다.

② 연속 제어동작과 떨림

간판에 칠을 하거나 그림을 그리는 등의 과업에서는 고도의 정확도와 연속 맨손 조절이 필요하다(Sanders and McCormick, 1993). 이러한 동작은 전완을 팔꿈치로 받치고 수평면에서 측방향으로 수행하면 떨림이 적어지면서 정확도가 증가한다.

Mead와 Sampson(1972)은 피검자에게 철필(stylus)을 주고, 네 위치에서 좁은 홈(groove)을 따라 움직이도록 하였는데, 이 홈의 측면에 닿을 때마다 오차 신호가 전기적으로 기록된다. 이 오차는 떨림의 척도로 볼 수 있는데, 수직면에서 안팎으로 움직일 때 상하 떨림이 가장 크고, 수평면에서 좌우로 움직일 때 안팎 떨림이 가장 적었다.

③ 정적 근육조절

정적 근육조절(static muscle control)은 신체나 신체 부위의 이동이 없으므로 신체나 신체 부위의 평형을 유지하려면 일련의 근육이 서로 반대 방향으로 작용해야 한다(Sanders and McCormick, 1993). 그러나, 이러한 균형을 유지하기 위해서는 계속적인 장력 유지가 필요하며, 이는 자세를 조정할 때보다 힘이 더 든다.

예를 들어, 용접 중에 용접봉을 제자리에 들고 있는 것처럼 신체 부위를 정확하게 부동 위치로 유지해야 하는 작업에서는 떨림이 특히 중요하다. 떨림을 줄이는 조건은 다음과 같다.

ⓐ 시각적 기준을 사용한다.

ⓑ 정적 반응에 관여하는 신체나 신체부위를 받친다.

ⓒ 손 위치. 손이 심장 높이에서 상하로 8inch 정도 이내일 때 떨림이 적다.

ⓓ 마찰. 사용하는 장치의 기계적 마찰은 동작에 대한 반대 방향의 저항을 추가하여 떨림을 줄이고, 부분적으로는 신체 부위의 진동 에너지를 줄인다.

11.3 근골격계 질환의 개요

작업 관련성 근골격계 질환(WMSD : work-related musculoskeletal disorders)이란 작업과 관련하여 특정 신체 부위 및 근육의 과도한 사용으로 인해 근육, 연골, 건, 인대, 관절, 혈관, 신경 등에 미세한 손상이 발생하여 목, 허리, 무릎, 어깨, 팔, 손목 및 손가락 등에 나타나는 만성적인 건강장해를 말한다(김유창, 2005).

유사용어로는 누적외상성 질환(CTDs : Cumulative Treuma Disorders), 반복성 질환(RSI : Repetitive Strain Injury), VDT 증후군(Video Display Terminal Syndrome), 직업성 과다사용 질환(OOD : Occupational Overuse Disorders), 견경완증후군 등이 있다(정춘화 외, 2005). 표 11-2는 최근 5년간 근골격계 질환자 발생 현황을 나타낸 것이다(안전보건공단, 2016).

이러한 근골격계 질환의 특성은 다음과 같다(김유창, 2005).

① 미세한 근육이나 조직의 손상으로 시작된다.

② 보통 차츰차츰 발생하지만, 때때로 갑자기 나타날 수도 있다.

③ 초기에 치료하지 않으면 심각해질 수 있고, 완치가 어렵다.

④ 신체 기능적 장애를 유발한다.

⑤ 집단 발병하는 경우가 많다.

⑥ 완전 예방이 불가능하고 발생을 최소화하는 것이 중요하다.

표 11-2 최근 5년간 업무상 질병자 및 근골격계 질환자(요통+신체부담) 발생 현황

구분	2011년	2012년	2013년	2014년	2015년
업무상 질병자	7,247명	7,472명	7,627명	7,678명	7,919명
근골격계 질환자 (점유율)	5,077명 (70.06%)	5,327명 (71.29%)	5,446명 (71.40%)	5,174명 (67.39%)	5,213명 (65.83%)
- 요통	3,724명	3,792명	3,696명	3,204명	2,892명
- 신체부담	1,353명	1,535명	1,750명	1,970명	2,321명

※ 신체부담 : 신체부담작업(반복적인 동작 등으로 인한 근골격계에 부담을 주는 작업) + 수근관증후군

출처 : 안전보건공단, 2016

11.3.1 근골격계 질환 발생 요인

1) 개인적 차이에 의한 요인

① 신체적 적응능력이 떨어지는 고령자(연령)

② 남자에 비해 여성 작업자의 유병률이 더 높다(성별)

③ 사고 경력과 근골격계 질환과 관련된 질병을 가지고 있는 경우

④ 작업경력이 많은 경우

⑤ 작업습관이 부적절한 경우(힘, 자세, 휴식패턴 등과 관련하여)

⑥ 규칙적인 운동을 하지 않는 경우

개인적 차이에 의한 요인들이 근골격계 질환 발생의 한 요인으로 작용한다. 예를 들어, 같은 작업조건에서 여성이 남성보다 근골격계 질환의 발생률이 높다는 것은 알려진 사실이다. 또한 신체조건의 차이에 따라 특정 근골격계 질환의 발생률에 차이가 존재한다는 연구결과도 있다. 하지만 이러한 개인적 차이가 근골격계 질환 발생의 원인이 된다고 하여 이들 요인을 통제하고 관리한다는 것은 불가능한 일이다. 연령이 원인이 된다고 하여 일정 연령대의 사람만 일을 하게 할 수는 없는 일이다. 이 경우 노동강도의 설정기준은 개인별 차이를 충분히 고려한 여유율을 확보하여야 한다.

2) 작업 관련 요인

① 반복적인 동작을 계속적으로 수행되는 작업

② 무리한 힘을 요구하는 작업

③ 부자연스러운 작업 자세를 요구하는 작업(잘못된 작업장 구조)

④ 작업 수행 중 팔이나 팔꿈치, 손바닥 등이 날카로운 면과 접촉

⑤ 추운 환경에서 일하는 작업

⑥ 과도한 진동이 손이나 팔 등에 전달되는 경우(잘못된 공구사용)

⑦ 단조로운 작업내용(단순반복작업)

3) 사회경제적 요인

직무만족도, 작업통제력, 정신적 스트레스와 긴장, 조직적 요인 등 물리적 직업 관련 요인에 비해 상대적으로 계량화가 어려운 요인이다.

① 직업 만족도가 적은 경우, 근무조건 만족도가 적은 경우

② 자신의 작업내용에 대한 의사결정권과 통제의 수준이 없거나 낮은 경우

③ 업무적 스트레스(납기, 긴장을 요하는 작업내용 등)가 높은 경우,

④ 불안전한 고용, 기타 불안전한 심리상태

사회경제적 요인들은 그동안 상대적으로 그 중요성에 비해 소홀하게 취급되어 왔다. 이러한 요인들은 물리적 요인에 비해 직접적으로 근골격계 질환 발생의 원인으로 작용하기보다는 그 위험의 수준을 증폭시키는 것으로 파악되고 있다.

11.3.2 직업 관련성 요인

가장 중요한 원인은 직업 관련성 요인이라는 명백한 사실이며, 개별적인 직업 관련성 요인의 분절과 그에 따른 발생기여도의 계량화작업은 거의 불가능할 정도로 그 발생 구조가 하나의 인자만이 아닌 다양한 인자들이 복합적으로 작용한다는 사실이다(그림 11-5). 과도한 작업강도는 또 다른 스트레스를 유발시키는 요인으로 작용하는 것처럼 다른 근골격계 질환의 발생과 유기적으로 결합되어 있어 어느 하나를 따로 떼어 내거나 소홀히 취급해서는 안 된다는 것이다.

그림 11-5 근골격계 질환의 원인

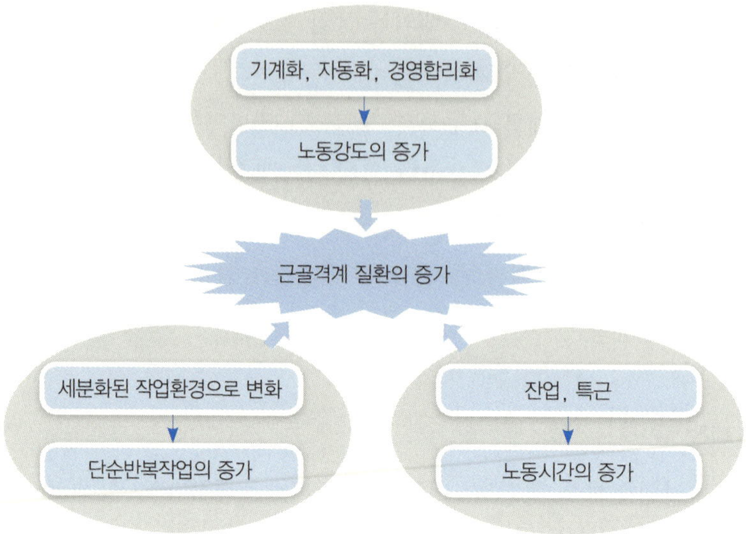

1) 반복동작

반복동작은 관절을 중심으로 이루어지는 동적인 동작일 수도 있으며, 주기적인 근육의 수축도 포함된다. 반복성은 시간주기로 표현할 수 있는데 Silverstein은 30초 이하의 경우를 고반복성으로 정의하였다. 한편 ILO에서는 작업주기가 10초(0.17분) 이하인 경우 근육의 피로를 유발하게 되어 휴식이 필요하며 작업주기가 짧을수록 회복시간은 더욱 길어지게 된다고 보고하였다. Kilborn은 신체 부위에 따른 반복성을 다음과 같이 정의하였다.

표 11-2 신체부위에 따른 반복성의 기준

신체부위	분당 반복 횟수	위험정도
어깨	분당 2.5회 이상(시간당 150회 이상)	고위험
팔꿈치	분당 10회 이상(시간당 600회 이상)	고위험
손목	분당 10회 이상(시간당 600회 이상)	고위험
손가락	분당 200회 이상(시간당 12,000회 이상)	고위험

2) 지속적 작업시간

작업 내용에 따라 30분 내지 1시간 간격으로 휴식이 필요하며, 휴식 시에는 스트레칭 등의 여러 가지 운동 등이 필요하다. 그러나 내용에 관계없이 노동시간만을 생각하는 경우 재해는 필연적으로 속발하게 된다. 단순한 반복작업의 경우 조직에는 극히 미세한 손상(Micro Trauma)만이 발생하며, 이러한 미세 손상은 평상적 동작에서는 조직에 전혀 문제가 되지 않는다. 즉, 우리 몸의 자연치유능력은 이 정도의 미세 손상으로부터 조직을 복원시킴으로써 손가락이나 손목을 수십 년씩 사용하여도 닳거나, 망가지지 않도록 한다. 그러나 이러한 미세손상이 1시간에 수백 번 혹은 수천 번 반복될 경우 자연치유능력은 손상을 회복시킬 틈을 얻지 못한다. 또한 이런 손실이 6개월 이상 지속될 경우에는 미세손상이 누적되어 경우에 따라서는 복원이 불가능한 상태에까지 갈 수도 있을 것이다.

3) 불안정한 작업 자세와 신체적 결함

지속적으로 불안정한 작업 자세를 취할 경우 누적외상성장해의 빈도가 증가하는데, 부위별로 보면 목을 과도하게 구부릴 경우(45° 이상) 또는 옆으로 돌린 자세 등이 질병발생 위험도가 증가하는 대표적인 불안정한 작업 자세라 할 수 있다.

또한 남자가 해야 할 일을 여성이 한다든가, 체력이 약한 사람이 힘든 반복작업에 투입되는 등 근로자 개인의 체력을 고려하지 않은 작업배치 또는 신체적 결함이 하지에 있는 근로자를 기립자세에서의 반복작업에 투입하는 경우 등 신체조건상의 무리가 있을 경우에는 내적 재해뿐만 아니라 외적 재해까지도 유발하기 쉬워지므로 작업공정 여건을 고려하여 배치하고 근로자의 최적 직업 자세를 유지하도록 한다.

4) 무리한 힘이 필요한 작업

무리한 힘을 쓰는 작업(Forceful Exertions)일 경우 많은 근력을 필요로 하게 되고, 결과적으로 인대에 높은 부하가 걸리게 된다. 수근관을 지나는 굴근건(Flexertendon)은 4.5kg 이상의 무게를 다룰 경우 건초염의 빈도가 증가하는 것으로 알려져 있다. 물론 다른 위험 요소가 동시에 작용할 경우 그 질병발생의 빈도가 증가하게 된다.

Silverstein의 연구에서는 반복작업의 경우 위험도가 5배 증가한 반면, 무리한 힘과 반복작업이 동시에 이루어질 경우 그 위험도가 15배 증가하였다고 보고하였다.

5) 작업기술 미숙

숙련도에 따라 작업이 배정되지 않으면 반복작업은 부상과 직결되기 쉽다. 일반작업은 어려운 작업이나 숙련도가 낮은 작업이라도 그때그때 주의를 환기시키며 작업을 할 수 있으나 반복작업은 내용이 간단해도 숙련되지 않으면 사고의 위험이 높다.

6) 보호장비 결여

모든 작업자와 기계는 예방을 위한 보호장비를 갖춰야 한다. 예를 들면, 제조업에서는 경보장치, 제어장치, 보호장치가 있어야 하고, 필요시 장갑이나 안경, 복장 등의 예방장비가 갖춰져 있어야 한다.

7) 작업환경 불량

습도와 온도가 쾌적하지 않고 소음, 진동이 심한 곳에서의 반복작업은 장해발생의 빈번한 요인으로 작용한다.

8) 정신 · 심리적 불안정 상태

가족 또는 근로자 자신의 문제로 심리적 갈등이 있을 때, 또는 몹시 피로하거나 정신적 질병이 있는 경우에도 쉽게 건강문제가 발생되므로 이런 경우 상담을 통한 정신 · 심리적 불안을 풀게 하거나 무리한 작업에서 제외시키는 것이 중요하다.

그러나, 이와 같은 직업적 유발 요인 이외에도 사회적 요인 등의 직업 외적 요인이 영향을 미치는 것으로 알려져 있으며, 여성의 경우 집안에서의 가사노동이 큰 영향을 미칠 수 있어서 직업적 요인에 의한 위험을 정확히 판단하는 것이 매우 어렵다고 할 수 있다. 근골격계 질환은 위와 같은 요인들이 근로자에게 동시에 작용될 때 더욱 큰 영향을 미치게 된다.

또한, 누적 외상성 장해, 경견완 장해 등의 정의에서 설명하고 있는 것처럼 증상의

그림 11-6 근골격계 질환 발생 모델

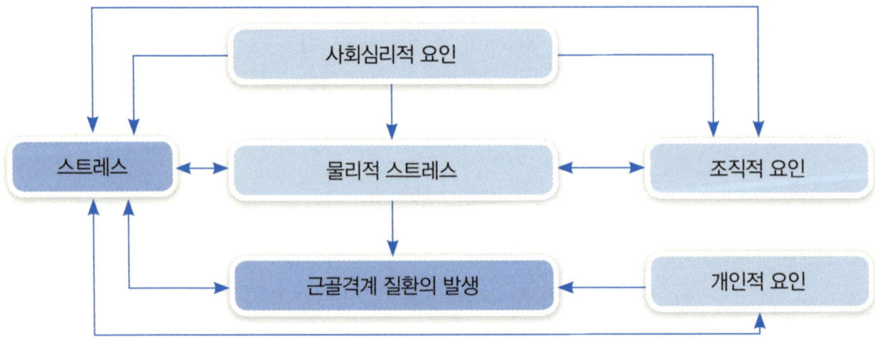

양상이 특징적으로 발생하기보다는 다양한 증상이 동시에 다발하는 복합질환이어서 질환의 원인을 정의하기가 어려운 점 등이 문제해결을 더욱 어렵게 하고 있다.

11.3.3 근골격계 질환 발생가능성이 높은 작업

누적 외상성 장해의 발생 가능 작업은 연마, 프레스, 용접, 절단, 재봉 등의 수작업이 많은 제조업과 가축으로부터 여러 부위의 고기를 발라내는 육류가공업, 전화교환작업, 타이핑을 많이 하는 컴퓨터 관련 자료 입력 작업, 음악가, 트럭운전수 등에서 많이 발생되고 있다.

이러한 작업에서도 특히 컴퓨터와 관련된 작업환경에 대해서는 많은 연구결과 작업환경을 개선시키는 구체적인 대안들이 제시되어 일부 사업장에서는 실제로 뚜렷한 생산성향상 및 의료비 절감이라는 측면에서 많은 효과를 보고 있다. 표 11-3과 11-4는 근골격계 질환 발생가능성이 높은 작업 및 위험 요소를 나타낸 것이다.

표 11-3 근골격계 질환 발생가능성이 높은 작업 및 작업 요인

공통적 위험 요인	작업 내용
• 반복 움직임이 많을 때	• 사이클이 30초 이하이거나, 1교대당 1,000개 이상 작업 등
• 높은 손힘이 요구될 때	• 손에 걸리는 무게가 3.2kg보다 클 때 등
• 부적절한 자세로 하는 작업	• 팔꿈치와 팔을 들어 올림, 손목과 손을 굽히는 작업 등
• 기계적인 스트레스	• 날카로운 테이블 끝에 의지하는 팔이나 손 등
• 높은 정도의 진동	• 진동공구 작업 등
• 극한 온도에의 노출	• 고온 저온에 노출 작업 등
• 장갑을 껴야하는 작업	• 날카로운 칩 취급 작업 등
• 작업장에서 수공구의 사용	• 부적절한 자세로 작업할 가능성이 높은 좁은 공간 작업 등
• 손으로 움켜쥐거나 손끝으로 잡아야 하는 작업	• 부품 조립 작업 등
• 여러 형태로 잡음	• 핀치그립작업 등(파워그립보다 3~4배 많은 힘을 필요로 함)

표 11-4 근골격계 질환 발생가능성이 높은 작업 및 위험 요소

작 업	장 해	작업상의 위험 요소
1. 연마작업	Tenosynovitis Thoracic oulet Carpal tunnel De Quervain's Pronator teres	손목의 반복동작 지속적인 어깨들어올림 진동 꺾인 손목자세

2. 프레스작업	Tendinitis of wrist and shouler De Quervain's	손목의 반복동작 어깨의 반복동작 팔꿈치 꺾기 Pushing control을 위한 손목꺾임
3. 머리 위의 조립 (용접, 페인팅, 자동차 수리)	Thoracic oulet Shouler tendinitis	지속적으로 팔을 들어 올리는 자세 어깨보다 높은 손의 자세
4. 벨트 콘베이어 조립	Tendinitis of wrist and shouler Carpal tunnel Thoracic oulet	전후좌우로 들어올리는 팔의 자세 손목의 반복동작
5. 타이핑, 키펀치, 출납원	Tension neck Thoracic oulet Carpal tunnel	정적이고 제한적인 자세 손가락의 고빈도 동작 꺾인 손목자세 손바닥 압력
6. 재봉사	Thoracic oulet De Quervain's Carpal tunnel	반복적인 어깨 및 손목동작 손바닥 압력
7. 작은 부품 조립 (철사감기, 밴드싸기)	Tension neck Thoracic outlet Wrist tndinitis, Epicondylitis	지속적인 부적절한 자세 꺾인 손목자세와 엄지손가락의 압력 반복적인 손목운동 강력한 손목의 젖힘과 내전
8. 우편배달부	Shoulder problem Thoracic outlet	어깨끈으로 무거운 짐을 나름
9. 음악가	Wrist tendinitis Carpal tunnel Epicondylitis	손목의 반복동작 손바닥 압력 어깨의 반복동작
10. 유리절단작업, 전화교환 작업	Ulnar nerve entrapment	지속적인 팔꿈치 구부림 자세
11. 실내장식작업	Thoracic outlet Carpal tunnel	지속된 어깨의 굽힘 반복적인 손목굽힘
12. 포장작업	Tendinitis of shoulder and wrist Tension neck Carpal tunnel	지속적인 어깨 하중 손목의 반복동작, 과도한 힘
13. 트럭운전사	Thoracic outlet	지속적인 어깨의 들어올림 자세
14. 코어제작	Tendinitis of wrist	반복적인 손목운동
15. 가정부, 요리사	De Quervain's Carpal tunnel	지속적이고 고빈도의 손목동작
16. 목공 및 벽돌작업	Carpal tunnel Guyon tunnel	손바닥 압력
17. 창고작업	Thoracic outlet Shoulder tendinitis	부자연스러운 자세에서의 어깨에 걸리는 지속적인 하중
18. 재료운반	Thoracic outlet Shoulder tendinitis	어깨로 물건을 나름

19. 제재업/건설	Shoulder tendinitis Epicondylitis	무거운 물건을 반복적으로 던짐
20. 육류가공작업	De Quervain's Carpal tunnel	손목의 과도한 힘과 반복동작

11.4 근골격계 질환 발병 및 종류

11.4.1 근골격계 질환의 발병의 단계

근골격계 질환의 증세는 매우 다양하며 구분하기가 애매한 경우가 많으나 특히 통증, 민감함, 쇠약함, 부어오름, 무감각함 등의 증세를 보이게 되는데 이러한 증세는 일반적으로 다음 세 단계로 분류할 수 있다.

1단계 : 작업시간 동안에 통증이나 피로함을 호소한다. 그러나 하룻밤을 지내거나 휴식을 취하게 되면 아무렇지도 않게 된다. 작업능력의 저하가 발생하지는 않는다. 이러한 상황은 몇 주, 몇 달 동안 계속될 수 있으며 다시 회복할 수 있다.

2단계 : 작업시간 초기부터 발생하는데 하룻밤이 지나도 통증이 계속된다.

3단계 : 휴식을 할 때도 계속 고통을 느끼게 되며 반복되는 움직임이 없는 경우에도 발생하게 된다. 잠을 잘 수 없을 정도로 고통이 계속되며 낮에도 작업을 수행할 수가 없게 되며 다른 일에도 어려움을 겪게 된다.

11.4.2 근골격계 질환의 종류

근골격계 질환은 크게 그 발생위치에 따라 세 가지 종류로 나눌 수 있다.

첫 번째는 인대(Tendon : 뼈와 근육을 연결하는 신체구조물)에 발생하는 종류로 건염(Tendinitis), 건초염(Tenosynovitis), 주관절 외상과염(Tennis Elbow), 결절증(Ganglion Cyst) 등이 있는데 그 발생부위는 손가락에서부터 어깨까지 매우 다양하다.

1) 건염

반복하여 움직이거나 구부리거나 딱딱한 표면에 부딪히거나 진동에 의하여 건(Tendon)의 섬유질이 손상되거나 찢어지는 등의 건에 염증이 생기는 질환이다. 건이 점점 두꺼워지거나 울퉁불퉁하거나 불규칙한 표면이 되는 현상이 나타난다. 어깨 부위에 건처럼 건초(Sheath)가 없는 부위에서는 손상되어서 부위가 석회질 화하여 딱딱하게 된다. 증상은 손, 팔꿈치, 어깨 부위가 붓거나 누르면 통증이 있고 힘을 쓸 수 없게 된다.

2) 건초염

손가락의 활액초(Synovial Sheath) 안쪽의 건(Tendon)에 발생하는데 건초(Sheath)는 혈류량이 많아지게 되어 붓고 통증을 느끼게 된다. 건의 표면이 거칠어지게 되며 따라서 감염된 건초 부분이 건에 압력을 가하게 된다. 증상은 손이나 팔이 붓고 누르면 아프다.

3) 회선근개(Rotar Cuff Injury) 손상

4개로 구성된 어깨 회선근개 부위 중 1개 이상 근육의 힘줄에 염증이 발생한다. 증상은 통증을 동반하고 어깨를 움직이는데 장해가 온다.

4) 결절증

관절 부위의 얇은 막이나 건초 부분의 낭종(Cystic Tumor)이나 활액(Synovial Fluid)을 채우고 있는 건초(Tendon Sheath)가 부풀어 오르는 현상을 말한다. 손목의 윗부분이나 요골 부위가 붓거나 혹이 생기기도 한다.

5) 수근 터널 증후군(CTS: Carpal Tunnel Syndrome)

손의 손목뼈 부분의 중심신경(Median Nerve)의 압박에 의한 결과로 나타난다. 건초(Tendon)의 팽창은 손목뼈 관의 공간을 작게 만들어 중심신경을 자극시킨다. 이러한 손목뼈관의 크기는 손목의 굴절(Flexion) 혹은 신전(Extension)할 때나 옆으로 움직일 경우에는 작아지게 된다.

증상은 손목 부위에 감각마비, 쑤심, 욱신거리는 증상이 있고 특히 밤에 통증이 더욱 심하다. 손바닥 안쪽에서는 대부분의 손바닥과 손가락에, 손등 쪽에서는 엄지의 척골 쪽, 검지의 윗부분 두 마디, 약지 등에 영향을 미친다. 따라서 이러한 부위의 감각을 통하여 이 증세의 여부를 알 수 있다. 또한 이 증상은 매우 다양하게 일어날 수 있으나 대부분은 수근관 구조의 정상이 아닌 이상 변화에 의해 발생하여 정중신경에 압박을 주게 되어 결과적으로 통증을 유발시킨다.

6) 주관절 외상과염(테니스 엘보우)

팔꿈치 부위의 인대에 염증이 생김으로써 일어나는 것으로, 증상은 팔꿈치가 붓고 힘을 쓸 수 없을 정도로 통증이 심하다.

① 과도한 피로와 인대의 손상

손의 반복작업에 따른 피로와 노화 과정에 의해서 손목의 힘줄을 둘러싸고 있는 활막액이 자연히 혼탁해지고 점성이 높아지게 되어 염증성 반응이 일어나 신경을 압박하게 된다.

② 뼈의 탈구와 골절

수근골의 탈구, 골절 등의 부상을 당하였을 때나 손목관절염 등의 질병이 발생하여 관내부가 좁아지게 되어 신경을 압박하게 된다.

③ 손목의 부종

수근관을 이루는 조직들이 부어오르면서 손이 붓게 되는데 이러한 증상의 대부분은 임신기간에 흔히 관찰되고 출산 후에 시간이 지남에 따라 자연히 가라앉게 된다.

7) 백색수지증(White Finger)

손 부위에 혈액의 원활한 공급이 이루어지지 않을 경우 발생하는데 손가락이 차지거나, 무감각해지거나, 쿡쿡 쑤시는 증상이 온다. 손가락의 움직임을 마음대로 하지 못하게 되며, 특히 찬 기운이나 진동으로 인한 손가락의 혈관수축이 원인이다. 진동이 있는 도구를 힘을 주어 잡고 사용하는 작업에서 가장 많이 발생한다.

8) 기욘관 증후군(Guyon Tunnel Syndrome)

손목에 위치한 기욘관(Guyon Tunnel Syndrome)을 지나고 있는 척골신경(Ulnar Nerve)의 손상에 의하여 나타난다. 손목의 지속적인 굴절 및 신전행위의 반복이나, 손바닥으로 물체를 두드리는 등의 누적된 충격에 의하여 나타나기도 한다.

일반적으로 신체 부위별에 따른 근골격계 질환의 발생 부위는 그림 11-7과 같다.

그림 11-7 신체 부위별 명칭과 근골격계 질환의 발생 부위

그림 11-8 근골격계 질환의 종류 및 증상

건염(tendinitis)	회선근개(Rotar cuff injury)손상	건초염(Tensynovitis)
인대의 섬유질이 찢기거나 상처를 입어 염증이 발생한다. 증상은 손, 팔꿈치, 어깨의 손상 부위가 붓거나 누르면 통증이 있고 힘을 쓸 수 없게 된다.	4개로 구성된 어깨 회선근개 부위중 1개 이상의 근육의 힘줄에 염증이 발생한다. 증상은 통증을 동반하고 어깨를 움직이는데 장해가 온다.	인대 또는 이들을 둘러싸고 있는 건초(건막) 부위가 부어 오른다. 증상은 손이나 팔이 붓고 누르면 아프다.

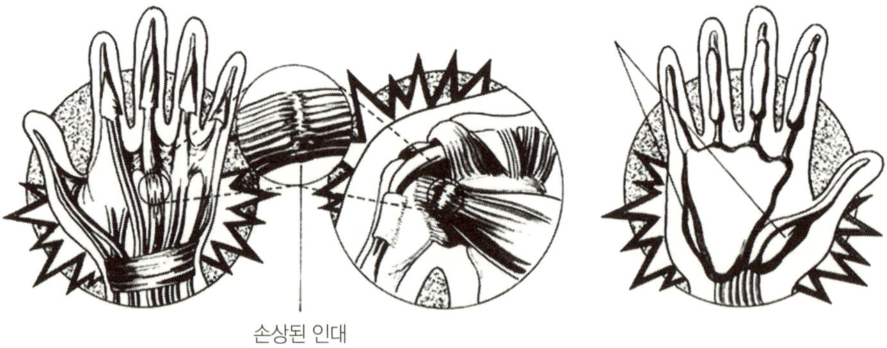

수근관 증후군(CTS)	주관절 외상과염(테니스엘보우)	백색수지증(white finger)
손목을 지나는 정중신경(median nerve)에 심한 압력이 가해짐으로 인해 일어난다. 증상은 손목 부위에 감각마비, 쑤심, 욱신거리는 증상으로 특히 밤에 통증이 더욱 심하다.	팔꿈치 부위의 인대에 염증이 생김으로써 일어난다. 증상은 팔꿈치가 붓고 힘을 쓸 수 없을 정도로 통증이 심하다.	손가락 혈관의 혈액순환 이상 시에 발생한다. 증상은 손가락이 하얗게 되거나 감각이상 혹은 쑤심 등의 통증을 동반한다.

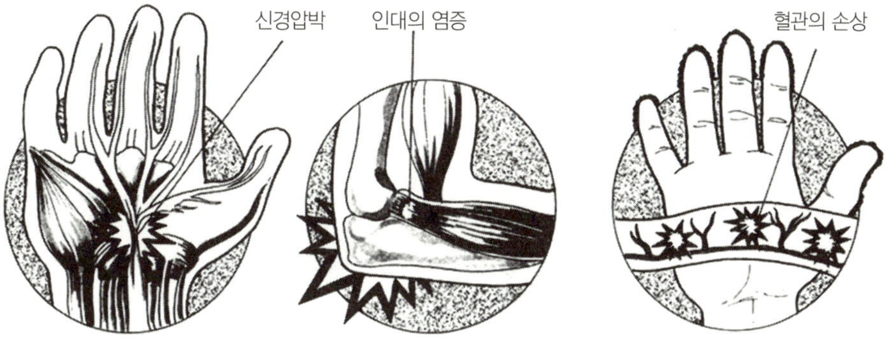

11.4.3 주요 근골격계 질환 발생 원인 및 증상

1) 근막통 증후군

① 원인 : 목이나 어깨를 과다 사용하거나 과도한 굽힘의 자세를 지속적으로 유지

② 증상 : 목이나 어깨 부위 근육의 통증 및 움직임의 둔화

그림 11-9 근막통 증후군의 부위

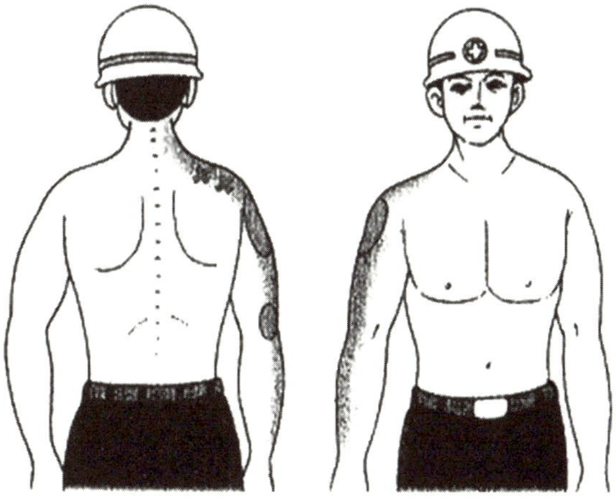

2) 요통

① **원인** : 중량물을 들거나 옮기는 자세 및 허리를 비틀거나 구부리는 자세

② **증상** : 추간판탈출로 인한 신경압박 및 허리 근육 부위에 염좌가 발생하여 통증 및 감각마비

그림 11-10 요통의 부위

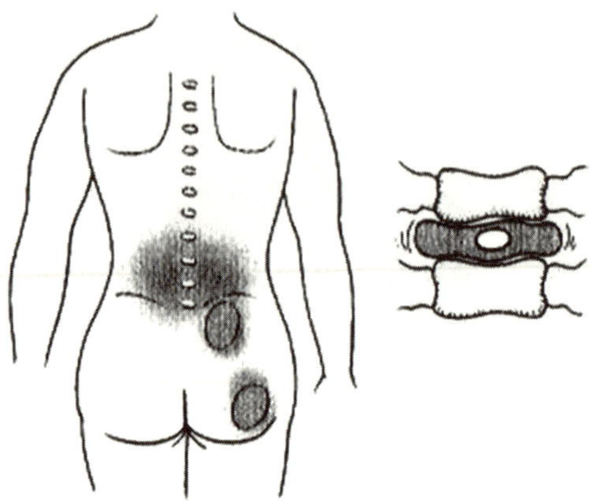

3) 수근관 증후군

① **원인** : 반복적이고 지속적인 손목의 압박 및 굽힘 자세

② **증상** : 손가락의 저림 및 감각 저하

그림 11-11 수근관의 구조 및 수근관 증후군 증상

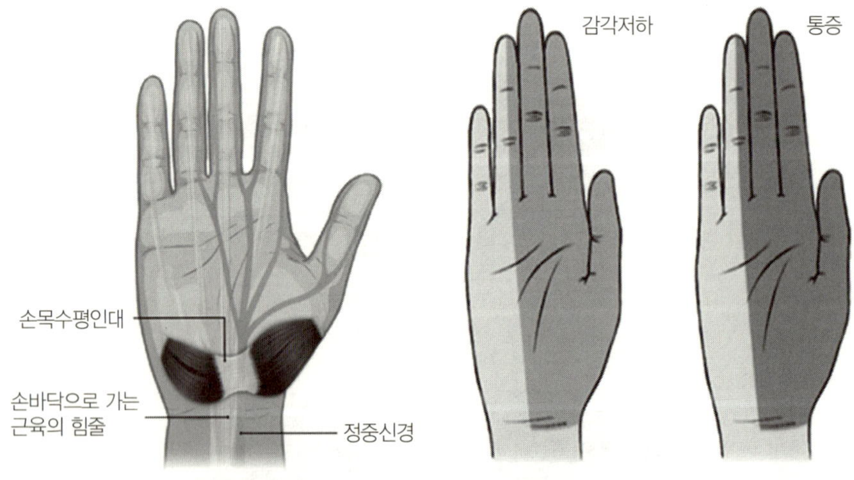

출처 : 보건복지부, 대한의학회

4) 내상 과염, 외상 과염

① **원인** : 과다한 손목 및 손가락의 동작

② **증상** : 팔꿈치 내 · 외측의 통증

그림 11-12 내상 과염, 외상 과염

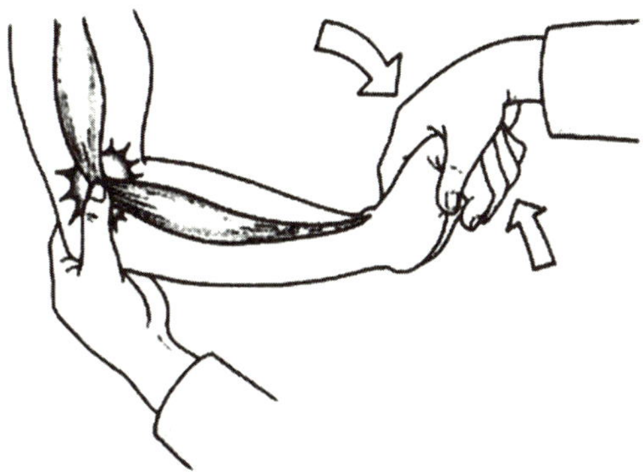

5) 수완 진동 증후군

① **원인** : 진동공구 사용

② **증상** : 손가락의 혈관수축, 감각마비, 하얗게 변함

그림 11-13 수완 진동 증후군

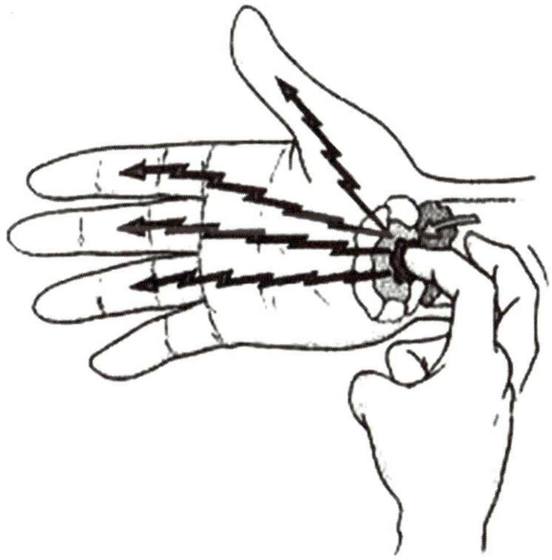

6) 기타 근골격계 질환

① **회전근개염** : 팔을 들어 올리거나 회전할 때 어깨의 통증

② **데꿰벵건초염** : 엄지손가락과 손목의 통증

③ **결정종** : 두드러진 감지 증상은 없으나 신경이나 혈관을 누르면 통증이나 근력약화 등이 나타남

11.4.4 작업종류에 따른 장해 및 원인

사람은 손과 손목을 이용해 다양하고 복잡한 작업을 할 수 있다. 이 손과 손목은 신경과 건(腱), 인대, 뼈, 혈관 등 복잡한 조직으로 되어 있다. 이들 조직 중 어떤 부분은 다음과 같은 것들에 의해 자극과 긴장을 받을 수 있으며, 표 11-5는 장해별 원인 및 대책을 나타냈다.

- 진동공구나 장비
- 반복적으로 비틀림이 있는 손 운동
- 불편한 자세로 손과 손목에 힘을 주어야 하는 작업
- 여러 요인들이 결합된 상태로 힘을 씀

표 11-5 작업종류에 따른 장해별 원인 및 대책(a)

장 해	원인 및 대책
수근 터널 증후군 (Carpal Tunnel Syndrome) 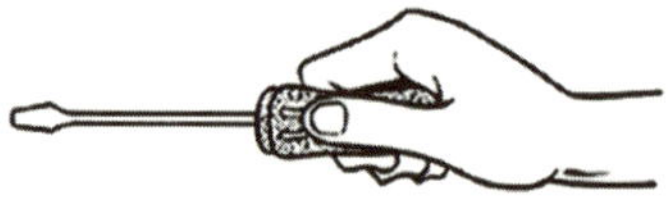	손목의 수근 터널을 통과하는 신경을 압박, 손목의 굽힘이나 비틀림 또는 특별하게 힘을 아래로 가하는 경우 유발될 수 있음
테니스 엘보 (Tennis Elbow) 	팔이나 팔목, 손가락 건(腱)의 과도한 사용
손과 손가락의 통증, 마비, 쑤심, 발진, 악력(쥐는 힘)의 약화, 때때로 증상은 주간에만 나타남	• 유발원 제거 • 손목의 휴식 • 염증예방약 복용

손과 손목, 전박(前膊)의 통증, 부어오름, 허약, 피부의 붉어짐이 나타나며, 손과 손가락이 약화됨	• 유발원 제거 • 휴식 • 의사의 처방이 있으면 찜질 실시
화이트 핑거 White finger (또는 레이놀드 현상이라 부름) 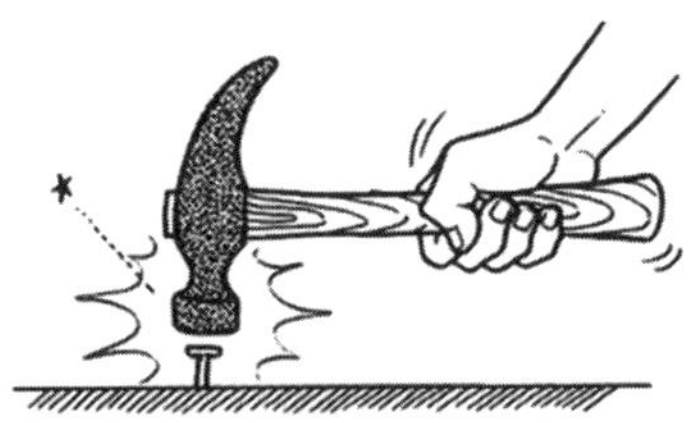	햄머, 체인톱, 로터리 그라인더, 연삭기와 같은 진동기구의 반복적인 사용 손의 혈관에 산소가 공급되지 못하고 혈관이 죽게 될 경우
트리거 핑거 증후군 (Trigger finger Syndrome) 	힘을 주어 손가락을 반복해 구부림. 예를 들어, 방아쇠형 수동기구와 압축공기기구 사용
햄머 증후군 (Hammer Syndrome) 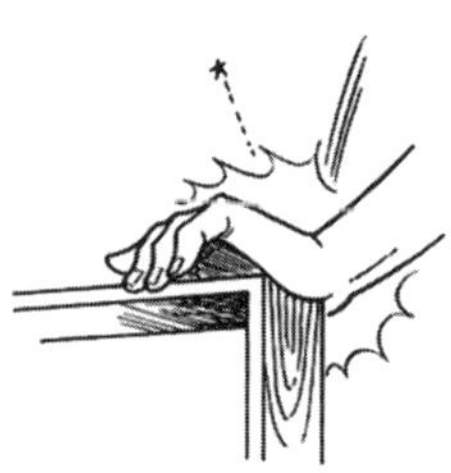	손을 사용해 물체를 침
손과 손가락의 통제능력이 상실되고 마비됨/쑤심/피부가 하얗게 변함/열이나 차가움에 대한 감각을 잃고 통증이 발생	증상을 유발하는 작업을 중지하는 것 이외에는 효과적인 조치가 없음
손가락과 손의 통증, 부어오름, 약화	• 원인의 제거 • 휴식 • 의사의 처방이 있으면 찜질 실시
엄지손가락 기저부분의 손 끝에 통증이 많음/손가락이 마비되며 차가움에 대한 감각이 상실됨	• 원인의 제거 • 휴식 • 의사의 처방이 있으면 찜질 실시

11.4.5 누적 외상성 질환

반복적으로 손이나 팔을 주로 사용하여 작업하여야 하는 몇몇 산업체에서는 누적 외상성 질환(Cumulative Trauma Disorders: CTDs)이 빈번하게 발생하고 하요부 문제보다도 의료비용이 더 많이 들 수 있다(Wickens *et al*, 1998; 이재식 2002). 1980년도 초반 이후 CTD 사례들이 급속히 증가하고 있다. Armstrong과 Silverstein(1987)은 손이나 팔을 자주 사용하여야 하는 작업장에서는 10명의 작업자 중 1명 이상이 매년 CTD를 경험한다는 것을 발견하였다. CTD News(1995)에 따르면, 미국 노동 통계국(U.S. Bureau of Labor Statistics)의 최근 보고서에서는 1993년의 CTD News(1995)는 미국 기업체들이 근로자 보상비용으로 매년 약 74억 달러, 그리고 의료비와 기타 소송비용으로 수십만 달러를 지급하는 것으로 추정하고 있다.

누적성 외상 장애를 기술하는데 몇 가지 다른 용어들이 사용되어 왔는데 그 중에는 누적성 효과 외상(cumulative effect trauma), 반복성 운동 장애(repetitive motion disorders) 그리고 반복성 긴장 상해(repetitive strain injury : RSI) 등이 있다. RSI는 유럽에서 많이 사용되는 용어인 반면 CTD는 미국에서 주로 사용되는 용어이다. 이 모든 용어들은 신체가 반복적이고 장기적으로 긴장과 스트레스에 노출되어 발생하는 누적 효과에 의한 장애들을 주로 강조하고 있다.

1) CTD의 주요 형태

CTD들은 손가락, 손과 손목, 상완(upper arm)과 하완(lower arm), 팔꿈치 그리고 어깨와 같은 상지들의 연 조직(soft tissue) 장애자들이다. 다음은 CTD에서 흔히 관찰될 수 있는 증상들에 대한 설명이다.

① 건관련 CTD(tendon related CTD)

건은 근육을 뼈에 부착시켜 근력을 뼈에 전달한다(Wickens *et al*, 1998). 반복적인 과제를 위해 더 많은 혈액 공급이 필요할 때 근육들은 건에서부터 혈액을 훔쳐갈 수 있는데, 특히 건에 가해지는 긴장의 정도가 증가하는 정적인 작업인 경우에 더 그러하다. 이러한 조건들은 건 통증(tendon pain)을 유발할 수 있다. 건들을 과도하고 반복적으로 사용하게 되면 건이 붓게 되는데 이것은 건염(tendonitis)이라고 알려진 흔한 CTD 중의 하나이다. 건들을 에워싸고 있는 피포들(sheaths)은 건에 필요한 영양분과 윤활액을 제공한다. 이러한 피포들도 부어오르거나 활액(synovial fluid)을 과도하게 분비할 수 있는데, 이것을 건활막염이라고 부른다.

② 신경염(Neuritis)

앞서 언급하였듯이 감각신경과 운동신경들은 근육 속을 드나들며 중추신경계에 근육들을 연결한다. 좋지 못한 자세로 상지를 반복적으로 사용하면 신경이 늘어나거나 뼈와 신경들이 마찰되도록 하여 신경을 손상시킴으로써 신경염을 야기한다. 신경염이 발생한 신체 부위에는 대개 쑤시는 듯한 통증이나 감각이 무뎌지는 증상이 수반된다.

③ 국소 빈혈(Ischemia)

쑤시는 듯한 통증이나 감각이 무뎌지는 증상은 특정 부위에서의 원활하지 못한 혈액 흐름에 의한 국소 조직 빈혈증(localized tissue anemia)이 있는 경우에도 발생할 수 있다. 예를 들어, 수공구들을 조작할 때 손바닥이 손잡이로부터 전달되는 압력을 반복적으로 받게 되면 손가락으로의 혈액 공급이 방해를 받게 되어 손가락에서 국소적인 빈혈 증세가 나타날 수 있다.

④ 활액낭염(bursitis)

활액낭염은 활액이나 점액을 포함하고 있는 주머니인 활액낭(bursa)의 염증이다. 활액낭은 관절 부위에서 볼 수 있고, 건들이 뼈와 마찰되는 것을 방지하여 주기 때문에 관절 주변의 조직들 사이에서 생길 수 있는 마찰 정도를 감소시켜 준다. 활액낭염이 생기면 대개 발생 부위에 통증이 느껴진다. CTD들은 증상뿐만 아니라 발생하는 신체 부위들에 따라서도 분류할 수 있는데 대표적인 부위들은 손가락, 손과 손목, 팔꿈치 그리고 어깨이다.

⑤ 손가락에서의 CTD

진동이 심한 수공구를 반복적으로 장기간 사용하게 되면, 손이 차가운 곳에 노출되었을 때 저리거나 쑤시고 혹은 통증이 느껴질 수 있는데 이것은 "진동성 백랍증(vibration-induced white finger)" 혹은 레이노 현상(Raynaud's phenomenon)으로 알려진 일종의 질병이다(Wickens *et al.*, 1998). 손가락으로 날카로운 모서리들을 지나치게 힘을 주어 잡거나, 권총처럼 생긴 수공구를 집게 손가락으로 반복적으로 사용하게 되면, "트리거 핑거(trigger finger)"라고 하는 증상이 발생할 수 있는데 이것은 손가락을 일단 굽힌 다음에는 자체의 힘으로 다시 펴지지 않는 증상이다. 엄지 손가락을 과도하게 휘는 것도 엄지 손가락 동작의 장애를 유발할 수 있는데 이것은 "사냥터지기의 엄지 손가락(gamekeeper's thumb)"이라고 알려져 있다.

⑥ 손과 손목의 CTD

수근관 증후군(carpal tummel syndrome: CTS)은 손목이나 손에 영향을 주는 흔한 CTD의 일종이다. 몇 가지 유형의 연조직들은 수근관이라고 알려진 손목의 좁은 채널을 통과한다. 손가락의 움직임은 전완에 있는 근육들에 의해 통제되는데, 이 근육들은 수근관을 통과하는 긴 건들에 의해 손가락과 연결된다. 신경과 혈관도 손과 전완 사이의 수근관을 통과한다.

CTS는 여러 가지 직업적 원인들에 의해 발생하는데 대표적인 원인들에는 지나치게 급작스럽거나 반복적으로 손을 움직이는 것, 손목을 구부린 채 반복적으로 작업하는 것, 손이나 손목을 장시간 고정된 형태로 작업하는 것, 손바닥에 압력이 가해지는 경우, 혹은 손이 진동에 반복적으로 노출되는 경우 등이 포함된다.

⑦ 팔꿈치에서의 CTD

전완에 있는 많은 근육들은 팔꿈치에서부터 시작되며, 따라서 손목의 활동은 팔꿈치에 영향을 줄 수 있다. 반복적인 망치질과 같이 손목을 무리하게 반복적으로 사용하면 팔꿈치의 바깥쪽에 있는 신근(extemsor muscle)에 영향을 주어 건에 염증을 유발하는데, 이것이 흔히 "테니스 엘보우"혹은 상완골외 상과염이라고 알려진 증상이다. 팔꿈치의 안쪽에 있는 굴근(flexor muscle)들이나 이들과 연결된 건들이 손상되는 경우의 증상은 골프 엘보우 혹은 상완골내 상과염이라고 불린다. 팔꿈치에서의 CTD 중 잘 알려진 또 하나는 "전화 교환수의 엘보우"라고 불려진 증상으로 이것은 작업자들이 책상이나 용기의 날카로운 모서리에 팔꿈치를 두어야 하는 작업장에서 종종 볼 수 있다. 날카로운 모서리로부터 압력이 계속 팔꿈치에 전달되면 신경을 자극하여 새끼 손가락 주변에 통증이나 마비 증상을 야기한다.

⑧ 어깨에서의 CTD

손을 빠르고 반복적으로 움직인다거나 손을 들어올린 채 작업하는 경우(특히 손을 어깨 높이보다 더 높이 들고 작업하는 경우)에 어깨에 통증이나 상해를 가져올 수 있다. 이러한 활동 유형들은 어깨에 건활막염이나 활액낭염과 같은 CTD를 야기할 수 있는데, 이러한 증상들은 견관절 증후군(impingement syndrome), 회선근개염(rotator cuff irritation), 스위머스 쇼울더(swimmer's shoulder) 혹은 피처스 암(pitcher's arm) 등과 같은 이름으로 알려져 왔다.

2) CTD의 원인과 대처

CTD들은 반복적 운동, 과도한 힘의 사용, 부자연스러운 자세, 장시간의 정적인 자세, 빠른 동작, 진동, 추운 환경, 그리고 연조직들에 대한 공구나 날카로운 모서리의 압력 등과 같은 원인들에 의해 발생한다(Wickens *et al.*, 1998).

손이나 손가락의 빠르고 반복적인 동작은 건들을 자극하고, 건들을 둘러싸고 있는 피포들이 활액을 과도하게 분비하도록 하여 건활막염이나 활액낭염과 같은 증상들을 야기한다. 이러한 문제들은 힘을 과도하게 발휘하여야 하는 작업을 할 경우에 더 발생할 가능성이 높은데 그 이유는 이러한 작업을 할 때 근육과 건들의 긴장 정도가 증가하기 때문이다. 팔목을 굽혀야 한다거나, 팔꿈치나 어깨를 높이 들어올려야 하는 것과 같은 부자연스러운 관절의 자세는 연조직들에 하중을 주거나 연조직들을 잡아당김으로써 뼈에 연결된 건들을 억압하여 서로간의 마찰 정도를 증가시킬 수 있다. 손바닥으로 공구의 짧은 손잡이를 잡고 있어야 한다거나, 손으로 뾰족한 대상을 쥔다거나 혹은 날카로운 모서리에 팔꿈치를 기대는 것과 같은 것은 혈류의 흐름을 방해하고 신경들을 자극할 수 있는데, 이것은 진동이 심하거나 추운 환경에서도 발생할 수 있다. 한 가지 작업 상황에서 이러한 요인들은 때로 여러 형태로 결합될 수도 있으며, 따라서 CTD에 대한 위험 가능성도 증가시킨다.

직업적 요인들 외에 다른 요인들도 CTD의 원인들로 확인되었는데, 관절염, 당뇨병, 말초 순환계 장애와 같은 병력이 있는 사람들은 CTD의 가능성이 훨씬 더 크다. 또한 CTD는 손이 작거나 손목이 가는 사람들에게서 더 많이 보고된다. 임신, 폐경기(menopause) 그리고 경구용 피임약을 사용하는 것과 CTD의 가능성은 밀접한 관계가 있는 것으로 밝혀졌는데, 이것은 왜 여성이 남성에 비해 CTD에 더 취약한지를 부분적으로 설명해주는 결과이다. 연령에 따라서도 CTD의 가능성에 차이가 있는데, 나이가 많이 든 사람이 CTD의 가능성이 더 높다. 특히 노령층 중에서 전반적인 건강 상태가 좋지 못한 사람들은 CTD의 가능성이 더 높다. 또한 직무만족, 자존감, 불쾌감에 대한 인내심 등과 같은 사회심리적인 요인들도 한 개인의 CTD에 대한 취약성을 결정하는 중요한 요인들이다.

또한, 작업자의 인체측정 특성에 근거하지 않고 작업장이 설계되면, 작업자들이 부자연스러운 자세에서 작업을 해야 하는 경우가 발생한다. 예를 들어, 작업 표면의 위치가 너무 높으면 손이나 팔을 높이 든 상태에서 작업해야 하고, 작업 공간이 너무 좁으면 작업자들은 다른 동작을 하지 못하고 정적인 자세에서 작업해야 할 것이다. 또한 시간 디스플레이들이 너무 높거나 낮은 곳에 설치되어 있다면 목이나 어깨에 통증이 생길 수 있을 것이다. 따라서 인체측정 특성에 부합하는 작업장 설계는 작업관련 CTD를 방지하는 가장 중요한 방법 중의 하나이다.

자동화된 장비들, 보조장치들의 제공, 작업도구들에 대한 신중한 설계와 같은 것들도 CTD의 가능성을 감소시켜 줄 수 있다. 예를 들어, 고도로 반복적인 작업이나 힘을 많이 발휘해야 하는 작업들은 가능하면 자동화하는 것이 바람직하다. 팔의 무게를 지탱해 줄 수 있는 팔걸이를 제공해 주면 팔꿈치나 어깨에 주어지는 하중을 감소시킬 수 있다.

3) 수공구 설계

수공구는 어디서나 볼 수 있다(Wickens *et al.*, 1998). 스크루드라이버, 톱, 망치, 펜치, 가위, 포크, 나이프, 젓가락 등은 일상생활에서 수 백만 명이 사용하는 수공구의 극히 일부에 지나지 않는다. 그러나 잘못 설계된 수공구들은 작업 수행 자체를 위험하게 하거나 생산성을 떨어뜨릴 뿐만 아니라 CTD의 주요 원인이 되기도 한다. 아래는 CTD의 가능성을 감소시킬 수 있는 수공구 설계를 위해 개발된 네 가지의 지침들에 대한 것이다.

① 손목을 굽히지 않도록 설계하라.

수공구들을 사용할 때, 손목은 굽혀지거나 뒤틀리지 말고 곧은 상태를 유지해야 한다. 다시 말해 수공구를 사용할 때는 손, 손목 그리고 전완이 일직선으로 배열되는 것이 좋다.

어떤 특정 과제 상황에서 손잡이가 곧게 되어 있는 수공구는 손목이 휘도록 하는 자세를 요구하는 반면 구부러진 손잡이를 갖는 수공구는 작업자가 손목을 곧게 유지하고 작업할 수 있도록 해준다.

② 수공구의 형태를 잡기 쉽도록 하라.

손바닥의 중앙은 가해지는 힘에 매우 취약하다. 왜냐하면 이 영역에 내신경(median nerve), 동맥 그리고 손가락 굴건(flexor tendons)의 활막(synovium)이 위치해 있기 때문이다. 공구의 손잡이들이 가해지는 힘이 손바닥의 양쪽과 손가락으로 분산될 수 있도록 충격 흡수용 패드를 덧대거나 길이를 충분히 길게하고 손잡이의 곡률(curvature)이 작도록 해야 한다.

③ 손잡이의 파악범위(grip span)를 적당하게 하라

악력(grip strength)은 손잡이를 잡는 폭, 즉 파악범위와 밀접한 관계가 있다. 손잡이의 파악범위는 수공구의 두 손잡이가 벌어졌을 때 손이 접촉하는 두 지점 사이의 거리이다. 남성의 악력은 여성의 악력의 대략 두 배 정도이고 남성과 여성 모두 파악범위가 약 7~8cm인 경우에 최대의 악력을 발휘할 수 있다.

스크루드라이버와 같이 손잡이가 둥근 경우에 파악범위는 손잡이의 직경이다. Ayoub과 Lo Presti(1971)는 원형으로 된 손잡이에 대한 최대 악력은 파악범위가 약 4cm일 때라는 것을 발견하였다. 일반적으로 손잡이의 직경은 4~5cm를 넘어서는 안 되고, 엄지와 다른 손가락들이 약간 겹쳐질 수 있도록 해야 한다.

④ 손가락(혹은 장갑을 착용했을 때)의 동작 여유 공간을 제공하라.

손가락이 동작할 수 있는 여유 공간은 대상을 제대로 잡았다는 것을 확인하기 위해 그리고 손가락이 다른 물체에 끼이거나 압착되는 것을 방지하기 위해 요구되는 조건이다. 마찬가지로 추운 작업환경에서나 위험한 물질을 다루기 위해 작업자들이 장갑을 착용해야 한다면, 장갑을 끼고 동작하는 데 충분한 여유 공간을 제공해 주어야 한다. 장갑을 착용해야 한다면, 장갑을 끼고 동작하는 데 충분한 여유 공간을 제공해 주어야 한다. 장갑을 착용하면 손의 감각이나 운동능력이 감소되기 때문에 도구를 놓친다거나 실수로 옆에 있는 장치들을 작동시키지 않도록 공구나 직무를 설계할 때 추가적인 주의가 요구된다.

Chapter 12 사용성평가 사례 연구

본 장의 사례 연구는 한국보건산업진흥원 고령친화산업지원센터에서 진행한 고령친화제품의 사용성평가와 관련한 사례를 살펴보고자 한다.

고령친화제품의 사용성평가의 목적은 국내 고령친화제품 제조업체가 영세하여 제품에 대한 평가 및 개선 관련 연구환경 등이 미흡, 영세업체에 대한 제품개발 및 평가지원을 위하여 실시되고 있으며, 제품에 대한 사용자 중심의 평가를 수행, 근거 중심의 제품 개선 방안을 제시함으로써 고령친화제품 품질경쟁력 제고 및 소비자 만족도 향상하는 것을 주요 목적으로 하고 있다.

또한, 고령친화제품에 대한 사용정보 및 고령자 인체특성 정보를 축적하여 고령친화산업 육성 정책 기반자료로 활용하고, 고령친화제품 제조기업을 대상으로 제품에 대한 실 사용자 중심의 평가를 통하여 제품개선 방안을 도출하고 이를 제품설계 및 개선에 반영함으로써 품질 경쟁력 제고 및 소비자 만족도 향상을 위하여 실시하고 있다.

일반적인 사용성평가 절차는 (1) 대상 제품의 선정, (2) 사용성평가 계획수립, (3) 사용성평가 지표개발, (4) 사용성평가 수행 및 분석, (5) 개선 방안의 도출 순으로 수행된다. 본 사례에서는 사용성평가 지표개발과 개선 방안의 도출을 제외한 나머지 내용을 다루었다.

그림 12-1 사용성평가 지원절차 및 결과 활용

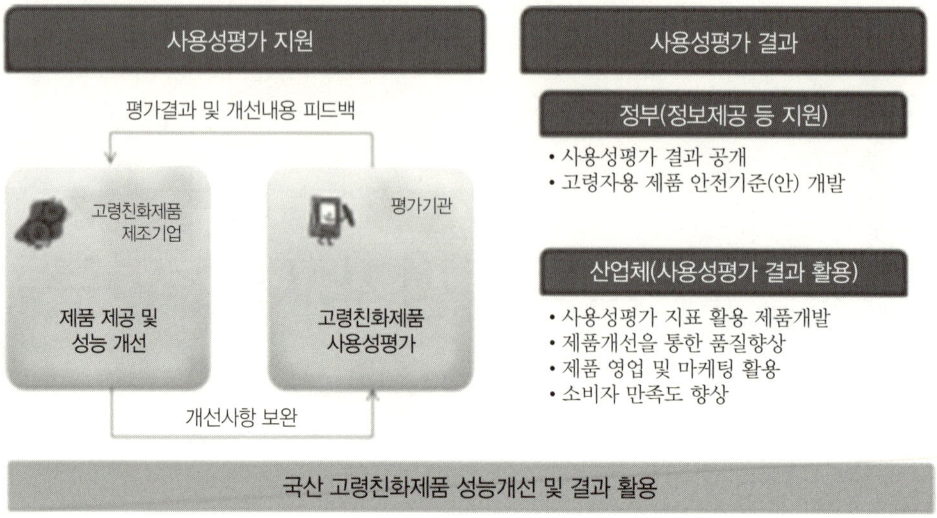

12.1 대상 제품의 선정

고령친화제품의 시장규모 또는 파급효과, 고령자의 안전성 여부, 고령친화제품 사고 사례, 사용성평가의 용이성 등을 고려하여 선정함을 원칙으로 하고 있으며, 고령친화제품 사용성평가 대상 품목 선정을 위한 수요조사 등을 통하여 대상 제품을 선정하였다.

본 사례에서는 고령자들이 많이 사용하는 고령자용 지팡이의 사례를 살펴보고자 한다. 기업체와 관련된 정보는 모두 삭제하였다.

12.2 사용성평가 계획수립

사용성평가를 위한 처음 단계인 계획의 수립과 관련하여 본 사례에서는 고령자용 지팡이와 관련하여 시나리오를 통한 제품의 사용성평가와 생체역학평가를 통한 제품 사용성평가를 병행하였다.

12.2.1 생체역학 평가

표 12-1 사용성평가 대상 동작 및 생체역학 정보

제품	대상 동작		생체역학 정보
고령자용 지팡이	사용 유	지팡이 및 평지보행 (안전성을 유지하면서 지팡이의 제어력과 추진력이 생성되는 동작)	수직지면반력, 충격량
	사용 무	평지 보행	

피실험 대상은 지난 3년간 근골격계 질환으로 인한 병력이 없는 부산지역 65세 이상 여성노인 10명 대상으로 하였으며, 생체 정보를 획득하기 위하여 Oqus-300(Qualisys, Sweden), 적외선카메라 6대와 9260AA(Kisler, Switzerland), 지면반력기 2대와 Trigno (Delsys, USA), EMG 1대 등을 사용하여 평가하였다.

12.2.2 고령자대상 설문조사

고령자용 지팡이 체험 코스를 이용하여 고령자 대상 30명을 대상으로 실시하였다.

12.3 사용성평가 수행 및 분석

12.3.1 생체역학적 평가 수행 및 분석

1) 고령자용 지팡이 보행 및 맨손 보행

대상자들은 맨발로 자연스럽게 자신의 선호속도로 지팡이(3품목)를 우세손(오른손)으로 파지하고 또는 맨손으로 평지를 3회 보행하도록 하였으며, 지팡이 이벤트는 접지 지팡이 완전(完全)접지-지팡이 이지-왼발 접지-왼발 전족접지-왼발 이지이고, 평지 보행 이벤트는 오른발 접지-오른발 전족(全足)접지-오른발 이지-왼발 접지-왼발 전족접지-왼발 이지로 구분하였다. 또한, 지팡이와 발이 지면반력기가 접지하는 저지국면의 저지력(breaking force)과 이지하는 추진국면의 추진력(propulsive force)의 최대치 및 전 국면의 충격량을 도출하였다.

그림 12-2 고령자용 지팡이 사용 보행

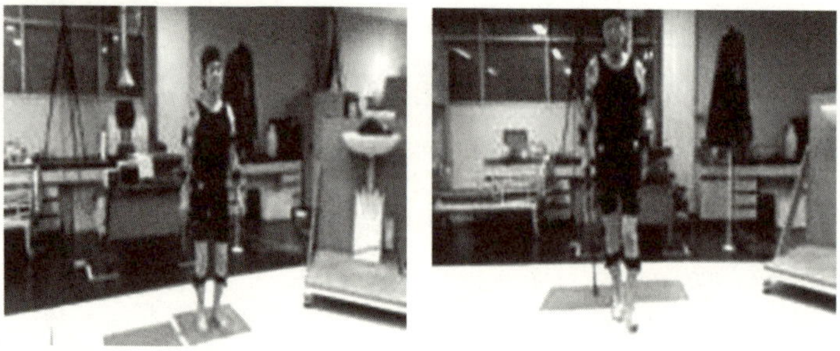

그림 12-3 다족 고령자용 지팡이 사용 보행

2) 지팡이 보행 시 지팡이 사용 유 · 무측과 맨손의 최대 수직제지력과 최대 수직 추진력 결과

지팡이 품목별 최대수직력을 살펴보면, 평지 지팡이 보행 시 A제품 사용측의 추진력과 제지력은 무사용측과 비교하여 약 13%(0.12/0.95)와 약 26%(0.09/0.35)로 나타나고, 맨손 보행 시의 우측발과 비교하면 약 12%(0.12/0.99)와 약 18%(0.09/0.49)로 나타났다. 그리고 B제품 사용측의 추진력과 제지력은 미사용측과 비교하여 약 11%(0.11/1.04)와 33%(0.11/0.33)로 나타나고, 맨손 보행 시의 우측발과 비교하면 약 11%(0.11/ 0.99)와 약 22%(0.11/0.49)로 나타났으며, 또한, C제품 사용측의 추진력과 제지력은 무사용측과 비교하여 약 12%(0.10/0.86), 31%(0.09/0.29)로 나타나고, 맨손 보행 시의 우측발과 비교하면 약 10%(0.10/0.99)와 약 18%(0.09/0.49)로 나타났다.(표 12-2, 그림 12-4).

지팡이 품목 간 추진력은 A제품이 크게(0.12), 제지력은 B제품이 크게(0.11) 나타났으며 지팡이를 사용치 않은 경우와 비교하면 각각 약 13%(0.12/0.93)와 약 33%(0.11/0.33)이었으며, 맨손 보행시와 비교하여 각각 약 12%(0.12/0.99)와 약 22%(0.11/0.49)로 나타났다. 그리고 외족에서는 제지력이, 다족에서는 추진력이 크게 나타난 것은 다족인 경우는 지팡이의 밑면적이 크고 발이 앞부분에 2개 부착되어 있기 때문이다. 그러나 지팡이의 종류에 관계없이 제지력과 추진력은 유사하게 나타난 것은 실험 대상자가 65세 이상 전기노인 범주에 속하여 실제로 지팡이 보행을 하지 않기 때문이라고 생각되며 그럼에도 불구하고 지팡이 미사용측과 비교하여 지팡이 사용측의 추진력은 약 12%와 제지력은 약 30%로 나타났다. 이러한 현상은 실험 대상자가 전기노인 일지라도 지팡이의 사용이 신체를 지탱하는 데 매우 유용한 도구임을 시시한다.

표 12-2 지팡이 유 · 무에 따른 최대 수직제지력과 최대 수직추진력

(M±SD, 단위: N/BW)

구분	왼발(지팡이 무)		오른발(지팡이 유)		비고
	제지력	추진력	제지력	추진력	
A	0.35 (±0.11)	0.95 (±0.10)	0.09 (±0.03)	0.12 (±0.04)	
B	0.33 (±0.10)	1.04 (±0.10)	0.11 (±0.05)	0.11 (±0.04)	
C	0.29 (±0.10)	0.86 (±0.08)	0.09 (±0.04)	0.10 (±0.05)	
맨손	0.58 (±0.12)	0.91 (±0.18)	0.49 (±0.13)	0.99 (±0.08)	지팡이 무

그림 12-4 지팡이 유 · 무에 따른 최대 수직제지력과 최대 수직추진력

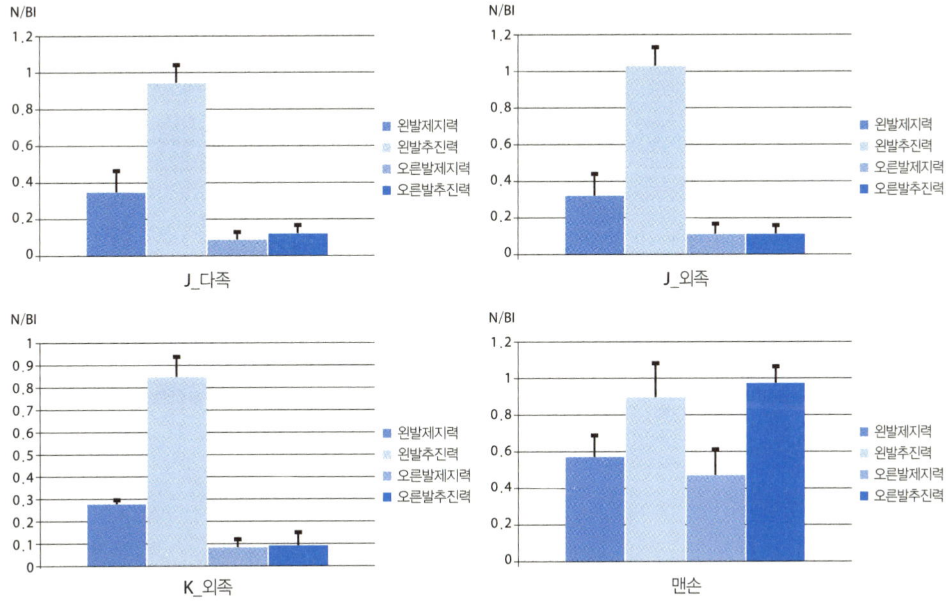

3) 지팡이 보행 시 지팡이 사용 유 · 무측과 맨손의 최대 수직충격량

지팡이 종류와 사용 유 · 무에 관계없이 수직충격량은 A > B > C 제품 순으로 나타났고 모두 맨손보다 크게 나타났다. 그리고 지팡이 미사용측이 사용측보다 크게 나타났다. A제품의 충격량이 가장 큰 것은 A제품의 밑면적이 외족보다 상대적으로 커서 지면에 접지하는 시간이 길기 때문이며, 동일한 외족인 경우에 C제품 지팡이가 작게 나타난 것은 접지하는 시간보다는 수직충격력이 크기 때문이라고 생각되며 수직충격량 측면에서는 가장 효과적이라고 할 수 있다.

표 12-3 지팡이 유 · 무에 따른 수직충격량

(M±SD, 단위: N/BW)

구분	왼발(지팡이 무)	오른발(지팡이 유)	비고
A	96.56 (±24.84)	91.48 (±30.33)	
B	78.91 (±16.97)	66.80 (±19.52)	
C	77.19 (±9.61)	61.91 (±13.50)	
맨손	65.82 (±11.24)	61.12 (±8.65)	

그림 12-5 지팡이 유 · 무에 따른 수직충격량

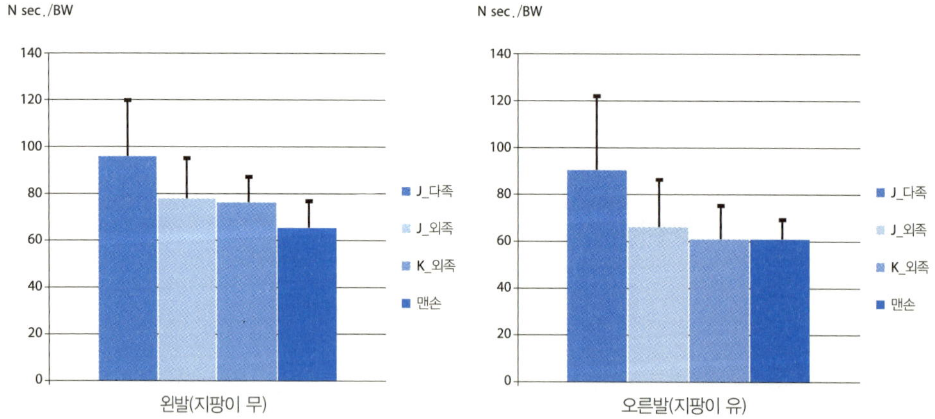

12.3.2 고령자대상 설문조사 수행 및 분석

그림 12-6 계단 및 평지, 내리막 보행

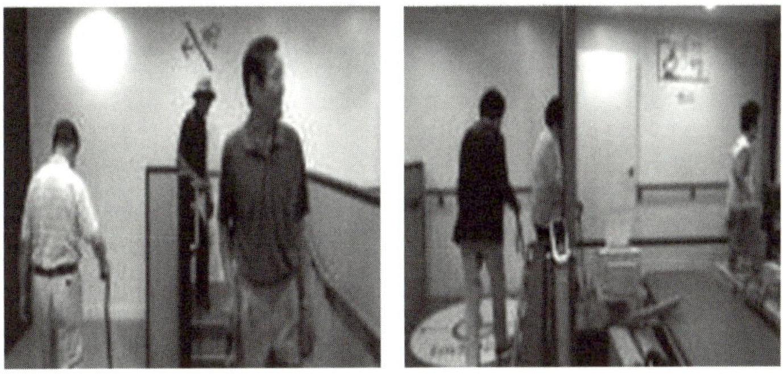

1) 사용자기반 사용성평가 대상자의 범위

① 65세 이상의 고령자

② 뇌졸중이나 파킨슨병 등 신경학적 손상과 관련된 진단을 받지 않은 자

③ 인지기능(지남력, 기억력, 언어능력)에 문제가 없는 자

④ 보행보조도구 없이 10m를 혼자 걸을 수 있는 자

⑤ 지난 6개월간 다리를 수술한 경험이 없고, 관절구축, 인대손상이 없는 자

2) 실험 방법

① 대상자들은 사용성평가실에서 A, B, C의 3가지 형태의 지팡이를 평가하였다.

② 대상자들이 제품을 평가하는 동안 대상자들의 동의를 얻어 오디오시스템을 이용하여 대상자들이 제품을 평가하는 대화내용을 녹음하였다.

3) 실험결과(설문조사)

A제품 사용성평가 설문조사결과 고령자용 지팡이에 대한 사전인지 정도는 낮다고 평가되며 고령자용 지팡이의 사용법 이해도는 높게 평가되었다.

그림 12-7 A제품 사용자 기본정보결과

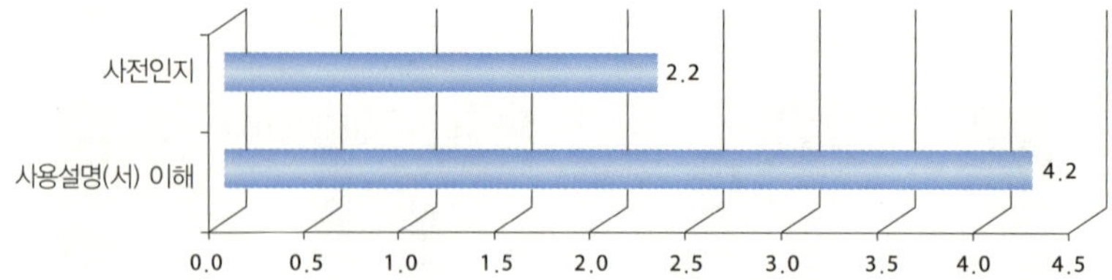

4) 실험결과(안전성)

그림 12-8 A제품 사용자 안전성결과

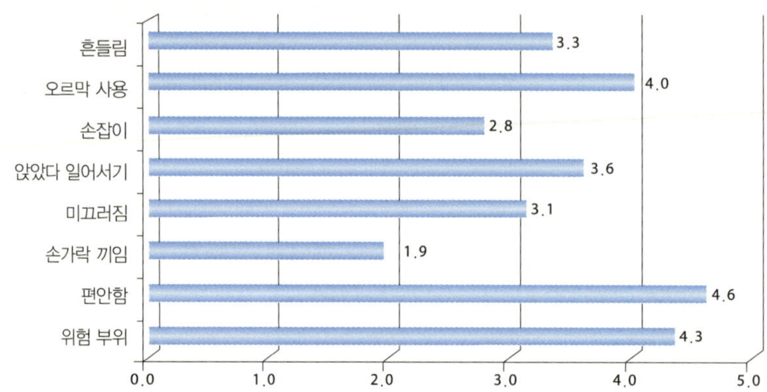

① 안전성은 손잡이와 손가락 끼임은 낮은 평균을 나타내어 안전성이 낮게 평가되었으며 오르막 사용, 편안함과 위험부위는 높은 평균을 나타내어 안전성이 높게 나타났다.

② 손가락 끼임의 안전성이 가장 낮게 평가된 반면, 편안함은 안전성이 가장 높게 평가되었다. 흔들림, 앉았다 일어서기, 미끄러짐은 안전성이 조금 떨어지는 것으로 나타났다.

5) 실험결과(조작성)

① 조작성은 높이 조절을 제외한 다른 항목은 높은 평균을 나타내어 조작성은 대체로 좋다고 평가되었다.

② 높이 조절과 높이 조절 간격은 다른 항목에 비해 낮은 평균을 나타내었다.

③ 높이 조절은 가장 낮은 평균을 나타내어 조작성이 낮다고 평가되었다.

④ 높이 조절 간격은 다른 항목에 비해 조작성이 조금 떨어졌다.

⑤ 크기와 형태는 가장 높은 평균을 나타내어 조작성이 가장 높게 나타났다.

그림 12-9 A제품 사용자 조작성결과

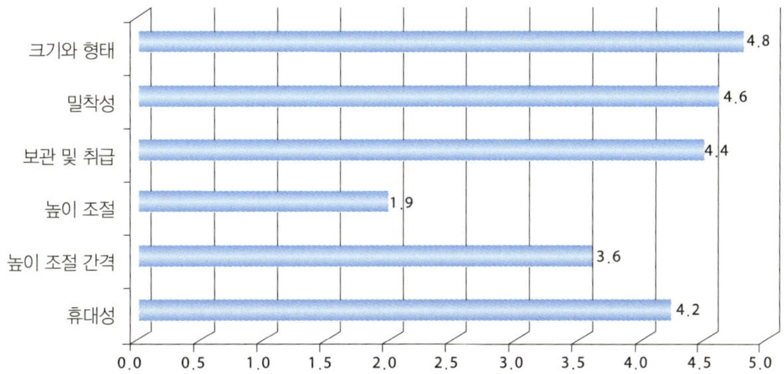

6) 실험결과(만족성)

① 색상 및 디자인과 손잡이 촉감은 높은 평균으로 만족성이 높은 것으로 나타났다.

② 추천 의향, 타제품 대비 만족도, 전반적 만족도는 만족성이 조금 떨어졌다.

③ 가격과 구입의사는 낮은 평균으로 나타나 만족성이 낮게 평가되었다.

④ 손잡이 촉감의 만족도가 가장 높게 평가되었으며, 가격의 만족성이 가장 낮은 것으로 평가되었다.

그림 12-10 A 제품 사용자 만족성결과

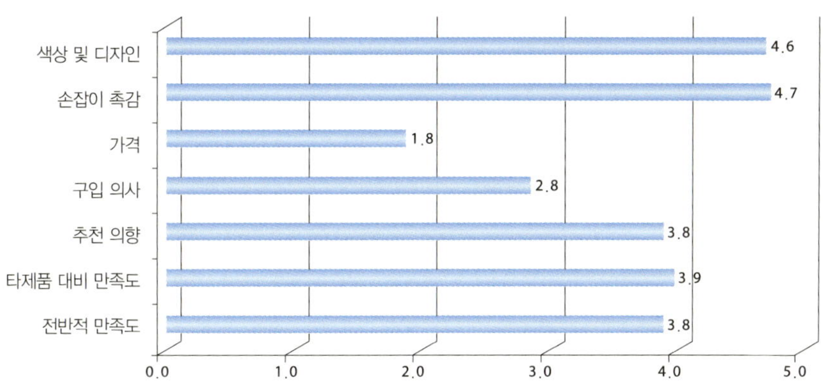

7) 고령자용 지팡이 신뢰도 분석결과

크론바하 알파(Cronbach's alpha)에 의한 신뢰도 계수는 0.6 이상이면 무난한 수준이며, 0.7 이상이면 신뢰할 만한 수준이다. 평가문항의 내적 일관성에서 사용자에 의한 사용성평가는 0.869로 신뢰할 만한 수준이라 볼 수 있다. 기본정보를 제외한 안전성, 조작성, 만족도는 0.7 이상으로 신뢰할 만한 수준이다.

분류	구분	크론바하 알파
사용자 사용성평가	전체(N=69)	0.869
	안전성(N=24)	0.830
	조작성(N=18)	0.707
	만족도(N=21)	0.745

크론바하 알파 계수란 문항들 간의 일관성이 있는지, 평균을 내어 변수를 생성해도 문제가 없는지를 검증하기 위한 수치이다.

응답자 기본 정보

세부문항	매우 그렇다	그렇다	보통	그렇지 않다	전혀 그렇지 않다
1. 고령자용 지팡이에 대해 잘 알고 있는 편이다	⑤	④	③	②	①
2. 고령자용 지팡이의 사용설명(서)는 이해하기 쉽다	⑤	④	③	②	①

안전성에 관한 질문입니다

세부문항	매우 그렇다	그렇다	보통	그렇지 않다	전혀 그렇지 않다
1. 제품사용 시 상해를 유발할 수 있는 돌출부위가 있다	⑤	④	③	②	①
2. 보행 시 고령자용 지팡이의 흔들림이 없다	⑤	④	③	②	①
3. 오르막길에서 사용 시 넘어지지 않게 보행이 잘 된다	⑤	④	③	②	①
4. 손잡이를 오래 잡아도 피부손상이 없다(손이 저리지 않는다)	⑤	④	③	②	①
5. 앉았다가 일어설 때 지지가 잘되어서 넘어지지 않는다	⑤	④	③	②	①
6. 보행 시 젖은 노면에서도 미끄러지지 않는다	⑤	④	③	②	①
7. 높이 조절 시 손가락 끼임 현상이 발생하지 않는다	⑤	④	③	②	①
8. 고령자용 지팡이는 가벼워서 장시간(30분) 사용해도 편안하다	⑤	④	③	②	①

조작성에 관한 질문입니다

세부문항	매우 그렇다	그렇다	보통	그렇지 않다	전혀 그렇지 않다
1. 손잡이를 잡고 걷기에 적당한 크기와 형태를 가지고 있다	⑤	④	③	②	①
2. 손잡이를 잡았을 때 밀착성이 우수하다	⑤	④	③	②	①
3. 사용 후 지팡이의 실내 보관 및 취급이 용이하다	⑤	④	③	②	①
4. 제품의 높이 조절이 간편하다	⑤	④	③	②	①
5. 제품의 높이 조절 간격은 적당하다	⑤	④	③	②	①
6. 무게가 가벼워 휴대하기 용이하다	⑤	④	③	②	①

만족성에 관한 질문입니다

세부문항	매우 그렇다	그렇다	보통	그렇지 않다	전혀 그렇지 않다
1. 제품의 색상 및 디자인에 대해 제품 만족도가 높다	⑤	④	③	②	①
2. 제품의 손잡이 촉감에 대한 만족도가 높다	⑤	④	③	②	①
3. 제품의 효과와 기능을 고려할 때 가격이 적절한 편이다	⑤	④	③	②	①
4. 제품은 믿고 구입할 만하다	⑤	④	③	②	①
5. 제품을 지팡이가 필요한 고령자에게 추천할 용의가 있다	⑤	④	③	②	①
6. 이 고령자용 지팡이는 동일한 용도의 다른 제품보다 우수하다	⑤	④	③	②	①
7. 제품에 대한 안전성, 조작성에 대해 전반적으로 만족한다	⑤	④	③	②	①

부록 appendix 인간중심의 사용성평가

1. 인체측정 기준점 용어(출처 : 산업자원부 기술표준원)

번호	부위	표준화 용어	영어	구용어
1	머리	머리마루점*	Vertex	두정점
2		머리옆점 -오른쪽과 왼쪽*	① Euryon -right and left	측두점
3		② 눈살점*	③ Glabella	미간점
4		④ 눈초리점*	⑤ Ectocanthus	
5		⑥ 눈확아래점*	⑦ Inferior Orbitale(Infraorbitale)	안와점
6		⑧ 귀구슬점 -오른쪽과 왼쪽*	⑨ Tragion -right and left	이주점
7		⑩ 코뿌리점*	⑪ Sellion(Nasion)	
8		⑫ 턱끝점*	⑬ Menton	하악점
9		⑭ 뒤통수돌출점*	⑮ Occiput	후두점, 뒤통수점
10		⑯ 뒤통수점*	⑰ Inion	
11	목	⑱ 목뒤점	⑲ Cervicale	경추점, 목뒷점
12		⑳ 목앞점	① Anterior Neck	전경점, 경와점
13		② 목옆점 -오른쪽과 왼쪽	③ Lateral Neck -right and left	경측점
14		방패연골아래점*	Inferior Thyroid(Infrathyroid)	갑상선연골 밑점

15		어깨점 –오른쪽과 왼쪽	Acromion –right and left	견봉점
16		어깨가쪽점 –오른쪽과 왼쪽	④ Lateral Shoulder –right and ⑤ left	견선점, 어깨끝점
17		어깨가운데점	Midshoulder	어깨중점
18		겨드랑점*	⑥ Axilla	액와점
19		⑦ 겨드랑앞점 –오른쪽과 왼쪽	⑧ Anterior Axilla –right and left	전액와점, 앞겨드랑점
20		⑨ 겨드랑뒤점 –오른쪽과 왼쪽	⑩ Posterior Axilla –right and ⑪ left	후액와점, 뒷겨드랑점
21		⑫ 겨드랑앞벽점 –오른쪽과 왼쪽	⑬ Anterior Midaxilla –right and ⑭ left	앞품점
22		⑮ 겨드랑뒤벽점 –오른쪽과 왼쪽	⑯ Posterior Midaxilla –right and ⑰ left	뒤품점
23		⑱ 등뼈위겨드랑수준점	⑲Axillary Level at Midspine	진동깊이점
24		⑳ 겨드랑앞접힘점 –오른쪽과 왼쪽*	① Anterior Axillary Fold –right ② and left	
25		③ 겨드랑뒤접힘점 –오른쪽과 왼쪽*	④ Posterior Axillary Fold –right ⑤ and left	
26	몸통	복장뼈가운데점	Mesosternal	흉골중점
27		젖꼭지점 –오른쪽과 왼쪽	Nipple –right and left	유두점
28		⑥ 젖가슴아래점*	⑦ Inferior Breast	
29		⑧ 열째갈비뼈점*	⑨ Tenth Rib	
30		엉덩뼈능선점*	Iliocristale	장능점, 장골능선점
31		⑩ 허리옆점 〈자연스럽게 들어간 자리〉 ⑪ –오른쪽과 왼쪽	⑫ Lateral Waist〈natural ⑬ indentation〉 –right and left	
32		⑭ 허리앞점	⑮ Anterior Waist〈natural ⑯ indentation〉	
33		⑰ 허리뒤점	⑱ Posterior Waist〈natural ⑲ indentation〉	
34		⑳ 배꼽점*	① Anterior Waist〈omphalion〉	제점
35		② 배꼽수준허리옆점 ③ –오른쪽과 왼쪽	④ Lateral Waist〈omphalion〉 ⑤ –right and left	
36		⑥ 배꼽수준허리뒤점	⑦ Posterior Waist〈omphalion〉	
37		⑧ 위앞엉덩뼈가시점	⑨ Anterior Superior Iliac Spine	장극점, 장골극점
38		엉덩이돌출점	Buttock Protrusion	

39	다리	볼기고랑점	Gluteal Fold	둔구점
40		샅점*	Crotch	회음점
41		⑩ 앉은배돌출점*	⑪ Abdominal Protrusion, Sitting	
42		정강뼈위점	Tibiale	경골점, 무릎마디안쪽점
43		⑫ 무릎뼈위점	⑬ Superior Patella(Suprapatella)	
44		⑭ 무릎뼈가운데점	⑮ Midpatella	슬개골중점, 무릎점
45		무릎뼈아래점	⑯ Inferior Patella(Infrapatella)	
46		넙다리가운데점	Midthigh	
47		오금점*	⑰ Posterior Juncture of Calf and ⑱ Thigh	
48		⑲ 장딴지돌출점*	⑳ Calf Protrusion	하퇴돌출점
49		① 종아리아래점*	② Inferior Leg	
50		③ 안쪽복사점*	④ Medial Malleous	내과점
51		⑤ 가쪽복사점	⑥ Lateral Malleous	외과점, 바깥복사점
52		⑦ 앉은넙다리위점*	⑧ Superior Thigh, Sitting	
53		⑨ 앉은무릎앞점*	⑩ Anterior Knee, Sitting	
54		⑪ 앉은오금점*	⑫ Posterior Juncture of Calf and ⑬ Thigh-Sitting	
55	발	발안쪽점	Metatarsophalangeal Ⅰ	발안쪽옆점
56		발가쪽점	Metatarsophalangeal Ⅴ	발바깥옆점
57		⑭ 발끝점*	⑮ Acropodion	족선점
58		⑯ 발꿈치점*	⑰ Pternion	종점, 발뒤꿈치점
59	팔	어깨세모근점 -오른쪽과 왼쪽*	⑱ Deltoid Point -right and left	
60		⑲ 위팔두갈래근점*	⑳ Biceps	
61		① 노뼈위점	② Radiale	요골점
62		③ 팔꿈치가운데점	④ Center Olecranon	팔꿈치점
63		⑤ 팔꿈치뒤점*	⑥ Rear Olecranon	
64		⑦ 팔꿈치아래점*	⑧ Bottom Olecranon	
65		팔꿈치가쪽점*	Lateral Humeral Epicondyle	
66		⑨ 손목안쪽점	⑩ Ulnar Styloid	척골경상돌기점, 손목점
67		⑪ 손목가쪽점	⑫ Radial Styloid	요골경상돌기점
68	손	⑬ 손안쪽점	⑭ Metacarpale Ⅴ	손안쪽옆점
69		⑮ 손가쪽점	⑯ Metacarpale Ⅱ	손바깥옆점
70		⑰ 손끝점*	⑱ Dactylion Ⅲ	지선점

* : 표시하지 않는 기준점

2. 인체측정 항목 용어(출처 : 산업자원부 기술표준원)

표 2-1 높이, 너비, 두께 항목 용어 비교

번호	표준화 연구 용어	영어	구용어
101	머리위로뻗은주먹높이	Overhead Fist Reach	머리위로뻗은손주먹끝높이
102	키	Stature	신장
103	눈높이	①Eye Height	
104	목뒤높이	Cervical Height	경추고
105	어깨높이	Acromion Height	견봉고
106	어깨가쪽높이	Shoulder Height	
107	겨드랑높이	Axilla Height	겨드랑이점높이, 액와고
108	굽힌팔꿈치높이	Elbow Height	
109	엉덩이높이	Hip Height	둔부높이
110	샅높이	Crotch Height	회음높이
111	주먹높이	Fist Height	
112	허리높이	Waist Height	
113	배꼽수준허리높이	Waist Height (Omphalion)	
114	위앞엉덩뼈가시높이	Iliac Spine Height	장골극높이
115	무릎높이	Knee Height	무릎마디안쪽높이, 경골높이
116	가슴너비	Chest Breadth	윗가슴너비
117	젖가슴너비	Bust Breadth	가슴너비
118	허리너비	Waist Breadth I (Natural Indentation)	
119	배꼽수준허리너비	Waist Breadth(Omphalion)	
120	엉덩이너비	Hip Width	
121	겨드랑두께	Armscye Depth	진동두께
122	가슴두께	Chest Depth, standing	
123	젖가슴두께	Bust Depth	가슴두께
124	허리두께	Waist Depth(Natural Indentation)	
125	배꼽수준허리두께	Waist Depth(Omphalion)	
126	엉덩이두께	Hip Depth	
127	엉덩이수직길이	Body Rise	
128	몸통수직길이	Vertical Trunk Length	
129	벽면앞으로뻗은주먹수평길이	Grip Reach; forward	

130	벽면몸통두께	Body depth, standing	
131	벽면어깨수평길이	Wall-Acromion Distance	
132	몸무게	Weight	체중

표 2-2 둘레, 길이 항목 용어 비교

번호	표준화 연구 용어	영어	구용어
201	앞중심길이	Waist Front Length	
202	배꼽수준앞중심길이	Waist Front Length (Omphalion)	
203	겨드랑앞벽사이길이	Interscye, front	앞품
204	겨드랑앞접힘사이길이	Interscye Fold, front	
205	젖꼭지사이수평길이	Bust Point-Bust Point	젖꼭지간격, 유폭
206	목둘레	Neck Circumference	
207	목밑둘레	Neck Base Circumference	
208	가슴둘레	Chest Circumference	윗가슴둘레
209	젖가슴둘레	Bust Circumference	가슴둘레, 흉위
210	젖가슴아래둘레	Underbust Circumference	밑가슴둘레
211	허리둘레	Waist Circumference (Natural Indentation)	동위
212	배꼽수준허리둘레	Waist Circumference (Omphalion)	
213	엉덩이둘레	Hip Circumference	둔위. 요위
214	넙다리둘레	Thigh Circumference	넓적다리둘레, 대퇴둘레
215	넙다리중간둘레	Midthigh Circumference	
216	무릎둘레	Knee Circumference	
217	무릎아래둘레	Lower Knee Circumference	
218	장딴지둘레	Calf Circumference	하퇴최대둘레
219	종아리최소둘레	Minimum Leg Circumference	
220	발목최대둘레	Ankle Circumference	
221	어깨길이	Shoulder Length	
222	목뒤등뼈위겨드랑수준길이	Scye depth	진동길이, 진동깊이
223	등길이	Waist Back Length (Natural Indentation)	
224	배꼽수준등길이	Waist Back Length (Omphalion)	
225	목뒤오금길이	Cervicale to Popliteal Length	
226	총길이	Total length	
227	넙다리직선길이	Thigh Vertical Length	

228	어깨사이길이	Biacromion Length	
229	어깨가쪽사이길이	Bishoulder Length	어깨끝점사이길이
230	겨드랑뒤벽사이길이	Back Interscye, Length	뒤품
231	겨드랑뒤벽접힘사이길이	Back Interscye Fold, Length	
232	목뒤젖꼭지길이	Cervical to Breast Point Length	
233	목뒤젖꼭지허리둘레선길이	Cervical to Waist Length	
234	목옆젖꼭지길이	Neck Point to Breast Point	목옆점-젖꼭지점길이, 유장
235	목옆젖꼭지허리둘레선길이	Neck Point to Breast Point to Waistline	목옆점-젖꼭지점-허리둘레선길이
236	위팔길이	Upperarm Length	
237	팔길이	Arm Length	소매길이
238	팔안쪽길이	Underarm Length	안쪽팔길이, 안소매길이
239	목뒤손목안쪽길이	Cervicale to Wrist Length	목뒤점-어깨끝점-손목안쪽점길이
240	겨드랑둘레	Armscye Circumference	진동둘레
241	위팔둘레	Upper Arm Circumference	윗팔둘레, 상완둘레
242	팔꿈치둘레	Elbow Circumference	
243	손목둘레	Wrist Circumference	
244	엉덩이옆길이	Waist to Hip Length	허리옆점-엉덩이둘레선길이 밑위길이
245	다리가쪽길이	Outside Leg Length	
246	몸통세로둘레	Trunk Circumference	
247	샅앞뒤길이	Crotch Length(Natural Indentation)	밑위앞뒤길이
248	배꼽수준샅앞뒤길이	Crotch Length (Omphalion)	

표 2-3 앉은자세 항목 용어 비교

번호	표준화 연구 용어	영어	구용어
301	앉은키	Sitting Height	좌고
302	앉은눈높이	Eye Height, sitting	앉은 경추고
303	앉은목뒤높이	Cervicale Height, sitting	
304	앉은어깨높이	Shoulder Height, sitting	
305	앉은팔꿈치높이	Elbow Height, sitting	
306	앉은넙다리높이	Thigh Clearance	앉은넓적다리두께
307	앉은무릎높이	Knee Height, sitting	
308	앉은오금높이	Popliteal Height	
309	앉은엉덩이무릎수평길이	Buttock–Knee Length	앉은엉덩이무릎길이
310	앉은엉덩이오금수평길이	Buttock–Popliteal Length	앉은엉덩이오금길이
311	앉은엉덩이배두께	Buttock–Abdomen Depth, sitting	
312	아래팔수평길이	Elbow–Wrist Length	
313	위팔수직길이	Shoulder–Elbow Length	
314	팔꿈치손끝수평길이	Forearm–Fingertip Length	
315	팔꿈치주먹수평길이	Elbow–Grip Length	
316	앉은배두께	Abdominal Depth, sitting	
317	어깨너비	Biacromial Breadth	견봉너비
318	위팔사이너비	Bideltoid Breadth	몸통너비
319	팔꿈치사이너비	Elbow to Elbow Breadth	
320	앉은엉덩이너비	Hip Breadth, sitting	

표 2-4 머리, 손, 발 부위 항목 용어 비교

번호	표준화 연구 용어	영어	구용어
401	머리두께	Head Length	두장
402	머리너비	Head Breadth	두폭
403	머리수직길이	Head Height	머리길이, 전두고
404	얼굴수직길이	Face Length	
405	머리둘레	Head Circumference	두위
406	귀구슬사이머리위길이	Bitragion Arc	구구슬사이머리마루점길이
407	눈살뒤통수길이	Sagital Arc	
408	눈동자사이너비	Interpupilary Breadth	
409	손직선길이	Hand Length	손길이
410	손바닥직선길이	Palm Length Perpendicular	손바닥길이
411	손너비	Hand Breadth at Metacarpals	
412	둘째손가락직선길이	Index Finger Length	
413	둘째손가락첫째관절너비	Index Finger Breadth, Proximal	
414	둘째손가락둘째관절너비	Index Finger Breadth, Distal	
415	손두께	Hand Depth	
416	막대쥔손안둘레	Inner Grip Circumference	
417	손둘레	Hand Circumference	
418	발너비	Foot Breadth	
419	발직선길이	Foot Length	발길이
420	가쪽복사높이	Lateral Malleolus Height	바깥복사점높이, 외과고

3. 산업안전보건 표지의 종류와 형태(출처 : 안전보건공단)

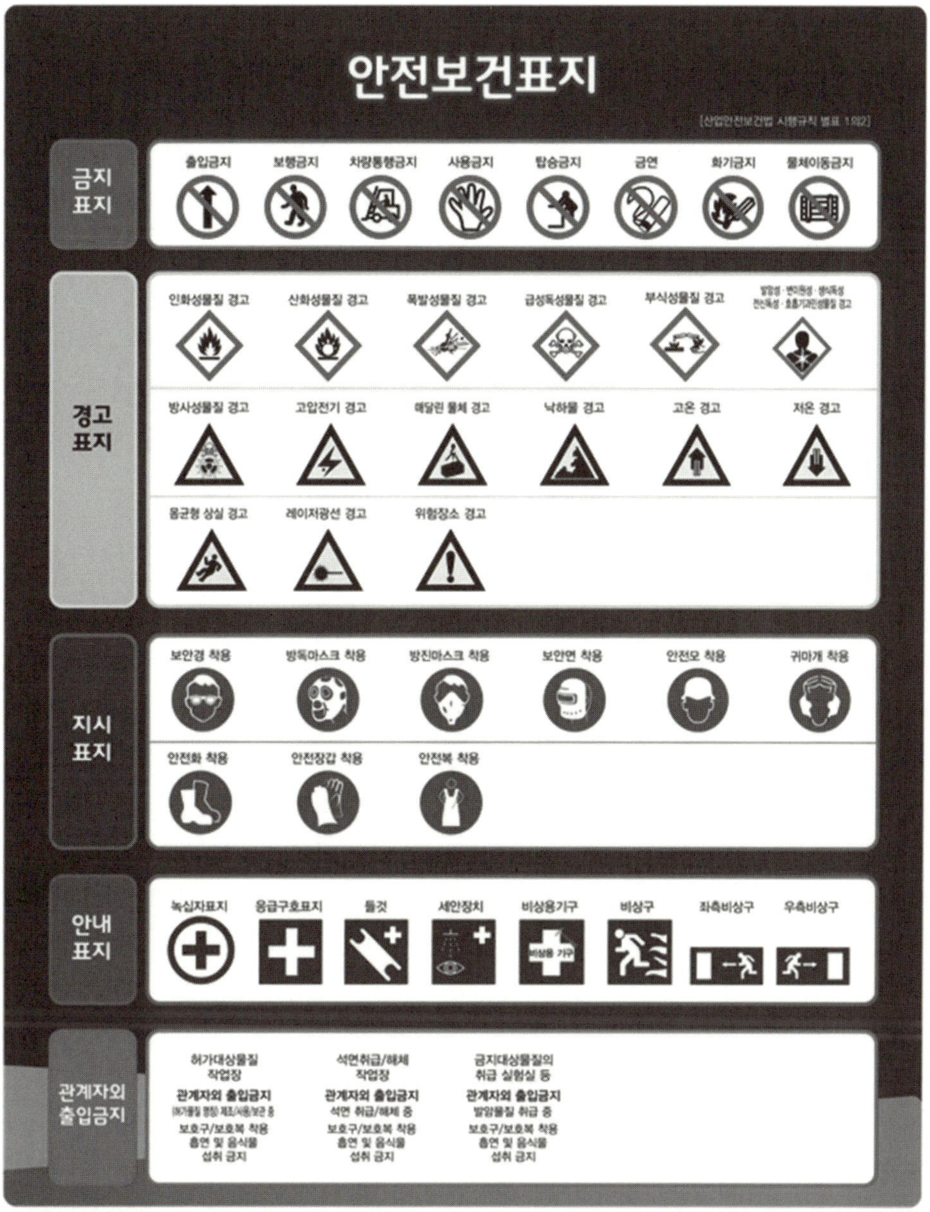

4. 산업안전보건 표지의 종류별 용도 등(출처 : 안전보건공단)

안전 · 보건표지의 종류별 용도, 사용 장소, 형태 및 색채
(산업안전보건법 제6조제1항 · 제8조 및 제9조제1항 관련)

분류	종류	용도 및 사용 장소	사용 장소 예시	형태: 기본모형번호	형태: 안전 · 보건표지 일람표번호	색채
금지표지	1. 출입금지	출입을 통제해야할 장소	조립 · 해체 작업장 입구	1	101	바탕은 흰색, 기본모형은 빨간색, 관련 부호 및 그림은 검은색
	2. 보행금지	사람이 걸어 다녀서는 안 될 장소	중장비 운전작업장	1	102	
	3. 차량통행금지	제반 운반기기 및 차량의 통행을 금지시켜야 할 장소	집단보행 장소	1	103	
	4. 사용금지	수리 또는 고장 등으로 만지거나 작동시키는 것을 금지해야 할 기계 · 기구 및 설비	고장난 기계	1	104	
	5. 탑승금지	엘리베이터 등에 타는 것이나 어떤 장소에 올라가는 것을 금지	고장난 엘리베이터	1	105	
	6. 금연	담배를 피워서는 안 될 장소	화학물질취급 장소	1	106	
	7. 화기금지	화재가 발생할 염려가 있는 장소로서 화기 취급을 금지하는 장소	절전스위치 옆	1	107	
	8. 물체이동금지	정리 정돈 상태의 물체나 움직여서는 안 될 물체를 보존하기 위하여 필요한 장소		1	108	
경고표지	1. 인화성물질 경고	휘발유 등 화기의 취급을 극히 주의해야 하는 물질이 있는 장소	휘발유 저장탱크	2	201	바탕은 노란색, 기본모형, 관련 부호 및 그림은 검은색

	2. 산화성물질 경고	가열 · 압축하거나 강산 · 알칼리 등을 첨가하면 강한 산화성을 띠는 물질이 있는 장소 폭발성 물질이 있는 장소	질산 저장탱크	2	202	다만, 인화성물질 경고, 산화성물질 경고, 폭발성물질 경고, 급성독성물질 경고, 부식성물질 경고 및 발암성 · 변이원성 · 생식 독성 · 전신독성 · 호흡기과민성 물질 경고의 경우 바탕은 무색, 기본모형은 빨간색(검은색도 가능)
	3. 폭발성물질 경고	급성독성 물질이 있는 장소	폭발물 저장실	2	203	
	4. 급성독성물질 경고	신체나 물체를 부식시키는 물질이 있는 장소	농약 제조 · 보관소	2	204	
	5. 부식성물질 경고	방사능물질이 있는 장소 발전소나 고전압이 흐르는 장소	황산 저장소	2	205	
	6. 방사성물질 경고	머리 위에 크레인 등과 같이 매달린 물체가 있는 장소	방사성 동위원소 사용실	2	206	
	7. 고압전기 경고	돌 및 블록 등 떨어질 우려가 있는 물체가 있는 장소	감전우려지역 입구	2	207	
	8. 매달린물체 경고	고도의 열을 발하는 물체 또는 온도가 아주 높은 장소	크레인이 있는 작업장 입구	2	208	
	9. 낙하물체 경고	아주 차가운 물체 또는 온도가 아주 낮은 장소 미끄러운 장소 등 넘어지기 쉬운 장소	비계 설치 장소 입구	2	209	
	10. 고온 경고	레이저광선에 노출될 우려가 있는 장소	주물작업장 입구	2	210	
	11. 저온 경고		냉동작업장 입구	2	211	
	12. 몸균형 상실 경고		경사진 통로 입구	2	212	
	13. 레이저광선 경고		레이저실험실 입구	2	213	
	14. 발암성 · 변이원성 · 생식독성 · 전신독성 · 호흡기과민성물질 경고	발암성 · 변이원성 · 생식독성 · 전신독성 · 호흡기과민성 물질이 있는 장소	납 분진 발생장소	2	214	
	15. 위험장소 경고	그 밖에 위험한 물체 또는 그 물체가 있는 장소	맨홀 앞 고열금속찌꺼기 폐기장소	2	215	

지시표지	1. 보안경 착용	보안경을 착용해야만 작업 또는 출입을 할 수 있는 장소	그라인더작업장 입구	3	301	바탕은 파란색, 관련 그림은 흰색
	2. 방독마스크 착용	방독마스크를 착용해야만 작업 또는 출입을 할 수 있는 장소	유해물질작업장 입구	3	302	
	3. 방진마스크 착용	방진마스크를 착용해야만 작업 또는 출입을 할 수 있는 장소	분진이 많은 곳	3	303	
	4. 보안면 착용	보안면을 착용해야만 작업 또는 출입을 할 수 있는 장소	용접실 입구	3	304	
	5. 안전모 착용	헬멧 등 안전모를 착용해야만 작업 또는 출입을 할 수 있는 장소	갱도의 입구	3	305	
	6. 귀마개 착용	소음장소 등 귀마개를 착용해야만 작업 또는 출입을 할 수 있는 장소	판금작업장 입구	3	306	
	7. 안전화 착용	안전화를 착용해야만 작업 또는 출입을 할 수 있는 장소	채탄작업장 입구	3	307	
	8. 안전장갑 착용	안전장갑을 착용해야 작업 또는 출입을 할 수 있는 장소	고온 및 저온물 취급작업장 입구	3	308	
	9. 안전복착용	방열복 및 방한복 등의 안전복을 착용해야만 작업 또는 출입을 할 수 있는 장소	단조작업장 입구	3	309	
안내표지	1. 녹십자표지	안전의식을 북돋우기 위하여 필요한 장소	공사장 및 사람들이 많이 볼 수 있는 장소	1 (사선제외)	401	바탕은 흰색, 기본모형 및 관련 부호는 녹색, 바탕은 녹색, 관련 부호 및 그림은 흰색
	2. 응급구호표지	응급구호설비가 있는 장소	위생구호실 앞	4	402	
	3. 들것	구호를 위한 들것이 있는 장소	위생구호실 앞	4	403	
	4. 세안장치	세안장치가 있는 장소	위생구호실 앞	4	404	
	5. 비상용기구	비상용기구가 있는 장소	비상용기구 설치장소 앞	4	405	
	6. 비상구	비상출입구	위생구호실 앞	4	406	
	7. 좌측비상구	비상구가 좌측에 있음을 알려야 하는 장소	위생구호실 앞	4	407	
	8. 우측비상구	비상구가 우측에 있음을 알려야 하는 장소	위생구호실 앞	4	408	

출입 금지 표지	1. 허가대상유해물질 취급	허가대상유해물질 제조, 사용 작업장	출입구 (단, 실외 또는 출입구가 없을 시 근로자가 보기 쉬운 장소)	5	501	글자는 흰색바탕에 흑색 다음 글자는 적색 -ㅇㅇㅇ제조/사용/보관 중 - 석면취급/해체 중 - 발암물질 취급 중
	2. 석면취급 및 해체·제거	석면 제조, 사용, 해체·제거 작업장		5	502	
	3. 금지유해물질 취급	금지유해물질 제조·사용설비가 설치된 장소		5	503	

5. 근골격계부담작업 체크리스트

사업장명		조사 일자		조 사 자	
공 정 명		공정 내용			

구 분											
노출시간	하루에 총4시간이상	하루에 총2시간이상	하루에 총2시간이상	하루에 총2시간이상	하루에 총2시간이상	하루에 총2시간이상	하루에 총2시간이상	–		하루에 총2시간이상	하루에 총2시간이상
노출빈도	–							하루에 총 10회 이상	하루에 총 25회 이상	분당 2회 이상	시간당 10회 이상
신체부위	손, 손가락	목, 어깨, 손목, 손, 팔꿈치	어깨, 팔	목, 허리	다리, 무릎	손가락	손	허리	손, 무릎	허리	손, 무릎, 팔꿈치
작업자세 및 내용	집중적인 자료 입력 작업(마우스, 키보드 사용)	같은 동작 반복작업	• 머리위의손 • 팔꿈치가 몸통으로부터 들림 • 팔꿈치를 몸통 뒤쪽에 위치	구부리거나 비틈	쪼그리고 앉거나 무릎을 굽힘	한 손가락 집기작업	물건을 잡는 작업	물건을 드는 작업	• 무릎아래/어깨 위에서 들기 • 팔을 뻗은 상태에서 물건을 드는 작업	물건을 드는 작업	반복적인 충격
무 게	–					• 1kg이상의 물건 • 2kg이상에 상응하는 힘	• 4.5kg이상의 물건 • 동일한 무게의 힘	25kg이상	10kg이상	4.5kg이상	
단위작업명											

한 국 산 업 안 전 보 건 공 단

6. 유해요인 기본조사표(출처 : 안전보건공단)

(※ 해당사항에 V 하시고, 내용을 기재하시오)

<table>
<tr><td>● 조사구분</td><td>□ 정기조사</td><td colspan="2">수시조사
□ 근골격계질환자 발생시
□ 새로운 작업 · 설비 도입시
□ 업무의 양과 작업공정 등 작업환경 변경시</td></tr>
<tr><td>● 조사일시</td><td></td><td>● 조 사 자</td><td></td></tr>
<tr><td>● 부 서 명</td><td colspan="3"></td></tr>
<tr><td>● 작업공정명</td><td colspan="3"></td></tr>
<tr><td>● 작 업 명</td><td colspan="3"></td></tr>
</table>

가. 작업장 상황 조사

● 작업설비	□ 변화 없음	□ 변화 있음(언제부터)
● 작 업 량	□ 변화 없음	□ 줄음(언제부터) □ 늘어남(언제부터) □ 기타( )
● 작업속도	□ 변화 없음	□ 줄음(언제부터) □ 늘어남(언제부터) □ 기타( )
● 업무변화	□ 변화 없음	□ 줄음(언제부터) □ 늘어남(언제부터) □ 기타( )

나. 작업조건 조사(인간공학적인 측면을 고려한 조사)

1단계 : 작업별 과제 내용 조사 (유해요인 조사자)

작업명(Task Title) :
작업내용(Tasks) :

2단계 : 각 작업별 작업부하 및 작업빈도 (근로자 면담)

작업 부하(A)	점수	작업 빈도(B)	점수
매우 쉬움	1	아주 가끔(2개월마다 1~2회)	1
쉬움	2	가끔(하루 또는 주2~3일)	2
약간 힘듦	3	자주(1일 4시간)	3
힘듦	4	계속(1일 4시간 이상)	4
매우 힘듦	5	초과근무 시간(1일 8시간 이상)	5

작업내용	작업 부하(A)	작업 빈도(B)	총점수(A×B)

3 단계 : 유해요인 및 원인 평가서

<table>
<tr><td>작 업 명</td><td colspan="2"></td></tr>
<tr><td colspan="3">〈유해요인 설명〉</td></tr>
<tr><td colspan="2">〈작업1 사진 또는 그림 첨부〉</td><td>〈작업2 사진 또는 그림첨부〉</td></tr>
</table>

작업별로 관찰된 유해요인 원인분석

<table>
<tr><th>유해요인</th><th>유해요인에 대한 원인</th><th>비고</th></tr>
<tr><td colspan="2">작업내용1</td><td rowspan="7"></td></tr>
<tr><td></td><td></td></tr>
<tr><td></td><td></td></tr>
<tr><td></td><td></td></tr>
<tr><td></td><td></td></tr>
<tr><td></td><td></td></tr>
<tr><td></td><td></td></tr>
<tr><td colspan="2">작업내용2</td><td rowspan="7"></td></tr>
<tr><td></td><td></td></tr>
<tr><td></td><td></td></tr>
<tr><td></td><td></td></tr>
<tr><td></td><td></td></tr>
<tr><td></td><td></td></tr>
<tr><td></td><td></td></tr>
</table>

7. 근골격계질환 증상조사표(출처 : 안전보건공단)

I. 아래 사항을 직접 기입해 주시기 바랍니다.

성 명		연 령	만 ____ 세
성 별	□ 남 □ 여	현 직장경력	___ 년 ____개월째 근무 중
작업부서	_______ 부 ________ 라인 ________ 작업(수행작업)	결혼여부	□ 기혼 □ 미혼
현재하고 있는 작업(구체적으로)	작 업 내 용 : ____________________ 작 업 기 간 : ____ 년 ______ 개월째 하고 있음		
1일 근무시간	_____ 시간 근무 중 휴식시간(식사시간 제외) ___ 분씩 ___ 회 휴식		
현작업을 하기 전에 했던 작업	작 업 내 용 : ____________________ 작 업 기 간 : ____ 년 ______ 개월 동안 했음		

1. 규칙적인(한번에 30분 이상, 1주일에 적어도 2-3회 이상) 여가 및 취미활동을 하고 계시는 곳에 표시(∨)하여 주십시오.
   □ 컴퓨터 관련활동 □ 악기연주(피아노, 바이올린 등) □ 뜨개질 자수, 붓글씨
   □ 테니스/배드맨턴/스쿼시 □ 축구/족구/농구/스키 □ 해당사항 없음

2. 귀하의 하루 평균 가사노동시간(밥하기, 빨래하기, 청소하기, 2살 미만의 아이 돌보기 등)은 얼마나 됩니까?
   □ 거의 하지 않는다 □ 1시간 미만 □ 1-2시간 미만 □ 2-3시간 미만 □ 3시간 이상

3. 귀하는 의사로부터 다음과 같은 질병에 대해 진단을 받은 적이 있습니까?(해당 질병에 체크)
   (보기 : □ 류머티스 관절염 □ 당뇨병 □ 루프스병 □ 통풍 □ 알코올중독)
   □ 아니오 □ 예('예'인 경우 현재상태는? □ 완치 □ 치료나 관찰 중)

4. 과거에 운동 중 혹은 사고로(교통사고, 넘어짐, 추락 등) 인해 손/손가락/손목, 팔/팔꿈치, 어깨, 목, 허리, 다리/발 부위를 다친 적인 있습니까?
   □ 아니오 □ 예
   ('예'인 경우 상해 부위는? □ 손/손가락/손목 □ 팔/팔꿈치 □ 어깨 □ 목 □ 허리 □ 다리/발)

5. 현재 하고 계시는 일의 육체적 부담 정도는 어느 정도라고 생각합니까?
   □ 전혀 힘들지 않음 □ 견딜만 함 □ 약간 힘듦 □ 매우 힘듦

II. 지난 1년 동안 손/손가락/손목, 팔/팔꿈치, 어깨, 허리, 다리/발 중 어느 한 부위에서라도 귀하의 작업과 관련하여 통증이나 불편함(통증, 쑤시는 느낌, 뻣뻣함, 화끈거리는 느낌, 무감각 혹은 찌릿찌릿함 등)을 느끼신 적이 있습니까?

□ 아니오(수고하셨습니다. 설문을 다 마치셨습니다.)

□ 예("예"라고 답하신 분은 아래 표의 통증부위에 체크(∨)하고, 해당 통증부위의 세로줄로 내려가며 해당사항에 체크(∨)해 주십시오)

통증 부위	목( )	어깨( )	팔/팔꿈치( )	손/손목/손가락( )	허리( )	다리/발( )
1. 통증의 구체적 부위는?		□ 오른쪽 □ 왼쪽 □ 양쪽 모두	□ 오른쪽 □ 왼쪽 □ 양쪽 모두	□ 오른쪽 □ 왼쪽 □ 양쪽 모두		□ 오른쪽 □ 왼쪽 □ 양쪽 모두
2. 한번 아프기 시작하면 통증 기간은 얼마 동안 지속됩니까?	□ 1일 미만 □ 1일-1주일 미만 □ 1주일-1달 미만 □ 1달-6개월 미만 □ 6개월 이상	□ 1일 미만 □ 1일-1주일 미만 □ 1주일-1달 미만 □ 1달-6개월 미만 □ 6개월 이상	□ 1일 미만 □ 1일-1주일 미만 □ 1주일-1달 미만 □ 1달-6개월 미만 □ 6개월 이상	□ 1일 미만 □ 1일-1주일 미만 □ 1주일-1달 미만 □ 1달-6개월 미만 □ 6개월 이상	□ 1일 미만 □ 1일-1주일 미만 □ 1주일-1달 미만 □ 1달-6개월 미만 □ 6개월 이상	□ 1일 미만 □ 1일-1주일 미만 □ 1주일-1달 미만 □ 1달-6개월 미만 □ 6개월 이상
3. 그때의 아픈 정도는 어느 정도 입니까? (보기 참조)	□ 약한 통증 □ 중간 통증 □ 심한 통증 □ 매우 심한 통증	□ 약한 통증 □ 중간 통증 □ 심한 통증 □ 매우 심한 통증	□ 약한 통증 □ 중간 통증 □ 심한 통증 □ 매우 심한 통증	□ 약한 통증 □ 중간 통증 □ 심한 통증 □ 매우 심한 통증	□ 약한 통증 □ 중간 통증 □ 심한 통증 □ 매우 심한 통증	□ 약한 통증 □ 중간 통증 □ 심한 통증 □ 매우 심한 통증
	〈보기〉	**약한 통증** : 약간 불편한 정도이나 작업에 열중할 때는 못 느낀다 **중간 통증** : 작업 중 통증이 있으나 귀가 후 휴식을 취하면 괜찮다 **심한 통증** : 작업 중 통증이 비교적 심하고 귀가 후에도 통증이 계속된다 **매우 심한 통증** : 통증 때문에 작업은 물론 일상생활을 하기가 어렵다				
4. 지난 1년 동안 이러한 증상을 얼마나 자주 경험하셨습니까?	□ 6개월에 1번 □ 2-3달에 1번 □ 1달에 1번 □ 1주일에 1번 □ 매일	□ 6개월에 1번 □ 2-3달에 1번 □ 1달에 1번 □ 1주일에 1번 □ 매일	□ 6개월에 1번 □ 2-3달에 1번 □ 1달에 1번 □ 1주일에 1번 □ 매일	□ 6개월에 1번 □ 2-3달에 1번 □ 1달에 1번 □ 1주일에 1번 □ 매일	□ 6개월에 1번 □ 2-3달에 1번 □ 1달에 1번 □ 1주일에 1번 □ 매일	□ 6개월에 1번 □ 2-3달에 1번 □ 1달에 1번 □ 1주일에 1번 □ 매일
5. 지난 1주일 동안에도 이러한 증상이 있었습니까?	□ 아니오 □ 예	□ 아니오 □ 예	□ 아니오 □ 예	□ 아니오 □ 예	□ 아니오 □ 예	□ 아니오 □ 예
6. 지난 1년 동안 이러한 통증으로 인해 어떤 일이 있었습니까?	□ 병원·한의원 치료 □ 약국치료 □ 병가, 산재 □ 작업 전환 □ 해당사항 없음 기타 ( )	□ 병원·한의원 치료 □ 약국치료 □ 병가, 산재 □ 작업 전환 □ 해당사항 없음 기타 ( )	□ 병원·한의원 치료 □ 약국치료 □ 병가, 산재 □ 작업 전환 □ 해당사항 없음 기타 ( )	□ 병원·한의원 치료 □ 약국치료 □ 병가, 산재 □ 작업 전환 □ 해당사항 없음 기타 ( )	□ 병원·한의원 치료 □ 약국치료 □ 병가, 산재 □ 작업 전환 □ 해당사항 없음 기타 ( )	□ 병원·한의원 치료 □ 약국치료 □ 병가, 산재 □ 작업 전환 □ 해당사항 없음 기타 ( )

8. 작업환경 개선 계획서(출처 : 안전보건공단)

공정명	작업명	문제점(유해요인의 원인)	근로자의 의견	개선방안	추진 일정	개선 비용 (천원)	개선우선순위		
							종합	총점수	증상 호소 여부

9. 작업환경개선계획 및 결과보고서(출처 : 안전보건공단)

<table>
<tr><td colspan="2" rowspan="3">개선계획 및 결과보고서</td><td>구분</td><td>담당</td><td>과장</td><td>부장</td><td>이사</td><td>사장</td></tr>
<tr><td>소속
부서</td><td></td><td></td><td></td><td></td><td></td></tr>
<tr><td>주관
부서</td><td></td><td></td><td></td><td></td><td></td></tr>
<tr><td>● 조사구분</td><td>□ 정기조사</td><td colspan="6">수시조사
□ 근골격계부담작업으로 인한 질환자 발생시
□ 새로운 작업 · 설비 도입시
□ 업무의 양과 작업공정 등 작업환경 변경시</td></tr>
<tr><td>● 부 서 명</td><td colspan="7"></td></tr>
<tr><td>● 작업공정명</td><td colspan="7"></td></tr>
<tr><td>● 작 업 명</td><td colspan="7"></td></tr>
<tr><td colspan="2">● 유해요인 기본조사 결과</td><td colspan="6"></td></tr>
<tr><td colspan="2">● 근골격계증상조사결과
유소견의심자 현황</td><td colspan="6"></td></tr>
<tr><td colspan="8">● 개선계획</td></tr>
<tr><td colspan="8">● 개선결과</td></tr>
<tr><td colspan="8">● 비 고</td></tr>
</table>

10. 인간공학 및 사용성 관련 한국표준규격(출처 : 국가기술표준원)

No	표준번호	표준명	개정년도
1	KS A ISO9241-1	시각 표시 단말기(VDTs) 사용을 위한 인간 공학적 요건-제1부 : 일반 개요	2015
2	KS A ISO9241-2	인간 공학 — 시각 표시 장치를 이용하는 오피스 작업 — 업무의 요구사항에 대한 지침	2012
3	KS A ISO9241-5	시각 표시 단말기(VDTs) 사용을 위한 인간 공학적 요건-제5부 : 워크스테이션 배치 및 자세 요건	2015
4	KS A ISO9241-11	시각 표시 단말기(VDTs) 사용을 위한 인간 공학적 요건-제11부 : 사용성 관련 지침	2015
5	KS A ISO9241-13	시각 표시 단말기(VDTs) 사용을 위한 인간 공학적 요건-제13부 : 사용자 지침	2015
6	KS A ISO9241-110	인체시스템 상호작용의 인간공학 - 제110부: 대화 원칙	2014
7	KS A ISO9241-210	인간-시스템 상호작용의 인간공학-제210부:상호작용 시스템을 위한 인간중심 디자인	2016
8	KS A ISO9241-302	인체시스템 상호작용의 인간공학 ? 제302부: 전자 시각 표시장치용 용어	2014
9	KS A ISO 20282-1	일상 제품의 조작 편의성 - 제1부: 사용상황과 사용자 특성을 위한 설계 요구사항	2011
10	KS A ISO 20282-2	일상 제품의 조작 편의성 - 제2부: 포괄적 시험 방법	2015
11	KS A ISO 13407	대화형 시스템을 위한 인간 중심 설계 프로세스	2005
12	KS R ISO 17287	도로차량-교통정보 및 제어 시스템의 인간공학적 측면 - 운전 중 사용 적합성 평가 절차	2009
13	KS A ISO9355-1	표시장치와 조작 장치설계를 위한 인간공학적 요구사항 -Part 1: 표시장치 및 조작 장치와 인간의 상호작용	2016
14	KS A ISO9355-2	표시장치와 조작 장치설계를 위한 인간공학적 요구사항 -Part 2: 표시장치	2016
15	KS A ISO9355-3	표시장치와 조작장치 설계를 위한 인간공학적 요구사항 - Part 3: 조작장치	2016
16	KS A ISO11428	"인간공학-시각적 위험신호-일반적인 요구사항, 설계와 평가"	2013
17	KS A ISO11429	인간공학-청각적 · 시각적 위험 신호와 정보 신호의 체계	2013
18	KS A ISO24500	소비자 제품을 위한 인간공학 - 접근성 설계 - 청각신호	2014
19	KS A ISO24501	소비자 제품을 위한 인간공학 - 접근성 설계 - 청각 신호의 음압 수준 해설	2014

20	KS A ISO24502	소비자 제품을 위한 인간공학 – 접근성 설계 – 연령별 휘도 대비 시방서 해설	2014
21	KS A ISO24503	소비자 제품을 위한 인간공학 – 접근성 설계 – 촉각점 및 막대해설	2014
22	KS A ISO7250-1	인간공학적 설계를 위한 인체측정–제1부 : 인체측정 정의와 기준점	2016
23	KS A ISO7730	열환경의 인간공학 – 예상평균한서감(PMV) 및 예상불만족률(PPD) 지수 계산과 국소 열쾌적기준을 이용한 열쾌적감의 분석적 결정과 해석	2015
24	KS A ISOTR22411	제품 및 서비스에 고령자와 장애인의 요구를 반영하기 위하여 KS A ISO/IEC 가이드 71을 적용하는데 필요한 인간공학적 자료 및 지침	2016
25	KS A ISOTS9241-411	인체시스템 상호작용의 인간공학 – 제411부: 물리적 입력장치 설계용 평가방법	2014
26	KS R ISO15005	도로 차량 – 교통 정보 및 제어 시스템의 인간공학적 측면 – 대화 관리 원리 및 준수 절차	2014
27	KS R ISO15006	도로 차량 — 교통 정보 및 제어 시스템의 인간공학적 측면 — 차량 내부에서의 청각적 표시 제원	2015
28	KS R ISO16121-1	"도로 차량 ? 노선 버스에서 운전자 작업공간에 대한 인간공학적 요구사항 ? 제1부: 일반사항 기술, 기본 요구사항"	2014
29	KS R ISO16121-2	도로 차량 ? 노선 버스에서 운전자 작업공간에 대한 인간공학적 요구사항 ? 제2부: 가시성	2014
30	KS R ISO16121-3	도로 차량 ? 노선 버스에서 운전자 작업공간에 대한 인간공학적 요구사항 ? 제3부: 정보 장치 및 제어 장치	2014
31	KS R ISO16121-4	도로 차량 ? 노선 버스에서 운전자 작업공간에 대한 인간공학적 요구사항 ? 제4부: 캐빈 환경	2014
32	KS R ISO16673	도로 차량 – 교통 정보 및 제어 시스템의 인간공학적 측면 – 차량 내부 시스템의 사용에 따른 시각 요구에 섭근하는 폐식 빙법	2014
33	KS R ISO16951	도로 차량 – 교통 정보 및 제어 시스템의 인간공학적 측면 – 운전자에게 제시되는 내장형 메시지의 우선순위 결정 절차	2014
34	KS R ISO17287	도로 차량 – 교통 정보 및 제어 시스템의 인간공학적 측면 – 운전 중 사용적합성 평가 절차	2014
35	KS X 5001-1	정보기술 — 소프트웨어 접근성 설계 지침 — 제1부: 프레임워크 및 일반 지침	2015
36	KS X 5001-11	정보기술 — 소프트웨어 접근성 설계 지침 — 제11부: 컴퓨터 시스템의 접근성 설정	2015
37	KS X 5001-40	정보기술 — 소프트웨어 접근성 설계 지침 — 제40부: 응용 소프트웨어	2015
38	KS X ISO/IEC10779	정보기술 ? 고령자와 장애인을 위한 사무기기 접근성 지침	2016
39	KS X ISO/IEC25062	정보기술 – 소프트웨어 공학 – 소프트웨어 제품 품질 요구사항 및 평가(SQuaRE) – 사용성 테스트 결과서를 위한 산업용 공통 포맷(CIF)	2013

40	KS X ISO/IEC/ TR19765	정보기술 — 노인과 장애인의 정보기술 제품 사용성 향상을 위한 기능과 설비의 접근성을 제공하는 아이콘 및 기호 조사	2015
41	KS X ISOIEC-TR29138-1	정보기술 — 장애인을 위한 접근성 고려사항 — 제1부: 사용자 요구 요약	2011
42	KS X ISOIEC-TR29138-2	정보기술 — 장애인을 위한 접근성 고려사항 — 제2부: 표준 목록	2011
43	KS X ISOIEC-TR29138-3	정보기술 — 장애인을 위한 접근성 고려사항 — 제3부: 사용자 요구 매핑 지침	2016
44	KS A 5560-1	가전제품의 입력방식 접근성 ? 제1부: 기본 작동을 위한 입력장치	2016
45	KS X 9211	공공 단말기 접근성 가이드라인	2016
46	KS X ISO/ IEC29136	정보기술 — 사용자 인터페이스 — 개인용 컴퓨터 하드웨어의 접근성	2016
47	KS X ISOIECTS 20071-11	정보기술 ? 사용자 인터페이스 컴포넌트 접근성 ? 제11부: 이미지 대체 텍스트를 위한 지침	2016
48	KS A 5561-2	고령자 및 장애인 배려 설계 지침 ? 제2부: 소비 생활 제품의 조작성	2014
49	KS A 5561-5	고령자 및 장애인 배려 설계지침 ? 제5부: 포장 및 용기	2014
50	KS A 5561-6	고령자 및 장애인 배려 설계 지침 ? 제6부: 포장 및 용기 ? 개봉성 시험방법	2014
51	KS A ISOIEC-GUIDE71	고령자와 장애인의 요구를 반영하기 위한 규격 개발자 지침	2012
52	KS A ISOTR22411	제품 및 서비스에 고령자와 장애인의 요구를 반영하기 위하여 KS A ISO/IEC 가이드 71을 적용하는데 필요한 인간공학적 자료 및 지침	2016
53	KS B 50127	엘리베이터 카 내 조작 버튼 위치 및 배열 장애인용 점자 표시 방법	2016
54	KS B ISO9386-1	장애인용 수직형 휠체어리프트	2012
55	KS B ISO9386-2	"장애인의 이동을 위한 동력식 승강플랫폼 — 안전, 치수 및 성능에 대한 기준 — 제 2부: 경사면에서 동력에 의해 움직이는 좌석식, 입식, 휠체어식 경사형 리프트"	2013
56	KS P ISO23600	시각장애인 그리고 시청각 장애인을 위한 보조기구 — 보행자 신호등의 청각 및 촉각 신호	2016
57	KS A 5562	고령자 배려 설계 지침 ? 의류	2014
58	KS P 1509	고령자 배려 주거시설 설계치수 원칙 및 기준	2014

생명윤리 및 안전에 관한 법률(약칭: 생명윤리법)

[시행 2016.12.20.] [법률 제14438호, 2016.12.20., 타법개정]

보건복지부(생명윤리정책과) 044-202-2942

제1장 총칙

제1조(목적) 이 법은 인간과 인체유래물 등을 연구하거나, 배아나 유전자 등을 취급할 때 인간의 존엄과 가치를 침해하거나 인체에 위해(危害)를 끼치는 것을 방지함으로써 생명윤리 및 안전을 확보하고 국민의 건강과 삶의 질 향상에 이바지함을 목적으로 한다.

제2조(정의) 이 법에서 사용하는 용어의 뜻은 다음과 같다. 〈개정 2015.12.29.〉

1. "인간대상연구"란 사람을 대상으로 물리적으로 개입하거나 의사소통, 대인 접촉 등의 상호작용을 통하여 수행하는 연구 또는 개인을 식별할 수 있는 정보를 이용하는 연구로서 보건복지부령으로 정하는 연구를 말한다.
2. "연구대상자"란 인간대상연구의 대상이 되는 사람을 말한다.
3. "배아"(胚芽)란 인간의 수정란 및 수정된 때부터 발생학적(發生學的)으로 모든 기관(器官)이 형성되기 전까지의 분열된 세포군(細胞群)을 말한다.
4. "잔여배아"란 체외수정(體外受精)으로 생성된 배아 중 임신의 목적으로 이용하고 남은 배아를 말한다.
5. "잔여난자"란 체외수정에 이용하고 남은 인간의 난자를 말한다.
6. "체세포핵이식행위"란 핵이 제거된 인간의 난자에 인간의 체세포핵을 이식하는 것을 말한다.
7. "단성생식행위"란 인간의 난자가 수정 과정 없이 세포분열하여 발생하도록 하는 것을 말한다.
8. "체세포복제배아"(體細胞複製胚芽)란 체세포핵이식행위에 의하여 생성된 세포군을 말한다.
9. "단성생식배아"(單性生殖胚芽)란 단성생식행위에 의하여 생성된 세포군을 말한다.
10. "배아줄기세포주"(Embryonic stem cell lines)란 배아, 체세포복제배아, 단성생식배아

등으로부터 유래한 것으로서, 배양 가능한 조건에서 지속적으로 증식(增殖)할 수 있고 다양한 세포로 분화(分化)할 수 있는 세포주(細胞株)를 말한다.

11. "인체유래물"(人體由來物)이란 인체로부터 수집하거나 채취한 조직 · 세포 · 혈액 · 체액 등 인체 구성물 또는 이들로부터 분리된 혈청, 혈장, 염색체, DNA(Deoxyribonucleic acid), RNA(Ribonucleic acid), 단백질 등을 말한다.
12. "인체유래물연구"란 인체유래물을 직접 조사 · 분석하는 연구를 말한다.
13. "인체유래물은행"이란 인체유래물 또는 유전정보와 그에 관련된 역학정보(疫學情報), 임상정보 등을 수집 · 보존하여 이를 직접 이용하거나 타인에게 제공하는 기관을 말한다.
14. "유전정보"란 인체유래물을 분석하여 얻은 개인의 유전적 특징에 관한 정보를 말한다.
15. "유전자검사"란 인체유래물로부터 유전정보를 얻는 행위로서 개인의 식별 또는 질병의 예방 · 진단 · 치료 등을 위하여 하는 검사를 말한다.
16. "유전자치료"란 질병의 예방 또는 치료를 목적으로 인체 내에서 유전적 변이를 일으키거나, 유전물질 또는 유전물질이 도입된 세포를 인체로 전달하는 일련의 행위를 말한다.
17. "개인식별정보"란 연구대상자와 배아 · 난자 · 정자 또는 인체유래물의 기증자(이하 "연구대상자 등"이라 한다)의 성명 · 주민등록번호 등 개인을 식별할 수 있는 정보를 말한다.
18. "개인정보"란 개인식별정보, 유전정보 또는 건강에 관한 정보 등 개인에 관한 정보를 말한다.
19. "익명화"(匿名化)란 개인식별정보를 영구적으로 삭제하거나, 개인식별정보의 전부 또는 일부를 해당 기관의 고유식별기호로 대체하는 것을 말한다.

제3조(기본 원칙) ① 이 법에서 규율하는 행위들은 인간의 존엄과 가치를 침해하는 방식으로 하여서는 아니 되며, 연구대상자 등의 인권과 복지는 우선적으로 고려되어야 한다.

② 연구대상자 등의 자율성은 존중되어야 하며, 연구대상자 등의 자발적인 동의는 충분한 정보에 근거하여야 한다.

③ 연구대상자 등의 사생활은 보호되어야 하며, 사생활을 침해할 수 있는 개인정보는 당사자가 동의하거나 법률에 특별한 규정이 있는 경우를 제외하고는 비밀로서 보호되어야 한다.

④ 연구대상자 등의 안전은 충분히 고려되어야 하며, 위험은 최소화되어야 한다.

⑤ 취약한 환경에 있는 개인이나 집단은 특별히 보호되어야 한다.

⑥ 생명윤리와 안전을 확보하기 위하여 필요한 국제 협력을 모색하여야 하고, 보편적인 국제기준을 수용하기 위하여 노력하여야 한다.

제4조(적용 범위) ① 생명윤리 및 안전에 관하여는 다른 법률에 특별한 규정이 있는 경우를

제외하고는 이 법에 따른다.

② 생명윤리 및 안전에 관한 내용을 담은 다른 법률을 제정하거나 개정할 경우에는 이 법에 부합하도록 하여야 한다.

제5조(국가와 지방자치단체의 책무) ① 국가와 지방자치단체는 생명윤리 및 안전에 관한 문제에 효율적으로 대처할 수 있도록 필요한 시책을 마련하여야 한다.

② 국가와 지방자치단체는 생명윤리 및 안전 관련 연구와 활동에 대한 행정적 · 재정적 지원방안을 마련하여야 한다.

③ 국가와 지방자치단체는 각급 교육기관 등에서 생명윤리 및 안전에 대한 교육을 할 수 있도록 하여야 하고, 교육 프로그램을 개발하는 등 교육 여건이 조성되도록 지원하여야 한다.

제6조(생명윤리정책연구센터의 지정) ① 보건복지부장관은 생명윤리정책에 관한 전문적인 조사, 연구 및 교육 등을 실시하기 위하여 해당 업무를 수행할 능력이 있다고 인정하는 기관 · 단체 또는 시설을 생명윤리정책연구센터로 지정할 수 있다.

② 제1항에 따른 생명윤리정책연구센터의 지정 및 운영 등에 필요한 사항은 보건복지부령으로 정한다.

제2장 국가생명윤리심의위원회 및 기관생명윤리위원회 등

제1절 국가생명윤리심의위원회

제7조(국가생명윤리심의위원회의 설치 및 기능) ① 생명윤리 및 안전에 관한 다음 각 호의 사항을 심의하기 위하여 대통령 소속으로 국가생명윤리심의위원회(이하 "국가위원회"라 한다)를 둔다.

1. 국가의 생명윤리 및 안전에 관한 기본 정책의 수립에 관한 사항
2. 제12조제1항제3호에 따른 공용기관생명윤리위원회의 업무에 관한 사항
3. 제15조제2항에 따른 인간대상연구의 심의 면제에 관한 사항
4. 제19조제3항에 따른 기록 · 보관 및 정보 공개에 관한 사항
5. 제29조제1항제3호에 따른 잔여배아를 이용할 수 있는 연구에 관한 사항
6. 제31조제2항에 따른 연구의 종류 · 대상 및 범위에 관한 사항
7. 제35조제1항제3호에 따른 배아줄기세포주를 이용할 수 있는 연구에 관한 사항
8. 제36조제2항에 따른 인체유래물연구의 심의 면제에 관한 사항
9. 제50조제1항에 따른 유전자검사의 제한에 관한 사항
10. 그 밖에 생명윤리 및 안전에 관하여 사회적으로 심각한 영향을 미칠 수 있다고 판단하여 국가위원회의 위원장이 회의에 부치는 사항

② 국가위원회의 위원장은 제1항제1호부터 제9호까지의 규정에 해당하는 사항으로서 재적위원 3분의 1 이상의 위원이 발의한 사항에 관하여는 국가위원회의 회의에 부쳐야 한다.

제8조(국가위원회의 구성) ① 국가위원회는 위원장 1명, 부위원장 1명을 포함한 16명 이상 20명 이하의 위원으로 구성한다. 〈개정 2013.3.23.〉

② 위원장은 위원 중에서 대통령이 임명하거나 위촉하고, 부위원장은 위원 중에서 호선(互選)한다.

③ 국가위원회의 위원은 다음 각 호의 사람이 된다. 〈개정 2013.3.23., 2014.11.19.〉

1. 교육부장관, 미래창조과학부장관, 법무부장관, 산업통상자원부장관, 보건복지부장관, 여성가족부장관
2. 생명과학 · 의과학(醫科學) · 사회과학 등의 연구 분야에 대한 전문지식과 경험이 풍부한 사람 중에서 대통령이 위촉하는 7명 이내의 사람
3. 종교계 · 윤리학계 · 법조계 · 시민단체(「비영리민간단체 지원법」 제2조에 따른 비영리민간단체를 말한다) 또는 여성계를 대표하는 사람 중에서 대통령이 위촉하는 7명 이내의 사람

④ 제3항제2호 및 제3호에 따른 위원의 임기는 3년으로 하되, 연임할 수 있다. 다만, 위원의 자리가 비게 된 경우에 새로 위촉된 위원의 임기는 전임자 임기의 남은 기간으로 한다.

⑤ 국가위원회에 간사위원 2명을 두되, 간사위원은 미래창조과학부장관과 보건복지부장관으로 하며, 수석 간사위원은 보건복지부장관으로 한다. 〈개정 2013.3.23.〉

⑥ 보건복지부장관은 국가위원회의 사무 처리 등 업무를 지원하기 위하여 보건복지부령으로 정하는 바에 따라 생명윤리 및 안전에 관련한 전문기관 중 하나를 지정하여 그 전문기관으로 하여금 사무국의 기능을 수행하게 할 수 있다. 〈신설 2014.3.18.〉

제9조(국가위원회의 운영) ① 국가위원회의 효율적인 운영을 위하여 국가위원회에 분야별 전문위원회를 둘 수 있다.

② 국가위원회의 사무는 수석 간사위원이 처리한다.

③ 국가위원회의 회의 등 활동은 독립적이어야 하고, 공개를 원칙으로 한다.

④ 국가위원회는 필요한 경우에 관련 당사자의 출석, 의견 진술 및 자료 제출 등을 요구할 수 있다. 이 경우 해당 요구를 받은 자는 타당한 사유가 없으면 요구에 따라야 한다.

⑤ 이 법에서 정한 사항 외에 국가위원회 및 전문위원회의 구성 · 운영, 그 밖에 필요한 사항은 대통령령으로 정한다.

제2절 기관생명윤리위원회

제10조(기관생명윤리위원회의 설치 및 기능) ① 생명윤리 및 안전을 확보하기 위하여 다음

각 호의 기관은 기관생명윤리위원회(이하 "기관위원회"라 한다)를 설치하여야 한다.

1. 인간대상연구를 수행하는 자(이하 "인간대상연구자"라 한다)가 소속된 교육 · 연구기관 또는 병원 등
2. 인체유래물연구를 수행하는 자(이하 "인체유래물연구자"라 한다)가 소속된 교육 · 연구기관 또는 병원 등
3. 제22조제1항에 따라 지정된 배아생성의료기관
4. 제29조제2항에 따라 등록한 배아연구기관
5. 제31조제3항에 따라 등록한 체세포복제배아등의 연구기관
6. 제41조제1항에 따라 보건복지부장관의 허가를 받은 인체유래물은행
7. 그 밖에 생명윤리 및 안전에 관하여 사회적으로 심각한 영향을 미칠 수 있는 기관으로서 보건복지부령으로 정하는 기관

② 제1항에도 불구하고 보건복지부령으로 정하는 바에 따라 다른 기관의 기관위원회 또는 제12조제1항에 따른 공용기관생명윤리위원회와 제3항 및 제11조제4항에서 정한 기관위원회 업무의 수행을 위탁하기로 협약을 맺은 기관은 기관위원회를 설치한 것으로 본다.

③ 기관위원회는 다음 각 호의 업무를 수행한다.

1. 다음 각 목에 해당하는 사항의 심의
   가. 연구계획서의 윤리적 · 과학적 타당성
   나. 연구대상자 등으로부터 적법한 절차에 따라 동의를 받았는지 여부
   다. 연구대상자 등의 안전에 관한 사항
   라. 연구대상자 등의 개인정보 보호 대책
   마. 그 밖에 기관에서의 생명윤리 및 안전에 관한 사항
2. 해당 기관에서 수행 중인 연구의 진행 과정 및 결과에 대한 조사 · 감독
3. 그 밖에 생명윤리 및 안전을 위한 다음 각 목의 활동
   가. 해당 기관의 연구자 및 종사자 교육
   나. 취약한 연구대상자 등의 보호 대책 수립
   다. 연구자를 위한 윤리지침 마련

④ 제1항에 따라 기관위원회를 설치한 기관은 보건복지부장관에게 그 기관위원회를 등록하여야 한다.

⑤ 제3항 및 제4항에 따른 기관위원회의 기능 및 등록 등에 필요한 사항은 보건복지부령으로 정한다.

제11조(기관위원회의 구성 및 운영 등) ① 기관위원회는 위원장 1명을 포함하여 5명 이상의 위원으로 구성하되, 하나의 성(性)으로만 구성할 수 없으며, 사회적 · 윤리적 타당성을 평가할 수 있는 경험과 지식을 갖춘 사람 1명 이상과 그 기관에 종사하지 아니하는 사람 1명

이상이 포함되어야 한다.

② 기관위원회의 위원은 제10조제1항 각 호의 기관의 장이 위촉하며, 위원장은 위원 중에서 호선한다.

③ 기관위원회의 심의대상인 연구·개발 또는 이용에 관여하는 위원은 해당 연구·개발 또는 이용과 관련된 심의에 참여하여서는 아니 된다.

④ 제10조제1항 각 호의 기관의 장은 해당 기관에서 수행하는 연구 등에서 생명윤리 또는 안전에 중대한 위해가 발생하거나 발생할 우려가 있는 경우에는 지체 없이 기관위원회를 소집하여 이를 심의하도록 하고, 그 결과를 보건복지부장관에게 보고하여야 한다.

⑤ 제10조제1항 각 호의 기관의 장은 기관위원회가 독립성을 유지할 수 있도록 하여야 하며, 행정적·재정적 지원을 하여야 한다.

⑥ 제10조제1항에 따라 둘 이상의 기관위원회를 설치한 기관은 보건복지부령으로 정하는 바에 따라 해당 기관위원회를 통합하여 운영할 수 있다.

⑦ 제1항부터 제6항까지에서 규정한 사항 외에 기관위원회의 구성 및 운영에 필요한 사항은 보건복지부령으로 정한다.

제12조(공용기관생명윤리위원회의 지정 및 기관위원회의 공동 운영) ① 보건복지부장관은 다음 각 호의 업무를 하게 하기 위하여 제10조제1항에 따라 설치된 기관위원회 중에서 기관 또는 연구자가 공동으로 이용할 수 있는 공용기관생명윤리위원회(이하 "공용위원회"라 한다)를 지정할 수 있다.

1. 제10조제2항에 따라 공용위원회와 협약을 맺은 기관이 위탁한 업무
2. 교육·연구 기관 또는 병원 등에 소속되지 아니한 인간대상연구자 또는 인체유래물연구자가 신청한 업무
3. 그 밖에 국가위원회의 심의를 거쳐 보건복지부령으로 정하는 업무

② 둘 이상의 기관이 공동으로 수행하는 연구로서 각각의 기관위원회에서 해당 연구를 심의하는 것이 적절하지 아니하는 경우에 수행 기관은 각각의 소관 기관위원회 중 하나의 기관위원회를 선정하여 해당 연구를 심의하게 할 수 있다.

③ 제1항 및 제2항에 따른 공용위원회의 지정, 기능, 운영 및 기관위원회의 공동 운영 등에 필요한 사항은 보건복지부령으로 정한다.

제13조(기관위원회의 지원 등) ① 보건복지부장관은 기관위원회의 운영을 적절하게 감독·지원하기 위하여 다음 각 호의 업무를 수행한다.

1. 기관위원회의 조사
2. 기관위원회 위원의 교육
3. 그 밖에 기관위원회의 감독 및 지원에 필요한 업무로서 보건복지부령으로 정하는 업무

② 기관위원회의 조사 및 교육 지원 등에 필요한 사항은 보건복지부령으로 정한다.

제14조(기관위원회의 평가 및 인증) ① 보건복지부장관은 기관위원회의 구성 및 운영실적

등을 정기적으로 평가하여 인증할 수 있다.

② 보건복지부장관은 제1항에 따라 인증을 받은 기관위원회의 인증 결과를 인터넷 홈페이지 등에 공표할 수 있다.

③ 중앙행정기관의 장은 제1항에 따른 인증 결과에 따라 그 기관에 예산 지원 및 국가 연구비 지원 제한 등의 조치를 할 수 있다.

④ 보건복지부장관은 제1항에 따라 인증을 받은 기관위원회가 다음 각 호의 어느 하나에 해당하면 그 인증을 취소할 수 있다. 다만, 제1호에 해당하는 경우에는 그 인증을 취소하여야 한다.

1. 거짓이나 부정한 방법으로 인증을 받은 경우
2. 기관위원회의 구성 및 운영에 중요한 변동사항이 발생하여 제5항에 따른 인증기준에 맞지 아니하는 경우

⑤ 제1항에 따른 인증의 기준 및 유효기간 등에 관하여 필요한 사항은 대통령령으로 정한다.

제3장 인간대상연구 및 연구대상자 보호

제15조(인간대상연구의 심의) ① 인간대상연구를 하려는 자는 인간대상연구를 하기 전에 연구계획서를 작성하여 기관위원회의 심의를 받아야 한다.

② 제1항에도 불구하고 연구대상자 및 공공에 미치는 위험이 미미한 경우로서 국가위원회의 심의를 거쳐 보건복지부령으로 정한 기준에 맞는 연구는 기관위원회의 심의를 면제할 수 있다.

제16조(인간대상연구의 동의) ① 인간대상연구자는 인간대상연구를 하기 전에 연구대상자로부터 다음 각 호의 사항이 포함된 서면동의(전자문서를 포함한다. 이하 같다)를 받아야 한다.

1. 인간대상연구의 목적
2. 연구대상자의 참여 기간, 절차 및 방법
3. 연구대상자에게 예상되는 위험 및 이득
4. 개인정보 보호에 관한 사항
5. 연구 참여에 따른 손실에 대한 보상
6. 개인정보 제공에 관한 사항
7. 동의의 철회에 관한 사항
8. 그 밖에 기관위원회가 필요하다고 인정하는 사항

② 제1항에도 불구하고 동의 능력이 없거나 불완전한 사람으로서 보건복지부령으로 정하는 연구대상자가 참여하는 연구의 경우에는 다음 각 호에서 정한 대리인의 서면동의를

받아야 한다. 이 경우 대리인의 동의는 연구대상자의 의사에 어긋나서는 아니 된다.

1. 법정대리인
2. 법정대리인이 없는 경우 배우자, 직계존속, 직계비속의 순으로 하되, 직계존속 또는 직계비속이 여러 사람일 경우 협의하여 정하고, 협의가 되지 아니하면 연장자가 대리인이 된다.

③ 제1항에도 불구하고 다음 각 호의 요건을 모두 갖춘 경우에는 기관위원회의 승인을 받아 연구대상자의 서면동의를 면제할 수 있다. 이 경우 제2항에 따른 대리인의 서면동의는 면제하지 아니한다.

1. 연구대상자의 동의를 받는 것이 연구 진행과정에서 현실적으로 불가능하거나 연구의 타당성에 심각한 영향을 미친다고 판단되는 경우
2. 연구대상자의 동의 거부를 추정할 만한 사유가 없고, 동의를 면제하여도 연구대상자에게 미치는 위험이 극히 낮은 경우

④ 인간대상연구자는 제1항 및 제2항에 따른 서면동의를 받기 전에 동의권자에게 제1항 각 호의 사항에 대하여 충분히 설명하여야 한다.

제17조(연구대상자에 대한 안전대책) ① 인간대상연구자는 사전에 연구 및 연구환경이 연구대상자에게 미칠 신체적 · 정신적 영향을 평가하고 안전대책을 마련하여야 하며, 수행 중인 연구가 개인 및 사회에 중대한 해악(害惡)을 초래할 가능성이 있을 때에는 이를 즉시 소속 기관의 장에게 보고하고 적절한 조치를 하여야 한다.

② 인간대상연구자는 질병의 진단이나 치료, 예방과 관련된 연구에서 연구대상자에게 의학적으로 필요한 치료를 지연하거나 진단 및 예방의 기회를 박탈하여서는 아니 된다.

제18조(개인정보의 제공) ① 인간대상연구자는 제16조제1항에 따라 연구대상자로부터 개인정보를 제공하는 것에 대하여 서면동의를 받은 경우에는 기관위원회의 심의를 거쳐 개인정보를 제3자에게 제공할 수 있다.

② 인간대상연구자가 제1항에 따라 개인정보를 제3자에게 제공하는 경우에는 익명화하여야 한다. 다만, 연구대상자가 개인식별정보를 포함하는 것에 동의한 경우에는 그러하지 아니하다.

제19조(기록의 유지와 정보의 공개) ① 인간대상연구자는 인간대상연구와 관련한 사항을 기록 · 보관하여야 한다.

② 연구대상자는 자신에 관한 정보의 공개를 청구할 수 있으며, 그 청구를 받은 인간대상연구자는 특별한 사유가 없으면 정보를 공개하여야 한다.

③ 제1항 및 제2항에 따른 기록 · 보관 및 정보 공개에 관한 구체적인 사항은 국가위원회의 심의를 거쳐 보건복지부령으로 정한다.

제4장 배아 등의 생성과 연구

제1절 인간 존엄과 정체성 보호

제20조(인간복제의 금지) ① 누구든지 체세포복제배아 및 단성생식배아(이하 "체세포복제배아 등"이라 한다)를 인간 또는 동물의 자궁에 착상시켜서는 아니 되며, 착상된 상태를 유지하거나 출산하여서는 아니 된다.

② 누구든지 제1항에 따른 행위를 유인하거나 알선하여서는 아니 된다.

제21조(이종 간의 착상 등의 금지) ① 누구든지 인간의 배아를 동물의 자궁에 착상시키거나 동물의 배아를 인간의 자궁에 착상시키는 행위를 하여서는 아니 된다.

② 누구든지 다음 각 호의 행위를 하여서는 아니 된다.

1. 인간의 난자를 동물의 정자로 수정시키거나 동물의 난자를 인간의 정자로 수정시키는 행위. 다만, 의학적으로 인간의 정자의 활동성을 시험하기 위한 경우는 제외한다.
2. 핵이 제거된 인간의 난자에 동물의 체세포 핵을 이식하거나 핵이 제거된 동물의 난자에 인간의 체세포 핵을 이식하는 행위
3. 인간의 배아와 동물의 배아를 융합하는 행위
4. 다른 유전정보를 가진 인간의 배아를 융합하는 행위

③ 누구든지 제2항 각 호의 어느 하나에 해당하는 행위로부터 생성된 것을 인간 또는 동물의 자궁에 착상시키는 행위를 하여서는 아니 된다.

제2절 배아생성의료기관

제22조(배아생성의료기관의 지정 등) ① 체외수정을 위하여 난자 또는 정자를 채취·보존하거나 이를 수정시켜 배아를 생성하려는 의료기관은 보건복지부장관으로부터 배아생성의료기관으로 지정받아야 한다.

② 배아생성의료기관으로 지정받으려는 의료기관은 보건복지부령으로 정하는 시설 및 인력 등을 갖추어야 한다.

③ 배아생성의료기관의 지정 기준 및 절차 등에 관하여 필요한 사항은 보건복지부령으로 정한다.

④ 제1항에 따라 지정을 받은 배아생성의료기관(이하 "배아생성의료기관"이라 한다)이 보건복지부령으로 정하는 중요한 사항을 변경할 경우에는 보건복지부장관에게 그 변경사항을 신고하여야 한다.

⑤ 배아생성의료기관의 장은 휴업하거나 폐업하는 경우에는 보건복지부령으로 정하는 바에 따라 보건복지부장관에게 신고하여야 한다.

⑥ 배아생성의료기관의 장은 휴업하거나 폐업할 때에 보건복지부령으로 정하는 바에 따라 보관 중인 배아, 생식세포 및 관련 서류를 질병관리본부 또는 다른 배아생성의료기관

으로 이관하여야 한다.

제23조(배아의 생성에 관한 준수사항) ① 누구든지 임신 외의 목적으로 배아를 생성하여서는 아니 된다.

② 누구든지 배아를 생성할 때 다음 각 호의 어느 하나에 해당하는 행위를 하여서는 아니 된다.

1. 특정의 성을 선택할 목적으로 난자와 정자를 선별하여 수정시키는 행위
2. 사망한 사람의 난자 또는 정자로 수정하는 행위
3. 미성년자의 난자 또는 정자로 수정하는 행위. 다만, 혼인한 미성년자가 그 자녀를 얻기 위하여 수정하는 경우는 제외한다.

③ 누구든지 금전, 재산상의 이익 또는 그 밖의 반대급부(反對給付)를 조건으로 배아나 난자 또는 정자를 제공 또는 이용하거나 이를 유인하거나 알선하여서는 아니 된다.

제24조(배아의 생성 등에 관한 동의) ① 배아생성의료기관은 배아를 생성하기 위하여 난자 또는 정자를 채취할 때에는 다음 각 호의 사항에 대하여 난자 기증자, 정자 기증자, 체외수정 시술대상자 및 해당 기증자 · 시술대상자의 배우자가 있는 경우 그 배우자(이하 "동의권자"라 한다)의 서면동의를 받아야 한다. 다만, 장애인의 경우는 그 특성에 맞게 동의를 구하여야 한다.

1. 배아생성의 목적에 관한 사항
2. 배아 · 난자 · 정자의 보존기간 및 그 밖에 보존에 관한 사항
3. 배아 · 난자 · 정자의 폐기에 관한 사항
4. 잔여배아 및 잔여난자를 연구 목적으로 이용하는 것에 관한 사항
5. 동의의 변경 및 철회에 관한 사항
6. 동의권자의 권리 및 정보 보호, 그 밖에 보건복지부령으로 정하는 사항

② 배아생성의료기관은 제1항에 따른 서면동의를 받기 전에 동의권자에게 제1항 각 호의 사항에 대하여 충분히 설명하여야 한다.

③ 제1항에 따른 서면동의를 위한 동의서의 서식 및 보관 등에 필요한 사항은 보건복지부령으로 정한다.

제25조(배아의 보존 및 폐기) ① 배아의 보존기간은 5년으로 한다. 다만, 동의권자가 보존기간을 5년 미만으로 정한 경우에는 이를 보존기간으로 한다.

② 제1항에도 불구하고 항암치료 등 보건복지부령으로 정하는 경우에는 동의권자가 보존기간을 5년 이상으로 정할 수 있다.

③ 배아생성의료기관은 제1항 또는 제2항에 따른 보존기간이 끝난 배아 중 제29조에 따른 연구의 목적으로 이용하지 아니할 배아는 폐기하여야 한다.

④ 배아생성의료기관은 배아의 폐기에 관한 사항을 기록 · 보관하여야 한다.

⑤ 제3항 및 제4항에 따른 배아의 폐기 절차 및 방법, 배아의 폐기에 관한 사항의 기록 ·

보관에 필요한 사항은 보건복지부령으로 정한다.

제26조(잔여배아 및 잔여난자의 제공) ① 배아생성의료기관은 연구에 필요한 잔여배아를 제30조제1항에 따라 배아연구계획서의 승인을 받은 배아연구기관에 제공하거나 잔여난자를 제31조제4항에 따라 체세포복제배아 등 연구계획서의 승인을 받은 체세포복제배아 등의 연구기관에 제공하는 경우에는 무상으로 하여야 한다. 다만, 배아생성의료기관은 잔여배아 및 잔여난자의 보존 및 제공에 든 경비의 경우에는 보건복지부령으로 정하는 바에 따라 제공받는 연구기관에 대하여 경비지급을 요구할 수 있다.

② 제1항에 따른 잔여배아 및 잔여난자의 제공 절차, 경비의 산출, 그 밖에 필요한 사항은 보건복지부령으로 정한다.

③ 배아생성의료기관은 잔여배아 및 잔여난자의 보존 및 제공 등에 관한 사항을 보건복지부령으로 정하는 바에 따라 보건복지부장관에게 보고하여야 한다.

제27조(난자 기증자의 보호 등) ① 배아생성의료기관은 보건복지부령으로 정하는 바에 따라 난자를 채취하기 전에 난자 기증자에 대하여 건강검진을 하여야 한다.

② 배아생성의료기관은 보건복지부령으로 정하는 건강 기준에 미치지 못하는 사람으로부터 난자를 채취하여서는 아니 된다.

③ 배아생성의료기관은 동일한 난자 기증자로부터 대통령령으로 정하는 빈도 이상으로 난자를 채취하여서는 아니 된다.

④ 배아생성의료기관은 난자 기증에 필요한 시술 및 회복에 걸리는 시간에 따른 보상금 및 교통비 등 보건복지부령으로 정하는 항목에 관하여 보건복지부령으로 정하는 금액을 난자 기증자에게 지급할 수 있다.

제28조(배아생성의료기관의 준수사항 등) ① 배아생성의료기관은 다음 각 호의 사항을 준수하여야 한다. 〈개정 2015.12.29.〉

1. 제24조에 따른 동의서에 적힌 내용대로 배아·난자 및 정자를 취급할 것
2. 보건복지부령으로 정하는 바에 따라 잔여배아 및 잔여난자의 보존·취급 및 폐기 등의 관리를 철저히 할 것
3. 그 밖에 생명윤리 및 안전의 확보를 위하여 필요하다고 인정하여 보건복지부령으로 정하는 사항

② 보건복지부장관은 배아의 생성 등에 관한 동의 등을 적절하게 관리하기 위하여 배아생성의료기관에 관한 표준운영지침을 정하고 배아생성의료기관에게 그 준수를 권장하여야 한다. 〈신설 2015.12.29.〉

[제목개정 2015.12.29.]

제3절 잔여배아 연구 등

제29조(잔여배아 연구) ① 제25조에 따른 배아의 보존기간이 지난 잔여배아는 발생학적으

로 원시선(原始線)이 나타나기 전까지만 체외에서 다음 각 호의 연구 목적으로 이용할 수 있다.

1. 난임치료법 및 피임기술의 개발을 위한 연구
2. 근이영양증(筋異營養症), 그 밖에 대통령령으로 정하는 희귀 · 난치병의 치료를 위한 연구
3. 그 밖에 국가위원회의 심의를 거쳐 대통령령으로 정하는 연구

② 제1항에 따라 잔여배아를 연구하려는 자는 보건복지부령으로 정하는 시설 · 인력 등을 갖추고 보건복지부장관에게 배아연구기관으로 등록하여야 한다.

③ 제2항에 따라 등록한 배아연구기관(이하 "배아연구기관"이라 한다)이 보건복지부령으로 정하는 중요한 사항을 변경하거나 폐업할 경우에는 보건복지부장관에게 신고하여야 한다.

제30조(배아연구계획서의 승인) ① 배아연구기관은 잔여배아의 연구를 하려면 미리 보건복지부장관에게 배아연구계획서를 제출하여 승인을 받아야 한다. 배아연구계획서의 내용 중 대통령령으로 정하는 중요한 사항을 변경하는 경우에도 또한 같다.

② 제1항에 따른 배아연구계획서에는 기관위원회의 심의 결과에 관한 서류가 첨부되어야 한다.

③ 보건복지부장관은 다른 중앙행정기관의 장이 연구비를 지원하는 배아연구기관으로부터 배아연구계획서를 제출받았을 때에는 승인 여부를 결정하기 전에 그 중앙행정기관의 장과 협의하여야 한다.

④ 배아연구계획서의 승인 기준 및 절차, 제출서류, 그 밖에 필요한 사항은 보건복지부령으로 정한다.

제31조(체세포복제배아등의 연구) ① 누구든지 제29조제1항제2호에 따른 희귀 · 난치병의 치료를 위한 연구 목적 외에는 체세포핵이식행위 또는 단성생식행위를 하여서는 아니 된다.

② 제1항에 따른 연구의 종류 · 대상 및 범위는 국가위원회의 심의를 거쳐 대통령령으로 정한다.

③ 체세포복제배아 등을 생성하거나 연구하려는 자는 보건복지부령으로 정하는 시설 및 인력 등을 갖추고 보건복지부장관에게 등록하여야 한다.

④ 제3항에 따라 등록한 기관(이하 "체세포복제배아 등의 연구기관"이라 한다)은 체세포복제배아 등을 생성하거나 연구하려면 보건복지부령으로 정하는 바에 따라 미리 보건복지부장관에게 연구계획서(이하 "체세포복제배아 등 연구계획서"라 한다)를 제출하여 승인을 받아야 한다.

⑤ 체세포복제배아 등 연구계획서의 승인에 관하여는 제30조를 준용한다. 이 경우 "잔여배아"는 "체세포복제배아 등"으로, "배아연구계획서"는 "체세포복제배아 등 연구계획

서"로 각각 본다.

제32조(배아연구기관 등의 준수사항) ① 배아연구기관 및 체세포복제배아 등의 연구기관은 해당 기관에서 수행하는 연구로 인하여 생명윤리 또는 안전에 중대한 위해가 발생하거나 발생할 우려가 있는 경우에는 연구 중단 등 적절한 조치를 하여야 한다.

② 배아연구기관 및 체세포복제배아 등의 연구기관이 잔여배아 및 잔여난자를 제공받은 후 이를 연구의 목적으로 이용하지 아니하려는 경우에는 제25조제3항부터 제5항까지의 규정을 준용한다. 이 경우 "배아"는 "잔여배아 및 잔여난자"로 본다.

③ 배아연구기관이 잔여배아를 관리하는 경우 및 체세포복제배아 등의 연구기관이 잔여난자, 체세포복제배아 등을 관리하는 경우에는 제28조를 준용한다.

제4절 배아줄기세포주

제33조(배아줄기세포주의 등록) ① 배아줄기세포주를 수립하거나 수입한 자는 그 배아줄기세포주를 제34조에 따라 제공하거나 제35조에 따라 이용하기 전에 보건복지부령으로 정하는 바에 따라 그 배아줄기세포주를 보건복지부장관에게 등록하여야 한다.

② 보건복지부장관은 배아줄기세포주의 등록을 신청한 자가 다른 중앙행정기관의 장으로부터 과학적 검증을 받은 경우에는 제1항에 따른 등록을 하는 데에 그 검증자료를 활용하여야 한다.

③ 보건복지부장관은 제1항에 따라 배아줄기세포주를 등록한 자에게 배아줄기세포주의 검증 등에 든 비용의 전부 또는 일부를 지원할 수 있다.

제34조(배아줄기세포주의 제공) ① 배아줄기세포주를 수립한 자가 그 배아줄기세포주를 타인에게 제공하려면 보건복지부령으로 정하는 바에 따라 기관위원회의 심의를 거쳐야 한다.

② 제1항에 따라 배아줄기세포주를 제공한 자는 보건복지부령으로 정하는 바에 따라 보건복지부장관에게 배아줄기세포주의 제공현황을 보고하여야 한다.

③ 제1항에 따라 배아줄기세포주를 제공하는 경우에는 무상으로 하여야 한다. 다만, 배아줄기세포주를 제공하는 자는 배아줄기세포주의 보존 및 제공에 든 경비의 경우에는 보건복지부령으로 정하는 바에 따라 이를 제공받는 자에 대하여 경비지급을 요구할 수 있다.

④ 제1항부터 제3항까지의 규정에 따른 배아줄기세포주의 제공 및 보고, 경비의 산출 방법 등에 관하여 필요한 사항은 보건복지부령으로 정한다.

제35조(배아줄기세포주의 이용) ① 제33조제1항에 따라 등록된 배아줄기세포주는 체외에서 다음 각 호의 연구 목적으로만 이용할 수 있다.

1. 질병의 진단 · 예방 또는 치료를 위한 연구
2. 줄기세포의 특성 및 분화에 관한 기초연구

3. 그 밖에 국가위원회의 심의를 거쳐 대통령령으로 정하는 연구

② 제1항에 따라 배아줄기세포주를 이용하려는 자는 해당 연구계획서에 대하여 보건복지부령으로 정하는 바에 따라 기관위원회의 심의를 거쳐 해당 기관의 장의 승인을 받아야 한다. 승인을 받은 연구계획서의 내용 중 대통령령으로 정하는 중요한 사항을 변경하는 경우에도 또한 같다.

③ 제2항에 따라 승인 또는 변경승인을 받은 자는 보건복지부령으로 정하는 바에 따라 그 사실을 보건복지부장관에게 보고하여야 한다.

④ 제2항에 따라 승인을 받은 자는 배아줄기세포주를 제공한 자에게 제공받은 배아줄기세포주의 이용계획서를 작성하여 제출하여야 한다.

⑤ 제2항에 따라 연구를 승인한 기관의 장은 연구를 하는 자가 연구계획에 적합하게 연구를 하도록 감독하여야 한다.

제5장 인체유래물연구 및 인체유래물은행

제1절 인체유래물연구

제36조(인체유래물연구의 심의) ① 인체유래물연구를 하려는 자는 인체유래물연구를 하기 전에 연구계획서에 대하여 기관위원회의 심의를 받아야 한다.

② 제1항에도 불구하고 인체유래물 기증자 및 공공에 미치는 위험이 미미한 경우로서 국가위원회의 심의를 거쳐 보건복지부령으로 정한 기준에 맞는 연구는 기관위원회의 심의를 면제할 수 있다.

제37조(인체유래물연구의 동의) ① 인체유래물연구자는 인체유래물연구를 하기 전에 인체유래물 기증자로부터 다음 각 호의 사항이 포함된 서면동의를 받아야 한다.

1. 인체유래물연구의 목적
2. 개인정보의 보호 및 처리에 관한 사항
3. 인체유래물의 보존 및 폐기 등에 관한 사항
4. 인체유래물과 그로부터 얻은 유전정보(이하 "인체유래물 등"이라 한다)의 제공에 관한 사항
5. 동의의 철회, 동의 철회 시 인체유래물 등의 처리, 인체유래물 기증자의 권리, 연구 목적의 변경, 그 밖에 보건복지부령으로 정하는 사항

② 제1항에도 불구하고 인체유래물연구자가 아닌 인체유래물 채취자로부터 인체유래물을 제공받아 연구를 하는 인체유래물연구자의 경우에 그 인체유래물 채취자가 인체유래물 기증자로부터 제1항 각 호의 사항이 포함된 서면동의를 받았을 때에는 제1항에 따른 서면동의를 받은 것으로 본다.

③ 인체유래물연구의 서면동의 면제에 관하여는 제16조제3항을 준용한다. 이 경우 "연구대상자"는 "인체유래물 기증자"로 본다.

④ 인체유래물연구자는 제1항에 따른 서면동의를 받기 전에 인체유래물 기증자에게 제1항 각 호의 사항에 대하여 충분히 설명하여야 한다.

⑤ 제1항에 따른 서면동의를 위한 동의서의 서식 등에 관하여 필요한 사항은 보건복지부령으로 정한다.

제38조(인체유래물등의 제공) ① 인체유래물연구자는 제37조제1항에 따라 인체유래물 기증자로부터 인체유래물 등을 제공하는 것에 대하여 서면동의를 받은 경우에는 기관위원회의 심의를 거쳐 인체유래물 등을 인체유래물은행이나 다른 연구자에게 제공할 수 있다.

② 인체유래물연구자가 제1항에 따라 인체유래물 등을 다른 연구자에게 제공하는 경우에는 익명화하여야 한다. 다만, 인체유래물 기증자가 개인식별정보를 포함하는 것에 동의한 경우에는 그러하지 아니하다.

③ 제1항에 따라 인체유래물 등을 제공할 경우 무상으로 하여야 한다. 다만, 인체유래물연구자가 소속된 기관은 인체유래물 등의 보존 및 제공에 든 경비의 경우에는 보건복지부령으로 정하는 바에 따라 인체유래물 등을 제공받아 연구하는 자에게 경비지급을 요구할 수 있다.

④ 인체유래물연구자는 제1항에 따라 인체유래물 등을 제공하거나 제공받았을 때에는 보건복지부령으로 정하는 바에 따라 인체유래물 등의 제공에 관한 기록을 작성 · 보관하여야 한다.

⑤ 인체유래물 등의 제공 방법 및 절차, 경비의 산출, 그 밖에 필요한 사항은 보건복지부령으로 정한다.

제39조(인체유래물 등의 보존 및 폐기) ① 인체유래물연구자는 동의서에 정한 기간이 지난 인체유래물 등을 폐기하여야 한다. 다만, 인체유래물 등을 보존하는 중에 인체유래물 기증자가 보존기간의 변경이나 폐기를 요청하는 경우에는 요청에 따라야 한다.

② 인체유래물연구자는 제1항에 따른 인체유래물 등의 폐기에 관한 사항을 보건복지부령으로 정하는 바에 따라 기록 · 보관하여야 한다.

③ 인체유래물연구자가 부득이한 사정으로 인하여 인체유래물 등을 보존할 수 없는 경우에는 기관위원회의 심의를 거쳐 인체유래물 등을 처리하거나 이관하여야 한다.

④ 인체유래물 등의 보존, 폐기, 처리 또는 이관 등에 필요한 사항은 보건복지부령으로 정한다.

제40조(인체유래물연구자의 준수사항) 인체유래물연구자의 인체유래물 기증자에 대한 안전대책 및 기록의 유지와 정보 공개에 관하여는 제17조 및 제19조를 각각 준용한다. 이 경우 "인간대상연구"는 "인체유래물연구"로, "연구대상자"는 "인체유래물 기증자"로 각각 본다.

제2절 인체유래물은행

제41조(인체유래물은행의 허가 및 신고) ① 인체유래물은행을 개설하려는 자는 대통령령으로 정하는 바에 따라 보건복지부장관의 허가를 받아야 한다. 다만, 국가기관이 직접 인체유래물은행을 개설하고자 하는 경우는 제외한다.

② 제1항에도 불구하고 다른 법령에 따라 중앙행정기관의 장으로부터 연구비 지원의 승인을 받아 인체유래물은행을 개설하려는 경우에는 그 중앙행정기관의 장으로부터 연구비 지원의 승인을 받은 후 보건복지부장관에게 신고하면 제1항에 따른 허가를 받은 것으로 본다. 이 경우 그 중앙행정기관의 장은 미리 보건복지부장관과 협의하여야 한다.

③ 제1항 및 제2항에 따라 개설된 인체유래물은행이 대통령령으로 정하는 중요한 사항을 변경하거나 휴업 또는 폐업하려는 경우에는 보건복지부장관에게 신고하여야 한다.

④ 인체유래물은행의 시설 · 장비 기준 및 허가 · 신고 절차, 그 밖에 필요한 사항은 대통령령으로 정한다.

제42조(인체유래물 채취 시의 동의) ① 인체유래물은행은 인체유래물연구에 쓰일 인체유래물을 직접 채취하거나 채취를 의뢰할 때에는 인체유래물을 채취하기 전에 인체유래물 기증자로부터 다음 각 호의 사항이 포함된 서면동의를 받아야 한다.

1. 인체유래물연구의 목적(인체유래물은행이 인체유래물연구를 직접 수행하는 경우만 해당한다)
2. 개인정보의 보호 및 처리에 관한 사항
3. 인체유래물등이 제공되는 연구자 및 기관의 범위에 관한 사항
4. 인체유래물등의 보존, 관리 및 폐기에 관한 사항
5. 동의의 철회, 동의의 철회 시 인체유래물 등의 처리, 인체유래물 기증자의 권리나 그 밖에 보건복지부령으로 정하는 사항

② 인체유래물은행은 제1항에 따른 서면동의를 받기 전에 인체유래물 기증자에게 제1항 각 호의 사항에 대하여 충분히 설명하여야 한다.

③ 제1항에 따른 서면동의를 위한 동의서의 서식 등에 관하여 필요한 사항은 보건복지부령으로 정한다.

제43조(인체유래물등의 제공) ① 인체유래물은행의 장은 인체유래물 등을 제공받으려는 자로부터 이용계획서를 제출받아 그 내용을 검토하여 제공 여부를 결정하여야 한다.

② 인체유래물은행의 장은 인체유래물 등을 타인에게 제공하는 경우에는 익명화하여야 한다. 다만, 인체유래물 기증자가 개인식별정보를 포함하는 것에 동의한 경우에는 그러하지 아니하다.

③ 인체유래물은행의 장은 인체유래물 등을 타인에게 제공하는 경우에는 무상으로 하여야 한다. 다만, 인체유래물 등의 보존 및 제공에 든 경비를 보건복지부령으로 정하는 바에 따라 인체유래물 등을 제공받는 자에게 요구할 수 있다.

④ 기관위원회는 인체유래물 등의 제공에 필요한 지침을 마련하고, 지침에 따라 적정하게 제공되고 있는지 정기적으로 심의하여야 한다.

⑤ 인체유래물 등 이용계획서의 기재내용 · 제출절차, 제공에 필요한 지침, 기관위원회의 심의, 그 밖에 인체유래물 등의 제공 및 관리에 필요한 사항은 보건복지부령으로 정한다.

제44조(인체유래물은행의 준수사항) ① 인체유래물은행의 장 또는 그 종사자는 보존 중인 인체유래물 등을 타당한 사유 없이 사용, 폐기, 손상하여서는 아니 된다.

② 인체유래물은행이 제38조제1항 및 제53조제1항에 따라 인체유래물 등을 제공받은 경우에는 익명화하여야 한다.

③ 인체유래물은행의 인체유래물 등의 보존 및 폐기에 관하여는 제39조를 준용한다.

④ 인체유래물은행의 장은 보건복지부령으로 정하는 바에 따라 인체유래물 등의 익명화 방안이 포함된 개인정보 보호 지침을 마련하고, 개인정보 관리 및 보안을 담당하는 책임자를 지정하여야 한다.

제45조(인체유래물은행에 대한 지원) 국가나 지방자치단체는 예산의 범위에서 인체유래물은행의 운영에 필요한 비용을 지원할 수 있다.

제6장 유전자치료 및 검사 등

제46조(유전정보에 의한 차별 금지 등) ① 누구든지 유전정보를 이유로 교육 · 고용 · 승진 · 보험 등 사회활동에서 다른 사람을 차별하여서는 아니 된다.

② 다른 법률에 특별한 규정이 있는 경우를 제외하고는 누구든지 타인에게 유전자검사를 받도록 강요하거나 유전자검사의 결과를 제출하도록 강요하여서는 아니 된다.

③ 의료기관은 「의료법」 제21조제3항에 따라 환자 외의 자에게 제공하는 의무기록 및 진료기록 등에 유전정보를 포함시켜서는 아니 된다. 다만, 해당 환자와 동일한 질병의 진단 및 치료를 목적으로 다른 의료기관의 요청이 있고 개인정보 보호에 관한 조치를 한 경우에는 그러하지 아니하다. 〈개정 2016.12.20.〉

제47조(유전자치료) ① 인체 내에서 유전적 변이를 일으키는 일련의 행위에 해당하는 유전자 치료에 관한 연구는 다음 각 호의 모두에 해당하는 경우에만 할 수 있다. 〈개정 2015.12.29.〉

1. 유전질환, 암, 후천성면역결핍증, 그 밖에 생명을 위협하거나 심각한 장애를 불러일으키는 질병의 치료를 위한 연구
2. 현재 이용 가능한 치료법이 없거나 유전자치료의 효과가 다른 치료법과 비교하여 현저히 우수할 것으로 예측되는 치료를 위한 연구

② 유전물질 또는 유전물질이 도입된 세포를 인체로 전달하는 일련의 행위에 해당하는 유전자치료에 관한 연구는 제1항제1호 또는 제2호 중 어느 하나에 해당하는 경우에만 할 수 있다. 〈신설 2015.12.29.〉

③ 유전자치료는 배아, 난자, 정자 및 태아에 대하여 시행하여서는 아니 된다. 〈개정 2015.12.29.〉

제48조(유전자치료기관) ① 유전자치료를 하고자 하는 의료기관은 보건복지부장관에게 신고하여야 한다. 대통령령으로 정하는 중요한 사항을 변경하는 경우에도 또한 같다.

② 제1항에 따라 보건복지부장관에게 신고한 의료기관(이하 "유전자치료기관"이라 한다)은 유전자치료를 하고자 하는 환자에 대하여 다음 각 호의 사항에 관하여 미리 설명한 후 서면동의를 받아야 한다.

1. 치료의 목적
2. 예측되는 치료 결과 및 그 부작용
3. 그 밖에 보건복지부령으로 정하는 사항

③ 유전자치료기관의 신고 요건 및 절차, 동의서의 서식, 그 밖에 필요한 사항은 보건복지부령으로 정한다.

제49조(유전자검사기관) ① 유전자검사를 하려는 자는 유전자검사항목에 따라 보건복지부령으로 정하는 시설 및 인력 등을 갖추고 보건복지부장관에게 신고하여야 한다. 다만, 국가기관이 유전자검사를 하는 경우에는 그러하지 아니하다.

② 제1항에 따라 신고한 사항 중 대통령령으로 정하는 중요한 사항을 변경하는 경우에도 신고하여야 한다.

③ 보건복지부장관은 제1항에 따라 신고한 유전자검사기관(이하 "유전자검사기관"이라 한다)으로 하여금 보건복지부령으로 정하는 바에 따라 유전자검사의 정확도 평가를 받게 할 수 있고, 그 결과를 공개할 수 있다.

④ 유전자검사기관은 유전자검사의 업무를 휴업하거나 폐업하려는 경우에는 보건복지부령으로 정하는 바에 따라 보건복지부장관에게 신고하여야 한다.

⑤ 보건복지부장관은 유전자검사기관이 「부가가치세법」 제5조에 따라 관할 세무서장에게 폐업신고를 하거나 관할 세무서장이 사업자등록을 말소한 경우에는 신고 사항을 직권으로 말소할 수 있다.

제50조(유전자검사의 제한 등) ① 유전자검사기관은 과학적 증명이 불확실하여 검사대상자를 오도(誤導)할 우려가 있는 신체 외관이나 성격에 관한 유전자검사 또는 그 밖에 국가위원회의 심의를 거쳐 대통령령으로 정하는 유전자검사를 하여서는 아니 된다.

② 유전자검사기관은 근이영양증이나 그 밖에 대통령령으로 정하는 유전질환을 진단하기 위한 목적으로만 배아 또는 태아를 대상으로 유전자검사를 할 수 있다.

③ 의료기관이 아닌 유전자검사기관에서는 다음 각 호를 제외한 경우에는 질병의 예방, 진

단 및 치료와 관련한 유전자검사를 할 수 없다. 〈개정 2015.12.29.〉

1. 의료기관의 의뢰를 받은 경우
2. 질병의 예방과 관련된 유전자검사로 보건복지부장관이 필요하다고 인정하는 경우

④ 유전자검사기관은 유전자검사에 관하여 거짓표시 또는 과대광고를 하여서는 아니 된다. 이 경우 거짓표시 또는 과대광고의 판정 기준 및 절차, 그 밖에 필요한 사항은 보건복지부령으로 정한다.

제51조(유전자검사의 동의) ① 유전자검사기관이 유전자검사에 쓰일 검사대상물을 직접 채취하거나 채취를 의뢰할 때에는 검사대상물을 채취하기 전에 검사대상자로부터 다음 각 호의 사항에 대하여 서면동의를 받아야 한다. 다만, 장애인의 경우는 그 특성에 맞게 동의를 구하여야 한다.

1. 유전자검사의 목적
2. 검사대상물의 관리에 관한 사항
3. 동의의 철회, 검사대상자의 권리 및 정보보호, 그 밖에 보건복지부령으로 정하는 사항

② 유전자검사기관이 검사대상물을 인체유래물연구자나 인체유래물은행에 제공하기 위하여는 검사대상자로부터 다음 각 호의 사항이 포함된 서면동의를 제1항에 따른 동의와 별도로 받아야 한다.

1. 개인정보의 보호 및 처리에 대한 사항
2. 검사대상물의 보존, 관리 및 폐기에 관한 사항
3. 검사대상물의 제공에 관한 사항
4. 동의의 철회, 동의 철회 시 검사대상물의 처리, 검사대상자의 권리, 그 밖에 보건복지부령으로 정하는 사항

③ 유전자검사기관 외의 자가 검사대상물을 채취하여 유전자검사기관에 유전자검사를 의뢰하는 경우에는 제1항에 따라 검사대상자로부터 서면동의를 받아 첨부하여야 하며, 보건복지부령으로 정하는 바에 따라 개인정보를 보호하기 위한 조치를 하여야 한다.

④ 검사대상자가 동의 능력이 없거나 불완전한 경우의 대리인 동의에 관하여는 제16조제2항을 준용한다. 이 경우 "연구대상자"는 "검사대상자"로, "연구"는 "검사"로 각각 본다.

⑤ 다음 각 호의 어느 하나에 해당하는 경우에는 동의 없이 유전자검사를 할 수 있다.

1. 시체 또는 의식불명인 사람이 누구인지 식별하여야 할 긴급한 필요가 있거나 특별한 사유가 있는 경우
2. 다른 법률에 규정이 있는 경우

⑥ 제1항부터 제4항까지의 규정에 따라 서면동의를 받고자 하는 자는 미리 검사대상자 또는 법정대리인에게 유전자검사의 목적과 방법, 예측되는 유전자검사의 결과와 의미 등에 대하여 충분히 설명하여야 한다.

⑦ 유전자검사의 동의 방식, 동의 면제 사항, 그 밖에 필요한 사항은 보건복지부령으로 정

한다.

제52조(기록 보관 및 정보의 공개) ① 유전자검사기관은 다음 각 호의 서류를 보건복지부령으로 정하는 바에 따라 기록·보관하여야 한다.

1. 제51조에 따른 동의서
2. 유전자검사 결과
3. 제53조제2항에 따른 검사대상물의 제공에 관한 기록

② 유전자검사기관은 검사대상자나 그의 법정대리인이 제1항에 따른 기록의 열람 또는 사본의 발급을 요청하는 경우에는 그 요청에 따라야 한다.

③ 제2항에 따른 기록의 열람 또는 사본의 발급에 관한 신청 절차 및 서식 등에 관하여 필요한 사항은 보건복지부령으로 정한다.

제53조(검사대상물의 제공과 폐기 등) ① 유전자검사기관은 제51조제2항에 따라 검사대상자로부터 검사대상물의 제공에 대한 서면동의를 받은 경우에는 인체유래물연구자나 인체유래물은행에 검사대상물을 제공할 수 있다.

② 제1항에 따른 검사대상물의 제공에 관하여는 제38조제2항부터 제5항까지의 규정을 준용한다. 이 경우 "인체유래물등"은 "검사대상물"로, "인체유래물 기증자"는 "검사대상자"로 각각 본다.

③ 유전자검사기관은 제1항에 따라 검사대상물을 제공하는 경우 외에는 검사대상물을 유전자검사 결과 획득 후 즉시 폐기하여야 한다.

④ 유전자검사기관은 검사대상물의 폐기에 관한 사항을 기록·보관하여야 한다.

⑤ 유전자검사기관은 휴업 또는 폐업이나 그 밖에 부득이한 사정으로 인하여 검사대상물을 보존할 수 없는 경우에는 보건복지부령으로 정하는 바에 따라 검사대상물을 처리하거나 이관하여야 한다.

⑥ 검사대상물의 폐기, 폐기에 관한 기록·보관 및 검사대상물의 처리 또는 이관에 필요한 사항은 보건복지부령으로 정한다.

제7장 감독

제54조(보고와 조사) ① 보건복지부장관은 생명윤리 및 안전의 확보와 관련하여 필요하다고 인정할 때에는 제10조제1항 각 호의 기관과 유전자검사기관(이하 "감독대상기관"이라 한다) 및 그 종사자에 대하여 보건복지부령으로 정하는 바에 따라 이 법의 시행에 필요한 보고 또는 자료의 제출을 명할 수 있고, 생명윤리 또는 안전에 중대한 위해가 발생하거나 발생할 우려가 있을 때에는 그 연구 및 연구 성과 이용의 중단을 명하거나 그 밖에 필요한 조치를 할 수 있다.

② 보건복지부장관은 이 법에서 정하고 있는 사항의 이행 또는 위반 여부의 확인을 위하여 필요하다고 인정할 때에는 관계 공무원으로 하여금 감독대상기관 또는 그 사무소 등에 출입하여 그 시설 또는 장비, 관계 장부나 서류, 그 밖의 물건을 검사하게 하거나 관계인에게 질문하게 할 수 있으며, 시험에 필요한 시료(試料)를 최소분량으로 수거하게 할 수 있다. 이 경우 관계 공무원은 그 권한을 표시하는 증표를 지니고 이를 관계인에게 보여주어야 한다.

③ 감독대상기관 또는 그 종사자는 제1항 및 제2항에 따른 명령 · 검사 · 질문 등에 대하여 타당한 사유가 없으면 응하여야 한다.

제55조(폐기 및 개선 명령) ① 보건복지부장관은 감독대상기관 또는 그 종사자와 제33조부터 제35조까지의 규정에 따라 배아줄기세포주를 등록 · 제공 또는 이용한 자에게 다음 각 호의 대상물을 폐기할 것을 명할 수 있다. 이 경우 폐기의 절차 및 방법에 관하여는 제25조제5항, 제39조제4항, 제53조제6항을 각각 준용한다.

1. 제22조제1항부터 제3항까지, 제23조, 제24조제1항, 제25조제3항(제32조제2항에서 준용하는 경우를 포함한다), 제26조제1항, 제27조제1항부터 제3항까지, 제29조제1항 · 제2항, 제30조제1항부터 제3항까지, 제31조제1항 · 제3항 · 제4항, 제33조제1항, 제34조제1항 · 제3항, 제35조제2항을 위반하여 채취 · 생성 · 보존 · 연구 또는 제공된 배아 · 체세포복제배아등 · 배아줄기세포주 또는 난자
2. 제39조제1항, 제41조제1항, 제43조제2항, 제49조제1항, 제50조제1항부터 제3항까지, 제51조제1항 · 제2항 · 제4항, 제53조제1항부터 제3항까지의 규정을 위반하여 채취 · 보존 또는 제공된 검사대상물 및 인체유래물

② 보건복지부장관은 감독대상기관의 시설 · 인력 등이 제22조제2항, 제29조제2항, 제31조제3항 또는 제41조제4항에서 정하는 기준 등에 맞지 아니하여 연구 · 채취 · 보존 또는 배아의 생성 등을 하는 경우에 생명윤리나 안전에 중대한 위해가 발생하거나 발생할 우려가 있다고 인정할 때에는 감독대상기관에 대하여 그 시설의 개선을 명하거나 그 시설의 전부 또는 일부의 사용을 금지할 것을 명할 수 있다.

제56조(등록 등의 취소와 업무의 정지) ① 보건복지부장관은 감독대상기관이 다음 각 호의 어느 하나에 해당할 때에는 그 지정 · 등록 또는 허가를 취소하거나 1년 이내의 기간을 정하여 그 업무의 전부 또는 일부의 정지를 명할 수 있다.

1. 제10조제1항(같은 항 제1호 및 제2호에 해당하는 기관의 경우는 제외한다), 제20조, 제21조, 제22조제1항부터 제3항까지, 제23조, 제24조제1항 · 제2항, 제25조제3항 · 제4항(제32조제2항에서 준용하는 경우를 포함한다), 제26조제1항 · 제3항, 제27조제1항부터 제3항까지, 제28조(제32조제3항에서 준용하는 경우를 포함한다), 제29조제2항, 제30조제1항, 제31조제1항, 제32조제1항, 제43조제2항, 제44조제1항, 제48조제1항 후단, 제48조제2항, 제50조, 제51조제1항부터 제4항까지, 제52조제1항 · 제2항 및 제53조제2항부터

제5항까지의 규정을 위반하였을 때

2. 제54조제1항 및 제55조에 따른 명령을 이행하지 아니하였을 때

3. 제54조제2항에 따른 검사 · 질문 · 수거에 응하지 아니하였을 때

② 제1항에 따른 행정처분의 세부 기준은 그 위반행위의 유형과 위반 정도 등을 고려하여 보건복지부령으로 정한다.

제57조(청문) 보건복지부장관은 제56조에 따라 기관의 지정 · 등록 또는 허가를 취소하려는 경우에는 청문을 하여야 한다.

제58조(과징금) ① 보건복지부장관은 감독대상기관이 다음 각 호의 어느 하나에 해당하여 업무정지처분을 하여야 할 경우로서 그 업무정지가 해당 사업의 이용자에게 심한 불편을 주거나 그 밖에 공익을 해칠 우려가 있을 때에는 대통령령으로 정하는 바에 따라 그 업무정지처분을 갈음하여 2억원 이하의 과징금을 부과할 수 있다.

1. 제22조제1항부터 제3항까지, 제24조제1항 · 제2항, 제25조제3항 · 제4항(제32조제2항에서 준용하는 경우를 포함한다) 및 제27조제1항부터 제3항까지의 규정을 위반하였을 때

2. 제28조(제32조제3항에서 준용하는 경우를 포함한다) 및 제32조제1항에 따른 준수사항을 위반하였을 때

3. 제54조제1항 및 제55조에 따른 명령을 이행하지 아니하였을 때

4. 제54조제2항에 따른 검사 · 질문 · 수거에 응하지 아니하였을 때

② 제1항에 따라 과징금을 부과하는 위반행위의 종류와 위반 정도 등에 따른 과징금의 금액이나 그 밖에 필요한 사항은 보건복지부령으로 정한다.

③ 보건복지부장관은 제1항에 따른 과징금을 내야 할 자가 납부기한까지 내지 아니하였을 때에는 국세 체납처분의 예에 따라 징수한다.

제59조(수수료) 보건복지부장관은 이 법의 규정에 따라 지정 · 허가 · 등록 · 승인을 받으려 하거나 신고를 하는 자 또는 그 내용을 변경하려는 자로 하여금 보건복지부령으로 정하는 바에 따라 수수료를 내게 할 수 있다.

제8장 보칙

제60조(국고 보조) 보건복지부장관은 이 법에 따른 생명윤리 및 안전의 확보에 이바지할 수 있는 연구사업 및 교육을 육성 · 지원하기 위하여 대통령령으로 정하는 바에 따라 해당 단체 · 기관 또는 종사자에게 필요한 비용의 전부 또는 일부를 지원할 수 있다.

제61조(위임 및 위탁 등) ① 보건복지부장관은 이 법에 따른 권한의 일부를 대통령령으로 정하는 바에 따라 소속 기관의 장에게 위임할 수 있다.

② 보건복지부장관은 대통령령으로 정하는 바에 따라 다음 각 호의 어느 하나에 해당하는

업무의 일부를 관계 전문기관 또는 단체에 위탁할 수 있다.

1. 제13조제1항제2호에 따른 기관위원회 위원의 교육에 관한 업무
2. 제14조에 따른 기관위원회의 평가 · 인증에 관한 업무
3. 제49조제3항에 따른 유전자검사의 정확도 평가에 관한 업무

③ 보건복지부장관은 제2항에 따라 관계 전문기관 또는 단체에 업무를 위탁한 경우에는 필요한 예산을 보조할 수 있다.

④ 제2항에 따른 관계 전문기관 또는 단체에 대한 예산 보조, 보조금 환수(還收), 지원 금지 등에 필요한 사항은 대통령령으로 정한다.

제62조(벌칙 적용 시의 공무원 의제) 보건복지부장관이 제61조에 따라 위탁한 업무에 종사하는 기관, 단체의 임직원은 「형법」 제129조부터 제132조까지의 규정을 적용할 때에는 공무원으로 본다.

제63조(비밀 누설 등의 금지) 감독대상기관 또는 그 종사자나 업무에 종사하였던 사람은 직무상 알게 된 개인정보 등의 비밀을 누설하거나 도용하여서는 아니 된다.

제9장 벌칙

제64조(벌칙) ① 제20조제1항을 위반하여 체세포복제배아 등을 자궁에 착상시키거나 착상된 상태를 유지하거나 출산한 사람은 10년 이하의 징역에 처한다.

② 제1항의 경우 미수범도 처벌한다.

제65조(벌칙) ① 제21조제1항을 위반하여 인간의 배아를 동물의 자궁에 착상시키거나 동물의 배아를 인간의 자궁에 착상시킨 사람 또는 같은 조 제3항을 위반하여 같은 조 제2항 각 호의 어느 하나에 해당하는 행위로부터 생성된 것을 인간 또는 동물의 자궁에 착상시킨 사람은 5년 이하의 징역에 처한다.

② 제1항의 경우 미수범도 처벌한다.

제66조(벌칙) ① 다음 각 호의 어느 하나에 해당하는 사람은 3년 이하의 징역에 처한다.

1. 제20조제2항을 위반하여 체세포복제배아 등을 자궁에 착상시키거나 착상된 상태를 유지 또는 출산하도록 유인하거나 알선한 사람
2. 제21조제2항 각 호의 어느 하나에 해당하는 행위를 한 사람
3. 제23조제1항을 위반하여 임신 외의 목적으로 배아를 생성한 사람
4. 제23조제3항을 위반하여 금전, 재산상의 이익 또는 그 밖의 반대급부를 조건으로 배아나 난자 또는 정자를 제공 또는 이용하거나 이를 유인하거나 알선한 사람
5. 제31조제1항을 위반하여 희귀 · 난치병의 치료를 위한 연구 목적 외의 용도로 체세포핵이식행위 또는 단성생식행위를 한 사람

6. 제63조를 위반하여 비밀을 누설하거나 도용한 사람

② 제29조제1항을 위반하여 잔여배아를 이용한 자는 3년 이하의 징역 또는 5천만원 이하의 벌금에 처한다.

③ 제1항제1호 및 제2호의 경우 미수범도 처벌한다.

제67조(벌칙) ① 다음 각 호의 어느 하나에 해당하는 자는 2년 이하의 징역 또는 3천만원 이하의 벌금에 처한다. 〈개정 2015.12.29.〉

1. 배아를 생성할 때 제23조제2항 각 호의 어느 하나에 해당하는 행위를 한 자
2. 제24조제1항을 위반하여 서면동의 없이 난자 또는 정자를 채취한 자
3. 제27조제1항을 위반하여 난자 기증자에 대하여 건강검진을 하지 아니한 자 또는 같은 조 제2항이나 제3항을 위반하여 난자를 채취한 자
4. 제46조제1항부터 제3항까지의 규정을 위반하여 유전정보를 이유로 다른 사람을 차별한 자, 유전자검사를 받도록 강요하거나 유전자검사 결과를 제출하도록 강요한 자 또는 환자 외의 자에게 제공하는 기록 등에 유전정보를 포함시킨 자
5. 제47조제1항부터 제3항까지를 위반하여 유전자치료에 관한 연구를 하거나 유전자치료를 시행한 자
6. 제50조제1항부터 제3항까지의 규정을 위반하여 유전자검사를 한 자
7. 제55조에 따른 폐기명령 또는 개선명령을 이행하지 아니한 자

② 제22조제6항을 위반하여 배아, 생식세포를 이관하지 아니한 자는 2년 이하의 징역 또는 1천만원 이하의 벌금에 처한다.

제68조(벌칙) 다음 각 호의 어느 하나에 해당하는 자는 1년 이하의 징역 또는 2천만원 이하의 벌금에 처한다.

1. 제22조제1항부터 제3항까지의 규정을 위반하여 배아생성의료기관으로 지정받지 아니하고 인간의 난자 또는 정자를 채취 · 보존하거나 이를 수정시켜 배아를 생성한 자
2. 제25조제3항(제32조제2항에서 준용하는 경우를 포함한다)을 위반하여 배아를 폐기하지 아니한 자
3. 제26조제1항을 위반하여 유상(有償)으로 잔여배아 및 잔여난자를 제공한 자
4. 제26조제3항을 위반하여 보건복지부장관에게 보고하지 아니한 자
5. 제29조제2항을 위반하여 배아연구기관으로 등록하지 아니하고 잔여배아를 연구한 자
6. 제30조제1항을 위반하여(제31조제5항에서 준용하는 경우를 포함한다) 배아연구계획서의 승인을 받지 아니하고 배아연구를 한 자
7. 제31조제3항을 위반하여 보건복지부장관에게 등록하지 아니하고 체세포복제배아 등을 생성하거나 연구한 자
8. 제41조제1항을 위반하여 허가를 받지 아니하고 인체유래물은행을 개설한 자
9. 제42조제1항을 위반하여 서면동의 없이 인체유래물을 직접 채취하거나 채취를 의뢰한 자

10. 제50조제4항을 위반하여 유전자검사에 관하여 거짓표시 또는 과대광고를 한 자
11. 제51조제1항 · 제2항 · 제4항을 위반하여 유전자검사에 관한 서면동의를 받지 아니하고 검사대상물을 채취한 자 또는 같은 조 제3항을 위반하여 서면동의서를 첨부하지 아니하거나 개인정보를 보호하기 위한 조치를 하지 아니하고 유전자검사를 의뢰한 자

제69조(양벌규정) ① 법인의 대표자나 법인 또는 개인의 대리인, 사용인, 그 밖의 종업원이 그 법인 또는 개인의 업무에 관하여 제64조부터 제66조까지의 어느 하나에 해당하는 위반행위를 하면 그 행위자를 벌하는 외에 그 법인 또는 개인을 5천만원 이하의 벌금에 처한다. 다만, 법인 또는 개인이 그 위반행위를 방지하기 위하여 해당 업무에 관하여 상당한 주의와 감독을 게을리하지 아니한 경우에는 그러하지 아니하다.

② 법인의 대표자나 법인 또는 개인의 대리인, 사용인, 그 밖의 종업원이 그 법인 또는 개인의 업무에 관하여 제67조 또는 제68조의 위반행위를 하면 그 행위자를 벌하는 외에 그 법인 또는 개인에게도 해당 조문의 벌금형을 과(科)한다. 다만, 법인 또는 개인이 그 위반행위를 방지하기 위하여 해당 업무에 관하여 상당한 주의와 감독을 게을리하지 아니한 경우에는 그러하지 아니하다.

제70조(과태료) ① 다음 각 호의 어느 하나에 해당하는 자에게는 500만원 이하의 과태료를 부과한다.

1. 제10조제1항을 위반하여 기관위원회를 설치하지 아니한 자
2. 제33조제1항을 위반하여 등록하지 아니하고 해당 배아줄기세포주를 제공하거나 이용한 자
3. 제35조제1항을 위반하여 배아줄기세포주를 이용한 자
4. 제38조제2항을 위반하여 인체유래물 등을 익명화하지 아니하고 다른 연구자에게 제공한 자
5. 제39조제1항 본문 또는 제3항(제44조제3항에서 준용하는 경우를 포함한다)에 따라 인체유래물을 폐기, 처리하거나 이관하지 아니한 자
6. 제41조제2항에 따른 신고를 하지 아니한 자
7. 제44조제4항을 위반하여 인체유래물등의 익명화 방안이 포함된 개인정보 보호 지침을 마련하지 아니하거나 개인정보 관리 및 보안을 담당하는 책임자를 두지 아니한 자
8. 제48조제1항을 위반하여 신고하지 아니하고 유전자치료를 한 자
9. 제49조제1항 본문에 따른 신고를 하지 아니한 자
10. 제54조제3항을 위반하여 보건복지부장관의 명령 · 검사 · 질문 등에 대하여 타당한 사유 없이 응하지 아니한 감독대상기관 또는 그 종사자

② 다음 각 호의 어느 하나에 해당하는 자에게는 300만원 이하의 과태료를 부과한다.

1. 제22조제4항 또는 제5항, 제29조제3항을 위반하여 보건복지부장관에게 신고하지 아니한 자

2. 제22조제6항을 위반하여 관련 서류를 이관하지 아니한 자

③ 다음 각 호의 어느 하나에 해당하는 자에게는 200만원 이하의 과태료를 부과한다.

1. 제10조제4항을 위반하여 보건복지부장관에게 등록하지 아니한 자
2. 제11조제4항을 위반하여 보건복지부장관에게 보고하지 아니한 자
3. 제34조제3항을 위반하여 유상으로 배아줄기세포주를 제공한 자
4. 제38조제3항을 위반하여 유상으로 인체유래물 등을 제공한 자
5. 제41조제3항에 따른 신고를 하지 아니한 자
6. 제49조제2항 또는 제4항에 따른 신고를 하지 아니한 자

④ 제1항부터 제3항까지에 따른 과태료는 대통령령으로 정하는 바에 따라 보건복지부장관이 부과 · 징수한다.

부칙 〈제14438호, 2016. 12. 20.〉 (의료법)

제1조(시행일) 이 법은 공포한 날부터 시행한다. 〈단서 생략〉

제2조부터 제4조까지 생략

제5조(다른 법률의 개정) ① 생략

② 생명윤리 및 안전에 관한 법률 일부를 다음과 같이 개정한다.

제46조제3항 본문 중 "「의료법」 제21조제2항"을 "「의료법」 제21조제3항"으로 한다.

정보통신 진흥 및 융합 활성화 등에 관한 특별법(약칭: 정보통신융합법)

[시행 2015.1.20.] [법률 제13016호, 2015.1.20., 일부개정]

미래창조과학부(정책총괄과) 02-2110-2824

제1장 총칙

제1조(목적) 이 법은 정보통신을 진흥하고 정보통신을 기반으로 한 융합의 활성화를 위한 정책 추진 체계, 규제 합리화와 인력 양성, 벤처육성 및 연구개발 지원 등을 규정함으로써 정보통신의 국제경쟁력을 제고하고 국민경제의 지속적인 발전을 도모하여 국민의 삶의 질 향상에 이바지함을 목적으로 한다.

제2조(정의) ① 이 법에서 사용하는 용어의 뜻은 다음과 같다.

1. "정보통신"이란 「전기통신사업법」 제2조제2호에 따른 전기통신설비 또는 컴퓨터 등을 이용하거나 활용한 정보의 수집 · 가공 · 저장 · 처리 · 검색 · 송신 · 수신 및 서비스 제공 등과 관련되는 기기 · 기술 · 서비스 및 산업 등 일련의 활동과 수단을 말하며, 다음 각 목의 것을 포함한다.
   가. 「정보통신망 이용촉진 및 정보보호 등에 관한 법률」 제2조제2호에 따른 정보통신서비스
   나. 「방송통신발전 기본법」 제2조제5호에 따른 방송통신서비스
   다. 「정보통신산업 진흥법」 제2조제2호에 따른 정보통신산업
   라. 「문화산업진흥 기본법」 제2조제5호에 따른 디지털콘텐츠의 제작 · 유통 등과 관련된 기술 · 서비스 및 산업
2. "정보통신융합"이란 정보통신 간 또는 정보통신과 다른 산업 간에 기술 또는 서비스의 결합 또는 복합을 통하여 새로운 사회적 · 시장적 가치를 창출하는 창의적이고 혁신적인 활동 및 현상을 말한다.
3. "중소기업"이란 「중소기업기본법」 제2조제1항에 따른 중소기업을 말한다.
4. "벤처"란 「벤처기업육성에 관한 특별조치법」 제2조제1항에 따른 벤처기업 및 「1인 창조기업 육성에 관한 법률」 제2조에 따른 1인 창조기업을 말한다.
5. "사업화"란 정보통신 관련 연구 또는 기술을 활용하여 개발 · 제조 · 제작된 기술, 제품 및 서비스를 영리를 목적으로 판매 · 유통 · 제공하는 등 경영활동으로 연결시키거나 경영활동을 하는 단체 또는 조직을 형성하는 일련의 과정을 말한다.
6. "소프트웨어"란 「소프트웨어산업 진흥법」 제2조제1호에 따른 소프트웨어를 말한다.

7. “디지털콘텐츠”란 「문화산업진흥 기본법」 제2조제5호에 따른 디지털콘텐츠를 말한다.
8. “디지털콘텐츠사업자”란 영리를 목적으로 디지털콘텐츠의 제작 · 복제 · 전송 · 유통 등의 경제활동을 영위하는 자를 말한다.
9. “정보통신장비”란 정보통신 관련 장치 · 기계 · 기구(器具) · 부품 · 선로(線路) 및 그 밖의 필요한 설비를 말한다.
10. “공공기관”이란 다음 각 목의 기관을 말한다.
가. 「공공기관의 운영에 관한 법률」 제4조에 따른 법인 · 단체 또는 기관
나. 「지방공기업법」에 따른 지방공사 및 지방공단
다. 특별법에 따라 설립된 특수법인
라. 그 밖에 대통령령으로 정하는 법인 · 단체 또는 기관

② 이 법에서 사용하는 용어의 뜻은 제1항에서 정하는 것 외에는「방송통신발전 기본법」, 「전기통신기본법」, 「전기통신사업법」, 「정보통신망 이용촉진 및 정보보호 등에 관한 법률」, 「정보통신산업 진흥법」 및 「인터넷 멀티미디어 방송사업법」 등 다른 법률에서 정하는 바에 따른다.

제3조(기본원칙) ① 국가와 지방자치단체는 개방적이고 합리적인 정보통신 이용환경의 조성과 정보통신 생태계의 건전하고 지속가능한 발전을 위하여 노력하여야 한다.

② 국가와 지방자치단체는 민간부문의 창의정신을 존중하고 시장중심의 의사형성이 가능하도록 노력하여야 한다.

③ 국가와 지방자치단체는 정보통신 관련 대기업과 중소기업 및 벤처 간의 상생협력과 조화로운 발전을 위하여 노력하여야 한다.

④ 국가와 지방자치단체는 정보통신의 해외진출을 적극 지원하고, 법령을 제정 · 개정하거나 정책을 수립함에 있어 국내외 사업자 간 차별적인 취급이 발생하지 아니하도록 하여야 한다.

⑤ 국가와 지방자치단체는 정보통신 및 정보통신융합(이하 “정보통신융합등”이라 한다) 기술 · 서비스 등의 진흥 및 활성화에 걸림돌이 되는 규제를 최소화하도록 노력하여야 한다.

⑥ 국가와 지방자치단체는 정보통신의 특성이나 기술 또는 이용자의 서비스 이용행태 등을 종합적으로 고려하여 동일한 서비스로 볼 수 있는 경우에는 동일한 규제가 적용되도록 노력하여야 한다.

⑦ 국가와 지방자치단체는 관계 법령을 위반하지 아니하는 한 신규 정보통신융합 등 기술 · 서비스를 원칙적으로 허용하고 이의 활성화를 위하여 적극적으로 노력하여야 한다.

제4조(다른 법률과의 관계) 정보통신 기술 · 서비스 등의 진흥 및 융합 활성화와 관련하여서는 이 법이 다른 법률에 우선하여 적용된다.

제2장 정보통신 진흥 및 융합 활성화 추진체계의 구축

제5조(기본계획의 수립 및 시행) ① 미래창조과학부장관은 정보통신 진흥 및 융합 활성화를 위하여 3년 단위의 기본계획(이하 "기본계획"이라 한다)을 3년마다 수립하여 시행하되, 필요한 경우 수립주기를 단축하거나 기본계획을 변경할 수 있다.

② 기본계획(기본계획의 변경을 포함한다. 이하 같다)에는 다음 각 호의 사항이 포함되어야 한다.

1. 정보통신 진흥 및 융합 활성화 정책의 방향 및 목표
2. 정보통신 진흥 및 융합 활성화를 위한 전문인력 양성과 시설투자 확대 등 인적 · 물적 기반조성에 관한 사항
3. 정보통신융합 등 지식재산권의 보호에 관한 사항
4. 정보통신 진흥 및 융합 활성화를 위한 연구개발 지원 및 연구성과의 확산과 사업화 추진에 관한 사항
5. 정보통신 진흥 및 융합 활성화를 위한 관련 법 · 제도 개선에 관한 사항
6. 정보보호와 정보보안에 관한 사항
7. 정보통신 진흥 및 융합 활성화에 관한 국제협력과 해외진출 지원에 관한 사항
8. 관계 중앙행정기관 간 정책 및 업무 협력에 관한 사항
9. 그 밖에 정보통신 진흥 및 융합 활성화를 위하여 필요한 사항

③ 기본계획은 제7조제1항에 따른 정보통신 전략위원회의 심의를 거쳐야 한다.

④ 미래창조과학부장관은 기본계획의 수립을 위하여 관계 중앙행정기관, 지방자치단체 및 관련 공공기관의 장에게 소관 분야별 계획이나 자료의 제공 등을 요청할 수 있다. 이 경우 계획이나 자료의 제공 등을 요청받은 기관은 특별한 사유가 없으면 이에 협조하여야 한다.

⑤ 미래창조과학부장관은 기본계획의 시행과 그 추진실적을 평가하여 다음 기본계획 수립 시 그 평가 결과를 반영하여야 한다.

제6조(실행계획의 수립 및 시행) ① 관계 중앙행정기관의 장은 기본계획을 구체화하기 위하여 정보통신 진흥 및 융합 활성화 실행계획(이하 "실행계획"이라 한다)을 매년 수립하여 시행하여야 한다.

② 관계 중앙행정기관의 장이 실행계획을 수립할 때에는 제7조제1항에 따른 정보통신 전략위원회의 심의 결과를 반영하여야 하며, 전년도 실행계획의 추진실적과 함께 실행계획을 정보통신 전략위원회에 제출하여야 한다.

③ 관계 중앙행정기관의 장은 실행계획의 수립을 위하여 필요한 경우 지방자치단체 및 관련 공공기관의 장에게 자료의 제공 등을 요청할 수 있다. 이 경우 자료의 제공 등을 요청받은 기관은 특별한 사유가 없으면 이에 협조하여야 한다.

④ 제1항부터 제3항까지에서 규정한 사항 외에 실행계획의 수립 · 시행 및 제출 등에 필요한 사항은 대통령령으로 정한다.

제7조(정보통신 전략위원회의 설치 등) ① 정보통신 진흥 및 융합 활성화에 관한 정책을 심의 · 의결하기 위하여 국무총리 소속으로 정보통신 전략위원회(이하 "전략위원회"라 한다)를 둔다.

② 전략위원회는 위원장 1명과 간사 1명을 포함한 25명 이내의 위원으로 구성하고 위원장은 국무총리가 되며, 간사는 미래창조과학부장관이 되고, 위원은 대통령령으로 정하는 관계 중앙행정기관의 장 및 다음 각 호의 어느 하나에 해당하는 사람 중에서 국무총리가 임명한다.

1. 대학교 부교수 이상 또는 정보통신 관련 연구소에서 15년 이상 근무하였거나 근무하고 있는 사람
2. 정보통신 관련 업계에서 임직원으로 15년 이상 근무하였거나 근무하고 있는 사람
3. 정보통신 관련 시민단체에서 15년 이상 근무하였거나 근무하고 있는 사람
4. 판사, 검사 또는 변호사의 자격이 있는 사람으로서 15년 이상의 경력자
5. 그 밖에 국무총리가 정보통신 관련 전문성을 인정한 사람

③ 전략위원회는 다음 각 호의 사항을 심의 · 의결한다.

1. 기본계획의 확정
2. 기본계획 및 실행계획의 추진실적 분석, 점검 및 평가
3. 제10조제3항에 따른 관계 중앙행정기관의 장 등에 대한 조치 요구
4. 정보통신 진흥 및 융합 활성화와 관련된 연구개발 간 우선순위 권고
5. 정보통신 진흥 및 융합 활성화를 위한 관계 중앙행정기관 간 정책현안 및 업무의 조정
6. 「국가정보화 기본법」에 따른 국가정보화 추진에 관한 주요 사항
7. 그 밖에 정보통신 진흥 및 융합 활성화에 관한 주요 사항으로서 위원장이 부의한 사항

④ 전략위원회의 업무를 효율적으로 수행하기 위하여 전략위원회에 제9조제1항에 따른 정보통신 활성화추진 실무위원회(이하 "활성화추진 실무위원회"라 한다) 등을 둔다.

⑤ 전략위원회 및 활성화추진 실무위원회를 지원하기 위하여 기술 및 법률 등 전문가로 구성된 전문위원회를 둘 수 있다.

⑥ 전략위원회, 활성화추진 실무위원회 및 전문위원회의 조직 · 구성 · 운영에 필요한 사항은 대통령령으로 정한다.

제8조(실태조사 등) ① 미래창조과학부장관과 관계 중앙행정기관의 장은 기본계획과 실행계획의 수립 · 시행을 위하여 다음 각 호의 사항에 관한 현황, 통계 및 실태 등을 조사하거나 작성할 수 있다.

1. 정보통신융합등 기술 · 서비스 관련 실태 및 통계
2. 분야별 · 기능별 인력 현황 및 수요 전망

3. 분야별 · 기능별 연구개발 및 투자 규모

4. 그 밖에 기본계획 및 실행계획의 수립 · 시행을 위하여 필요한 사항

② 미래창조과학부장관은 제1항에 따른 실태조사 등을 위하여 필요한 자료를 관계 중앙행정기관의 장과 특별시장 · 광역시장 · 특별자치시장 · 도지사 · 특별자치도지사, 기업, 연구기관 및 그 밖의 공공기관이나 단체에 요청할 수 있다. 이 경우 자료 제출을 요청받은 자는 특별한 사유가 없으면 이에 협조하여야 한다.

③ 미래창조과학부장관은 제1항에 따른 실태조사의 결과를 공표할 수 있다.

④ 제1항에 따른 실태조사의 방법 · 절차 및 제3항에 따른 공표 등에 필요한 사항은 대통령령으로 정한다.

제9조(활성화추진 실무위원회의 운영) ① 정보통신 진흥 및 융합 활성화를 위하여 정보통신 관련 단체 및 기업 등의 애로사항 및 건의사항을 접수하거나 조사하고 그 제도개선 방안을 마련하기 위한 업무를 효율적으로 추진하기 위하여 정보통신 활성화추진 실무위원회를 구성 · 운영한다.

② 활성화추진 실무위원회는 원활한 업무 수행을 위하여 필요한 때에는 관계 중앙행정기관의 장 또는 공공기관의 장 및 관련 기관 · 단체의 장으로부터 소속 공무원 또는 임직원의 파견을 받을 수 있다.

③ 활성화추진 실무위원회의 구성 · 운영에 관하여 필요한 사항은 대통령령으로 정한다.

제10조(활성화추진 실무위원회의 업무 등) ① 활성화추진 실무위원회는 다음 각 호와 관련된 사항을 그 업무로 한다.

1. 제3조제3항에 따른 대기업과 중소기업 및 벤처 간의 상생협력과 조화로운 발전을 저해하는 법 · 제도 개선

2. 제3조제4항에 따른 국내외 사업자 간 차별을 발생시키는 법 · 제도 개선

3. 제3조제5항에 따른 정보통신융합 등 기술 · 서비스 등의 진흥 및 활성화에 걸림돌이 되는 법 · 제도 개선

4. 정보통신 관련 기업 및 단체 등의 애로 사항 및 건의 사항 처리

5. 그 밖에 정보통신 진흥 및 융합 활성화를 위하여 필요한 법 · 제도 개선

② 활성화추진 실무위원회는 정보통신 관련 기업 및 단체 등으로부터 접수받거나 직접 발굴한 제1항 각 호의 사항 및 개선방안을 전략위원회에 보고하여야 한다.

③ 전략위원회는 제2항에 따라 활성화추진 실무위원회로부터 보고받은 사항을 심의하여 필요하다고 인정하는 경우 관계 중앙행정기관의 장 등에게 관련 법 · 제도 개선 등 필요한 조치를 요구할 수 있으며, 이 경우 관계 중앙행정기관의 장 등은 요구받은 날부터 3개월 내에 필요한 조치의 이행계획을 수립하여 전략위원회에 보고하여야 한다.

④ 전략위원회는 제3항에 따라 보고받은 이행계획을 검토하여 그 결과를 공표할 수 있다.

제3장 정보통신 진흥

제1절 정보통신 진흥 기반조성

제11조(국내 전문인력의 양성) ① 미래창조과학부장관은 정보통신 분야의 전문적인 기술, 지식 등을 가진 인력(이하 "전문인력"이라 한다)의 육성에 관한 시책을 수립·추진하여야 하며, 특히 소프트웨어 교육의 저변 확대 및 지역산업의 발전을 위한 소프트웨어 특화교육 활성화를 위하여 노력하여야 한다.

② 제1항에 따른 시책에는 다음 각 호의 사항이 포함되어야 한다.

1. 전문인력의 육성 및 교육훈련에 관한 사항
2. 전문인력의 수급 및 활용에 관한 사항
3. 전문인력의 경력관리 지원 등에 관한 사항
4. 그 밖에 전문인력의 육성 및 관리 등을 위한 사항

③ 미래창조과학부장관은 전문인력의 육성에 관한 시책을 추진하기 위하여 필요한 경우 관련 단체 및 기업 등을 지원할 수 있으며, 체계적인 소프트웨어 실기교육을 통한 전문 소프트웨어 인재 육성을 위하여 한국소프트웨어종합학교를 운영할 수 있다.

④ 제1항부터 제3항까지의 규정에 따른 전문인력의 육성·지원 및 한국소프트웨어종합학교 운영 등에 필요한 사항은 대통령령으로 정한다.

제12조(학점이수 인턴제도) ① 정부는 「고등교육법」 제2조제1호부터 제6호까지의 규정에 따른 대학, 산업대학, 교육대학, 전문대학, 원격대학, 기술대학(이하 "대학"이라 한다) 중 대통령령으로 정하는 정보통신 관련 학과에 재학 중인 사람이 2년을 초과하지 아니하는 기간 내에서 대통령령으로 정하는 중소기업 및 벤처 등에서 인턴으로 근무하도록 할 수 있다.

② 제1항에 따라 중소기업 및 벤처 등에서 인턴으로 근무한 사람에게는 그 기간 동안 소속 대학의 학사과정 및 학점을 학칙으로 정하는 바에 따라 이수한 것으로 본다.

③ 정부는 제1항에 따른 인턴제도를 도입한 대학, 중소기업 및 벤처 등에 대하여는 인건비 등 필요한 지원을 할 수 있다.

④ 제1항부터 제3항까지의 규정에 따른 인턴제도의 운영 및 지원 등에 필요한 사항은 대통령령으로 정한다.

제12조의2(산업기능요원 실태조사 등) ① 미래창조과학부장관은 우수한 전문인력의 부당한 경력단절 예방 및 효율적인 정보통신 진흥을 위하여 정보통신 분야 산업기능요원의 수요 파악을 위한 실태조사를 매년 실시하여야 한다.

② 미래창조과학부장관은 병무청장이 「병역법」 제36조제4항에 따라 인원을 배정하는 경우에 제1항에 따른 실태조사 결과를 고려하여 적정 규모의 인원을 배정할 것을 병무청장에게 요청할 수 있다. 이 경우 병무청장은 이를 존중하여야 한다.

[본조신설 2015.1.20.]

제13조(해외 우수 인력의 발굴 · 육성) ① 정부는 핵심적인 정보통신 기술, 지식 또는 노하우 등을 가진 해외 우수 인력의 발굴 및 육성을 위한 시책을 수립 · 추진하여야 한다.

② 제1항에 따른 시책에는 다음 각 호의 사항이 포함되어야 한다.

1. 취업비자 발급요건의 완화
2. 이민 절차의 완화
3. 근로조건과 처우의 개선
4. 범정부적 추진 체계의 마련
5. 그 밖에 해외 우수 인력의 발굴 · 육성에 필요한 지원

③ 정부는 기업에서 추진 중인 정보통신 관련 해외 우수 인력 육성 프로그램을 제1항에 따른 시책과 연계하거나 지원할 수 있다.

제14조(정보통신 네트워크의 고도화) ① 미래창조과학부장관은 정보통신 진흥 및 융합 활성화를 위하여 정보통신 네트워크의 고도화를 지속적으로 추진하여야 한다.

② 미래창조과학부장관은 정보통신 네트워크 고도화를 위한 민간의 활발한 투자를 유도하고 지원하는 데 필요한 정책을 마련하여야 한다.

제2절 신규 정보통신 기술 및 서비스 등의 진흥

제15조(유망 기술 · 서비스 등의 지정 등) ① 미래창조과학부장관은 새로운 정보통신 기술 · 서비스를 활성화하고 다른 산업 분야와 연계하기 위하여 대통령령으로 정하는 바에 따라 내년 유망 정보통신융합등 기술 · 서비스(디지털콘텐츠를 포함한다) 등을 지정하여 지원할 수 있다.

② 미래창조과학부장관은 제1항에 따른 지정을 할 경우 이를 고시하여야 하며, 지정 방법, 지원 범위 및 내용은 대통령령으로 정한다.

③ 미래창조과학부장관은 제1항에 따라 지정된 유망 정보통신융합등 기술 · 서비스 등의 활성화 기반조성을 위하여 중앙행정기관 · 공공기관 · 기업 · 대학 및 연구기관 간 협력 활성화를 위한 지원을 할 수 있다.

제16조(기술 · 서비스 등의 표준화) ① 미래창조과학부장관은 정보통신 진흥 및 융합 활성화를 위하여 정보통신융합등 기술 · 서비스 등의 표준화에 관한 다음 각 호의 사업을 추진할 수 있다.

1. 신규 정보통신융합등 기술 · 서비스 등 관련 표준의 제정 · 개정 및 폐지와 그 보급. 다만, 「산업표준화법」에 따른 한국산업표준이 제정되어 있는 사항에 대하여는 그 표준에 따른다.
2. 신규 정보통신융합등 기술 · 서비스 등 관련 국내외 표준의 조사 · 연구개발
3. 그 밖에 신규 정보통신융합등 기술 · 서비스 등의 표준화에 필요한 사항

② 미래창조과학부장관은 민간부문에서 추진하는 정보통신융합등 기술 · 서비스 등의 표준화 사업에 대한 지원을 할 수 있다.

③ 미래창조과학부장관은 정보통신융합등 기술 · 서비스 등의 표준화사업을 위한 전문기관을 지정하고, 필요한 비용의 전부 또는 일부를 보조할 수 있다.

④ 제1항에 따른 사업 및 제3항의 전문기관의 지정 등에 필요한 사항은 대통령령으로 정한다.

제17조(기술 · 서비스 등의 품질인증) ① 미래창조과학부장관은 정보통신융합등 기술 · 서비스 등의 편의성 · 안정성 · 신뢰성 · 확장성 등에 관한 인증기준(이하 "품질기준"이라 한다)을 정하여 고시할 수 있다.

② 미래창조과학부장관은 정보통신융합등 기술 · 서비스 등의 품질이 제1항에 따라 고시한 품질기준에 적합한지를 인증할 수 있다. 이 경우 인증에 소요되는 비용은 신청인이 부담한다.

③ 미래창조과학부장관은 제2항에 따른 인증 업무를 효율적으로 수행하기 위하여 인증기관을 지정할 수 있다.

④ 제2항에 따라 인증을 받은 자는 대통령령으로 정하는 바에 따라 인증의 내용을 표시하거나 홍보할 수 있다. 인증을 받지 아니한 자는 인증 표시 또는 이와 유사한 표시를 하여서는 아니 된다.

⑤ 미래창조과학부장관은 제2항에 따른 인증이 다음 각 호의 어느 하나에 해당하는 경우 그 인증을 취소하여야 한다.

1. 거짓이나 그 밖의 부정한 방법으로 인증을 받은 경우
2. 품질기준에 미달하게 된 경우
3. 그 밖에 이 법이나 이 법에 따른 명령을 위반한 경우

⑥ 「보험업법」 제2조제6호에 따른 보험회사는 제2항에 따른 인증으로 인하여 이용자가 입은 손해의 배상을 담보하는 사업을 대통령령으로 정하는 바에 따라 실시할 수 있다.

⑦ 제2항에 따른 인증의 절차 및 제5항에 따른 인증의 취소 등에 필요한 사항은 대통령령으로 정한다.

제18조(중소기업 등의 연구개발 지원) ① 미래창조과학부장관은 이 법에서 정한 정보통신 관련 연구개발 사업을 추진함에 있어 해당 사업의 예산 중 대통령령으로 정하는 일정 비율 이상을 중소기업 및 벤처를 위하여 우선적으로 사용하여야 한다.

② 미래창조과학부장관은 중소기업 및 벤처의 지식재산권에 대한 투자 및 금융의 활성화를 위하여 노력하여야 한다.

③ 제1항 및 제2항의 시행을 위한 절차 · 방법 등에 필요한 사항은 대통령령으로 정한다.

제19조(유망 정보통신융합등 기술 · 서비스 등의 사업화 지원) ① 미래창조과학부장관은 제15조에 따라 미래창조과학부장관이 고시하는 유망 정보통신융합등 기술 · 서비스 등에 대

하여 사업화에 필요한 지원을 할 수 있다.

② 미래창조과학부장관은 제1항에 따른 지원을 받아 사업화에 성공한 자에게 사업결과의 사용 · 양도 · 대여 또는 수출에 따른 대가를 징수할 수 있다.

③ 제1항 및 제2항에 따른 지원과 대가의 징수 · 관리 등에 필요한 사항은 대통령령으로 정한다.

제20조(**정보통신융합등 기술 · 서비스의 공공구매의 활성화**) 정부는 제17조에 따라 미래창조과학부장관이 품질인증한 정보통신융합 등 기술 · 서비스의 수요를 창출하기 위하여 우선적으로 구매하는 등 필요한 지원시책을 마련하여야 한다.

제3절 디지털콘텐츠 및 소프트웨어 등의 진흥

제21조(**디지털콘텐츠의 진흥과 활성화**) ① 정부는 디지털콘텐츠 제작자의 창의성을 높이고, 유망 디지털콘텐츠가 창작 · 유통 · 이용될 수 있는 환경을 조성하여야 하며, 관련 산업의 경쟁력을 강화하기 위하여 노력하여야 한다.

② 정부는 디지털콘텐츠의 진흥 및 활성화를 위하여 다음 각 호의 사업을 추진할 수 있다.

1. 디지털콘텐츠의 제작 및 유통 지원
2. 디지털콘텐츠 관련 지역협력 및 시범사업
3. 디지털콘텐츠 인프라 구축 지원
4. 디지털콘텐츠 관련 전문인력 양성 지원
5. 디지털콘텐츠 진흥 및 활성화를 위한 정책연구 사업
6. 그 밖에 디지털콘텐츠 진흥 및 활성화를 위하여 대통령령으로 정하는 사항

③ 정부는 제2항 각 호의 사업을 효율적으로 추진하기 위하여 전담기관을 지정할 수 있으며, 필요한 비용의 전부 또는 일부를 보조할 수 있다.

④ 제2항에 따른 지원 사업 및 제3항에 따른 전담기관의 지정 등에 필요한 사항은 대통령령으로 정한다.

제22조(**디지털콘텐츠 유통질서 확립**) ① 정부는 디지털콘텐츠의 공정한 유통질서 확립을 위하여 노력하여야 하며, 관련 시책을 마련하여 시행하여야 한다.

② 미래창조과학부장관은 디지털콘텐츠의 공정한 유통질서 확립을 위하여 유통경로 등에 관한 실태조사를 실시하여 그 조사결과를 공표할 수 있다.

③ 미래창조과학부장관은 디지털콘텐츠의 공정한 거래 및 유통질서를 확립하기 위하여 공정거래위원회, 문화체육관광부 및 방송통신위원회와 협의하여 디지털콘텐츠 거래에 관한 표준계약서를 마련하여 디지털콘텐츠사업자 및 사업자단체에 사용을 권장할 수 있다.

④ 미래창조과학부장관은 제3항에 따른 표준계약서를 제정 또는 개정하는 경우에는 관련 사업자단체 및 전문가의 의견을 들어야 한다.

제23조(공공부문 소프트웨어 사업의 합리화) ① 관계 중앙행정기관, 지방자치단체 또는 공공기관의 장은 소프트웨어사업을 발주할 경우 사업수행에 필요한 적정 사업기간을 산정하여야 하며, 사업기간이 1년을 초과할 경우 장기계속계약을 체결할 수 있다. 이 경우 각 회계연도 예산의 범위에서 해당 계약을 이행하게 하여야 한다.

② 미래창조과학부장관은 제1항에 따른 적정 사업기간 산정 기준을 정하여 고시할 수 있다.

제24조(소프트웨어정책연구소 운영) ① 미래창조과학부장관은 소프트웨어 연구를 효율적으로 지원하기 위하여 소프트웨어정책연구소(이하 "연구소"라 한다)를 운영할 수 있다.

② 연구소는 다음 각 호의 사업을 수행한다.

1. 소프트웨어 정책연구
2. 소프트웨어 산업 통계, 정보 분석 · 제공 및 공유
3. 소프트웨어 신사업 발굴 및 기획
4. 그 밖에 대통령령으로 정하는 사업

③ 정부는 연구소의 운영 등에 필요한 경비를 예산의 범위에서 출연할 수 있다.

제25조(소프트웨어 융합의 촉진) ① 정부는 소프트웨어 융합을 촉진하기 위하여 필요한 시책을 마련하여야 한다.

② 제1항의 시책에는 다음 각 호의 사항이 포함되어야 한다.

1. 소프트웨어 융합 촉진을 위한 정책의 수립 · 추진
2. 소프트웨어 융합에 관한 시범사업의 추진, 확산 등 수요 활성화
3. 소프트웨어 융합에 관한 기술개발 및 표준화 지원
4. 소프트웨어 융합 산업의 육성, 수출 지원, 집적지의 조성 및 발전
5. 그 밖에 소프트웨어 융합 촉진에 필요한 사항

제26조(소프트웨어 연구개발 활성화) ① 정부는 관계 법령에 따라 소프트웨어 분야의 국가연구개발 사업을 실시함에 있어 지식정보재로서의 소프트웨어산업 분야의 특성을 감안하여 지원체계 및 평가 방법을 별도로 정할 수 있다.

② 제1항에 따른 지원체계 및 평가방법은 대통령령으로 정한다.

제27조(상용소프트웨어 활용촉진) ① 국가기관 등의 장은 상용소프트웨어 활용촉진과 유지관리 비용을 포함한 적정한 대가산정을 위하여 노력하여야 한다.

② 미래창조과학부장관은 제1항에 따라 상용소프트웨어의 활용촉진을 지원하기 위하여 다음 각 호의 사업을 수행할 수 있다.

1. 상용소프트웨어 제품정보의 수집 · 분석
2. 상용소프트웨어 활용촉진을 위한 품질의 검증 및 기술지원
3. 상용소프트웨어 품질성능의 비교평가
4. 상용소프트웨어 기술개발 및 표준화 지원

5. 그 밖에 상용소프트웨어의 유통을 활성화하기 위하여 필요한 사업

③ 미래창조과학부장관은 제1항에 따라 상용소프트웨어의 적정한 대가산정을 위하여 다음 각 호의 상용소프트웨어 정보를 수집 · 분석하여 국가기관 등에 제공할 수 있다.

1. 상용소프트웨어 제품식별 정보
2. 상용소프트웨어 운영환경
3. 상용소프트웨어 구성요소 및 적용 표준
4. 상용소프트웨어의 기능성 · 신뢰성 · 사용성 · 유지관리성 등 품질특성 정보
5. 그 밖에 상용소프트웨어 유지관리 비용을 포함한 적정한 대가산정에 필요한 사항

④ 미래창조과학부장관은 제3항에 따른 상용소프트웨어 정보를 종합적으로 관리하기 위하여 국가기관 등의 장 또는 소프트웨어사업자에게 필요한 자료의 제출을 요청할 수 있다.

⑤ 미래창조과학부장관은 제2항부터 제4항까지의 업무를 효율적으로 추진하기 위하여 해당 업무를 「소프트웨어산업 진흥법」 제14조제5항에 따라 지정된 전문기관에 위탁할 수 있다.

제28조(공공부문의 정보통신장비 구축사업) ① 중앙행정기관, 지방자치단체 및 공공기관의 장은 정보통신장비 구축사업의 계약을 체결하는 경우 「국가를 당사자로 하는 계약에 관한 법률」 제10조제2항제3호에 따른 입찰자를 낙찰자로 하는 계약 방식을 우선적으로 적용하여야 한다. 다만, 계약을 체결하려는 정보통신장비 구축사업의 특성상 필요한 경우에는 그러하지 아니하다.

② 미래창조과학부장관과 행정자치부장관은 제1항에 따른 계약 및 운영에 관한 사항을 정하여 고시할 수 있으며(「전자정부법」 제2조제13호의 정보시스템에 관한 사항은 행정자치부장관이 고시할 수 있다), 중앙행정기관, 지방자치단체 및 공공기관의 장은 이에 따라야 한다. 〈개정 2014.11.19.〉

③ 중앙행정기관, 지방자치단체 및 공공기관의 장은 미래창조과학부장관과 행정자치부장관에게 정보통신장비의 계약 현황 등 대통령령으로 정하는 정보를 매년 통보하여야 한다. 〈개정 2014.11.19.〉

④ 미래창조과학부장관과 행정자치부장관은 공공기관 정보통신장비의 사용 현황을 매년 조사할 수 있다. 〈개정 2014.11.19.〉

제29조(정보통신장비 수요예보) ① 중앙행정기관, 지방자치단체 및 공공기관의 장은 제28조제1항에 따른 정보통신장비 구축사업을 효율적으로 수행하기 위한 추진계획을 수립하여야 한다.

② 중앙행정기관, 지방자치단체 및 공공기관의 장은 제1항에 따른 추진계획과 정보통신장비의 구매수요 정보를 미래창조과학부장관과 행정자치부장관에게 제출하여야 한다. 〈개정 2014.11.19.〉

③ 미래창조과학부장관과 행정자치부장관은 제2항에 따라 제출된 추진계획과 구매수요 정보를 공표하여야 한다. 〈개정 2014.11.19.〉

④ 미래창조과학부장관과 행정자치부장관은 제2항 및 제3항에 따른 업무를 효율적으로 추진하기 위하여 전문기관을 지정할 수 있으며, 필요한 비용의 전부 또는 일부를 보조할 수 있다. 〈개정 2014.11.19.〉

⑤ 제2항에 따른 제출과 제3항에 따른 공표의 구체적인 횟수 · 시기 · 방법 · 절차, 제4항에 따른 전문기관의 지정 및 지원 등에 필요한 사항은 대통령령으로 정한다.

제4장 정보통신융합등 활성화 지원 등

제1절 벤처 지원 및 기술거래 등 활성화

제30조(**중소기업 및 벤처 등의 창업과 해외시장 진출 등**) ① 미래창조과학부장관은 정보통신융합등 관련 중소기업 및 벤처 등의 창업과 해외시장 진출을 활성화하고 지원하기 위하여 다음 각 호의 사업을 할 수 있다.

1. 정보통신융합 등 관련 중소기업 및 벤처 등의 국내외 현지 창업 및 해외진출 지원
2. 정보통신융합 등 관련 중소기업 및 벤처 등에 대한 작업공간 및 회의장 제공
3. 정보통신융합 등 관련 중소기업 및 벤처 등의 자금, 인력, 판로 등에 대한 정보제공 및 지원
4. 정보통신융합 등 관련 중소기업 및 벤처 등에 대한 법률 · 경영 · 세무 등의 상담
5. 정보통신융합 등 관련 중소기업 및 벤처 등이 개발한 기술의 해외 홍보, 구매자 정보 제공 및 판매의 중개 · 알선
6. 정보통신융합 등 관련 중소기업 및 벤처 등의 원활한 해외시장 진출을 위한 번역서비스 및 법률서비스 지원
7. 정보통신융합 등 관련 해외시장 정보의 제공 및 투자유치 지원
8. 정보통신융합 등 관련 기업 및 벤처 등의 해외시장 진출을 위한 해외진출거점의 구축 및 운영
9. 정보통신융합 등 벤처의 발전을 위한 국내외 관계 기관과의 교류 및 협력
10. 그 밖에 창업 및 해외시장 진출을 활성화하고 지원하기 위하여 필요한 사업

② 미래창조과학부장관은 제1항 각 호의 사업을 효율적으로 추진하기 위하여 대통령령으로 정하는 기관 또는 단체를 전문기관으로 지정하여 운영할 수 있으며, 필요한 비용의 전부 또는 일부를 보조할 수 있다.

제31조(**국제협력 및 글로벌협의체 운영 등**) ① 미래창조과학부장관은 정보통신 진흥 및 융합 활성화를 위하여 필요한 관련 국제 동향을 파악하고 국제협력을 추진하여야 한다.

② 미래창조과학부장관은 제1항에 따른 국제협력을 추진하기 위하여 다음 각 호의 업무를 할 수 있다.

1. 정보통신융합 등 관련 인력의 국제교류 지원
2. 정보통신융합 등 관련 인력의 해외 전문교육 및 해외연수 지원
3. 정보통신융합 등 관련 국제표준화와 국제공동연구 · 개발사업 등의 지원
4. 정보통신융합 등 관련 국제기구 및 외국정부와의 협력
5. 정보통신융합 등 관련 민간부문의 국제협력 지원
6. 그 밖에 국제협력과 관련하여 대통령령으로 정하는 사항

③ 미래창조과학부장관은 정보통신 진흥 및 융합 활성화를 위하여 정보통신 관련 해외 전문가로 구성되는 글로벌협의체를 구성할 수 있다. 이 경우 미래창조과학부장관은 글로벌협의체의 구성 및 운영에 필요한 경비를 지원할 수 있다.

④ 제3항의 글로벌협의체의 구성 및 운영 등에 필요한 사항은 대통령령으로 정한다.

제32조(정보통신융합등 기술 · 서비스 개발 등의 지원) ① 미래창조과학부장관은 다른 산업 및 서비스 등에 정보통신의 접목을 통하여 생산성과 가치를 높일 수 있도록 노력하여야 한다.

② 미래창조과학부장관은 정보통신융합 등 기술 · 서비스의 개발을 촉진하기 위하여 다음 각 호의 사업을 추진할 수 있다.

1. 정보통신융합 등 기술 · 서비스 관련 연구개발 사업
2. 제1호에 따라 추진되는 과제에 대한 기획 · 평가 · 관리
3. 국가 · 지방자치단체, 대학 · 정부출연연구기관, 민간 등이 보유한 정보통신융합 등 기술의 거래 등 기술이전을 위한 중개 · 알선 지원
4. 정보통신융합 등 기술에 대한 평가 및 평가 기법의 개발 · 보급
5. 정보통신융합 등 기술의 기술이전 · 사업화에 관한 통계조사 · 연구 등 관련 정보의 수집 · 분석 · 제공
6. 정보통신융합 등 기술의 기술이전 후 상용화 연구개발 지원
7. 정보통신융합 등 기술의 기술사업화 전문인력 양성
8. 정보통신융합 등 기술의 기술거래 · 사업화 촉진을 위한 정보시스템 구축 · 활용
9. 지식재산권 등 정보통신융합등 기술 관련 연구성과물의 관리 · 홍보 · 활용
10. 정보통신융합 등 기술 · 서비스의 수준조사 등 정책연구 사업
11. 정보통신융합 등 기술 · 서비스 관련 시범사업
12. 그 밖에 정보통신기술진흥을 위하여 필요한 사업

③ 미래창조과학부장관은 제2항 각 호의 사업을 추진하기 위하여 법인인 전담기관을 설립하거나 법인 · 단체에 위탁 · 운영할 수 있으며, 필요한 비용의 전부 또는 일부를 예산의 범위에서 출연 또는 보조할 수 있다.

④ 중앙행정기관의 장 및 지방자치단체의 장은 제2항 각 호의 사업을 제3항에 따른 전담기관으로 하여금 수행하게 하고, 그에 소요되는 비용의 전부 또는 일부를 지원할 수 있다.

⑤ 제3항에 따른 전담기관에 관하여 이 법에서 정한 것을 제외하고는 「민법」 중 재단법인에 관한 규정을 준용하며, 전담기관의 운영 및 제2항 각 호의 업무수행에 필요한 사항은 대통령령으로 정한다.

제33조(기술거래의 활성화) ① 미래창조과학부장관은 정보통신융합 등 기술의 거래가 활성화 될 수 있는 환경을 조성하기 위하여 노력하여야 한다.

② 미래창조과학부장관은 정보통신융합 등 기술의 거래를 활성화하기 위하여 새로운 기술에 대한 평가, 관련 정보의 수집 · 분석 · 제공 및 상용화 개발 지원 등의 업무를 추진할 수 있다.

제34조(기술료의 징수 및 사용) ① 미래창조과학부장관은 제32조제2항에 따른 정보통신융합등 기술 · 서비스의 개발 사업이 끝난 경우에는 그 결과를 사용 · 양도 · 대여 또는 수출하려는 자로부터 기술료를 징수할 수 있다.

② 미래창조과학부장관은 제1항에 따라 징수한 기술료를 제32조제2항에 따른 정보통신융합 등 기술 · 서비스의 개발 사업에 사용하여야 한다.

③ 제1항 및 제2항에 따른 기술료의 징수 · 관리 및 사용 등에 필요한 사항은 대통령령으로 정한다.

제2절 정보통신융합등 활성화

제35조(정보통신융합등 문화의 확산 장려) ① 미래창조과학부장관은 정보통신융합 등에 대한 국민의 이해를 높이고, 국가사회전반에 정보통신융합등 문화를 확산시키기 위하여 다음 각 호의 사업을 추진할 수 있다.

1. 정보통신융합 등에 기여한 공공기관 및 기업의 성공사례 발굴 · 포상 및 홍보
2. 정보통신융합 등의 확산과 활성화를 위한 교육 및 세미나 개최
3. 그 밖에 미래창조과학부장관이 필요하다고 인정하는 사업

② 제1항에 따른 사업추진의 방법 및 절차 등에 필요한 사항은 대통령령으로 정한다.

제36조(신규 정보통신융합등 기술 · 서비스의 신속처리) ① 신규 정보통신융합 등 기술 · 서비스를 개발한 자가 다음 각 호의 어느 하나에 해당하는 사유로 법령상의 각종 허가 · 승인 · 등록 · 인가 · 검증 등(이하 "허가등"이라 한다)을 받지 못하거나 허가등의 필요 여부가 불분명한 경우에는 대통령령으로 정하는 바에 따라 미래창조과학부장관에게 신규 정보통신융합등 기술 · 서비스의 신속처리를 신청할 수 있다.

1. 허가등의 근거가 되는 법령에 해당 신규 정보통신융합등 기술 · 서비스에 맞는 기준 · 규격 · 요건 등이 없는 경우

2. 허가등의 근거가 되는 법령에 따른 기준 · 규격 · 요건 등을 해당 신규 정보통신융합등 기술 · 서비스에 적용하는 것이 맞지 아니한 경우

② 미래창조과학부장관은 제1항에 따른 신청을 받은 경우 신규 정보통신융합 등 기술 · 서비스의 신청사실 및 신청내용을 관계 중앙행정기관의 장에게 통보하여야 한다.

③ 관계 중앙행정기관의 장은 제2항에 따른 통보를 받은 날부터 30일 이내에 신규 정보통신융합 등 기술 · 서비스의 소관 업무 여부 및 허가등의 필요 여부를 미래창조과학부장관에게 회신하여야 한다. 30일 이내에 회신하지 아니할 경우 소관 업무에 해당하지 아니하거나 해당 중앙행정기관의 장의 허가등이 필요하지 아니한 것으로 본다.

④ 미래창조과학부장관은 제3항에 따른 회신(미래창조과학부 소관 법령에 따른 허가 등의 필요 여부를 포함한다) 또는 제37조제1항에 따른 임시허가 필요 여부 등을 신청인에게 즉시 통지하여야 한다.

⑤ 해당 신청인은 제4항에 따라 미래창조과학부장관으로부터 받은 통지가 미래창조과학부장관 또는 관계 중앙행정기관의 장의 허가 등이 필요하거나 제37조제1항에 따른 임시허가가 필요하다는 내용인 경우를 제외하고는 자유로이 신규 정보통신융합등 기술 · 서비스를 출시할 수 있다.

⑥ 관계 중앙행정기관의 장은 제1항에 따른 신규 정보통신융합등 기술 · 서비스 신청이 관계 법령에 따른 허가등이 필요하다고 판단할 경우에는 허가등에 필요한 조건 및 절차 등을 함께 회신하여야 하며, 신청인이 그 내용에 따라 허가등을 신청할 경우 관계 법령에 따라 신속히 처리하여야 한다.

⑦ 제1항부터 제6항까지에서 규정한 사항 외에 신규 정보통신융합 등 기술 · 서비스의 신속처리 등에 필요한 사항은 대통령령으로 정한다.

제37조(임시허가) ① 미래창조과학부장관은 제36조제1항에 따라 신속처리를 신청한 신규 정보통신융합 등 기술 · 서비스가 같은 조에 따라 다른 관계 중앙행정기관의 장의 소관 업무에 해당하지 아니한다는 회신을 받거나 해당하지 아니한다고 간주된 경우, 해당 신규 정보통신융합 등 기술 · 서비스의 특성을 고려할 때 그에 맞거나 적합한 기준 · 규격 · 요건 등을 설정할 필요가 있는 경우에는 임시로 허가 등(이하 "임시허가"라 한다)을 할 수 있다. 이 경우 미래창조과학부장관은 신규 정보통신융합 등 기술 · 서비스의 안정성 등을 위하여 필요한 조건을 붙일 수 있다.

② 미래창조과학부장관은 임시허가를 위하여 시험 및 검사를 실시하거나 해당 전문인력과 기술을 갖춘 기관 또는 단체를 시험 · 검사기관으로 지정할 수 있다.

③ 임시허가의 유효기간은 1년 이하의 범위에서 대통령령으로 정한다. 유효기간은 1회에 한정하여 연장이 가능하며, 유효기간을 연장 받으려는 자는 유효기간 만료 2개월 전에 미래창조과학부장관에게 신청하여야 한다.

④ 임시허가를 받아 해당 신규 정보통신융합 등 기술 · 서비스를 제공하려는 자는 그 서비

스를 제공할 수 없게 됨으로써 해당 이용자가 입게 되는 손해를 배상할 수 있도록 서비스를 제공하기 전에 미리 받으려는 이용요금 총액의 범위에서 대통령령으로 정하는 기준에 따라 산정된 금액에 대하여 미래창조과학부장관이 지정하는 자를 피보험자로 하는 보증보험에 가입하여야 한다. 다만, 신규 정보통신융합 등 기술 · 서비스의 성격이나 사업자의 재정적 능력을 고려하여 필요하지 아니하다고 미래창조과학부장관이 인정하는 경우에는 보증보험에 가입하지 아니할 수 있다.

⑤ 제4항에 따라 피보험자로 지정받은 자는 이용요금을 미리 낸 후 서비스를 제공받지 못한 이용자에게 보증보험에 따라 지급받은 보험금을 지급하여야 한다.

⑥ 임시허가를 받은 자는 해당 신규 정보통신융합등 기술 · 서비스의 이용자에게 임시허가의 사실 및 유효기간을 통지하여야 한다.

⑦ 임시허가의 영향을 받는 관계 중앙행정기관의 장은 미래창조과학부장관에게 의견을 제출할 수 있다.

⑧ 신규 정보통신융합등 기술 · 서비스에 대한 임시허가의 심사기준, 절차 및 방법 등 필요한 사항은 대통령령으로 정한다.

제38조(임시허가의 취소) ① 미래창조과학부장관은 제37조제1항에 따라 임시허가를 받은 자가 다음 각 호의 어느 하나에 해당하는 경우 임시허가를 취소하여야 한다.

1. 거짓이나 그 밖의 부정한 방법으로 임시허가를 받은 경우
2. 제37조제1항에 따른 조건을 충족하지 못한 경우
3. 제37조제8항에 따른 심사기준을 충족하지 못하게 되는 경우

② 제1항에 따라 임시허가가 취소된 자는 해당 기술 · 서비스를 판매 · 이용 또는 제공 등을 하여서는 아니 된다.

제5장 보칙

제39조(재원마련) 미래창조과학부장관은 정보통신 진흥 및 융합 활성화를 위하여 「방송통신발전 기본법」 제24조에 따른 방송통신발전기금 및 「정보통신산업 진흥법」 제41조에 따른 정보통신진흥기금을 사용할 수 있다.

제40조(청문) 미래창조과학부장관은 다음 각 호의 어느 하나에 해당하는 처분을 하고자 하는 경우에는 청문을 하여야 한다.

1. 제17조제5항에 따른 인증의 취소
2. 제38조제1항에 따른 임시허가의 취소

제41조(권한 · 업무의 위임 · 위탁) ① 이 법에 따른 미래창조과학부장관의 권한은 그 일부를 대통령령으로 정하는 바에 따라 그 소속 기관의 장에게 위임할 수 있다.

② 미래창조과학부장관은 대통령령으로 정하는 바에 따라 이 법에 따른 업무의 일부를 관련 기관 · 단체 등에 위탁할 수 있다.

제42조(벌칙 적용에서의 공무원 의제) 다음 각 호의 어느 하나에 해당하는 기관 · 법인 또는 단체의 임직원은 「형법」 제129조부터 제132조까지의 규정을 적용할 때에는 공무원으로 본다. 〈개정 2014.11.19.〉

1. 제9조에 따른 활성화추진 실무위원회
2. 제11조에 따른 한국소프트웨어종합학교
3. 제16조제3항에 따라 미래창조과학부장관이 지정한 정보통신융합등 기술 · 서비스 등의 표준화 사업을 위한 전문기관
4. 제17조제3항에 따라 미래창조과학부장관이 지정한 정보통신융합등 기술 · 서비스 인증기관
5. 제21조제3항에 따라 정부가 지정한 디지털콘텐츠의 진흥 및 활성화 사업을 위한 전담기관
6. 제24조에 따른 연구소
7. 제29조제4항에 따라 미래창조과학부장관 또는 행정자치부장관이 지정한 전문기관
8. 제32조제3항에 따라 미래창조과학부장관이 설립하거나 위탁 · 운영하는 법인 또는 단체
9. 제37조제2항에 따라 미래창조과학부장관이 지정한 시험 · 검사기관
10. 제41조제2항에 따라 미래창조과학부장관이 이 법에 따른 업무의 일부를 위탁한 기관 또는 단체

제43조(비밀 누설의 금지) 제42조 각 호의 어느 하나에 해당하는 기관 · 법인 · 단체의 임직원 또는 그 직에 있었던 사람은 업무 수행 과정에서 알게 된 비밀을 누설하여서는 아니 된다.

제6장 벌칙

제44조(벌칙) ① 다음 각 호의 어느 하나에 해당하는 자는 3년 이하의 징역 또는 3천만원 이하의 벌금에 처한다.

1. 거짓이나 그 밖의 부정한 방법으로 제17조제2항에 따른 인증을 받은 자
2. 거짓이나 그 밖의 부정한 방법으로 제37조에 따른 임시허가를 받은 자
3. 제43조를 위반하여 업무 수행과정에서 알게 된 비밀을 누설한 사람

② 제17조제4항 후단을 위반하여 인증을 받지 아니하고 인증 표시 또는 이와 유사한 표시를 한 자는 500만원 이하의 벌금에 처한다.

제45조(양벌규정) 법인 · 단체의 대표자나 법인 · 단체 또는 개인의 대리인, 사용인, 그 밖의

종업원이 그 법인 · 단체 또는 개인의 업무에 관하여 제44조의 위반행위를 하면 그 행위자를 벌하는 외에 그 법인 · 단체 또는 개인에게도 해당 조문의 벌금형을 과(科)한다. 다만, 법인 · 단체 또는 개인이 그 위반행위를 방지하기 위하여 해당 업무에 관하여 상당한 주의와 감독을 게을리하지 아니한 경우에는 그러하지 아니하다.

제46조(과태료) ① 다음 각 호의 어느 하나에 해당하는 자에게는 1천만원 이하의 과태료를 부과한다.

1. 제37조제4항을 위반하여 보증보험에 가입하지 아니한 자
2. 제38조제2항을 위반하여 임시허가가 취소된 후 해당 기술 · 서비스를 판매 · 이용 또는 제공 등을 한 자

② 제1항에 따른 과태료는 대통령령으로 정하는 바에 따라 미래창조과학부장관이 부과 · 징수한다.

부칙 〈제12844호, 2014.11.19.〉 (정부조직법)

제1조(시행일) 이 법은 공포한 날부터 시행한다. 다만, 부칙 제6조에 따라 개정되는 법률 중 이 법 시행 전에 공포되었으나 시행일이 도래하지 아니한 법률을 개정한 부분은 각각 해당 법률의 시행일부터 시행한다.

제2조부터 제5조까지 생략

제6조(다른 법률의 개정) ①부터 ㉓까지 생략

㉔ 정보통신 진흥 및 융합 활성화 등에 관한 특별법 일부를 다음과 같이 개정한다.

제28조제2항부터 제4항까지, 제29조제2항부터 제4항까지 및 제42조제7호 중 "안전행정부장관"을 각각 "행정자치부장관"으로 한다.

㉕부터 〈258〉까지 생략

제7조 생략

용어의 정의

- **사용성**(Usability): 명시된 사용 상황에서 특정 사용자가 특정 목표를 달성하기 위하여 어떤 제품을 사용할 때의 효과성, 효율성 및 만족도 정도. (출처 : KS A ISO 9241-1, 정의 3.1)
- **접근성**(Accessiblity): 광범위한 특성과 능력을 가진 모집단의 사용자가 특정한 사용 상황에서 특정한 목표를 달성하기 위해 제품, 시스템, 서비스, 환경 및 시설을 사용할 수 있는 정도.(출처 : ISO 96800:2011, 정의 2.1)
- **만족도**(satisfaction): 제품을 사용할 때 느끼는 불편함이 없는 상태 및 제품 사용에 대한 긍정적 태도.
- **효과성**(eddctiveness): 사용자가 특정 목표를 달성한 정확성과 완성도. (KS A ISO 9241-11 정의 3.2)
- **사용자**(User): 제품과 상호작용하는 사람.(출처 : KS A ISO 9241-11, 정의 3.7)
- **실제 사용자**(Actual user): 제품과 직접적으로 상호작용하는 그룹.

  비고: 이 용어는 제품을 출시하기 이전에는 목표 사용자를 가리키는 반 면, 제품 출시 후에는 실제 사용자 그룹을 말한다. (출처 : ISO 20282-1 정의 3.1)
- **소비자제품**(consumer product): 전문가보다는 일반 대중이 구매하고 사용하는 제품.(출처 : ISO 20282-1 정의 3.2)
- **평가 상황**(context of evaluation): 사용자, 직무, 장비(하드웨어, 소프트웨어 및 재료), 그리고 제품의 평가하는 물리적 및 사회적 환경.
- **사용상황**(context of use): 사용자, 직무, 장비(하드웨어, 소프트웨어 및 재료), 그리고 제품을 사용하는 물리적 및 사회적 환경.(출처 : KS A ISO 9241-11, 정의 3.5)
- **상호작용의 용이성**(ease of interaction): 사용자 인터페이스와 상호작용의 사용성.

  비고: 상호작용의 편의성은 사용자가 제품의 인터페이스와 성공적으로 상호작용할 수 있는 효과성, 효율성, 만족도, 안전성 등을 가리킨 다.
- **조작 편의성**(ease of peration): 목표 사용자가 주요 목표를 달성하기 위하여 일상 제품을 사용할 때 일상 제품의 사용자 인터페이스 사용성.

  비고 1. 조작 편의성은 KS A ISO 9241-11(3.18 참조)에 정의된 사용성의 한 측명이다. 즉, 사용성이 일상 제품의 조작에 적용된 것이라 할 수 있다. 조작 편의성은 사용자 인터페이스 이외의 제품 기능은 올 바르게 작동한다고 가정한다.

  비고 2. 조작편의성은 조작효과성으로 측정되지만, 경우에 따라 조작의 효율성과 만족도를 포함하기도 한다.

참고문헌

국내문헌

강종권, 산업안전관리, 정음사, 1985.

고도흥, 음성언어의 이해, 한신문화사, 1999.

고병문 · 권진 · 김정우 · 박승택, 간추린 인체해부학, 정문각, 2006.

권영국, 인간공학적 상품설계 21, 대영사, 1996.

권영국 · 변승남, 생체역학개론, 청문각, 1999.

김대식, 산업인간공학론, 형설출판사, 2006.

김유창 감수, 세이프티넷 인간공학기사/기술사 연구회, 인간공학기사, 청문각, 2005.

김진수, 한국인의 스테레오 타입에 부합하는 이어콘 설계 원리에 관한 연구, 금오공과대학 석사학위논문, 2006.

김원식 · 이지혜 · 조문재, 주파수혼합 정보음에 대한 단순반응시간 측정 연구, 대한인간공학회 추계학술대회 논문집, pp. 73–76, 2001.

김형석 · 박민용, 휴대용 디지털 전자제품의 사용성 향상을 위한 청각적 피드백의 고려, 대한인간공학회, Vol. 19, No. 3, pp. 51–60, 2000.

남윤재, 인간–컴퓨터 상호작용에서의 청각 인터페이스에 관한 연구, 연세대학교 석사학위논문, 2000.

박경수, 인간공학, 영지문화사, 1996.

박경수, 인간공학, 영지문화사, 2004.

박관영, 방산전자제품시스템 설계에 인간공학적 요소가 미치는 영향에 관한 연구, 경기대학교 석사학위논문, 2011.

박동현 · 명노해, 모바일제품을 위한 청각 아이콘 설계에 관한 연구, 대한인간공학회, Vol. 24, No. 3, pp. 29–34, 2005.

박성하 · 이승원, 소음수준에 따른 신체자세동요의 변화, 대한인간공학회, Vol. 25, No. 3, pp. 1–5, 2006.

박용국 · 전용웅 · 김재국 · 조 암, 감성평가를 이용한 듣기 좋은 음성합성음에 대한 연구, 대한인간공학회, Vol. 21, No. 1, pp. 51–65, 2002.

안병준, 인간공학, 동화출판사, 1994.

안전보건공단, VDT 작업환경, 2006.

안전보건공단, 무리한 중량물 작업, 근골격계질환 불러온다, 2016.

양병곤, 인간의 청각 척도에 관한 고찰, 음성과학, 제2권, pp. 125-134, 1997.

양성환 외 7인, 인간공학, 형설출판사, 2015.

엄혜영, 지각 필터의 적응적인 적용에 의한 오디오 신호 음질 개선 알고리즘 연구, 숭실대학교 석사학위논문, 2004.

윤철호, 인간컴퓨터 인터페이스, 대영사, 1996.

이근상 · 김홍재, 인간공학, 청문각, 1997.

이근희, 인간공학, 상조사, 1994.

이근희 · 오영진, 인간공학, 상조사, 1997.

이순요, 정보화시대의 감성인간공학, ㈜ 양영각, 1996.

이재식, 인간공학, 시그마프레스, 2002.

이진식, (신편)인간공학, 형설출판사, 1999.

임연웅, 디자인 인간공학, 미진사, 2000.

임치환 · 이재인 · 이성수, 이어콘을 적용한 음성 메뉴의 사용성 평가에 관한 연구, 산업경영시스템학회, Vol. 28, No. 4, pp. 55-62, 2005.

장성록, 인간공학, 다솜출판사, 2001.

장필식 · 이경태, 연결형 합성음성을 이용한 경보음의 주관적 위급도 정량화, 대한인간공학회, Vol. 25, No. 2, pp. 63-70, 2006.

정병용 · 이동경, 현대인간공학, 민영사, 2005.

정찬섭 · 김정오 · 도경수 · 박권생 · 박창호 · 김유진 · 남종호, 감각과 지각, 시그마프레스, 2004.

정춘화 · 백승렬, 인간공학기사/기술사, 탑메디오피아, p. 314~315, 2005.

조상현, Blandine Calais-Germain, 움직임해부학, 영문출판사, 1999.

조영일, 인간공학, 대영사, 1995.

최성순 · 이윤근, 음성 기술 응용 서비스, Micro Software, 9월호, pp. 242-280, 2000.

표준과학연구원, 생활공간 음 환경의 감성 평가 및 관련 DB 개발, 과학기술부, 2003.

한국표준협회, KS A 5555, 인간공학 - 청각적 · 시각적 위험 신호와 정보 신호의 체계, 1999.

한국표준협회, KS A ISO 9355-1, 표시장치와 조작장치 설계를 위한 인간공학적 요구사항, 제1부 : 표시장치 및 조작장치와 인간의 상호작용 부속서 A : 사람의 정보 처리 과정, 2011.

한국표준협회, KS P 1503, 고령자 및 장애인 배려 설계 지침 - 소비 생활 제품의 알림 신호음, 2004.

한임정, 가전제품의 기능별 작동 효과음 공통적 사용요소에 관한 연구 -On/Off/Menu 음을 중심으로, 이화여대 정보과학대학원 석사학위논문, 2005.

허성관 외 4인, 인간공학 및 시스템공학, 공간예술사, 1999.

홍승우 · 정의승 · 박성준 · 최동식, 윈도우즈 운영체제를 중심으로 한 경고음의 감성공학적 설계, 대한인간공학회, Vol. 29, No. 4, pp. 259－270, 2003.

외국 문헌

難破靜治, 家電機器における區別化されたに機能音, 東芝レビュー, Vol. 55, No. 7, pp. 63－67, 2000.

日本工業規格, JIS S 0013, Guidelines for the elderly and people with disabilities－Auditory signals on consumer products, 2002.

川田章弘, 福本一朗, 若年者.高齡者を對象としたユニバサル報知音に關する一考察, 日本人間工學會, Vol. 36, No. 5, pp. 261－272, 2000.

倉片憲治, 久場康良, ロノ町康夫, 松下一馬, 家電製品の報知音の計測－高齡者の聽覺特性に基づく檢討, 日本人間工學會, Vol. 34, No. 4, pp. 215－222, 1998.

倉片憲治, 松下一馬, 久場康良, ロノ町康夫, 家電製品の報知音の計測－高齡者の聽覺特性に基づく檢討, 弟2報, 日本人間工學會, Vol. 35, No. 4, pp. 277－285, 1999.

倉片憲治, 松下一馬, 久場康良, ロノ町康夫, 家電製品の 報知音の計測 弟3報 － 發音patternの分析, 日本人間工學會, Vol. 36, No. 3, pp. 147－153, 2000.

Adams, J. A closed－loop theory of motor learning, Journal of Motor Behavior, 3, pp. 111~150, 1971.

Andersson, G., and Ortengren, R., Myoelectric back muscle activity during stiing, Scandinavian Journal of Rehabilitation Medicine, Supplement, Vol. 3, pp. 73~90, 1974.

Andersson, G., Biomechanical aspects of sitting : An application to VDT terminals, Behaviour and Information Technology, Vol. 6(3), pp. 257~269, 1987.

Andersson, G., Murphy, R., Ortengren, R., and Nachemson, A., The influence of backrest inclination and lumbar support on the lumbar lordosis in sitting, Spine, Vol. 4, pp, 52~58, 1979.

Astrand, P. O., and Rodahl, L., Textbook of work physiology(3rd ed.), New York : McGraw－Hill, 1986.

Ayoub, M., and Mital, A., Manual materials handling, London : Taylor & Francis, 1989.

Ayoub, M., Bethea, N., Bobo, M., Burford, C., Caddel, D., Intaranont, K., Morrissey, S., and Salan, J., Mining in low coal, Vol. 2 : Anthropomertry, (OFR 162(2)~83), Pittrsburgh, PA : Bureau of Mines, 1982.

Barth. J., Incised grids : Enhancing the readability of tangible graphs for the blind, Human Factors, Vol. 26, pp. 61~70, 1984.

Baird, J., Information theory and information processing, Information Processing and

Management, 20, pp. 373-381, 1984.

Bex, F. H. A., Desk heights, Applied Erfonomics, 2(3), pp. 138~140, 1971.

Bittner, A. C. Jr., Reduction in user population as the result of imposed anthropometric limits : Monte Carlo estimation, (TP-74-6), Point Mugu, CA : Naval Missile Center, 1974.

Blattner M. M., In our image: interface design in the 1990s, Multimedia, IEEE, Vol. 1, Issue 1, pp. 25-36, 1994.

Blattner M. M., and Sumikawa D. A., Greenberg R. M, Earcons and icons: Their structures and common design principles, Human-Computer Interaction, Vol. 49, pp. 11-44, 1989.

Blink, B., The physical working capacity in relation to working time and age, Ergonomics, Vol. 5, pp. 25~28, 1962.

Bradley, J., Tactual coding of cylindrical knobs, Human Factors, Vol. 9(5), 1967.

Brewster S. A., Providing a structured method for integrating non-speech audio into Human-computer interfaces, PhD. Dissertation: University of York, 1994.

Bridger, R., Postural adaptation to a sloping chair and work surface, Human Factors, 30(2), pp. 237~247, 1988.

Broadbent, D., Task combination and selective intake of information, Acta Psychologica, Vol. 50, pp. 253~290, 1982.

Brouha, L., Physiology in Industry(2nd Ed.), New York, Pergamon Press, 1967.

Brown, J., Knauft, E., and Rosebaum, G., The accuracy of positioning reactions as a function of their direction and extent, American Journal of Psychology, 61, pp. 167~182, 1947.

Cakir, A., D. Hart, and T. Stewart, Visual Display Terminals, John Wiley & Sons, New York, 1980.

Cards, S. K., Moran, T. P., and Newell, A., The Psychology of Human-Computer Interaction, Lawrence Erlbaum Associates, Inc., pp. 23~97, 1983.

Chaffin, D., Ergonomics guide for the assessment of human static strength, American Industrial Hygiene Association Journal, Vol. 35, pp. 505~510, 1975.

Chaffin, D., and Andersson, G., Occupational biomechanics(2d ed.), New York : Wiley, 1991.

Chapanis, A. Proceedings of the Human Factors Society 29th Annual Meeting, Human Factors Society, 1985.

Christensen, E., Physiological valuation of work in the nykroppa iron works, in W. Floyd and A. Welford(Eds.), Ergonomics Society Symposium on Fatigue, Lewis, London, 1953.

Cohen J., Using genre sounds to monitor background activity, INTER CHI, pp. 63-64, 1993.

Conrad, R., Acoustic comparisons in immediate memory, British Journal of Psychology, 55, pp. 75~84, 1964.

Cooper, G., and Harper, R., The use of pilot ratings in the evalation of aircraft handling qualities, NASA Ames Tech. Rept., Moffett Field, CA : NASA Ames Research Center, 1969.

Corlett, E., and K. Mahadeva, A relationship between a freely chosen working pace and energy consumption curves, Ergonomics, Vol. 13(4), 1970.

Coskuntuna, S., and Mauro, C. L., Human factrors and indusrtrial design in consumer products, Proceedings of the Symposium : Human Factors and Industrial Design in Consumer Products, Medford, MA : Tufts University, pp. 300~313, 1980.

Crossman, E., and Goodeve, P., Feedback control of hand movements and Fitts' law, Quarterly Journal of Experimental Psychology, 35A, pp. 251~278, 1983.

Datta, S., and Ramanathan, N., Ergonomics comparison of seven modes of carrying loads on the horizontal plane, Ergonomics, Vol. 14(2), pp. 269~278, 1971.

Deatherage, B., Auditory and Other Sensory Forms of Information Presentation, Human Engineering Guide to Equipment Design, Ch. 4, U. S. Government Printing Office, Washington, D. C., 1972.

Desor, J., and G. Beauchamp, The human capacity to transmit olfactory information, Perception and psychophysics, Vol. 16, pp. 551~556, 1974.

Dimitrios R., and James A., The rising pitch metaphor: an empirical study, International Journal of Human-Computer Studies, Vol. 62, Issue 1, pp. 1-20, 2005.

Dorothy B., The who, what, where and why of waking to fire alarms, Fire Safety Journal, Vol. 36, pp. 623-639, 2001.

Dreyfus, H., Symbol Sourcebook, McGraw-Hill Book Company, New York, 1972.

Drury, C., Application of Fitts' law to foot-pedal design, Human Factors, 17, pp. 368~373, 1975.

Durnin, J. Y. G. A., and Passmore, R., Energy, work, and leisure, London, UK : Heinemann, 1967.

Easterby, R., The Perception of Symbols for Machine Displays, Ergonomics, 13(1), 1970.

Eastman Kodak Company, Ergonomic Design for People at Work, Vol. 2, New York : Van Nostrand Reinhold, 1986.

Eastman, M. c., and Kamon, E., Posture and subjective evaluation at flat and slanted desks, Human Factors, 18(1), pp. 15~26, 1976.

Edholm, O. G., The biology of work, McGraw-Hill, New York, 1967.

Edworthy J., What makes a good alarm, Medical Equipment Alarms the Need, Vol. 15, pp. 2/1−2/4, 1998.

Engen, T., The perception of odors, Academicm, New York, 1982.

Feallock, J., et al., Absolute judgements of colors in the federal standards system, Jouranl of Applied Psychology, 50, 1966.

Fitts, P., The information capacity of the human motor system in controlling the amplitude of movement, Journal of Experimental Psychology, 47, pp. 381~391, 1954.

Fitts, P., and Peterson, J., Information capacity of discrete motor responses, Journal of Experimental Psychology, 67, pp. 103~112, 1964.

Frankle, V., and Nordin, M., Basic biomechanics of the skeletal system, Philadelphia : Lea & Febiger, 1980.

Gagné, R., Contributions of Learning to Human Development, Psychological Review, Vol. 75, 1968.

Gaver W., Auditory Interfaces, Handbook of Human−Computer Interaction(2nd ed.), 1997.

Gerald, F., The Human Senses(2nd ed.), John Wiley & Sons, Inc., New York, 1972.

Geyer, B., and C. Johnson, Memory in Man and Machines, General Electric Review, Vol. 60(2), 1957.

Gian, K. C., and Hoffmann, E., Geometrical conditions ofr ballistic and visually controlled movements, Ergonomics, 31(5), pp. 829~839, 1988.

Glencross, D., Levels and stategies of response organization, In G. Stelmach, and J. Reguin(eds.), Tutorials in motor control, Amsterdam : North−Holland, 1980.

Glencross, D., and Barrett, N., Discrete movements, In H. Holding(ed.), Human skills(2d ed.), Chichester, England : Wiley, pp. 107~146, 1989.

Goldstein, I., and Dorfman, P., Speed srtress and load stress as determinants of performance in a time−sharing task, Human Factors, Vol. 20, pp. 603~610, 1978.

Grandjean, E., Fitting the task to the man, 4th ed., Lodon : Taylor & Francis, 1988.

Grandjean, E., A. Boni, and H. Krestzschmer, The Development of a Rest Chair Profile for Healthy and Notalgic People, Ergonomics, 12(2), pp. 307~315, 1969.

Grieco, A., Sitting posture : An old problem and a new one, Ergonomics, Vol. 29(3), pp. 345~362, 1986.

Grillner, S.m Neurobiological bases of rhythmic motor acts in vertebrates, Science, 228, pp. 143~149, 1985.

Haas E. C., and Edworthy J., Designing urgency into auditory warnings using pitch, speed and loudness, Computing and Control Engineering Journal, Vol. 7, Issue 4, pp. 193−198, 1996.

Hart, S., and Staveland, L., Development of NASA−TLX : Results of empirical and theoretical research, In P. Hancock and N. Meshkati(eds.), Human mental workload, Amsterdam : North–Holland, 1988.

Heglin, H. J., NAVSHIPS display illumination design guide : II. Human factors(NELC/TD223), San Diego : Naval Electronics Laboratory Center, 1973.

Helmholtz H. V., On the sensations of tone as a physiological basis for the theory of music, Trans. A. Ellis, 1954.

Isreal, J., Structural interference in dual task performance : Behavioral and electrophysiological data, Unpublished Ph. D. dissertation, Champaign : University of Illinois, 1980.

Jensen, C., Schultz, G., and Bangerter, B., Applied kinesiology and biomechanics(3d ed.), New York : McGraw–Hill, 1983.

Johnson, D. A., The design of effective safety information displays, Proceedings of the Symposium : Human Factors and Industrial Design in Consumer Products Medford, MA : Tufts University, pp. 314~328, 1980.

Jones, M. Color coding, Human Factors, 4, 1962.

Kalsbeek, J., Sinus arrhythmia and the dual task of measuring mental load, in W. Singleton, et al.(eds.), Measurement of Man at Work, Taylor and Francis, London, 1971.

Karlin, L, and Kestenbaum. R., Effects of number of alternatives on the psychological refractory period, Quarterly Journal of Experimental Psychology, 20, pp. 167~178, 1968.

Keegan, J. J., Alterations of the lumbar curve, Journal of Bone and Joint Surgery, Vol. 35, pp. 589~603, 1953.

Keele, S., Movement control in skilled motor performance, Psychological Buletin, 70, pp 387~4–3, 1968.

Keele, S., Behavioral analysis of movement, In V. Brooks(ed.), Handbook of physiology : Section I : The nervous system, Vol. 2 : Motor control, part 2. Baltimore : American Physiological Society, 1981.

Keele, S., Motor control, In K. Boff, L. Kaufman, and J. Thomas(eds.), Handbook of perception and human performance, Vol. 2 : Cognitive processes and performance, New York : Wiley, 1986.

Kerr, R., Diving, adaptation, and Fitts' law, Journal of Motor Behavior, 10, pp. 255~260, 1978.

Kennedy, K., Reach Capability of the USAF Population : Phase 1. The Outer Boundaries of Grasping–reach Envelopes for the Shirt–sleeved, Seated Operator, USAF, AMRL, TDR, pp. 64~59, 1964.

Kirma, J., Tactile communication of speech : A review and an analysis, Psychological

Bulletin, Vol. 80, pp. 54~74, 1973.

Klapp, S., Anderson, W., and Berrian, R., Implicit speech in reading, reconsidered, Jouranl, of Experimental Psychology, 100, pp. 368~374, 1973.

Klemmer, E., Grouping of Printed Digits for Manual Entry, Human Factors, 11(4), 1969.

Kroemer, K., Engineering anthropometry, Ergonomics, 32(7), pp 767~784, 1989.

Kroemer, K., Kroemer, H., and Kroemer-Elbert, K., Engineering Physiology, Amsterdam : Elsevier, 1986.

Lehmann, G., Physioligical measurements as a basis of work organization in industry, Ergonomics, Vol. 1, 1958.

Lueder, R., Work station design, In R. Lueder(ed.), The erfonomics payoff : Designing the electronic office, Toronto, Ont.m Canada : Holt, Rinehart & Winston, 1986.

Mandal, A., The Correct Height of School Furniture, Human Factors, 24(3), pp. 257~269, 1982.

McCracken, H., and Stelmach, G., A test of the schema theory of discrete motor learning, Journal of Motor Behavior, 9, pp. 193~201, 1977., 1974.

McGovern, D., Factors affecting control allocation for augmented remote manipulation, Unpublished doctoral dissertation, Stanford University, Stanford, CA, 1974.

Mead, P., and Sampson, P., Hand steadiness during unrestricted linear arm movements, Human Factors, 14, pp. 45~50, 1972.

Michael, E., Hutton, K., and Horvath, S., Cardiorespiratory response during prolonged exercise, Journal of Applied Physiology, Vol. 16, pp. 997~999, 1961.

Miller, G., The Magical Number Seven, Plus or Minus Two : Some Limits on Our Capacity for Processing Information, Psychological Review, Vol. 63, 1956.

Moore B. J. C., An introduction to the psychology of hearing, Academic Press, 1989.

Moxley, S., Schema : The variability of practice hypothesis, journal of Motor Behavior, 11, pp. 65~70, 1979.

Murrell, K., Ergonomics, Chapmann and Hall, London, 1969.

Murrell, K., Human performance in industry, New York : Reinhold, 1965.

Nachemson, A., and Elfstrom, G., Intravital dynamic pressure measurements in lumbar discs, Scandinavian Journal of Rehabilitation Medicine, Supp., 1, 1970.

Page J. H., and Breen A. P., The laureate text-to-speech system, BT Journal, Vol. 14, No. 1, 1996.

Parasuraman, R., Warm, J., and Dember, W., Overview paper : Vigilance : Taxonomy and utility, In L. Mark, J. Warm, and R. Huston(eds.), Ergonomics and human factors : Recent research, New York : Springer-Verlag, 1987.

Posner, M., Klein, R., Summers, J., and Buggie, S., On the selection of signals, Memory and

Cognition, 1, pp. 1~12, 1973.

Price, H., The allocation of functions in systems, Human Factors, Vol. 27(1), pp. 33~45, 1985.

Pytel, J., and Kamon, E., Dynamic strength as a predictor for maximal and acceptable lifting, Ergonomics, Vol. 24(9), pp. 663~672, 1981.

Radwin, R., Vanderheiden, G., and Lin, M., A method for evaluating head-controlled computer input devices using Fitts' law, Human Factors, 32, pp. 423~438, 1978.

Rebiffé, P, Le Siége du Conducteur : Son Adaptation aux Exigences Fonctionnelles et Anthropométriques, Ergonomics, Vol. 12, No. 2, 1969.

Richardson, B., Wuillemin, D., and Saundersm, F., Tactile discrimination of competing sounds, Perceprtion and Psychophysis, Vol. 24, pp. 546~550, 1978.

Rigas D. I., Hopwood D., and Memery D., Communicating spatial information via a multi media-auditory interface, Proceedings of the 25th Conference on EURO MICRO, Vol. 2, pp. 298-405, 1999.

Roebuck, J., Kroemer, K., and Thomson, W., Engineering anthropometry methods, New York : Wiley-Interscience, 1975.

Rossing T. D., The science of sound, Addison Wesley, 1990.

Rozier, C. K., Three-dimensional work space for the amputee, Human Factors, 19(6), pp. 525~533, 1977.

Sanders, M. S., Anthropometric survey of truck and bus drivers : Anthropometry, control reach and control force, Westlake Village, CA : Canyon Research Group, 1977.

Sanders, M., and E. McCormick, Human Factors in Engineering and Design(6th ed.), McGraw-Hill, Inc., 1987.

Sanders, M., and E. McCormick, Human Factors in Engineering and Design(7th ed.), McGraw-Hill, Inc., 1993.

Schmidt, R., More on motor programs and the schema concept, In J. Kelso(ed.), Human motor behavor : An introduction, Hillsdale, NJ : Lawrence Erlbaum Associates, pp. 189~235, 1982.

Schmidt, R., Motor control and learning : A behavioral emphasis, Champaign, IL : Human Kinetics, 1982.

Schmidt, R., The search for invariance in skilled movement behavior, Research Quarterly for Exercise and Sport, 56, pp. 188~200, 1984.

Schmidt, R., Zelaznik, H., Hawkins, B., Frank, J., and Quinn, J. Jr., Motor output variability : A theory for the accuracy of rapid motor acts, Psychological Review, 86, pp. 415~451, 1979.

Shaffer, L., Rhythm and timing in skill, Psychological Review, 89, pp. 109~122, 1982.

Sheridan, T., and Simpson, R., Toward the definition and measurement of the mental workload of transport pilots, Cambridge, MA : Massachusetts Institute of Technology, Flight Transportation Laboratory, 1979.

Shute, S. J., and Starr, S. J., Effects of adjustable furniture on VDT users, Human Factors, Vol. 26(2), pp. 157~170, 1984.

Singleton, W. T., The measurement of man at work with particular reference to arousal, in W. Singleton, J. Fox, and D. Whitfield(ed.), Measurement of Man at Work, Taylor and Francis, London, pp. 17~25, 1971.

Skantze D., and Dahlbäck D., Auditory icon support for navigation in speech-only interfaces for room-based metaphors, Proceedings of the 2003 International Conference on Auditory Display, pp. 6-9, 2003.

Snook, S., and Irvine, C., Psychophysical studies of physioligical fatigue criteria, Human Factors, Vol. 11, pp. 291~299, 1969.

Springer, T., Visual display terminals : A comparative evaluation of alternatives, Bloomington, IL : State Farm Mutual Automobile Insurance Co., 1982.

Steinbuch, K., Information Processing in Man, paper presented at IRE International Congress on Human Factors in Electronics, Long Beach, Calif., 1962.

Stoudt, H. W., The anthropometry of the elderly, Human Factors, 23(1), pp. 29~37, 1981.

Strobbe, T., The development of a practical strength testing program in industry, Ph. D. dissertation, Pennsylvania State University, University Park, PA, 1982.

Suggs, C., and Splinter, W., Some physioligical responses of man to workload and environment, Journal of Applied Physiology, Vol. 16, pp. 413~420, 1961.

Summers, J., Motor programs, In H. Holding(ed.), Human skills(2d ed.), Chichester, England : Wiley, pp. 49~69, 1989.

Tichauer, E., Industrial Engineering in the Rehabilitation of the Handicapped, Proceedings of the 18th Annual Institute Conference and Convention, American Institute of Industrial Engineers, 1967.

Van Cott, H., and R. Kinkade, Human Engineering Guide to Equipment Design, U. S. Government Printing Office, Washingto, D. C. 1972.

Vos, H. W., Physical workload in different body postures, while working near to or below ground level, Ergonomics, 16, pp. 817~828, 1973.

Ward, J. S., and Kirk, N. S. The relation between some anthropometric dimensions and preferred working surface heightes in the kitchen, Ergonomics, 13(6), pp 783~797, 1978.

Wargo, M., Human Operator Response Speed, Frequency, and Flexibility : A Review and Analysis, Human Factors, Vol. 9(3), 1967.

Welford, A. T., Signal, noise, performance, and age, Human Factors, Vol. 23(1), pp. 97~109, 1981.

W. E. Woodson, Human Engineering Guide forEquipment Designers, University of California. press, 1954.

Wickens, C., Engineering psychology and human performance, Columbus, OH : Merrill, 1984.

Wickens, D., and Kessel, C., The processing resource demands of failure detection in dynamuic systems, Journal of Experimental Psychology : Human Perception and Performance, Vol. 6, pp. 564~577, 1980.

Wickens, C. D., Gordon, S. E., and Liu, Yili, An Introduction to Human Factors Engineering, Addison-Wesley Educational Publishers Inc., 1998.

Wierwille, W., and Casali, J., A validated rating scale for global mental workload measurement applications, Proceedings of the Human Factors Society 27th Annual Meeting, Santa Monica, CA : Human Factors Society, pp. 129~133, 1983.

Zwicker E., and Fastl L., Psychoacoustics: Fact and Models, Psychoacoustics, 1999.

찾아보기

저자 소개

박형근

고려대학교 대학원 노동경제학과 졸업(경제학석사)
인천대학교 대학원 산업경영공학과 졸업(공학박사)
현) 신안산대학교 산업경영과 교수
인천대학교 창업지원센터, 인천창조경제센터, 인천정보산업진흥원, 경기테크노파크 창업 및 기술 심사위원
Global Standard Management Awards 품질경영대상 심사위원
한국산업경영시스템학회 총무이사

주요 저서

「실무 인적자원관리」(공저), 형설, 2012
「HR서비스의 이해」(공저), 학현사, 2013
「NCS 기반으로 신품질경영론」(공저), 무역경영사, 2016

김재국

동국대학교 대학원 산업공학과 졸업(공학석사)
동국대학교 대학원 산업공학과 졸업(공학박사)
현) (주)한국에스큐아이 이사
동국대학교 전자계산원 강사

문명국

인천대학교 대학원 산업경영공학과 졸업(공학석사)
인천대학교 대학원 산업경영공학과 졸업(공학박사)
현) 청운대학교 융합소재공학과 교수
인간공학 기술사

주요 저서

「인간공학기술사」(공저), 예문사, 2015

김용준

인천대학교 대학원 산업경영공학과 졸업(공학석사)
인천대학교 대학원 산업경영공학과 졸업(공학박사)
현) 경기과학기술대학교 산업경영과 교수

주요 저서

「NCS 기반으로 신품질경영론」(공저), 무역경영사, 2016

저자와의
합의하에
인지생략

인간중심의 사용성평가 [정가 : 25,000원]

2017년 8월 25일 1판 1쇄 인쇄
2017년 8월 30일 1판 1쇄 발행

저 자 박형근·김재국·문명국·김용준
발행자 채 규 호
발행처 **무 역 경 영 사**

서울특별시 영등포구 양평로 21길 26
(아이에스비즈타워 1차 2504호)
전화 : (719) 3621~4
FAX : (719) 3625
E-mail : muyok@unitel.co.kr
홈페이지 : www.muyokpub.co.kr

登錄 : 1992年 2月 19日 第10-675號

ISBN 978-89-468-0667-2